		もの
		(2) 更生施設
		(3) 助産施設、保育所、幼保連携型認定こども園、児童養護施設、児童自立支援施設、児童家庭支援センター、児童福祉法（昭和22年法律第164号）第6条の3第7項に規定する一時預かり事業又は同条第9項に規定する家庭的保育事業を行う施設その他これらに類するものとして総務省令で定めるもの
		(4) 児童発達支援センター、児童心理治療施設又は児童福祉法第6条の2の2第2項に規定する児童発達支援若しくは同条第3項に規定する放課後等デイサービスを行う施設（児童発達支援センターを除く。）
		(5) 身体障害者福祉センター、障害者支援施設（ロ(5)に掲げるものを除く。）、地域活動支援センター、福祉ホーム又は障害者の日常生活及び社会生活を総合的に支援するための法律第5条第7項に規定する生活介護、同条第8項に規定する短期入所、同条第12項に規定する自立訓練、同条第13項に規定する就労移行支援、同条第14項に規定する就労継続支援若しくは同条第17項に規定する共同生活援助を行う施設（短期入所等施設を除く。）
	ニ	幼稚園又は特別支援学校
(7)		小学校、中学校、義務教育学校、高等学校、中等教育学校、高等専門学校、大学、専修学校、各種学校その他これらに類するもの
(8)		図書館、博物館、美術館その他これらに類するもの
(9)	イ	公衆浴場のうち、蒸気浴場、熱気浴場その他これらに類するもの
	ロ	イに掲げる公衆浴場以外の公衆浴場
(10)		車両の停車場又は船舶若しくは航空機の発着場 （旅客の乗降又は待合いの用に供する建築物に限る。）
(11)		神社、寺院、教会その他これらに類するもの
(12)	イ	工場又は作業場
	ロ	映画スタジオ又はテレビスタジオ
(13)	イ	自動車車庫又は駐車場
	ロ	飛行機又は回転翼航空機の格納庫
(14)		倉庫
(15)		前各項に該当しない事業場
(16)	イ	複合用途防火対象物のうち、その一部が(1)項から(4)項まで、(5)項イ、(6)項又は(9)項イに掲げる防火対象物の用途に供されるもの
	ロ	イに掲げる複合用途防火対象物以外の複合用途防火対象物
(16の2)		地下街
(16の3)		準地下街
(17)		文化財保護法（昭和25年法律第214号）の規定によって重要文化財、重要有形民俗文化財、史跡若しくは重要な文化財として指定され、又は旧重要美術品等の保存に関する法律（昭和8年法律第43号）の規定によって重要美術品として認定された建造物
(18)		延長50メートル以上のアーケード
(19)		市町村長の指定する山林
(20)		総務省令で定める舟車

備考
1 二以上の用途に供される防火対象物で第1条の2第2項後段の規定の適用により複合用途防火対象物以外の防火対象物となるものの主たる用途が(1)項から(15)項までの各項に掲げる防火対象物の用途であるときは、当該防火対象物は、当該各項に掲げる防火対象物とする。
2 (1)項から(16)項までに掲げる用途に供される建築物が(16の2)項に掲げる防火対象物内に存するときは、これらの建築物は、同項に掲げる防火対象物の部分とみなす。
3 (1)項から(16)項までに掲げる用途に供される建築物又はその部分が(16の3)項に掲げる防火対象物の部分に該当するものであるときは、これらの建築物又はその部分は、同項に掲げる防火対象物の部分であるほか、(1)項から(16)項に掲げる防火対象物又はその部分でもあるものとみなす。
4 (1)項から(16)項までに掲げる用途に供される建築物その他の工作物又はその部分が(17)項に掲げる防火対象物に該当するものであるときは、これらの建築物その他の工作物又はその部分は、同項に掲げる防火対象物であるほか、(1)項から(16)項までに掲げる防火対象物又はその部分でもあるものとみなす。

査察マスター

チェックポイント付き

消防道研究会 編著

東京法令出版

本書の使用に際して

　本書は、立入検査に必要な事項を防火・防災管理、消防用設備等（特殊消防用設備等）を中心に記述したが、項目の確認チェックのための参照条文、根拠条文は、火災事例により省令や告示等が改正されることが多く、変更された場合は立入検査結果通知書等に記載する場合に注意を要するため、以下にご留意願いたい。また、不正競争防止法等の一部を改正する法律の施行に伴い、消防庁予防課所管の総務省令や消防庁告示で使用される「JIS」は、「日本工業規格」を「日本産業規格」に改める等の所要の規定の整理が行われ、令和元年7月1日に施行された（令和元年消防予第60号）。

　第3章　防火・防災管理については、法第8条に基づく火災に対応するための防火管理のほか、法第8条の2の5の規定により防火管理を要する高層建築物等において、自衛消防組織の設置が義務付けられるとともに法第36条で火災以外の災害に対応するための防災管理について規定された。これにより、防災管理者等の講習制度及び地震等に対応する「防災に係る消防計画」等が整備された。

　高層建築物等で管理権原が分かれている防火対象物（法第8条の2）については、建物所有者とテナント相互間の防火に対する協力意識が希薄で、建物全体の防火管理上の役割分担が不明確であり、最近の火災の実態等に鑑み、防火対象物全体の防火管理を行う統括防火管理者を定める等の整備がされ、防災管理対象物にも準用される（平成26年4月1日施行）。

　第5章の「消防用設備等の技術基準」において、各節の消防用設備等の設置義務がある建築物、工作物等を「設置基準」とし、消防用設備等を設けなくてもよい場合又は他の消防用設備等を代替設置する場合を記載し、政省令等の基準を「技術基準」としている。

　近年の火災事例を受けて、令別表第一の用途区分が見直され、カラオケ店等の個室型店舗が(2)項ニとされたほか、(6)項ハの軽費老人ホーム等で避難が困難な要介護者を主として入居・宿泊させるなど、実態と乖離した状況が生じていることから(6)項ロ、ハの見直しが行われ、避難のために患者の介助が必要な病院、有床診療所について(6)項イが細分化された。スプリンクラー設備の設置範囲の拡大や火災通報装置の自動火災報知設備との連動が義務付けられる等の改正があり、経過措置に注意が必要である。

　第6章は、令第29条の4で定めるルートBの「特定共同住宅等」について記載しているが、特定共同住宅等は、住戸等への延焼防止措置、特定光庭の基準及び煙の降下状況を確認する方法について検証法が取り入れられた。また、特定共同住宅等に住戸利用施設が入居した場合における消防の用に供する設備等に関する設置基準が整備された。

　その他「必要とされる防火安全性能を有する消防の用に供する設備等」には、パッケージ型消火設備、パッケージ型自動消火設備、特定駐車場用泡消火設備、特定小規模施設用自動火災報知設備、複合型居住施設用自動火災報知設備、加圧防排煙設備があるが、それぞれ第5章第2節屋内消火栓設備、第3節スプリンクラー設備、第8節泡消火設備、第12節自動火災報知設備及び第20節排煙設備に記述している。

第7章　火災予防条例については、各市町村の火災予防条例によるものであるが、立入検査に必要と思われる事項を掲載している。火災予防条例の改正については、総務省消防庁から火災予防条例準則（例）において示されているが、地方分権が推進され、政令に基づかない条例準則（例）等については発出しないという消防庁の方針を受け、各自治体で対応することになる。

　なお、統一的な運用、防火安全対策が必要なものとして全国消防長会予防委員会で審議、検討する場合がある。

チェックポイント付き
査察マスター

目　次

第1章　予防行政の推移

1　消防法の制定から違反処理……1
2　最近の火災事例による法令
　の改正……………………………1
第1　火災原因調査…………………2
1　火災を未然に防ぐためには、
　火災の原因を知ること…………2
第2　予防技術資格者………………2
1　予防要員数の算定………………3
2　予防技術資格者…………………4
3　予防技術資格者の認定…………5
第3　消防法に基づく講習…………6

第2章　立入検査

第1　事前の準備……………………7
1　立入検査の目的…………………7
2　立入検査の実施体制……………8
3　法第17条と法第10条の違い……8
4　用途の確認………………………10
第2　立入検査の実施………………28
1　事前の通知………………………28
2　査察員の注意事項………………28
3　立入検査の強制力………………29
4　立入検査の拒否等に正当な
　理由が認められる場合…………30
5　告知の必要性……………………30
6　資料提出命令、報告徴収………30
7　立入検査結果の通知……………30
8　消防吏員による命令……………31
9　違反対象物に係る公表制度……31

第3章　防火・防災管理

第1　防火管理………………………33
1　防火管理者の選任………………33
2　防火管理者選任命令……………34
3　収容人員の算定…………………34
4　甲種、乙種防火対象物…………34
5　テナント部分の特例……………34
6　管理権原者………………………35
7　防火管理者の資格………………37
8　防火管理再講習…………………38
9　防火管理者の責務………………38
10　防火管理の外部委託……………38
11　防火管理に係る消防計画………40
12　防火管理業務適正執行命令……42
第2　統括防火管理制度……………42
1　統括防火管理者を定めなけ
　ればならない防火対象物と統
　括防火管理者の資格……………42
2　統括防火管理者…………………43
3　防火対象物全体の防火管理
　に係る消防計画…………………43
4　統括防火管理者の選（解）
　任届と消防長等の命令…………44
第3　自衛消防組織…………………46
1　自衛消防組織設置防火対象
　物…………………………………46
2　措置命令…………………………48
第4　防災管理………………………49
1　防災管理を要する災害…………51
2　防災管理者………………………51
3　防災管理者の責務………………52
4　防災管理に係る消防計画………52
5　防災管理の外部委託……………53
6　統括防災管理者…………………53
7　講習の種類………………………54
〈参考〉
大規模地震等に対応した消防

—Ⅰ—

計画作成ガイドラインの改訂について………57

第5 防火対象物点検報告制度………60
1 防火対象物点検報告…………61
2 点検を要する防火対象物………61
3 点検対象事項……………62
4 点検基準………………62
5 防火管理維持台帳…………63
6 防火対象物点検資格者…………64
第6 防火対象物点検報告の特例……65
1 特例………………65
2 認定要件………………65
3 検査…………………65
4 管理権原者変更届…………66
第7 防災管理点検報告、防災管理点検報告の特例………66
1 防災管理維持台帳…………66
2 防災管理点検の点検基準………66
3 防災管理点検報告の特例………67
4 防災管理点検等に関する表示………………67
第8 防火対象物に係る表示制度……68
1 表示の目的………………68
2 表示対象………………68
3 交付申請………………69
4 表示基準及び審査…………70
5 表示マークの交付等…………72
6 表示マーク……………72
7 表示マークの掲出…………73
8 表示マークの有効期間………73
9 表示マークの返還…………73
10 表示マークの再交付…………74
第9 防炎規制…………………75
1 防炎対象物品の防炎性能………75
2 防炎防火対象物…………75
3 防炎対象物品……………76
4 防炎表示………………77

第4章 消防用設備等（特殊消防用設備等）の設置

第1 消防用設備等の種類…………79
1 基準法令で定める技術上の基準に従って消防用設備等を設置………………79
2 特殊消防用設備等…………80
第2 消防用設備等の遡及適用………81
1 既存防火対象物の特例…………81
2 用途変更の防火対象物の特例………………83
第3 消防用設備等の設置…………84
1 基準の例外………………84
2 地階…………………90
3 無窓階…………………90
第4 消防用設備等の設置から検査まで………………93
1 消防同意………………93
2 工事整備対象設備等着工届……96
3 消防用設備等又は特殊消防用設備等の検査………………97
4 軽微な工事に関する運用………98
第5 消防設備士…………………98
1 消防設備士でなければ行ってはならない工事又は整備………99
2 消防設備士でなくても行える消防用設備等の整備…………100
3 消防設備士の責務・義務……100
4 消防設備士講習…………100
第6 消防用設備等（特殊消防用設備等）の点検結果報告…………101
1 消防用設備等の点検………101
2 特殊消防用設備等の点検……101
3 報告を要しない防火対象物…101
4 点検の種類……………101
5 点検報告の期間及び報告要領………………102

6　点検書類の保存期間 ………103

7　消防用設備等の種類別点検

資格・点検期間 …………103

第7　検定制度 ………………108

1　技術省令 ……………108

2　検定 ………………108

3　自主表示対象機械器具等の

表示等 ………………110

4　失効機器 ……………111

5　基準の特例を適用した検定

対象機械器具等 …………111

6　検定の取り消し ………112

7　総務大臣の回収命令等 ………112

第8　消防用設備等の認定 ………112

第5章
消防用設備等の技術基準

第1節　消火器具 ………………115

第1　消火器 ………………115

1　設置基準 ……………116

2　消火器の能力単位 ………117

3　能力単位の倍読み ………117

4　所要単位 ………………117

5　車両、舟に設置する消火器 …117

6　大型消火器 ……………118

第2　簡易消火用具 ……………118

1　能力単位 ……………118

2　能力単位2以上の場合 ………118

3　その他の消火用具 ………119

第3　設置個数の減少 …………119

第4　消火器の設置 …………119

1　設置場所 ……………119

2　消火器の適応性 ………120

3　設置制限 ……………121

4　消火器の配置についての特

例 ………………121

5　標識 ………………121

6　泡消火薬剤等（ＰＦＯＳ、

ＰＦＯＡ）の取扱い …………122

7　消火器のリサイクル ………122

（水系消火設備）

第2節　屋内消火栓設備 ………123

第1　設置基準 ………………123

1　倍読み規定 …………123

第2　屋内消火栓設備の代替 ………125

第3　技術基準 ………………125

1　加圧送水装置 ………127

2　非常電源 ……………128

3　設置標示 ……………128

4　ＦＲＰ水槽 …………130

第4　パッケージ型消火設備 ………130

1　設置できる場所 ………131

2　設置できない場所 ………131

3　設置・維持条件 ………131

第3節　スプリンクラー設備 ……133

第1　設置基準 ………………133

第2　スプリンクラー設備を設置

することを要しない部分等 ………134

1　延焼抑制構造 …………135

2　13条区画 ……………137

第3　スプリンクラーヘッドを設

けなくてもよい部分 ………140

第4　代替設置 ………………142

第5　技術基準 ………………142

1　スプリンクラーヘッドの体

系 ………………142

2　特定施設水道連結型スプリ

ンクラー設備 …………142

3　特定施設 ……………146

4　ホテル、共同住宅、病院、

社会福祉施設等に設けるヘッ

ド ………………147

5　高天井部分に設けるヘッド …147

6 ラック式倉庫 ……………149
7 ヘッドの有効散水半径 ………149
8 延焼のおそれのある部分の
開口部 ………………………151
9 水源の水量等 ………………151
10 補助散水栓 …………………152
11 閉鎖型（標準型）ヘッドの
基準細目 ……………………153
12 開放型ヘッドの基準細目 ……154
13 制御弁 ………………………155
14 起動装置 ……………………155
15 自動警報装置 ………………156
16 末端試験弁 …………………157
17 送水口 ………………………157
18 加圧送水装置 ………………158
19 非常電源 ……………………158
第6 パッケージ型自動消火設備 …159
1 パッケージ型自動消火設備 …159
2 設置基準 ……………………160
〈別記〉
第1 特定施設のスプリンクラー
設備 …………………………162
第2 小規模社会福祉施設（275
㎡以上1,000㎡未満）にスプリ
ンクラー設備を設置しないこと
ができる要件 ………………167
第3 社会福祉施設のスプリンク
ラー設備の特例基準 ………170

第4節 屋外消火栓設備 ………171
第1 設置基準 …………………171
第2 屋外消火栓設備の代替 ………171
第3 技術基準 …………………172

第5節 動力消防ポンプ ………174
第1 設置基準 …………………174
1 屋内消火栓設備（倍読み規
定あり）の設置を要する防火

対象物 ………………………174
2 屋外消火栓設備の設置を要
する防火対象物 ……………174
第2 技術基準 …………………175
1 規格放水量 …………………175
2 水源 …………………………175
3 常置場所 ……………………175
4 操作人員 ……………………175
5 動力消防ポンプの放水性能 …176

第6節 配管 ……………………178
1 配管用鋼管の種類及び呼び
径に対する製造方法 ………178
2 水系消火設備の配管 ………179
3 合成樹脂配管・管継手 ………180
4 令8区画及び共住区画を貫
通する配管等に関する運用 ……181
5 消火設備の配管工事の注意 …182

（特殊消火設備）
水噴霧消火設備等総説 ……………183
1 道路 …………………………184
2 その他これらに類する電気
設備 …………………………184
3 その他多量の火気使用場所 …184
4 駐車場 ………………………185
5 自動車整備工場の床面積 ……185
6 水噴霧消火設備等のヘッド …186

第7節 水噴霧消火設備 …………187
1 指定可燃物を貯蔵、取り扱
う防火対象物 ………………187
2 高圧の電気機器 ……………188
3 防火対象物の道路、駐車場 …188

第8節 泡消火設備 ……………190
第1 分類 ………………………190
1 泡の膨張比 …………………190

2　泡消火薬剤の種類 ……191
第2　固定式 ……………191
1　泡放出口 …………191
2　低発泡 ……………192
3　高発泡 ……………193
第3　基準の細目 ………194
1　起動装置 …………194
2　加圧送水装置 ……195
第4　泡消火薬剤混合装置 ……195
第5　移動式 ……………197
第6　特定駐車場用泡消火設備 ……198
1　用語の意義 ………198
2　特定駐車場用泡消火設備の
　　種類 ………………199

第9節　不活性ガス消火設備 ……200
第1　分類 ………………200
1　不活性ガス消火設備の設置 …201
2　不活性ガスの種類 ……201
第2　固定式 ……………203
1　全域放出方式 ……203
2　局所放出方式 ……207
3　全域、局所方式の基準の細
　　目 …………………208
第3　移動式 ……………212

第10節　ハロゲン化物消火設
　　備 ………………213
第1　分類 ………………213
1　ハロゲン化物消火設備の設
　　置 …………………213
第2　固定式 ……………216
1　全域放出方式 ……216
2　ハロン代替消火剤 ……217
3　局所放出方式 ……218
4　全域、局所放出方式の基準
　　の細目 ……………218
第3　移動式 ……………219

第11節　粉末消火設備 ……220
第1　分類 ………………220
1　消火剤の種類 ……220
第2　固定式 ……………220
1　全域放出方式 ……220
2　局所放出方式 ……221
3　全域放出方式、局所放出方
　　式の細目 …………222
第3　移動式 ……………224

（警報設備）
第12節　自動火災報知設備 ……226
第1　設置基準 …………227
第2　技術基準 …………228
1　警戒区域 …………228
2　感知区域 …………229
3　感知器の設置 ……229
4　受信機 ……………241
5　中継器 ……………243
6　発信機 ……………243
7　地区音響装置 ……243
8　配線 ………………246
9　無線式感知器等 ……249
10　電源 ………………249
11　非常電源 …………249
第3　特定小規模施設用自動火災
　　報知設備 ……………250
第4　複合型居住施設用自動火災
　　報知設備 ……………252

第13節　ガス漏れ火災警報設
　　備 ………………254
第1　設置基準 …………254
第2　技術基準 …………255
1　警戒区域 …………255
2　検知器 ……………255
3　検知器を設けてはならない
　　場所 ………………255

—Ⅴ—

4 ガス検知出力信号 ……………256
5 検知器の設置 ………………256
6 警報方式 ……………………257
7 受信機 ………………………257
8 電源 …………………………258
9 警報装置 ……………………258
10 中継器 ………………………259
11 配線 …………………………259

第14節 漏電火災警報器 ………260
第1 設置基準 ……………………260
第2 漏電火災警報器の設置を省
略できる場合 …………………261
第3 技術基準 ……………………261
1 変流器 ………………………262
2 音響装置 ……………………263
3 受信部 ………………………263

第15節 消防機関へ通報する
火災報知設備 ………………265
第1 設置基準 ……………………265
第2 設置を要さないもの …………265
第3 技術基準 ……………………265
1 火災通報装置 ………………266
2 自動火災報知設備との連動 …267

第16節 非常警報器具・非常
警報設備………………………271
第1 設置基準 ……………………271
1 非常警報器具 ………………271
2 非常警報設備 ………………271
第2 設置を省略できる場合 ………272
第3 技術基準 ……………………272
1 鳴動方式 ……………………272
2 音響装置 ……………………272
3 非常警報設備の起動装置 ……273
4 放送設備 ……………………273

（避難設備）
第17節 避難器具 ………………277
第1 設置基準 ……………………277
1 避難器具設置個数の収容人
員の倍読み ……………………278
2 避難器具の適応性 …………278
3 避難器具の減免 ……………278
第2 避難器具の設置 ………………281
第3 技術基準 ……………………285
1 開口部の位置 ………………285
2 避難はしご …………………285
3 特定一階段等防火対象物又
はその部分に設ける避難器具 …286

第18節 誘導灯・誘導標識 ………288
第1 設置基準 ……………………288
第2 設置を要しない場合 …………288
第3 技術基準 ……………………293
1 誘導灯 ………………………293
2 避難口誘導灯 ………………295
3 通路誘導灯 …………………295
4 客席誘導灯 …………………297
5 誘導灯を消灯できる場合 ……297
6 点滅機能・音声誘導機能 ……297
7 誘導灯の設置・維持 ………297
8 電源 …………………………297
9 配線 …………………………298
10 誘導標識 ……………………298

（消防用水）
第19節 消防用水 ………………301
第1 設置基準 ……………………301
第2 技術基準 ……………………302
1 有効水量 ……………………302
2 設置位置 ……………………303

（消火活動上必要な施設）
第20節 排煙設備 ………………304

第1　設置基準 ……………………304	第23節　非常コンセント設備 ……320	
第2　設置をしないことができる	第1　設置基準 ……………………320	
部分 ………………………………304	第2　技術基準 ……………………320	
第3　技術基準 ……………………304	1　設置位置 ……………………320	
1　排煙口と給気口の位置 ………304		
2　排煙口 ………………………305	第24節　無線通信補助設備 ………322	
3　給気口 ………………………305	第1　設置基準 ……………………322	
4　起動装置 ……………………305	第2　技術基準 ……………………322	
5　排煙機の性能 ………………306	1　設置位置 ……………………322	
6　非常電源 ……………………306	2　基準の細目 …………………322	
第4　加圧防排煙設備 ……………307		
1　対象防火対象物 ……………307	第25節　非常電源 …………………324	
2　用語の意義 …………………307	1　非常電源の種類と容量 ……324	
3　技術基準 ……………………308	2　非常電源専用受電設備 ……325	
	3　自家発電設備 ………………326	
第21節　連結散水設備 ……………311	4　蓄電池設備 …………………326	
第1　設置基準 ……………………311	5　燃料電池設備 ………………327	
第2　設置を要しない部分 ………311	6　配線 …………………………327	
1　代替設置 ……………………311		
2　特例による設置免除 ………311	第26節　総合操作盤 ………………329	
3　散水ヘッド不要の部分 ……312	1　目的 …………………………330	
第3　技術基準 ……………………312	2　構成 …………………………330	
1　散水ヘッドの設置 …………312		
2　送水口 ………………………313		

第6章　特定共同住宅等	

第1　特定共同住宅等 ……………332
　1　初期拡大抑制性能 ……………333
　2　避難安全支援性能 ……………340
　3　消防活動支援性能 ……………341

第22節　連結送水管 ……………315	

第1　設置基準 ……………………315
第2　技術基準 ……………………315
　1　送水口 ………………………315
　2　放水口 ………………………316
　3　主管の内径 …………………316
　4　配管 …………………………316
　5　設計送水圧力 ………………317
第3　11階以上の建築物 …………318
　1　地上11階以上の建築物 ……318
　2　地上11階以上で高さ70mを
　　超える建築物 …………………318

第7章　火災予防条例（例）	

第1節　炉 …………………………343
　1　対象火気設備等と対象火気
　　器具等 …………………………344
　2　離隔距離 ……………………344
　3　不燃区画室に設置又は周囲
　　に空間が必要な場合 …………347

—Ⅶ—

4 届出 ………………………348
〈参考〉
1 ガスこんろ及び石油燃焼機
器の規制対象品目の指定 ………348
2 長期使用製品安全点検制度
（消費生活用製品安全法）………348
3 長期使用製品安全表示制度 …349

第2節 厨房設備 ………………350
1 届出 ………………………350
2 厨房設備に附属する排気ダ
クト・天蓋 ………………………350
3 油脂を含む蒸気を発生させ
る厨房設備の天蓋 ………………350

第3節 ボイラー ………………354
1 届出 ………………………354
2 ボイラーの設置基準 …………354
3 簡易ボイラー …………………354
4 小型ボイラー …………………355
5 ボイラー室 ……………………356

第4節 燃料電池発電設備 ………358
1 届出 ………………………358
2 燃料電池の種類 ………………358
3 燃料電池の仕組み ……………358
4 小規模定置用燃料電池 ………359
5 燃料電池発電設備の構造基
準 ………………………………359
6 ナトリウム・硫黄電池 ………359

第5節 放電加工機 ………………360
1 届出 ………………………360
2 放電加工機の基準 ……………360
3 放電加工機に関連する通知
等 ………………………………361
4 危険物保安技術協会 …………361

第6節 変電設備 ………………363
1 届出 ………………………363
2 設置基準 ………………………363
3 屋内変電設備 …………………363
4 屋外変電設備 …………………364
5 キュービクル式 ………………365

第7節 急速充電設備 ………………367
1 届出 ………………………367
2 屋外に設ける急速充電設備 …367
3 急速充電設備の基準 …………368
4 その他 …………………………369

第8節 内燃機関を原動力と
する発電設備 ………………………371
1 届出 ………………………371
2 屋内に設置する場合 …………371
3 屋外に設置する場合 …………371
4 屋外に設ける気体燃料を使
用するピストン式内燃機関で
出力10kW未満 ………………371
5 構造の基準 ……………………372

第9節 蓄電池設備 ………………373
1 届出 ………………………374
2 設置基準 ………………………374
3 屋内設置 ………………………375
4 屋外設置 ………………………375

第10節 ネオン管灯設備 ………377
1 届出 ………………………377
2 設置基準 ………………………377

第11節 煙突 ………………………379
1 火を使用する設備に附属す
る煙突 …………………………379
2 建築物に設ける煙突 …………379
3 煙突と可燃物の距離 …………380

| 4 | 風圧帯 …………………380 |
| 5 | 煙道火災 …………………380 |

第12節　禁止行為 …………………381
1	火の使用に関する制限等 ……381
2	禁止行為の解除承認 …………381
3	標識の設置 …………………382
4	禁煙を指定した場合の措置 …382
5	危険な物品の持込みから除外する場合 …………………383
6	劇場等で使用されるスモークマシーン …………………383
7	重要文化財等 …………………383

第13節　少量危険物 …………………384
1	届出 …………………384
2	貯蔵・取扱いの数量 …………384
3	同一場所で複数の少量危険物を貯蔵、取り扱う場合 ………385
4	標識・掲示板 …………………386
5	指定数量未満の危険物の貯蔵及び取扱いの基準 …………387
6	屋外における貯蔵・取扱い …387
7	屋内における貯蔵・取扱い …388
8	タンク …………………388
9	地下タンク …………………389
10	移動タンク …………………390
11	その他 …………………392

第14節　指定可燃物 …………………394
第1	指定数量及び届出 …………394
第2	可燃性液体類等と可燃性固体類等の分類 …………………398
第3	可燃性液体類等の貯蔵・取扱いの基準 …………………398
1	標識、掲示板 …………………398
2	屋外において貯蔵・取り扱う場合の空地の幅 …………398

3	屋内において可燃性固体類等を指定数量の20倍以上貯蔵・取り扱う場合 …………………399
4	容器に収納、詰め替える場合 …………………399
5	容器の積み重ね …………399
第4	綿花類等の貯蔵・取扱いの基準 …………………399
1	綿花類等 …………………399
2	標識、掲示板 …………………400
3	集積面積と相互間の距離 ……400
第5	危険要因に応じた火災予防措置 …………………401
第6	指定可燃物の消防用設備等 …402

第15節　基準の特例 …………………403

第16節　避難管理 …………………404
第1	劇場等の客席 …………………404
1	屋内の客席 …………………404
2	屋外の客席 …………………406
3	基準の特例 …………………407
第2	キャバレー等の避難通路 ……407
第3	ディスコ等の避難管理 ………407
第4	個室型店舗の避難管理 ………407
第5	百貨店等の避難通路等 ………408
第6	劇場等の定員 …………………409
第7	避難施設の管理 ………………409
第8	防火設備の管理 ………………410

第17節　屋外催しに係る防火管理 …………………411
1	消火器の準備 …………………411
2	屋外催しに係る防火管理に関する事項 …………………411
3	届出 …………………413
4	罰則 …………………413

第8章　その他

第1　建築物の査察	414
1　建築物	414
2　延焼のおそれのある部分	415
3　22条区域	415
4　防火地域、準防火地域	415
5　耐火建築物等としなければ ならない特殊建築物	418
6　大規模建築物の主要構造部 等	420
7　防火区画	421
8　建築物の界壁、間仕切壁、 隔壁	422
9　木造建築物等の防火壁・防 火床	423
10　規制に係る別棟みなし規定	423
11　排煙設備	424
12　避難施設等	425
13　消防隊の非常用進入口	426
14　非常用エレベーター	427
15　道路と敷地の関係	427
16　簡易な構造の建築物	428
第2　消防活動阻害物質	429
1　届出が不要な場合	429
2　届出を要する物質と数量	429
3　容器	431
第3　予防関係法令改正経過	432

─ 凡　例 ─

法………消防法（昭和23年法律第186号）

令………消防法施行令（昭和36年政令第37号）

規則……消防法施行規則（昭和36年自治省令第6号）

危令……危険物の規制に関する政令（昭和34年政令第306号）

危規……危険物の規制に関する規則（昭和34年総理府令第55号）

建基法…建築基準法（昭和25年法律第201号）

建基令…建築基準法施行令（昭和25年政令第338号）

建基則…建築基準法施行規則（昭和25年建設省令第40号）

条例……火災予防条例（例）（昭和36年自消甲予発第73号）

※建築基準法関係において、令和4年6月17日法律第68号の改正の一部は、令和7年6月1日から、第69号の改正の一部は、令和7年4月1日から施行のため、本書に反映させておりません。

第1章　予防行政の推移

1　消防法の制定から違反処理

　昭和23年消防法の制定により、火災予防の制度が確立され、昭和30年代から昭和40年代にかけて、全国統一の技術基準の整備、又は多数の犠牲者が生じた火災により安全対策の強化が図られ、防火管理・共同防火管理、防炎、消防設備士、消防用設備等点検結果報告、検定制度、消防用設備等の遡及適用等により、現在の骨格が整備された。また、昭和50年代から平成にかけて、スプリンクラー設備等の設置対象の拡大が行われるとともに、適マーク制度、消防用設備等のインテリジェント化、住宅防火対策等の推進が行われてきた。

　平成13年9月に発生した新宿区歌舞伎町小規模雑居ビル火災において防火管理が不適切であったため44名の方が亡くなり、再発防止を企図した「違反是正の徹底」、「防火管理の徹底及び避難・安全基準の強化」等の対策を推進するため、総務省消防庁に防火安全室（現在、組織改編により予防課）が設置され、防火安全対策検討委員会の下、違反是正対策検討部会において「立入検査マニュアル」、「違反処理マニュアル」が作成されたほか、防火管理制度検討部会において、防火対象物定期点検報告制度、防火管理の外部委託、防火管理者の再講習制度等が創設された。

　また、市町村消防が行う違反是正に必要な情報の提供、技術的支援等を側面から支援するため、日本消防設備安全センターに「違反是正支援センター」が設けられ、違反是正推進事業を実施してきた。現在は、各消防本部からの依頼に基づく「違反是正支援アドバイザー制度」が総務省消防庁に設けられ、平成22年2月12日から実施されている。

　これらを受けて、消防機関の査察体制も新宿区歌舞伎町の火災以降、違反是正に重点を置いた査察が実施されるようになり、小規模防火対象物や優良事業所の立入検査回数が少なくなり、今後の査察計画を立てるうえで、立入検査回数と違反処理のバランスを考慮することが課題となっている。

　消防職員が行う予防行政は専門性が高まっており、消防法のみならず建築基準法や行政手続法等幅広い知識が必要であり、予防要員は、消防法、条例等により定められた検査や許認可等を行わなければならないほか、火災を未然に防ぐため、法令に基づいた立入検査やその他の予防事務を行わなければならない。そこで、消防力の整備指針の規定に基づき、予防技術資格者の資格が定められた。

2　最近の火災事例による法令の改正

　近年、防火対象物は高層化、深層化又は複雑化している反面、認知症高齢者グループホームやカラオケボックスの火災などに見られるように小規模な防火対象物でも防火管理の不適切や建物構造の条件が悪い場合には大きな被害が出ている。また、消防用設備等においては性能規定が取り入れられたほか、大規模な建築物、工作物に自衛消防組織の設置が義務付けられ、防災管理者を選任し地震等の災害に対応すべく法令改正が行われた。

初版発行以降の予防関係法令改正経過は、第8章に掲載したので、実務の資料として活用されたい。

第1 火災原因調査

1 火災を未然に防ぐためには、火災の原因を知ること

火災原因調査は、火災現場から得られる調査情報を火災予防に転化するものであり、潜在的火災要因を知ることにより、未然に火災の発生を防止できるものである。火災原因調査の主体は、次により規定されている。

(1) 消防長又は消防署長（法第31条、第32条、第33条、第35条の2）

消火活動をなすとともに火災の原因並びに火災及び消火のために受けた損害の調査に着手しなければならない。

○ 消防長、消防署長は、調査のため必要があるときは、関係のある者に対して質問し、又は火災の原因である疑いがあると認められる製品を製造若しくは輸入した者に対して資料の提出を命じ若しくは報告を求めることができる。

○ 消防長、消防署長は、調査について、関係のある官公署に対し必要な事項の通報を求めることができる。

○ 火災による被害財産の調査は、消防長、消防署長のほか、関係保険会社の認めた代理者がすることができる。

○ 消防長、消防署長は、事件が検察官に送致されるまでは、逮捕された放火、失火の犯罪被疑者に対し質問をし、又は押収された証拠物につき調査をすることができる。

(2) 都道府県知事（法第35条の3）

消防本部を置かない市町村区域の市町村長から求めがあった場合及び特に必要がある場合に限り、火災原因の調査をすることができる。

(3) 消防庁長官（法第35条の3の2）

最近における科学技術の進展による産業の高度化等に伴い、複雑な様相を呈する火災も発生しており、火災原因調査に要する技術的知見の程度も高く、火災原因を一刻も早く解明して予防体制や警戒体制の強化を図ることは、国の責務であるため、消防長等から火災原因調査の要請が行われた場合に加えて、消防庁長官が自らの判断において特に必要があると認めるときには、火災原因調査ができる。

火災原因調査を行う対象としては、次の4類型の火災を想定している。

(ア) 火災予防対策等の企画立案上、特に重視すべき火災

(イ) 多数の死者が発生するなど社会的影響が極めて大きい火災

(ウ) 燃焼状況が特殊である火災等で、通常の火災原因の調査では原因究明が困難なもの

(エ) 大規模火災等であって、消防長等から消防庁長官に火災原因調査の実施を要請するいとまがない火災

第2 予防技術資格者

火災の予防に従事する消防職員を予防要員といい、消防本部又は署所において、消防法、石油コンビナート等災害防止法、条例等により定められた検査や許認可等の予防事務を行うほか、立入検査や火災予防上の事務を行わなければならない。

消防本部及び署所の予防要員は、消防力の整備指針（平成12年消防庁告示第1号）第32条第3項の規定に基づき、火災の予防に関する業務等を的確に行うため、火災の予防を担当する係又は係に相当する組織には、当該消防本部及び消防署の管轄区域に存する防火対象物、危険物の製造所等の種類、規模等を勘案し、火災の予防に関する高度な知識及び技術を有するものとして消防庁長官が定める予防技術資格者を1人以上配置することとされている。

—2—

また、公益法人に対する政府の方針に基づき、予防技術検定実施者の新規参入の可能性及び手続きを明確にするため、予防技術検定実施者に対する消防庁長官の関与の在り方を見直し、予防技術検定基準を定めた上で、予防技術検定を実施しようとする者の求めに応じて消防庁長官が確認する制度に改められ、現在、一般財団法人消防試験研究センターが実施する試験が、告示第4条から第7条までに規定する基準に適合することが確認され、平成23年9月1日施行された。

1　予防要員数の算定

　予防要員数は、立入検査、消防同意、消防検査、火災原因調査、違反処理及び防火管理業務等を行うものと危険物事務に従事する人員を合算して求める。

⑴　予防事務に要する人員（消防力の整備指針第32条）

　予防事務に要する人員数の算定指標を市町村の人口から、予防事務量と密接な相関関係にある特定防火対象物、非特定防火対象物及び戸建て住宅数としている。

　都道府県の人口と防火対象物の相関関係からみると、人口10万人の標準団体では、おおむね730の特定防火対象物、2,400の非特定防火対象物、22,000の戸建て住宅があるものとしているが、これはあくまで平均に基づくものであり、市町村の実情により増減する必要があり、次により必要人員を算定する。

㋐　市町村の特定防火対象物数×12／730
㋑　市町村の非特定防火対象物数×2／2,400
㋒　市町村の戸建ての住宅数×3／22,000
㋓　危険物の製造所等の数×係数／150

危険物の製造所等の区分	係数
予防規程を定めなければならない製造所等（給油取扱所を除く。）	1.8
製造所、屋内貯蔵所、屋外タンク貯蔵所、屋外貯蔵所、一般取扱所（上記製造所等を除く。）	1.0
地下タンク貯蔵所、給油取扱所	0.9
屋内タンク貯蔵所、簡易タンク貯蔵所、移動タンク貯蔵所、販売取扱所	0.7

※その他火災予防条例に基づく少量危険物や指定可燃物の施設、数、規模等を考慮した事務量、石油コンビナート等特別防災区域における特定事業所の数又は規模に応じて増員を図る必要がある。

　○㋐、㋑、㋓の数を合算して得た数に相当する予防要員の数は、2人以上とする。

【算定指標】標準団体（人口10万人）

	総数（a）	平成22年国勢調査人口（b）	標準団体における数（a）×10万人／（b）
特定防火対象物	930,790	128,057,352人	727≒730
非特定防火対象物	3,032,837		2,368≒2,400
一戸建て住宅	27,450,200		21,436≒22,000

※各防火対象物の総数（平成25.3.31 現在）　出典「平成25年版消防白書」
※一戸建て住宅数（平成20.10.1 現在）出典「平成20年住宅・土地統計調査」

【算定指標に応じた予防要員に要する人数】

特定防火対象物	12人	（内訳）立入検査8人＋違反処理2人＋消防同意2人＋消防用設備等の検査2人＋火災原因調査1人＋防火指導2人＝17人
非特定防火対象物	2人	
一戸建て住宅	3人	
計	17人	

⑵　警防要員の兼務（消防力の整備指針第33条）
　　　次の数の予防要員については、予防業務の執行に支障のない範囲に限り、必要な数の警防要員をもって充てることができる。
　　　　　（(イ)／２）＋(ウ)≧予防要員
　　　ただし、次に相当する予防要員の数が２人に満たない場合は、この限りでない。
　　　　　（(ア)＋(イ)＋(エ)）－（(イ)／２≧警防要員を充てる予防要員の数）＝２未満
　　○次の立入検査等を行う場合は、次の要件を満たす警防要員をもって充てる。

消防用設備等（消火器具を除く。）の設置義務がある共同住宅	予防技術資格者
その他の共同住宅	○消防学校の予防査察科を修了した者 ○同等以上の知識及び技術を有すると認められる者
共同住宅又は一戸建て住宅に対する防火指導	業務の執行に必要な知識及び技術を有すると認められる者

⑶　消防力の整備指針及び消防水利の基準に関する質疑応答について（平成26年事務連絡）
　　ア　予防要員については、違反対象物に係る公表制度や早期に違反是正、違反処理を行うことが求められるなど予防業務の高度化、専門化が進んでいる現状において、専従員の確保が必要である。
　　　　予防要員の数を算出する上で、特定防火対象物の数に応じて必要となる予防要員の数を交替制職員の兼務によって充てることは認められないことから、必要な専従の予防要員を確保する必要がある。
　　イ　交替制勤務の職員
　　　(ア)　交替制により勤務する職員が、予防要員を兼務することも有効な人材育成方策であるため、兼務できる交替制職員の業務範囲を拡大した。
　　　(イ)　兼務職員であっても、予防技術資格者等必要な知識・技術を有している者を配置することが必要である。
　　　(ウ)　交替制勤務の職員が特定防火対象物の立入検査業務に従事することを否定するものではない。
　　　(エ)　消防力の整備指針上の兼務する警防要員は、指揮隊員、消防隊員、救助隊員及び救急隊員を指す。

２　予防技術資格者（平成17年消防庁告示第13号）
　　　予防技術検定とは、予防業務全般及び防火査察、消防用設備等又は危険物に関する高度な知識及び技術についての試験として消防庁長官が確認したもの
⑴　消防庁長官が定める資格を有するもの
　　○火災予防に関する講習修了資格で予防技術検定に合格したもののうち、予防業務に通算して２年以上従事した経験を有する消防職員
　　○大学等の課程等を修了した者又は予防業務に１年以上の従事経験を有する消防職員で、予防技術検定に合格したもののうち、予防業務に通算して４年以上従事した経験を有する消防職員
　　※従事経験については、受験の前後を問わない。
⑵　予防技術検定の実施基準
　　(ア)　予防技術検定
　　　　筆記試験により、共通科目（10問）及び専攻科目（20問）の合計成績が60％以上を合格とし、問題の形式は択一式により、検定時間２時間30分、科目内の問題の配点は、均等とする。

なお、共通科目免除者は、専攻科目の成績が60％以上を合格とし、検定時間は1時間40分とする。
　㋑　検定科目
　　○共通科目　予防業務全般に関する一般知識
　　○専攻科目　防火査察、消防用設備等、危険物（1区分以上の検定合格者で、他の区分を受験する者は申請により、共通科目を免除される。）
　㋒　検定結果の通知
　　　予防技術検定の結果は、受験者全員に検定結果と正答率が検定実施機関から通知される。
⑶　指定予防業務経験者（平成23年3月31日までに消防長に認定された者に限る。）
　告示附則第4項第1号によるみなし規定
　○予防業務に通算5年以上従事し、かつ、指定予防業務に1年以上の従事経験者
　○消防大学校において火災の予防に関する教育訓練の課程修了者で指定予防業務に1年以上の従事経験者
　　※指定予防業務とは、防火管理、防火査察、違反処理、消防同意、消防用設備等又は危険物に関する業務をいい、従事年数は、消防長又は消防署長が職員の勤務に関する経歴により判断をする。

3　予防技術資格者の認定

　消防長は、資格者要件を満たす者に対して、予防技術資格者認定証を交付するとともに予防技術資格者名簿を作成し、必要事項を記録する。
⑴　防火査察専門員
　　立入検査、防火管理又は違反処理等の防火査察に関する業務を担当する予防技術資格者
⑵　消防用設備等専門員
　　消防同意、消防用設備等に関する業務を担当する予防技術資格者
⑶　危険物専門員
　　危険物に関する業務を担当する予防技術資格者

根拠法令等	「消防力の整備指針第34条第3項の規定に基づき、予防技術資格者の資格を定める件」の公布について（平成17年消防予第305号） 「消防力の整備指針第34条第3項の規定に基づき、予防技術資格者の資格を定める件」の運用について（平成17年消防予第311号） 予防技術検定の実施に関する基準等について（平成17年消防予第353号） 予防技術検定の検定科目の範囲について（平成18年事務連絡）

消防力の整備指針
　（消防職員の職務能力）
第26条　消防職員は、第3条各号に掲げる事項を実施することができるよう、訓練を受けること等を通じ、次の各号に掲げる区分に応じ、当該各号に定める能力を備え、その専門性を高めるとともに、複数の業務の経験を経て、それらの知識及び技術を有することにより、職務能力を総合的に高めるよう努めるものとする。
　⑵　予防要員　防火査察（火災の調査を含む。）及び防火管理、危険物、消防用設備等その他の火災の予防に関する知識及び技術を有し、火災の予防に関する業務等を的確に行うことができる能力

第3　消防法に基づく講習

　公益法人事業仕分けの評価結果を踏まえ、消防法に基づく防火管理講習、消防設備点検資格者講習、防火対象物点検資格者講習、自衛消防業務講習、防災管理講習及び防災管理点検資格者講習について、必要な防火・防災性能を確保することを前提に、受講者の負担軽減の観点から講習内容の効率化を図り、講習科目、講習時間の見直しや講習科目の一部免除の拡大等が行われ、平成23年4月1日から施行された。

　また、再講習の受講期限については、「免状の交付を受けた日又は最後の講習を修了した日から5年」と定められていたが、当該講習の開催が年1回程度の地域においては、事実上講習期限の1年以上前の時点での受講又は遠隔地での講習会場における受講を余儀なくされている実態を踏まえ、「免状の交付を受けた日又は最後の講習を修了した日以後における最初の4月1日から5年以内」と年度単位に改められ、平成24年4月1日から施行された。

　新型コロナウイルス感染症対策に加え、規制改革実施計画においてもオンライン講習の方針が掲げられたことを踏まえ、消防設備士講習、危険物取扱者保安講習、消防設備点検資格者再講習（第1種・第2種）、防火対象物点検資格者再講習、防災管理点検資格者再講習、甲種防火管理再講習、防火・防災管理再講習の対面講習に加え、オンラインによる講習が進められている。

第2章　立入検査

第1　事前の準備

1　立入検査の目的

　火災が発生した場合に多数の人命危険や社会的に多大な影響を及ぼす防火対象物にあっては、火災危険や消防法令違反が長い間、放置されていることは国民の生命、身体及び財産を保護し、社会全体の秩序の保持や公共の福祉に資することを目的とする消防法令に反することになるので、消防の任務を果たすため立入検査を適時、適切に実施し、関係者が法令遵守の下に火災危険の軽減を図り、継続した防火管理を指導していくことが必要である。

　○火災予防上の実態の把握　(1)　火災予防に関する消防法令の履行状況
　　　　　　　　　　　　　　(2)　火災予防上の欠陥の有無
　○火災予防上必要な措置をとり得るための行政調査

　　　　　　査察＝立入検査・質問＋結果の指摘＋是正指導

消防対象物と防火対象物について（法第2条第2項、第3項）

山林又は舟車、船きょ若しくはふ頭に繋留された船舶、建築物その他の工作物……
○防火対象物とは、……若しくはこれらに属する物をいう。
　　　属するものとは、建築物等（舟車、船きょ、繋留船舶、建築物、工作物）に存在又は附属する一切の物で、建築物等と従属関係にあるものをいい、火災予防行政の主たる対象となるもの
○消防対象物とは、……又は物件をいう。

物件とは、単独でも火災が発生する可能性（火災の発生元）がある故、消防活動の対象（消火現場における応急公用負担（法第25条））の対象となる可能性があるすべてのものを包摂する幅広い概念

2 立入検査の実施体制

(1) 重点的、効率・効果的な立入検査

　管内の防火対象物の実情に応じて、法令遵守状況や火災発生時の潜在危険性が高い防火対象物等の立入検査を重点的に実施する。また、関係行政機関との合同立入検査を実施する。

(2) 立入検査実施計画の策定

　立入検査実施計画を年度又は月単位で作成し、業務量等を勘案のうえ、目標値を設定し、すべての防火対象物について、長期間立入検査が実施されていないことの無いようにする。また、地域の特性、人命危険、過去の指導事項改修状況等により立入検査の必要性を検討し、立入検査実施計画の進捗状況を常に把握して業務管理を行う。

(3) 立入検査の実施体制

　職員の予防関係知識・技術・経験・勤務形態・事務量等を勘案し、個々の防火対象物の立入検査困難度に応じて、職員を指定しておく。この場合、主として消防活動に従事する交代制職員も含めて指定することが重要である。立入検査を実施することにより、防火対象物の実態や消防活動上必要な施設等を把握し、火災時に有効活用できることや火災原因調査、防火指導等への活用が期待できる。

　一方、知識・経験等の浅い職員は、予防技術検定の受験や消防学校等の教育又は知識・経験豊富な職員と同行し立入検査の経験を積む等、教育訓練を行うことが求められる。消防本部全体で立入検査を実施する体制を確保し、定期的に検証することが必要である。

(4) 立入検査を補完する情報収集

　届出を怠っている等の理由により未把握の防火対象物についての情報収集を警防調査や住民指導等の機会に行うとともに他の行政機関とのデーターの共有を構築し、状況把握を行う。また、消防署所において担当している情報の引継ぎや共有が重要である。

3 法第17条と法第10条の違い

　危険物製造所等は、法第10条により「指定数量以上の危険物の貯蔵又は取扱いは、政令で定める技術上の基準によらなければならない。」とされており、一般規定である法第17条（消防用設備等又は特殊消防用設備等）は適用されない。

　防火管理者は、法第8条により敷地単位（令第2条）の収容人員で選任する。

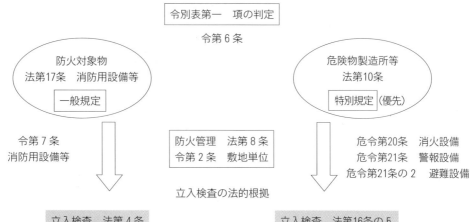

※防災管理関係の規定は、法第36条（第8章雑則）により法第8条から法第8条の2の3を準用する規定であり、防火に関する規定でないことから法第4条による立入検査・報告徴収の対象でない。法第4条の立入検査の際に法第36条関係規定等の不備等を確認する場合は、相手方の任意の協力に基づき行うことになる。

一般法と特別法
　一般法　法令の適用の対象（領域）となっている人、事物（事項や物のこと。）
　　　　　又は地域について、特別の制約がなく、広く一般に適用される法令
　（例）スーパーで、商品をレジに持って行き、支払いをすれば売買契約を交わさなくも売買が成立する。民法など一般にすべての人が対象になるもの
　特別法　特定の人、事物又は地域のみに限定して適用される法令
　（例）家を借りる場合、大家（貸主）と店子（借主）の関係。借地借家法
特別法（特別規定）優先の原則
　　形式的効力が同等である法令相互間あるいは同一法令内において内容的に矛盾や抵触が生じた場合では、特別法（特別規定）が優先適用され、補充的に一般法（一般規定）が適用される。
消防用設備等の設置
　（**特別規定**）消防法第10条第4項　　　　（**一般規定**）消防法第17条第1項

4　用途の確認

　　消防用設備等の設置義務や防火管理者の選任は、令別表第一の用途から！

> 令別表第一の用途は、全部覚えよう！
> 立入検査の時に使用状況を確認すること。

⑴　令別表第一の用途（令第6条）

　　令別表第一の用途には、住宅及び長屋は含まれていない。また、複数の用途がある場合は、令第1条の2第2項後段により、管理についての権原、利用形態その他の用途に供される防火対象物の従属的な部分を構成すると認められるものは、当該他の用途に含まれるものとして、取扱いは次による。

```
単一用途 ┬ 機能従属 ┬ 主たる用途
        │          └ 従たる用途
        └ みなし従属 ┬ 主たる用途　90％以上
                    └ その他（独立した用途）10％以下、かつ、300㎡未満
```

根拠法令等	令別表第一に掲げる防火対象物の取り扱いについて （昭和50年消防予第41号、消防安第41号）

「機能従属」

㈦　管理権原を有する者が同一（主用途部分と従属的な部分）

　＊主用途部分とは、劇場、事務所、宿泊室等当該防火対象物の各用途の目的を果たすために必要不可欠な部分で、従属的部分より大きい部分をいう。

　＊管理権原を有する者が同一であるとは、消防用設備等、建築構造設備等の設置・維持、改修等に当たって全般的に権限を行使できるものが同一であるもの

㈠　利用者が同一であるか又は密接な関係を有する。

　＊利用者が同一であるとは、従属的部分が主用途部分の勤務者の福利厚生を目的としたもの又は利用者の利便を目的としたもので、食堂、喫茶室等をいう。

　＊密接な関係を有するとは、主用途部分と従属的部分が用途上不可欠な関係を有するもので、展示室、映写室等をいう。

㈢　利用時間がほぼ同一である。

（例）　病院内に設置されたレストランや売店など、管理についての権原や、利用形態等から見て機能的に従属しているものと見ることが自然であるものは、⑹項イとする。

　　【機能的従属すると認められる用途】

項	主たる用途に供される部分	機能的従属する用途に供される部分
⑴項イ	舞台部、客席、映写室、ロビー、切符売場、出演者控室、大道具・小道具室、衣裳部屋、練習室	専用駐車場、売店、食堂、喫茶室

— 10 —

(1)項ロ	集会室、会議室、ホール、宴会場	食堂、喫茶室、専用駐車場、図書室、展示室
(2)項イ	客席、ダンスフロア、舞台部、調理室、更衣室	託児室、専用駐車場
(2)項ロ・ニ	遊技室、遊技機械室、作業室、更衣室、待合室、景品場、ゲームコーナー、ダンスフロア、舞台部、客席	売店、食堂、喫茶室、専用駐車場
(2)項ハ・ニ	客室、通信機械室、リネン室、物品庫、更衣室、待合室、舞台部、休憩室、事務室	託児室、専用駐車場、売店
(3)項イ	客席、客室、厨房	結婚式場、専用駐車場
(3)項ロ	客席、客室、厨房	結婚式場、専用駐車場
(4)項	売場、荷さばき室、商品倉庫、食堂、事務室	催物場、写真室、遊技場、結婚式場、専用駐車場、美・理容室、診療室、集会室
(5)項イ	宿泊室、フロント、ロビー、厨房、食堂、浴室、談話室、洗濯室、配膳室、リネン室	娯楽室、宴会場、結婚式場、バー、会議室、ビアガーデン、両替所、旅行代理店、専用駐車場、美・理容室
(5)項ロ	居室、寝室、厨房、食堂、教養室、休憩室、浴室、共同炊事場、洗濯室、リネン室	売店、専用駐車場
(6)項イ	診療室、病室、産室、手術室、検査室、薬局、事務室、機能訓練室、面会室、談話室、研究室、厨房、付添人控室、洗濯室、リネン室、医師等当直室	食堂、売店、専用駐車場
(6)項ロ・ハ	居室、集会室、機能訓練室、面会室、食堂、厨房	売店
(6)項ニ	教室、職員室、遊技室、休養室、講堂、厨房、体育館	食堂
(7)項	教室、職員室、体育館、講堂、図書室、会議室、厨房、研究室、クラブ室、保健室	食堂、売店
(8)項	閲覧室、展示室、書庫、ロッカー室、ロビー、工作室、保管格納庫、資料室、研究室、会議室、休憩室	食堂、売店
(9)項イ	脱衣場、浴室、休憩室、体育室、待合室、マッサージ室、ロッカー室、クリーニング室	食堂、売店、専用駐車場
(9)項ロ	脱衣場、浴室、休憩室、クリーニング室	専用駐車場
(10)項	乗降場、待合室、運転指令所、電力指令所、手荷物取扱所、一時預り所、ロッカー室、仮眠室	売店、食堂、旅行案内所
(11)項	本堂、拝殿、客殿、礼拝堂、社務所、集会室	宴会場、厨房、結婚式場、専用駐車場

(12)項イ	作業所、設計室、研究室、事務室、更衣室、物品庫	売店、食堂、専用駐車場、託児室
(12)項ロ	撮影室、舞台部、録音室、道具室、衣装室、休憩室	売店、食堂、専用駐車場
(13)項イ	車庫、車路、修理場、洗車場、運転手控室	売店、食堂
(13)項ロ	格納庫、修理場、休憩室、更衣室	専用駐車場
(14)項	物品庫、荷さばき室、事務室、休憩室	売店、食堂、専用駐車場
(15)項	事務室、休憩室、会議室	売店、食堂、専用駐車場、診療室

※上記の表は、昭和50年消防予第41号、消防安第41号通知を平成20年7月政令第215号の改正内容と照らし合わせたものにしてあります。

「みなし従属」
  主たる用途 延べ面積の90%以上
  独立した用途 延べ面積の10%以下、かつ、300㎡未満
 ＊独立した用途に供される部分は、当該主たる用途に含まれる。
  （共用される廊下、階段、通路、便所、管理室、倉庫、機械室等の床面積は、主たる用途と独立した用途のそれぞれの床面積に応じ按分する。）

（例） 事務所ビルの一部分にコンビニエンスストアが併設されている場合
   大部分が一の用途で、異なる用途が比率上極めて低い場合

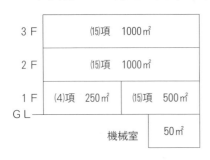

耐火建築物　3階建て　延べ面積2,800㎡
 主たる用途　(15)項　2,500㎡
 独立した用途　(4)項　250㎡
 共用部分　50㎡
  (15)項　　2,750㎡の91%
  (4)項　　2,750㎡の9%
 共用部分の機械室50㎡を按分
  (15)項　50㎡×0.91＝45.5㎡　∴2,545.5㎡
  (4)項　50㎡×0.09＝4.5㎡　∴254.5㎡

　主たる用途が全体の90%以上、独立用途部分が10%以下、かつ、300㎡未満であるので全体を(15)項として扱う。

【みなし従属に該当しない場合】

(2)項ニ、(5)項イ、(6)項イ(1)～(3)、(6)項ロ、(6)項ハ（利用者を入居させ、又は宿泊させるものに限る。）の用途に供される部分は、延べ面積にかかわらず自動火災報知設備の設置が義務付けられたことから、みなし従属の独立した用途部分から除かれる。
【令第1条の2第2項後段の規定についての解釈及び運用】
 昭和50年消防予第41号・消防安第41号、平成20年消防予第200号、平成21年消防予第131号、平成27年消防予第81号

【特定用途が混在する場合】

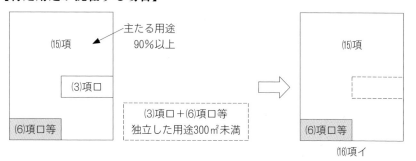

　(6)項ロ等以外の特定用途は、みなし従属が適用され主たる用途に含まれ、(6)項ロ等はみなし従属の独立した用途部分から除かれるので、(15)項と(6)項ロ等の小規模特定用途複合防火対象物(16)項イとなる。

※　(6)項ロ等は、(2)項ニ、(5)項イ、(6)項イ(1)～(3)、(6)項ロ、(6)項ハ（利用者を入居させ、又は宿泊させるものに限る。）をいう。

【住宅を含む場合】（一般住宅が令別表第一に掲げる防火対象物に存する場合）

㋐　一般住宅とみなされる場合

㋑　令別表第一の対象物とみなされる場合

㋒　複合用途防火対象物とみなされる場合

①　令別表第一の用途（50㎡超）より、一般住宅が大きい場合

②　令別表第一の用途と一般住宅がほぼ等しい場合

〈令別表第一〉

※世間一般に通用している俗称を用いているものは、用途の判定に当たっては名称のみで判定することなく、名称、営業形態、サービスの内容等の要件を判断して判定することに留意する（平成15年消防予第55号）。

(1)項イ	**劇場、映画館、演芸場**（寄席、ストリップ劇場等）、**観覧場**（野球場、相撲場、競馬・競輪・競艇場等）、仮設のサーカス小屋等 ※　客席を有するもの
(1)項ロ	**公会堂、集会場**、会館、公民館、結婚式場 ※　公衆の集合する施設で客席を有するもの
(2)項イ	**キャバレー、カフェー、ナイトクラブ**、バー、サロン ※　客席接待を伴い、客席が洋式なもの（風営適正化法の適用の有無は関係ない。） 　又は客にダンスをさせる設備を有するもの 　カウンター越しの接待は、含まない。
(2)項ロ	**遊技場**　囲碁、将棋、マージャン、パチンコ、ビリヤード、ボーリング、ゲームセンター、カラオケルーム（個室型店舗でないもの）、卓球場、アイススケート場等 **ダンスホール**（※指導員によるダンス教習場、日本舞踊、バレエ教室は(15)項）
(2)項ハ	**性風俗関連特殊営業を営む店舗**　ファッションヘルス、性感マッサージ、イメージクラブ、ＳＭクラブ、ヌードスタジオ、のぞき劇場、出会い系喫茶等 ※　(1)項イ（ストリップ劇場）、(2)項ニ（テレフォンクラブ及び個室ビデオ等）、(4)項（アダルトショップ）、(5)項イ（ラブホテル、モーテル）、(9)項イ（ソープランド）等の防火対象物はそれぞれの項で規制される。
(2)項ニ	**カラオケボックス**その他遊興のための設備又は物品を**個室**（これに類する施設を含む。）において客に利用させる役務を提供する業務を営む店舗で総務省令で定めるもの 　インターネットカフェ、漫画喫茶、テレフォンクラブ、個室ビデオ（衣服を脱いだ人の映像を見せるもの） ※　個室に類する施設については、壁等により完全に仕切られたものだけでなく、複合カフェ等にみられるような通常の使用状態で周囲を容易に見通すことができない程度の高さの間仕切壁により個人スペースが密集した形態のものを想定し、内部構造が火災に気づきにくく、従業員等の避難誘導が困難で、熱や煙が滞留しやすく避難経路が断たれやすい等に留意し、防火安全上の観点から判断する。
(3)項イ	**待合、料理店**、割烹等 ※　客席における接待を伴い、客席構造が和式のもの
(3)項ロ	**飲食店**（食堂、うどん・そば店、すし屋、喫茶店、居酒屋、スナック、グリル等） ※　和式、洋式を問わない（婦女子の接待がないもの）。
(4)項	**百貨店、マーケット、物品販売業**（小売店、高架下の商店街、給油取扱所、卸売問屋等） **展示場**　中古自動車販売店、博覧会場等 ※　店頭で物品の受け渡しがないものは含まない。
(5)項イ	**旅館**（和式）、**ホテル**（洋式）、**宿泊所**（多人数で共用）、簡易宿泊所、保養所（福利厚生施設）、ユースホステル、山小屋、モーテル、民宿、カプセルホテル、割烹旅館、国民宿舎、ウィークリーマンション ※　宿泊料を受けて人を宿泊させる施設 　マッサージ、レンタルルーム等で、主たる目的は宿泊以外のものであっても、副次的な宿泊サービスを提供している施設は、本項に該当する。また、類似す

る施設として、不特定多数の者が夜間施設にいて宿泊に用いるベッド、リクライニングシート、布団等があり、不特定多数の者の宿泊が継続的に行われているものは立入検査等で確認する。なお、⑵項ニ、⑹項イ、ロ、⑼項イ、⑾項等は副次的に宿泊の用に供する施設を有する場合もあるが、それぞれの項で取り扱う。

※　自宅の一部やマンションの空き室などを活用して宿泊サービスを提供する「民泊サービス」は、反復継続して、宿泊料を得て宿泊させる場合には、旅館業法の許可が必要である。なお、イベント民泊として、年数回程度（1回当たり2～3日程度）のイベント開催時に自治体の要請等により自宅（戸建住宅、共同住宅等）を旅行者に提供する行為は、宿泊が継続して行われないことから、本項に該当しない（平成28年消防予第106号）。

※　住宅宿泊事業法に基づく届出住宅（平成30年6月15日施行）
　　民泊として貸し出される施設は、台所、浴室、便所、洗面設備が設けられ、現に人が居住している家屋、入居者の募集が行われている家屋、又は随時その所有者、賃借人、転借人の居住用家屋とし、4月1日正午から翌年4月1日正午までの1年間の宿泊日数が180日以下のもので、都道府県知事又は保健所設置市等の長へ届出をした住宅は、⑸項イとして取り扱う。ただし、人を宿泊させる間、住宅宿泊事業者が不在とならない旨届出を行った届出住宅で、宿泊者の就寝室の床面積の合計が50㎡以下の場合は、住宅（⑸項ロの部分を含む。）として取り扱う（平成29年消防予第330号）。

⑸項ロ	**寄宿舎、下宿**（一月以上宿泊料を受け、宿泊させる施設で業としているもの） **共同住宅**（集合住宅で、出入口、廊下、階段室、エレベーター室、屋上等を共有するもの） ※　壁、床のみを共有する長屋は、該当しない。
⑹項イ	**病院**（患者20人以上の収容施設）、**診療所**（患者収容施設を有しないもの又は患者19人以下の収容施設）、**助産所**（妊婦、産婦、じょく婦の9人以下の収容施設）、**介護医療院**（要介護者に対し、長期療養のための医療と日常生活上の介護を行う施設（介護保険法第8条第29項）で、療養床の数により病院又は診療所として扱う。） ⑴　病院（火災発生時の延焼を抑制するための消火活動を適切に実施することができる体制（規則第5条第3項）を有するものを除く。）で、次のいずれにも該当するもの 　⒤　診療科名中に特定診療科名を有すること。 　⑵　療養病床又は一般病床を有すること。 　　　療養病床：病院又は診療所の病床のうち、精神病床、感染症病床、結核病床以外の病床であって、主として長期にわたり療養を必要とする患者を入院させるためのもの 　　　一般病床：病院又は診療所の病床のうち、上記精神病床等以外のもの ⑵　診療所で、次のいずれにも該当するもの 　⒤　診療科名中に特定診療科名を有すること。 　⑵　4人以上の患者を入院させるための施設を有すること。 ⑶　病院（⑴に掲げるものを除く。）、患者を入院させるための施設を有する診療所（⑵に掲げるものを除く。）又は入所施設を有する助産所 ⑷　患者を入院させるための施設を有しない診療所又は入所施設を有しない助産所 【火災発生時の延焼を抑制するための消火活動を適切に実施することができる体制】（規則第5条第3項） 　　次のいずれにも該当する体制を有する病院 　①　勤務させる医師、看護師、事務職員その他の職員の数が次の数を常時下回らない体制 　　　病床数　26床以下：2名

— 15 —

	26床を超えるとき：2名＋（13床までを増すごとに1名） ② 宿直勤務を行う者を除く医師、看護師、事務職員その他の職員の数が次の数を常時下回らない体制（就寝を伴わず勤務する従業者） 　病床数　60床以下：2名 　　　　　　60床を超えるとき：2名＋（60床までを増すごとに2名） （例）　病床数が60の場合、職員の総数が5人以上であり、かつ、当該職員のうち宿直勤務者を除いた職員数が2人以上である体制をいう。 【運用】（平成27年消防予第130号） 　ア　職員の数は、1日の中で、最も職員が少ない時間帯に勤務している職員（宿直勤務者を含む。）の総数とし、原則として棟単位で算定を行うこと。ただし、棟の患者の看護等を異なる棟に勤務する職員が担当している場合で、火災発生時に異なる棟に自動火災報知設備の火災信号を移報することにより、当該職員が迅速に駆けつけ、初期消火や避難誘導等を実施できる体制が確保されている等、適切な対応ができると認められる場合は、この限りでない（平成28年消防予第100号）。 　イ　その他の職員とは、歯科医師、助産師、薬剤師、准看護師、その他病院に勤務する職員をいい、原則として、委託による警備員は含まないが、病院に常駐しており、防火対象物の構造及び消防用設備等の位置を把握し、火災時に適切に対応が可能な者はこの限りではない。 　ウ　宿直勤務を行う者とは、労働基準法施行規則第23条に規定する「宿直の勤務で断続的な業務」を行う者をいい、通常勤務の終了後において、勤務の継続に当たらない軽度又は短時間の業務を行うために勤務し、当該勤務中に仮眠等の就寝を伴うことを認められた職員をいう。 　エ　病床数とは、許可病床数（医療法第7条）をいう。 　オ　4人以上の患者を入院させるための施設とは、許可病床数が4以上であるものをいう。ただし、許可病床数が4以上であっても、1日平均入院患者数（1年間の入院患者延べ数を同期間の診療実日数で除した値をいう。）が1未満のものにあっては「4人以上の患者を入院させるための施設を有する」に該当しないものとして差し支えないこと。 【特定診療科名】（規則第5条第4項） 　医療法施行令第3条の2に規定する診療科名のうち、次の診療科名以外のものが特定診療科名（内科、整形外科、リハビリテーション科等）となる。 〇肛門外科、乳腺外科、形成外科、美容外科、小児科、皮膚科、泌尿器科、産婦人科、眼科、耳鼻いんこう科、産科、婦人科、歯科 〇前記診療科名と医療法施行令第3条の2第1項第1号ハ⑴〜⑷、又は同条第1項第2号ロ⑴及び⑵に定める事項とを組み合わせた名称 　（例）　矯正歯科、小児眼科、歯科口腔外科、女性美容外科 ※　特定診療科名以外のみの病院・有床診療所は、職員による一定の支援があれば入院患者が自力避難できると想定されるため、避難のために患者の介助が必要な病院・有床診療所から除外される。 ※　夜間における職員数の確認及び診療科名は、医療機関の新設時は、開設申請時に把握できる書類を提出させ、既存施設は、医療機能情報提供制度（医療情報ネット）で、診療科名、許可病床数、1日平均入院患者数及び病床種別（一般、療養、精神、結核又は感染症）の確認ができる。 【参考　医療情報ネット】 https://www.mhlw.go.jp/stf/seisakunitsuite/bunya/kenkou_iryou/iryou/teikyouseido/
(6)項ロ	⑴　老人短期入所施設、養護老人ホーム、特別養護老人ホーム、介護老人保健施設、老人短期入所事業を行う施設（老人福祉法第5条の2第4項）、認知症対

	応型老人共同生活援助事業を行う施設（同法第 5 条の 2 第 6 項） 【避難が困難な要介護者を主として入居させるもの】 　　軽費老人ホーム、有料老人ホーム 　＊主として入居させるものとは、避難が困難な要介護者の割合が施設全体の定員の半数以上であることを目安として判断する。 【避難が困難な要介護者を主として宿泊させるもの】 　　小規模多機能型居宅介護事業を行う施設（老人福祉法第 5 条の 2 第 5 項） 　＊主として宿泊させるものとは、㋐又は㋑の条件に該当することを判断の目安とする。 　　㋐　実態として複数の要介護者を随時若しくは継続的に施設に宿泊させるサービスを提供するなど、宿泊サービスの提供が常態化していること。 　　㋑　施設の宿泊サービスを利用する避難が困難な要介護者の割合が、宿泊サービス利用者全体の半数以上であること。 【その他これらに類するもの】（規則第 5 条第 6 項） 　　避難が困難な要介護者を主として入居又は宿泊させ、業として入浴、排せつ、食事等の介護、機能訓練又は看護若しくは療養上の管理その他の医療を提供する施設（(6)項イに掲げるものを除く。） 　※　避難が困難な要介護者（規則第 5 条第 5 項） 　　　介護保険法第 7 条第 1 項に定める要介護状態区分が 3 から 5 の者（要介護認定等に係る介護認定審査会による審査及び判定の基準等に関する省令第 1 条第 1 項第 3 号から第 5 号までに掲げる区分）
(6)項ロ	⑵　救護施設（身体や精神に障害があり、経済的な問題等で日常生活を送るのが困難な18歳以上の人が健康で安心して生活するための生活保護施設） ⑶　乳児院（乳児（保健上、安定した生活環境の確保その他の理由により特に必要のある場合には、幼児を含む。）を入院させて、これを養育し、あわせて退院した者について相談その他の援助を行うことを目的とする施設） ⑷　障害児入所施設（障害のある児童を入所させて、保護、日常生活の指導及び自活に必要な知識や技能の付与を行う施設で、福祉サービスを行う「福祉型」と、福祉サービスに併せて治療を行う「医療型」がある。） ⑸　【避難が困難な障害者等を主として入所させるもの】 　　障害者支援施設、短期入所等施設（短期入所（障害者総合支援法第 5 条第 8 項）、共同生活援助を行う施設（同法第 5 条第17項）） 　　＊主として入所させるものとは、避難が困難な障害者等がおおむね 8 割を超えることを原則とし、障害支援区分の認定を受けていない者にあっては、障害支援区分の認定基準を参考としながら福祉部局と連携の上、障害の程度を適切に判断すること。 　※　避難が困難な障害者等（規則第 5 条第 7 項） 　　　障害者（障害者総合支援法第 4 条第 1 項）又は障害児（同条第 2 項）であって、障害支援区分（同条第 4 項）が 4 から 6 の者（障害支援区分に係る市町村審査会による審査及び判定の基準等に関する命令第 1 条第 5 号から第 7 号までに掲げる区分）
(6)項ハ	⑴　老人デイサービスセンター、軽費老人ホーム（(6)項ロ(1)に掲げるものを除く。）、老人福祉センター、老人介護支援センター、有料老人ホーム（(6)項ロ(1)に掲げるものを除く。）、老人デイサービス事業を行う施設（老人福祉法第 5 条の 2 第 3 項）、小規模多機能型居宅介護事業を行う施設（同条第 5 項。(6)項ロ(1)に掲げるものを除く。） 【その他これらに類するもの】（規則第 5 条第 8 項） 　　老人に対して、業として入浴、排せつ、食事等の介護、機能訓練又は看護若しくは療養上の管理その他の医療を提供する施設（(6)項イ及び(6)項ロ(1)に掲げ

— 17 —

	るものを除く。）
	(2) 更生施設（身体上又は精神上の理由により養護及び生活指導を必要とする要保護者を入所させて、生活扶助を行うことを目的とする施設）
	(3) 助産施設、保育所、幼保連携型認定こども園、児童養護施設、児童自立支援施設、児童家庭支援センター、一時預かり事業（児童福祉法第6条の3第7項）又は家庭的保育事業（同条第9項）を行う施設 【その他これらに類するもの】（規則第5条第9項） 　業として乳幼児を一時的に預かる施設又は業として乳幼児に保育を提供する施設（(6)項ロに掲げるものを除く。）
(6)項ハ	(4) 児童発達支援センター、児童心理治療施設又は児童発達支援（児童福祉法第6条の2の2第2項）若しくは放課後等デイサービス（同条第3項）を行う施設（児童発達支援センターを除く。）
	(5) 身体障害者福祉センター、障害者支援施設（(6)項ロ(5)に掲げるものを除く。）、地域活動支援センター、福祉ホーム又は生活介護（障害者総合支援法第5条第7項）、短期入所（同条第8項）、自立訓練（同条第12項）、就労移行支援（同条第13項）、就労継続支援（同条第14項）、共同生活援助（同条第17項）を行う施設（短期入所等施設を除く。）
(6)項ニ	**幼稚園、特別支援学校**（盲学校、聾学校、養護学校） ※　幼児、障害がある者の教育施設
(7)項	**小学校、中学校、義務教育学校、高等学校、中等教育学校、高等専門学校、大学**（学校教育法）、**専修学校**（学校教育法の学校以外で職業、能力育成等を行う学校）、**各種学校** 看護学校、理・美容学校、英会話スクール、栄養学校、音楽学校、学習塾等 ※　学校教育又はこれらに類する教育を行う施設
(8)項	**図書館、博物館、美術館**、画廊、郷土館、歴史館 ※　資料を保存、展示する施設
(9)項イ	**蒸気浴場、熱気浴場**、ソープランド、サウナ、岩盤浴 ※　特殊浴場
(9)項ロ	**(9)項イ以外の公衆浴場**　　公衆浴場（銭湯）、鉱泉浴場、砂湯、塩湯
(10)項	**車両の停車場、船舶若しくは航空機の発着場**（旅客の乗降、待合の用に供する建築物）、**駅舎**（プラットホームを含む。）、**バスターミナル**の建築物 ※　運転関係者専用又は荷物専用の建築物は該当しない。
(11)項	**神社、寺院、教会**、納骨堂、修道院、本殿、社務所、本堂、庫裏、礼拝堂等 ※　宗教上の礼拝施設 　寺院の宿坊等で不特定多数の者が利用し、かつ、独立性が強く、専らその用に供されている場合は(5)項イとして取り扱う場合もある。
(12)項イ	**工場**（物の製造又は加工を主として行う所で、機械化が比較的高度化されたもの） **作業所**（機械化が比較的低いもので、手作業によることが多いもの）
(12)項ロ	**映画スタジオ、テレビスタジオ**
(13)項イ	**自動車車庫、駐車場**（高架下の駐車場は、さく、塀等で区画してあるもの）、ゴルフ場の電動カート格納庫、オートバイ保管場、メーカーが自動車を置く建築物（自走可能なもの） ※　倉庫や事業所等に附設された駐車施設は、独立性の強いものの場合を除き、当該事業所等に含む。
(13)項ロ	**飛行機、回転翼航空機の格納庫**（滑空機、飛行船、ヘリコプター）
(14)項	**倉庫**（物品の滅失又は損傷を防止するための工作物であって、物品の保管に供す

	るもの）
⑴項	**⑴項から⑭項までに該当しない事業所** 市役所、警察署、消防署、ごみ処理施設、火葬場、銀行、商工会議所、事務所、ハローワーク、営林署、裁判所、発電所、モデル住宅、写真館（写真機器販売は⑷項）、理・美容所、バッティングセンター、牛舎、鶏舎、コインランドリー、クリーニング店、はり・灸院、犬猫病院、屋内釣堀、エアロビクス教室、新聞社、駐輪場、レンタルショップ（貸し衣装、ＤＶＤ）、ゴルフクラブハウス、放課後小学生を預かる施設、工場の食堂棟、卸売問屋（店頭で物品販売がないもの）、市場等
⑯項イ	**複合用途防火対象物**のうち、その一部が⑴項から⑷項まで、⑸項イ、⑹項又は⑼項イに掲げる防火対象物の用途に供されるもの ＊複合用途防火対象物（法第8条第1項、令第1条の2第2項前段）とは、異なる2以上の用途のうちに⑴項～⑮項までの用途のいずれかの用途が含まれている防火対象物をいい、同一の項であっても、イ、ロ等の細項目を異にする場合も含まれる。 ＊⑹項イの⑴～⑷又は⑹項ロ及びハにおける⑴～⑸までの区分については、特定の消防用設備等に係る設置基準が異なるものの、原則として同一の細項目であり、便宜上詳細分類を設けたものであるため、詳細分類を異にすることをもって複合用途防火対象物として取り扱うものではない。 【小規模特定用途複合防火対象物】（規則第13条第1項第2号） 　⑯項イの防火対象物のうち、⑴項から⑷項まで、⑸項イ、⑹項又は⑼項イの用途に供される部分の床面積の合計が防火対象物の延べ面積の10%以下、かつ、300㎡未満であるもの ※　当該特定用途部分に⑵項ニ、⑸項イ、⑹項イ⑴～⑶、⑹項ロ、⑹項ハ（利用者を入居させ、又は宿泊させるものに限る。）のいずれの用途も存しない場合は、小規模特定用途複合防火対象物に該当しない。→みなし従属適用
⑯項ロ	⑯項イに掲げる複合用途防火対象物以外の複合用途防火対象物
(16の2)項	**地下街**　地下の工作物内に設けられた店舗、事務所その他これらに類する施設で、連続して地下道に面して設けられたものと当該地下道とを合わせたもの 延べ面積は、地下道部分の面積と建築物の地階の面積を合算する。 ＊⑴項～⑯項までの建築物が地下街に存するときは、これらの建築物は地下街の部分とみなす。
(16の3)項	**準地下街**（昭和55年8月静岡ゴールデン街ガス爆発事故による。） 建築物の地階（地下街を除く。）で、連続して地下道に面して設けられたものと当該地下道とを合わせたもの（⑴項～⑷項、⑸項イ、⑹項又は⑼項イに掲げる防火対象物の用途に供される部分が存するものに限る。）

(16の3)項	 建築物　道路 ＢＦ　地下道　──建築物の地階で、 　　　　　　　　　　　　　準地下街である部分 連続して、地下道に面して設けられた地階（特定用途） 延べ面積は、地下道部分と地階で特定防火対象物の用途に供される部分の床面積 ＊(1)項〜(16)項までの建築物又は用途部分が準地下街に該当するときは、準地下街であると同時にその用途でも規制される。
(17)項	文化財保護法（昭和25年法律第214号） 重要文化財（国が指定したもの）、重要有形民俗文化財、史跡、重要な文化財（国以外の指定）、旧重要美術品等ノ保存ニ関スル法律（昭和8年法律第43号）により、重要美術品として認定された**建造物** ※　建築物、工作物が該当し、刀や涅槃図など収容物は該当しない。 ＊重要文化財は、従来、神社仏閣（(11)項）が多かったが、最近では文化財を飲食店や旅館などで使う場合もあり、この場合は、(17)項であると同時にその用途でも規制される。 **根拠法令等**　文化財建造物に係る消防用設備等の取扱いについて（平成16年消防予第26号）
(18)項	**延長50m以上のアーケード** ＊日よけ、雨よけ又は雪よけなどの目的で路面上に相当の区画を連続的に設ける公益上必要な建築物、工作物及びその他の施設
(19)項	**市町村長の指定する山林**　原野　山林　森林
(20)項	**総務省令で定める舟車**（規則第5条第10項） 船舶安全法第2条第1項を適用しない船舶、端舟、はしけ、被曳船その他の舟及び車両（法第2条第6項）のうち、次の舟及び車両とする。 　1）総トン数5トン以上の舟で、推進機関を有するもの 　2）次の法律又はこれらに基づく命令により、消火器の設置が必要な車両 　　鉄道営業法、軌道法、道路運送車両法

○スポーツ施設の項判定　プールの場合
　①競技用で観覧席がある場合は(1)項イ。②遊技性があるものは(2)項ロ。③学校は(7)項。④スイミングスクールは(15)項
○昼と夜の使用形態が異なる場合は、主として使用される実態で決定する。
○令別表第一の用途を決定する際は、令8区画は考慮しない。
○専業農家、兼業農家のコンバイン、トラクター、農産物等の収納舎は、令別表第一に該当しない（昭和52年消防予第108号）。
○工場敷地内の厚生施設は(15)項
○(17)項が他の用途（(11)項）と複合しているような場合、他の用途は(17)項と解しがたいが、全体を(17)項に含めて運用する（昭和42年自消丙予発第61号）。
○同一敷地でログハウスや貨車を利用したカラオケ施設が棟ごとに一室の場合は、

⑵項ニ（一の防火対象物の中で個室、間仕切等により区切られ、火災の覚知が分かりにくいもの）には該当しない。

【社会福祉施設が共同住宅に設置されている場合】

○ 共同住宅に⑹項ロ（規模によらない。）がある場合は、⑯項イ

○ ⑹項ハのケアホーム等が、共同住宅にある場合

● ⑹項ハの部分が延べ面積の10％以下、かつ、300㎡未満の場合は、⑸項ロ

● ⑹項ハの部分がみなし従属に該当しない場合は、⑯項イ

【複合型居住施設】

共同住宅に小規模なグループホーム等の福祉施設が入居した場合で、⑯項イと判定された場合に福祉施設の部分に一定の区画がされている場合には、10階以下のスプリンクラー設備の設置免除や共同住宅部分の自動火災報知設備の感知器及び誘導灯の設置が免除される。

対象となる防火対象物は、⑯項イの防火対象物のうち、⑸項ロ並びに⑹項ロ及びハ（有料老人ホーム、福祉ホーム、認知症高齢者グループホーム、障害者グループホーム・ケアホームに限る。以下「居住型福祉施設」という。）以外の用途に供する部分が存在しないもので、居住型福祉施設の部分に一定の防火区画を有するものとする。

※ 家具・調度等の可燃物、調理器具・暖房器具等の火気使用、入所者数等も他の一般住戸とほぼ同様であるものに限るため、使用形態の異なる通所施設、短期間で入所者が入れ替わる施設、運営法人の資産要件として自己所有が原則となっており、制度的に共同住宅の一部において運営されることが想定されない施設は除かれている。また、小さい駐車場や物品販売店等が存する共同住宅で、⑸項ロと判定されている防火対象物の一部に居住型福祉施設が入居するものは含まれる。

【社会福祉施設等】（平成26年消防予第81号）

1　改正の趣旨等

社会福祉施設等の態様の多様化により、軽費老人ホームや小規模多機能型居宅介護を行う施設等で、自力避難することが困難な要介護者の入居や宿泊が常態化しているもの又は福祉関係法令に位置付けられないもので、要介護者に入浴、排せつ、食事の介護等を行うもの若しくは乳幼児等に保育所に類似のサービスを提供するものなどがあることから、消防法上の位置付けを明確化したものである。

⑹項ロ：自力避難が困難な者が主として入所、入居、宿泊する社会福祉施設等
⑹項ハ：⑹項ロ以外の施設で、自力避難が困難な者が利用する可能性があることに加え、避難に当たり一定の介助が必要とされる高齢者、障害者等が利用する蓋然性が高い社会福祉施設等

2　用途区分の判定等

ア　⑹項ロ、⑹項ハの「その他これらに類するもの」として規則第5条で定めるもので「業として」とは、報酬の有無にかかわらず、介護保険制度外の事

業などの法定外の福祉サービスを自主事業として提供するものを含む。

イ　施設又は事業の名称から一律に⑹項ロ、⑹項ハとすることなく、福祉部局になされた届出等を考慮しつつ、営業形態、サービスの内容、利用者の避難困難性、事業者の受入れ体制等の事業内容を十分に把握し、総合的に火災危険性を勘案した上で、用途の判断を行うこと。

ウ　利用実態が変化した場合

　㋐　用途区分が変更されることが考えられるため、消防用設備等の設置について、法第17条の3の趣旨を関係者等に十分に説明し、事業者の受入れ体制等の事業内容を確認した上で、あらかじめ必要な対応を促すことが望ましい。

　㋑　入居者数等の変化

　　　軽費老人ホーム、有料老人ホーム等の社会福祉施設等（※）における入所者、入居者、宿泊者の人数は、以下により判断する。

①　社会福祉施設等に、実際に入所、入居、宿泊している人数による。

②　入所者等の人数が明確でないときは、社会福祉施設等が届出等により福祉部局に示している定員又は新規に社会福祉施設等を設置しようとする際に示す定員の予定数による。

　（※）軽費老人ホーム、有料老人ホーム、小規模多機能型居宅介護事業を行う施設、障害者支援施設、短期入所又は共同生活援助を行う施設、その他これらに類するもの（⑹項ロ⑴、⑹項ハ⑴）

③　届出等がない場合には、防火対象物の入所、入居、宿泊の用に供する部屋の数、規模及び形態等の事業者の受入れ体制に関する資料の提出を求め、推定される人数による。

④　利用者が比較的短期間に入れ替わる場合

　　　施設の定常的な状態として、3ヶ月程度以上の一定期間の実績による平均的な状況を確認することなどにより対応すること。

3　サービス付き高齢者向け住宅

　　高齢者の居住の安定確保に関する法律の一部改正により、「サービス付き高齢者向け住宅事業」の登録制度が創設され、建築物ごとに都道府県知事の登録を受けることができる。

　　高齢者向けの賃貸住宅又は有料老人ホームであって居住の用に供する専用部分を有するものに高齢者を入居させ、安否確認や生活相談サービスのみの提供を受けている場合や個別の世帯ごとにいわゆる訪問介護等を受けている場合は⑸項ロとし、食事の提供等により、有料老人ホームに該当するものを⑹項ロ、⑹項ハとして取り扱うこと。

　（例）具体的な判断の目安として、事業者による食事の提供の場となる食堂や、事業者による介護サービスの提供の場となる共同浴室を有することなどが考えられる。

　　なお、有料老人ホーム（老人福祉法第29条第1項）は、サービス付き高齢者

向け住宅の登録を受けているかどうかにかかわらず、食事の提供等の同項に定めるサービスを提供しているものは、有料老人ホームとして扱われる。

4　児童福祉施設

一般住宅において、児童一時預かり事業又は家庭的保育事業その他これらに類する事業が行われる場合は、「住居利用型の児童福祉事業に係る消防法令上の取扱いについて」（平成22年消防予第158号）、「消防法施行令別表第一の取扱いについて」（昭和50年消防予第41号・消防安第41号）による。

【幼保連携型認定こども園】

1　保育園と幼稚園の就学前の教育保護を一体として捉え、一貫して提供する新たな枠組みで、認定基準を満たす施設は、都道府県知事等から「認定こども園」の認定を受けることができる。

○就学前の子供に幼児教育・保育を提供

○地域における子育て支援を行う機能

2　(6)項ハ(3)に規定されるものは、認定こども園のうち「幼保連携型認定こども園」のみであり、「幼稚園型」、「保育所型」及び「地方裁量型」についての取り扱いは従前の通りである。認定こども園の認定を受けても、幼稚園や保育所等はその位置づけを失うことはない。

【風営適正化法の改正】平成28年6月23日施行

風俗営業等の規制及び業務の適正化等に関する法律が一部改正され、ナイトクラブ営業のうち、低照度飲食店営業（10ルクス以下）に該当しないダンスホール等は風俗営業から除外されたが、令別表第一の規定の適用に当たっては、従前どおり、防火対象物の実態に即して判断するもので、ダンスホール等営業についても同様である。

○特定遊興飲食店営業（10ルクスを超えるもので、深夜にわたって客に酒類を提供するもの）については、許可制度が新設された。

○特定遊興飲食店営業のうち、設備を設けて、客にダンスをさせる営業施設については「ナイトクラブ」として取り扱う。

【住宅宿泊事業法等に係る執務資料】（平成30年消防予第2号）

○宿泊室の床面積は、宿泊者が就寝するために使用する室の面積（壁その他の区画の中心線で囲まれた部分の水平投影面積）とし、押入れや床の間は含まない。

○平成29年消防予第330号通知は、宿泊室の床面積等に応じて届出住宅全体の用途を判定するための考え方を示すものに対し、昭和50年消防予第41号・消防安第41号通知記2は、一般住宅部分と他の用途部分が別に存する防火対象物の用途を判定するためのものである。なお、共同住宅等の場合は、住戸ごとに330号通知に基づき用途判定を行った上で、棟全体の用途判定は41号通知に基づき行う。

【民泊ガイドライン等】

○住宅宿泊事業者が不在とならないとは、届出住宅に人を宿泊させる間、住宅

宿泊事業者が居住しており一時的な不在を除く。一時的な不在とは、日常生活を営む上で要する範囲内で原則1時間とする。ただし、店舗の位置や交通手段の状況等による場合は2時間程度までとし、業務等により継続的に長時間不在とするものは該当しない。なお、住宅宿泊事業者自身が不在で、他者が届出住宅に居たとしても、不在として取り扱われる。

○ 届出住宅は、宿泊者1人当たりの居室の床面積3.3㎡以上を確保し、宿泊者の安全の確保を図るために避難経路の表示等の必要な措置を講じなければならない。

根拠法令等	厚生労働省関係住宅宿泊事業法施行規則（平成29年厚生労働省令第117号） 国土交通省関係住宅宿泊事業法施行規則（平成29年国土交通省令第65号） 非常用照明器具の設置方法及び火災その他の災害が発生した場合における宿泊者の安全の確保を図るために必要な措置を定める件（平成29年国土交通省告示第1109号） 民泊の安全措置の手引き（平成29年国土交通省住宅局建築指導課） 住宅宿泊事業法施行要領（ガイドライン）（平成29年12月厚生労働省医薬・生活衛生局／国土交通省土地・建設産業局／国土交通省住宅局／国土交通省観光庁）

(2) 収容人員の算定（令第1条の2第4項、規則第1条の3）

・防火管理者選任の要否は、敷地単位（令第2条）（法第8条、令第1条の2第3項）
・消防用設備等の設置 ─┬─ 非常警報器具・設備の設置（令第24条）は、棟の収容人員
　　　　　　　　　　　└─ 避難器具の設置（令第25条）は、階の収容人員

【共通事項】

○ 機能従属、みなし従属部分も主たる用途判定に従い算定する。

○ 同一敷地内に2以上の防火対象物がある場合は、それぞれの用途に従い算定し、合算する（令第2条）。同一従業者が他の棟を使用する場合は不算入

○ 平常時における勤務体制の最大勤務者数

○ 短期的、かつ、臨時的雇用者（デパート等の年末時のみのアルバイト等）は、従業者として扱わない。

○ 交替制の勤務体制

　　1日の中で勤務人員が最大となる時間帯の人数で、交代時の従業者が重複する数とはしない。

○ 指定された勤務用の机を有する外勤者は、従業者に算定する。

○ 廊下、階段及び便所は、原則として床面積に含めない。

○ 従業者数　業務に従事している者の数

○ 固定式いす席　ソファー等、いす席相互を連結したもの。常時同一場所において、固定的に使用し、かつ、移動が容易に行えないもの

○長いす席　正面幅を一つひとつ除算し、そのつど端数切り捨て
○床面積　壁その他の区画中心線で囲まれた部分の水平投影面積

【項別の収容人員算定】

⑴項 イ、ロ	従業者の数 固定式いす席数 　長いす　正面幅÷0.4m（1未満切り捨て） 　立見席　床面積÷0.2㎡（1未満切り捨て） 　　　　　立見席が区画されていない場合のいす席の縦（横）通路の延長部分、非常 　　　　　口扉部分は、立見席の収容人員算定は消極的とする。 　その他　床面積÷0.5㎡（1未満切り捨て） 　　　　　移動式いす席、寄席の和風さじき、ます席	
⑵項 イ、ロ、 ハ、ニ	遊技場	従業者の数 遊技者の数○ボーリング　1レーンに附属するいす席数 　　　　　　　○パチンコ台　遊戯台の数 　　　　　　　○撞球台　1台2名 　　　　　　　○マージャン　1台4名 観覧、飲食、休憩用の固定いす席数 　長いす　正面幅÷0.5m（1未満切り捨て）
	その他	従業者の数 固定いす席 　長いす　正面幅÷0.5m（1未満切り捨て） 　その他　床面積÷3㎡（1未満切り捨て）
⑶項 イ、ロ	従業者数 客　席　固定いす席数 　　　　　長いす　正面幅÷0.5m（1未満切り捨て） 　　　　　その他　床面積÷3㎡（1未満切り捨て） 　　　　　　　　○屋上ビヤガーデン（床面積等）算入	
⑷項	従業者数 主として従業者以外の者が使用する部分（客等の使用に供するため壁、床に固定 した仕切り、スクリーン、カウンター等で区画した部分） 　　　飲食、休憩用部分　床面積÷3㎡（1未満切り捨て） 　　　その他の部分　　　床面積÷4㎡（1未満切り捨て） 　　　固定いすの有無に関係なく床面積で算定（売場通路も含む。） 　　　マーケット、店舗のショーケース、陳列棚部分も含めて4㎡で除す。	
⑸項イ	従業者数 宿泊室　洋式　ベッド数　2人以上用はベッドごとに対応する数 　　　　和式　床面積÷6㎡　部屋ごとに算出（1未満切り上げ）畳の部分 集会、飲食、休憩用部分　固定式いす席数 　　　　　　　　　長いす　正面幅÷0.5m（1未満切り捨て） 　　　　　　　　　その他の部分　床面積÷3㎡（1未満切り捨て） ○簡易宿泊所　主として団体客の宿泊所　床面積÷3㎡（1室3㎡未満は1名） ○ラブホテル　1室2名でなく規則第1条の3で算出 ○休憩部分等と宿泊室の使用者が同一　防火管理者の要否は休憩部分不算入	

(5)項イ	○一の部屋で和室と洋室がある場合　それぞれの部分ごとに算出 　　　（スイートルームなどで同時使用されない場合は、この限りでない。） ○ホテル等の集会、飲食、休憩用部分を宿泊者以外が使用する場合は算入
(5)項ロ	居住者の数 新築又は居住者の出入りが激しい等で実態把握が困難な共同住宅にあっては、消防機関の行政手続き指針により、防火管理指導や避難器具の設置判断を行うものとする。 　　実態把握困難な共同住宅の収容人員算定要領 　　(1)　住戸のタイプ別数（集会室等の共用室を除く。） 　　(2)　住戸のタイプ別の算定居住者数 | 住戸のタイプ	1K、1DK 1LDK、2DK	2LDK 3DK	3LDK 4DK	4LDK 5DK
---	---	---	---	---
算定居住者数	2人	3人	4人	5人	
(6)項イ	従業者の数　医師、歯科医師、助産師、薬剤師、看護師等 病室内の病床数 待合室　床面積÷3㎡（1未満切り捨て） 　○病室が和式の場合　使用状態での収容患者数 　○廊下が待合所　最小幅員以外の待合部分÷3㎡ 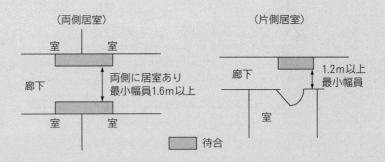 　○産婦人科　乳幼児を含む（保育器も病床数に含む。）。 　○大規模な病院の食堂等　床面積÷3㎡（待合室の例による。） 　○治療室や手術室は含まない。
(6)項 ロ、ハ	従業者の数 要保護者数　（老人、乳児、幼児、身体障害者、知的障害者等） 　○老人福祉センター等で地域の人が自由に出入りできる場合 　　　一時最多使用者数と従業者を合算
(6)項ニ	教職員の数＋幼児、児童、生徒数
(7)項	教職員の数＋児童、生徒、学生の数 　　生徒等が移動して使用する講堂、音楽室等　　一時使用する最多人数（階）
(8)項	従業者の数＋展示室、展覧室、会議室等　　床面積÷3㎡（1未満切り捨て）
(9)項 イ、ロ	従業者数 浴場（浴槽、洗い場、サウナ室）、　脱衣場、マッサージ室、休憩用部分 　　床面積÷3㎡（1未満切り捨て）

	○火焚き場、ボイラーマンの居室は浴場に含まない。 ○蒸気浴場　　1室2名でなく規則第1条の3で算出
(10)項	従業者数
(11)項	神職、僧侶、牧師その他従業者数 礼拝、集会、休憩用部分　　床面積÷3㎡（1未満切り捨て）
(12)項イ、ロ	従業者数
(13)項イ、ロ	
(14)項	
(15)項	従業者数 主として従業者以外の者が使用する部分　床面積÷3㎡（1未満切り捨て） 　いすの有無に関係なく床面積で計算 ○従業者の数は通常所属する○部○課○係などの席をもって行い、これらの者が 　移動して使用する独立用途（食堂、休憩室、売店等）のうち大規模なものは床 　面積÷3㎡で計算 ○官公署の記者室　　従業者数に算入 ○官公署の客だまり　従業者以外が使用する場所　床面積÷3㎡ ○ロビー等は一般に該当しない（実情による。）。
(16)項 イ、ロ (16の2) 項	各項の用途と同一用途部分をそれぞれ一の防火対象物として計算し、合算する。
(17)項	建築物各階の床面積÷5㎡（1未満切り捨て） 　工作物は適用しない。
仮使用認定を受けた大 規模な建築物	仮使用部分　上記用途による。 その他の部分　従業者数
建造中の旅客船	従業者数

(3) 指導歴の確認

　　消防機関が把握している資料により、今までの指導履歴を確認する。

(4) 検査項目

　ア　防火対象物の使用状況

　イ　防火管理体制の確立状況

　ウ　点検実施状況

　エ　自衛消防の組織の確立状況

　オ　防炎物品の使用状況

　カ　避難施設等の維持管理状況

　キ　消防用設備等の維持管理状況

　ク　火気の取扱い状況

　ケ　危険物の貯蔵、取扱い状況

　コ　工事中の防火管理状況

サ　建築基準法令関係について
(5)　関係者等に関する情報
ア　関係者（所有者、管理者、占有者）の住所、氏名、連絡先等の確認
イ　法第4条第1項による質問することができる関係のある者とは、関係者又はその代理人、使用人その他の従業員等がこれにあたる。
ウ　立入検査の相手方の対応に関する情報の確認
(6)　持参品の準備
○証票（市町村長の定める証票）
○防火対象物台帳及び図面等
○届出用紙、通知書、命令書等
○関係法令集等の資料
○検査に必要な器具
○その他必要な資料等

第2　立入検査の実施

　立入検査権は、法第4条、第4条の2、第16条の5に規定されており、法第4条による立入検査は、「あらゆる仕事場、工場若しくは公衆の出入する場所その他の関係のある場所」で、すべての場所が立入検査の対象に含まれ、個人住居も含まれる。また、法第16条の5による立入検査は、「指定数量以上の危険物を貯蔵し、若しくは取り扱っていると認められるすべての場所」となっている。
　火災危険の可能性がほとんどの用途に普遍的に内在しており、消防の立入検査は、これらの火災危険を未然に防止するために必要なものである。

1　事前の通知

　法令上は事前通知を必要としないが、違反是正の進捗状況の確認や普段無人の防火対象物への立入検査は、担当者がいないと有効的な査察ができないので事前に関係者に連絡しておくこと。
　なお、違反確認や事前通知をすると一時的に是正されるような場合等は通知をしない。

2　査察員の注意事項

　法第4条による立入検査を行う者は、消防長又は消防署長から立入検査権の行使について下命された消防職員である。また、法第16条の5による場合は、市町村長等の下命により当該消防事務に従事する職員である。
※　非常備市町村においては、市町村長から下命された消防事務に従事する職員及び常勤の消防団員が立入検査を行う。なお、市町村長等とは、消防本部等の有無や、管轄する区域により、許認可権を有する市町村長、都道府県知事、総務大臣の総称をいう。

⑴　関係者の承諾を必要とする場合

　　立入検査は、火災予防上の行政調査として行われるものであり、一般に即時強制の性質を持つものであることから、原則として、関係者の承諾や同意を得ることなく、一方的に消防対象物等に立ち入ることができる。しかし、例外として、関係者の承諾や同意を得なければならない場合がある。

　○緊急時を除き、日の出から日没までの時間帯に個人住居（一般住宅、共同住宅の各住戸又は旅館・ホテルの客室等）に立ち入る場合

　　関係者の承諾は、個人の住居等に立ち入る場合の絶対的手続き要件である。

憲法第35条　住居の不可侵

⑵　業務を妨害してはいけない

　　検査等において、みだりに従業員等の業務を妨害しないこと。

⑶　民事問題への不介入

　　立入検査時の民事問題については、絶対に関与してはならない。建物の賃貸借や行政への不満、近隣トラブルなどがあると思われるが、民事的トラブルに巻き込まれないよう注意が必要である。

⑷　証票の提示

　　無人のゲームセンターや雑居ビルの共用部分など関係者がいない場合もあり、従業者等関係のある者から請求があった場合に証票を提示する必要がある。

⑸　関係者の立会い

　　立入検査のとき、関係者が立会うことは法的に義務はないが、トラブルの回避や立会い者への質問などで、避難訓練の実施状況や指摘事項の改善状況など現場での確認が容易になることから、関係者の立会いの下に行うことが必要である。

⑹　守秘義務

　　立入検査で知り得た、関係者の秘密をみだりに他に漏らしてはいけない。

　　なお、上司に報告することは、みだりに漏らすことにはならない。また、法令の規定に基づく照会等以外の場合でも、火災予防上重大な危険が認められる事案がある場合は、消防法等の守秘義務によって確保しようとする法益と比較考量を行って、関係行政庁へ通知し、是正促進を要請する。

⑺　信用失墜行為の禁止

　　地方公務員として、関係者からの物品提供等を受けるような行為は慎むこと。

3　立入検査の強制力

　　立入検査は、関係者の拒否等がない限り、その承諾や同意を得ることなく、一方的に立ち入れる点において強制力が認められるが、拒否等があった場合には、それを排除してまでも強行できるものとは解されない（昭和24年7月27日法務府意見）。

　　消防法は、正当な理由のない立入りの拒否等に対して罰則（法第44条第2号）を設けている。このことは、立入検査の拒否等に対しては強行できないため、罰則により関係者に受忍義務を課し、拒否等のないよう心理的な圧迫を加え、その実効を図っているも

— 29 —

のと解される。

実例として、Ｔ消防局管内の店舗で消防の立入検査を15年間拒否していた社長等が、消防局の告発により平成19年12月逮捕され、略式命令により２人に罰金が下された。

4 立入検査の拒否等に正当な理由が認められる場合

○相手から証票の提示を求められた場合に提示しなかった場合は、正当な権限行使とみなされない。

○立入りに関係者の同意を得なければならない場合に、怠ったことを理由に拒否された場合

○関係者の一方的事情であっても、社会通念上妥当性があると認められるとき。

（例）「今日は、忙しく対応できないので、○月○日に来てくれ」というような場合

5 告知の必要性

立入検査は、火災予防上の行政調査のために行われるもので、関係者に対して立入りを行う旨を告知することにより、関係者にこれを受忍する義務が生じ、関係者の支配・管理する領域に立ち入ることに正当性が認められる。

告知は法的な義務として、個人住居を含むすべての消防対象物及び貯蔵所等に立ち入る際に行われなければならない。

6 資料提出命令、報告徴収

(1) 資料提出は、消防対象物の面積等の実態を把握するための文書図画をいい、報告事項は資料以外の文書等を関係者に作成させることにより得られる事項とされる。資料提出命令及び報告徴収を行う場合は、任意の提出又は報告を指導し、これに応じない場合に消防長又は消防署長名により法第４条の命令を発することになるが、文書によることが望ましい。

なお、危険物施設は、法第16条の５の規定に基づき市町村長等が権限の主体となる。

(2) 資料提出命令は、関係者が所有している資料を消防機関が保管書等を交付し、一時的に受領するもので、関係者が所有権を放棄しない限り、返還する必要がある。この命令により、消防機関へ提出する義務がある届出等が行われた場合は、資料の提出は必要がなくなる。

なお、報告徴収による文書は消防機関に属し、返還の必要はない。

7 立入検査結果の通知

(1) 立入検査結果通知書の交付

立入検査結果通知書は、立入検査及び質問を行った消防職員が、立入検査等によって把握した火災予防に関する消防法令又は他法令の防火に関する規定違反等の事実を記載し、関係者にその是正を求める公文書である。

立入検査結果通知書は、立入検査を実施した消防職員の名前と責任において作成す

る（複数の消防職員によって立入検査を行った場合は連名とする。）。

(2) 立入検査結果通知書の法的根拠

消防組織法第1条の抽象的権限規定に根拠を求めることができる。

(3) 改修（改善）報告の提出

違反改修の報告又は改修計画の期日を文書（消防本部の査察規程等で定める報告書等）で報告させる。

報告書による改善期日が過ぎたものは、違反処理の対象となる。

なお、火災の発生危険が逼迫し、緊急性が高い場合は報告書の提出を待つことなく、違反処理へ移行する。

8　消防吏員による命令

査察現場において、消防吏員が上司等の判断を仰がなくても、迅速機宜に命令を発する必要性がある場合に屋外における措置命令（法第3条第1項）と防火対象物に対する措置命令（法第5条の3第1項）がある。

火災の予防に危険であると認める行為や物件又は消火、避難その他の消防の活動に支障になると認める物件に対し、名あて人（行為者、所有者・管理者・占有者で権原を有する者）に措置を命ずることで、法第3条は、たき火、喫煙等のほか、条例第24条（空地及び空家の管理）の担保となっており、法第5条の3は、防火対象物の避難階段に避難上支障となる物件の存置や防火戸の閉鎖障害になる物件の存置などが該当する。

9　違反対象物に係る公表制度（平成25年消防予第484号・消防予第487号）

措置命令等を発した場合に違反対象物への標識の掲示及び公報等に命令内容の公示が義務付けられているが、公示に至るまでの間、建物の危険性に関する情報が防火対象物の利用者に提供されない状況にあることから、火災予防条例及び火災予防条例施行規則の改正により、市町村又は消防本部のホームページへ消防法令に関する重大な違反のある防火対象物及び違反の内容を公表する制度である（平成26年4月1日から実施）。

特に都市部における建物の利用者数等による火災危険性に鑑み、政令指定都市の消防本部を中心として実施し、その他の消防本部においても状況を踏まえつつ、実施に向けた検討を行う。

(1) 公表の対象となる違反防火対象物

特定防火対象物及び地域実情を考慮した防火対象物

(2) 公表の対象となる法令違反の内容

立入検査において消防用設備等に係る違反が認められ、その結果を通知した日から一定期間を経過した日においても、同一の違反が認められるもの。

設置義務のある屋内消火栓設備、スプリンクラー設備、自動火災報知設備（代替を含む。）を構成する機器等が一切設置されていないこと、及び地域実情を考慮した他の法令違反を対象とする。

第3章　防火・防災管理

第1　防火管理（法第8条）

1　防火管理者の選任（令第1条の2第3項）
　管理権原者　令別表第一の防火対象物（(16の3)項、(18)項〜(20)項を除く。）

　　　　　　　収容人員　10人以上
　　　　　　　　○(6)項ロ、((6)項ロを含む(16)項イ、(16の2)項)
　　　　　　　収容人員　30人以上
　　　　　　　　○(1)項〜(4)項、(5)項イ、(6)項イ、ハ、ニ、(9)項イ、(16)項イ、(16の2)項
　　　　　　　収容人員　50人以上
　　　　　　　　○(5)項ロ、(7)項、(8)項、(9)項ロ、(10)項〜(15)項、(16)項ロ、(17)項
　　　　　　　　○新築工事中の建築物、建造中の旅客船

防火管理者の選任

防火管理者選任（解任）届（資格証明書類を添える。）規則第3条の2（別記様式第1号の2の2）

　○新築工事中の建築物
　　外壁及び床又は屋根を有する部分で、内部工事（電気、設備、内装仕上げ工事等）から依頼主に渡るまでの期間
　●11階（地階を除く。）以上、かつ、延べ面積10,000㎡以上
　●延べ面積50,000㎡以上の建築物
　●地階の床面積合計　5,000㎡以上の建築物
　（昭和48年9月大阪府高槻市「西武タカツキショッピングセンター」火災による。）
　○建造中の旅客船（船舶安全法第8条）で、甲板数が11（建築物の11階）以上のもの
　　進水後の旅客船で、ぎ装中のもの
　　（平成14年10月長崎ダイヤモンドプリンセス号の火災による。）

○社会福祉施設
（平成18年１月長崎県認知症高齢者グループホーム火災による。）

2 **防火管理者選任命令**（法第８条第３項）
防火管理者が定められていない場合
消防長又は消防署長は、管理権原者に防火管理者を定めるよう命じることができる。

3 **収容人員の算定**（規則第１条の３）
同一敷地内に防火対象物が２以上ある場合（令第２条）
管理権原者が同一の場合は、一の防火対象物とみなす。

管理権原者が各々違う場合は、令第２条を適用しない。

4 **甲種、乙種防火対象物**（令第３条第１項）

令第１条の２第３項	(6)項ロ（＊）第１号イ	特定防火対象物 第１号ロ	その他の防火対象物 第１号ハ	防火管理者
甲種防火対象物	(6)項ロ（＊）	300㎡以上	500㎡以上	甲種
乙種防火対象物	―	300㎡未満	500㎡未満	甲種・乙種
収容人員	10人以上	30人以上	50人以上	―

（＊）(6)項ロを含む(16)項イ、（16の２）項

5 **テナント部分の特例**（令第３条第３項）
甲種防火対象物で管理権原が分かれているものは、当該部分を一の防火対象物とみなし、次の場合で防火管理者を選任する場合は、甲種又は乙種防火管理者とすることができる。
乙種防火管理者を防火管理者とすることができる防火対象物の部分（規則第２条の２の２）

(6)項ロ、((6)項ロを含む(16)項イ、（16の２）項）	収容人員10人未満
(1)項〜(4)項、(5)項イ、(6)項イ、ハ、ニ、(9)項イ、(16)項イ、（16の２）項	収容人員30人未満
(5)項ロ、(7)項、(8)項、(9)項ロ、(10)項〜(15)項、(16)項ロ、(17)項	収容人員50人未満

6 管理権原者

(1) 管理権原者とは、「防火対象物又はその部分における火気の使用又は取扱いその他法第8条や令第4条等の防火管理上必要な業務（防火管理に係る消防計画の作成、当該計画に基づく消火、通報、避難の訓練の実施等）に係る事項について、法律、契約又は慣習上当然行うべき者」をいう。

　代表的な例としては、防火対象物の所有者、占有者等が想定される。

　ただし、この判断に当たっては、防火対象物又はその部分の所有形態、管理形態、運営形態、契約形態のほか、次の例を踏まえて総合的に判断する必要がある。

　なお、法第17条第1項等に規定する消防用設備等を適切に設置及び維持管理すべき「防火対象物の関係者」は、管理権原者とは別の概念であり、必ずしも同一人が該当するとは限らない。

形　態	管理権原者 共有部分	管理権原者 専有部分
○所有者自身が管理する場合（防火及び防災業務の一部を委託する場合、総合ビル管理会社に管理全般を委託する場合を含む。） ○親会社所有の防火対象物等を子会社に管理委託する場合	●防火対象物等の所有者	●防火対象物等の所有者 ●所有者との賃貸借契約により入居している事業主
○所有者からビルを一括して不動産会社等が長期間借り上げて（マスターリース）、管理・運営を行うとともに、借り上げた不動産会社等が第三者に賃貸契約を結び転貸（サブリース）する場合	●防火対象物等の所有者 ●ビルを一括して借りる事業主	●防火対象物等の所有者 ●ビルを一括して借りる事業主との賃貸借契約により入居している事業主
○区分所有や共有の場合	●防火対象物等の所有者 ●管理組合 ※契約において区分所有者が組合等を設置し、その代表者にビル管理・運営に関する権限を与えている場合	●防火対象物等の所有者 ●所有者等との賃貸借契約により入居している事業主

○信託する場合（所有権が所有者から信託会社に移転の場合）	●信託会社	●信託会社との賃貸借契約により入居している事業主
○不動産証券化の場合	●信託銀行 ●特定目的会社（投資法人） ●アセットマネージャー（不動産経営）等 ※管理・運営状況等で判断	●信託銀行等との賃貸借契約により入居している事業主
○指定管理者制度の場合	●地方公共団体 ●指定管理者 ※条例において管理・業務の範囲が指定されることから、その業務内容から判断	●地方公共団体 ●指定管理者 ※条例において管理・業務の範囲が指定されることから、その業務内容から判断
○ＰＦＩ事業の場合	●地方公共団体 ●特定目的会社　等 ※事案ごとに、ＰＦＩ事業契約等の内容から判断	●地方公共団体 ●特定目的会社　等 ※事案ごとに、ＰＦＩ事業契約等の内容から判断

＊ＰＦＩ（Private－Finance－Initiative）事業とは、安くて優れた品質の公共サービスの提供を実現することを目的とし、民間の資金と経営能力・技術力を活用し、公共施設等の設計・建設・改修・更新や維持管理・運営を行う公共事業の手法で、地方公共団体が発注者となり、公共事業として行うもの。

(2)　複合用途防火対象物における管理権原者

　　複合用途防火対象物については、管理権原は複数が基本であり、単一となるのは、次のいずれかの場合。

　ア　防火対象物全体は複合用途防火対象物であるが、当該防火対象物を１人の管理権原者が使用していると認められる場合

　イ　管理権原者と各賃借人との間で、以下のように防火管理の責務を遂行するために必要な権限がすべて付与される取り決めが確認でき、統一的な防火管理を行うことができる場合

　　㋐　管理権原者が、各賃貸部分を含め防火対象物全体の防火に関する権限を有している。

　　㋑　管理権原者又は管理権原者が選任した防火管理者が、防火管理上、必要な時に防火対象物の部分に立ち入ることができる。

　　㋒　管理権原者又は管理権原者が選任した防火管理者が、各賃借人に対する防火に係る指示権限を有している。

　　　※　法第36条に基づき防災管理者の選任を行うこと等が義務付けられている建築物その他の工作物における管理権原者についても、防火対象物における管理権原者の整理に準じる。

7 防火管理者の資格

【地位要件】 防火管理上必要な業務を適切に遂行できる権原を有する地位の者

　　管理監督的な地位の者を選任する。　（例）　総務部長、係長、工場長等

　　消防計画の作成、避難訓練の実施等の権原を遂行できる地位にある者

【甲種防火管理者】（令第3条第1項）

第1号イ	甲種防火管理新規講習修了者（10時間講習）
ロ	大学、高等専門学校において総務大臣の指定する防災に関する学科、課程を修めて卒業した者（専門職大学の前期課程修了者を含む。）で、1年以上の防火管理の実務経験者
ハ	消防職員　消防士長1年以上
ニ	学識経験者　規則第2条

規則第2条	第1号	安全管理者（労働安全衛生法第11条第1項）として選任された者 （不適格解任者を除く。） 事業者（業種、規模の事業所ごと）　安全技術的事項を管理 労働安全衛生法施行令第3条　常時50人以上の労働者を使用するもの 　1　林業、鉱業、建設業、運送業及び清掃業 　2　製造業（物の加工業を含む。）、電気業、ガス業、熱供給業、水道業、通信業、各種商品卸売業、家具・建具・じゅう器小売業、燃料小売業、旅館業、ゴルフ場業、自動車整備業及び機械修理業
	第1号の2	防火対象物点検資格者
	第2号	危険物保安監督者（甲種危険物取扱者）
	第3号	保安管理者（鉱山保安法第22条第3項）、保安統括者（第3項ただし書きにより、保安管理者が選任されていない場合）
	第4号	消防防災担当職員（消防学校教職員、防災課職員等　係長クラス1年以上）、国、都道府県の消防事務に従事する職員
	第5号	警察官（巡査部長以上を3年以上） 警察官に準ずる警察職員（火災予防事務に携わった者） 検察庁事務官は該当しない。
	第6号	建築主事、建築副主事（一級建築士試験に合格した者に限る。）又は一級建築士の資格を有する者で、1年以上防火管理の実務経験を有するもの
	第7号	消防団員（班長以上を3年以上） 職務を離れて長期間経過している者は、受講を指導する。
	第8号	消防庁長官が認定した者（防火管理者制度発足以前に行われた講習課程修了者）昭和37年4月30日消防庁告示第5号

【乙種防火管理者】（令第3条第1項）

第2号イ	乙種防火管理講習修了者（5時間講習）

8 防火管理再講習（規則第2条の3）

甲種防火管理新規講習で資格を付与された人が、収容人員300人以上の特定防火対象物（甲種防火対象物）の防火管理者に選任された場合は、再講習の対象となる。よって、消防団班長等の学識経験者は再講習に該当しない。300人以上は非常放送設備の設置該当等を考慮して定められたもので、講習時間は2時間、講習の受講期限は、選任された日の4年前までに甲種防火管理新規講習又は再講習を修了した防火管理者にあっては選任された日から1年以内に、それ以外の防火管理者にあっては最後に講習の課程を修了した日以後における最初の4月1日から5年以内に再講習を修了しなければならない。以降、直近の再講習を修了した日以後における最初の4月1日から5年以内ごと（受講期限は平成24年4月1日施行）。

> **根拠法令等** 甲種防火管理再講習について定める件（平成16年消防庁告示第2号）

9 防火管理者の責務（法第8条第1項、令第3条の2）

防火管理に係る消防計画を作成し、消防長又は消防署長に届出
防火管理に係る消防計画に基づく業務 ○消火、通報、避難の訓練の実施 ○消防の用に供する設備、消防用水又は消火活動上必要な施設の点検・整備 ○火気の使用又は取扱いに関する監督 ○避難又は防火上必要な構造（内装、防火区画、防火戸、廊下、階段）及び設備（エレベーター、煙突等）の維持管理 　＊内装や防火戸に違法な変更を加えたり、防火シャッターの下に可燃物を置くなどの行為に注意し、保守・維持管理を行う。 ○収容人員の管理　火災時のパニック防止　「定員」以上の人を収容しない。 ○その他防火管理上必要な業務　水災、地震、崖くずれなどによる安全対策
防火管理上必要な業務を行うときは、必要に応じて管理権原者の指示を求め、誠実に職務を遂行しなければならない。
次の点検・整備、監督を行うときは、火元責任者等に必要な指示を与える。 ○消防の用に供する設備、消防用水又は消火活動上必要な施設の点検・整備 ○火気の使用、取扱い　火を使用する設備、器具等の他、たき火、喫煙など

10 防火管理の外部委託（令第3条第2項、規則第2条の2）

管理、監督的地位にある者のいずれもが遠隔地に勤務している等、地位要件にこだわると防火管理者としてふさわしくない者が選任され、防火管理業務が遂行されないことにつながる。防火管理上必要な業務を適切に遂行できないと消防長又は消防署長が認めるものは、防火管理者の行う業務を外部へ委託することができる。

【対象防火対象物】

共同住宅
管理権原者が同一である複数の防火対象物
管理について権原が分かれている防火対象物（テナント部分に限って、認めることが望ましい。）当該部分の収容人員 ○ (6)項ロ（(16)項イ、(16の2)項で(6)項ロの用途に供する部分）10人未満 ○ 特定用途30人未満（(1)項〜(4)項、(5)項イ、(6)項イ、ハ、ニ、(9)項イ、(16)項イ、(16の2)項） ○ その他の用途50人未満
不動産証券化による防火対象物 ＳＰＣ　特定資産（投資信託及び投資法人に関する法律（昭和26年法律第198号）第2条第1項） 　　　　　（資産の流動化に関する法律（平成10年法律第105号）第2条第1項） 　　　　不動産特定共同事業契約（不動産特定共同事業法（平成6年法律第77号）第2条第3項）

【不動産証券化の基本的スキーム（仕組み）】

　不動産の証券化とは、平成10年に施行された「特定目的会社による特定資産の流動化に関する法律」とその整備に関する法律によって導入された制度で、特定目的会社は金銭の証券化、不動産の証券化などにおける、特別会社（ＳＰＣ）として利用され、「特定資産」とは、資産の流動化に係る業務として、特定目的会社が取得した資産又は受託信託会社等が取得した資産をいう。

　「ＳＰＣ（Special Purpose Company）」とは、従来の株式会社・有限会社などとは異なる新しい法人の形態で、いわゆるペーパーカンパニーであり、不動産の債権などの資産を所有し、それを裏付けとする証券を発行し、資産から得られる収益の配当あるいは利払いを果たす役割をもつ。業務としては、特定資産の流動化、すなわち有価証券の発行による資金調達及び特定資産の譲受のみに限定される。また、不動産特定共同事業契約とは、複数の投資家が出資して、不動産会社などが事業を行い、その運用収益を投資家に分配する契約をいう。

　よって、特定目的会社及び投資法人が所有する防火対象物が複数である場合、又は、地方等に存在する場合に特定目的会社及び投資法人が防火管理業務を行うことは、事実上困難である。

(1) 特定目的会社を使った流動型

(2) 投資法人を使った運用型

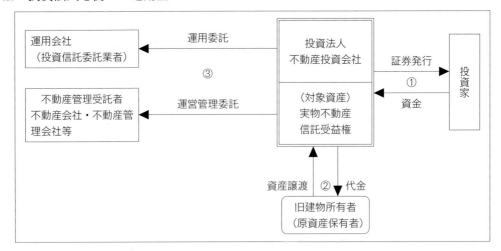

【外部委託の要件】（令第3条第2項、規則第2条の2）

　防火管理者の地位要件に代わるものとして、防火管理上必要な業務を適切に遂行するために必要な権限及び知識を有するもの

管理権原者から、防火管理上必要な業務を適切に遂行するために必要な権限が付与されていること。
管理権原者から、防火管理上必要な業務の内容を明らかにした文書を交付されており、かつ、当該内容について十分な知識を有していること。
管理権原者から、防火対象物の位置、構造及び設備の状況その他防火管理上必要な事項について説明を受けており、かつ、当該事項について十分な知識を有していること。

11　**防火管理に係る消防計画**（令第3条の2第1項、規則第3条）

　防火管理者は、火災の予防及びその被害軽減のため、管理権原者の指示を受けて「防火管理に係る消防計画」を作成又は見直しを行い、消防長又は消防署長に届け出し、これに基づき定期的に消防訓練を実施しなければならない。消防計画は、防火対象物における防火管理制度の基本方針として位置付けられる。

　防火管理に係る消防計画で定める事項は、次による。
○防火管理者を定めなければならない防火対象物等（令第1条の2第3項第1号）
○新築工事中で仮使用の認定を受けたもの（令第1条の2第3項第2号）

〈規則第3条第1項〉

第1号イ	自衛消防組織
ロ	自主検査
ハ	消防用設備等（特殊消防用設備等）の点検、整備
ニ	避難経路、避難口、安全区画、防煙区画その他の避難施設の維持管理及びその案内 　安全区画：防火区画に避難した人々が、次の避難施設等を利用して安全に避難できる区画

		防煙区画：煙の流れを遅くするために廊下等のたれ壁による区画
	ホ	防火壁、内装その他の防火上の構造維持管理
	ヘ	定員の遵守、収容人員の適正化
	ト	防火管理上必要な教育
	チ	消火、通報、避難の訓練その他防火管理上必要な訓練の定期的な実施
	リ	火災、地震その他の災害が発生した場合の消火活動、通報連絡、避難誘導
	ヌ	防火管理について消防機関との連絡
	ル	増築、改築、移転、修繕又は模様替えの工事中の防火管理者、補助者の立会い、火気使用、取扱いの監督
	ヲ	その他防火管理に必要な事項

※　工事中の消防計画は、昭和53年消防予第243号により、特定行政庁へ提出する安全計画書を代替とする運用が行われてきたが、建築主事又は指定確認検査機関へ仮使用の認定申請をする場合は、申請者に別途「工事中の消防計画」を届出させる（平成27年消防予第207号）。

○新築工事中（仮使用の認定を受けたものを除く。）（令第1条の2第3項第2号）

○建造中の旅客船（令第1条の2第3項第3号）

〈規則第3条第1項〉

第2号イ	消火器等の点検及び整備
ロ	避難経路の維持管理、案内
ハ	火気の使用取扱いの監督
ニ	工事中の危険物等の管理
ホ	自衛消防組織、防火上必要な教育、訓練（消火、通報、避難）、火災、地震その他の災害が発生した場合の消火活動、通報連絡、避難誘導、防火管理について消防機関との連絡
ヘ	その他防火管理に必要な事項

〈共通事項〉

第2項	防火管理業務の一部委託 　関係者、雇用者以外へ委託している場合（法第17条の3の3を除く。） 　業務受託者　氏名、住所（法人の場合　名称、事務所の所在地） 　業務範囲、方法
第3項	管理権原が分かれている防火対象物　当該権原の範囲
第4項〜第9項	○大規模地震対策特別措置法「地震防災対策強化地域」 　強化地域は、「著しい地震災害が生ずるおそれがあるため、地震防災に関する対策を強化する必要がある地域」と定められ、特に当該地域が通常の地震防災対策に比べ、地震予知情報を踏まえた警戒宣言に基づく、避難・警戒体制をとるべき地域。 　指定から6ヶ月以内に警戒宣言が発せられた場合の事項等を定める。 ○南海トラフ地震防災対策推進地域 ○日本海溝・千島海溝周辺海溝型地震防災対策推進地域 　指定から6ヶ月以内に津波からの円滑な避難の確保や防災訓練の実施等を定める。

第10項	⑴項～⑷項、⑸項イ、⑹項、⑼項イ、⑯項イ、（16の２）項 消火・避難訓練年２回以上実施 （平成２年長崎屋尼崎店火災により消火訓練が追加される。）
第11項	前項の訓練を実施する場合、あらかじめ消防機関に通報する。

12 防火管理業務適正執行命令（法第８条第４項）

　消防長又は消防署長は、防火管理上必要な業務が行われていないと認められる場合は、管理権原者に対し、防火対象物の位置、構造、設備、管理状況が火災予防上、人命安全上支障がある場合に防火管理上の危険性を是正させるため、法令の規定又は消防計画に従って必要な措置を講ずべきことを命令することができる。

第２　統括防火管理制度（法第８条の２）

　管理について権原が分かれている高層建築物、地下街等の火災に対して、全体的に防火管理が行われるよう、各管理権原者は協議により統括防火管理者を選任し、防火対象物全体の防火管理上必要な業務を行わせるとともに消防機関へ届出することを義務付けたもの（平成26年４月１日施行）。

1 統括防火管理者を定めなければならない防火対象物と統括防火管理者の資格（令第３条の３、第４条）

高層建築物（高さ31ｍを超えるもの）用途を問わず
　○甲種防火対象物：甲種防火管理者
　○乙種防火対象物：甲種防火管理者又は乙種防火管理者
　　●⑴項～⑷項、⑸項イ、⑹項イ、ハ、ニ、⑼項イ、⑯項イ（⑯項イにあっては、⑹項ロの用途が存するものを除く。）で、延べ面積300㎡未満のもの
　　●⑸項ロ、⑺項、⑻項、⑼項ロ、⑽項～⑮項、⑯項ロ、⑰項で、延べ面積500㎡未満のもの

⑹項ロ、⑯項イ（⑹項ロの用途が存するもの）で、地上３階以上、かつ、収容人員10人以上：甲種防火管理者

⑴項～⑷項、⑸項イ、⑹項イ、ハ、ニ、⑼項イ、⑯項イで、地上３階以上、かつ、収容人員30人以上
　○甲種防火対象物：甲種防火管理者
　○乙種防火対象物（延べ面積300㎡未満）：甲種防火管理者又は乙種防火管理者

⑯項ロで、地上５階以上、かつ、収容人員50人以上
　○甲種防火対象物：甲種防火管理者
　○乙種防火対象物（延べ面積500㎡未満）：甲種防火管理者又は乙種防火管理者

（16の３）項（準地下街）
　○甲種防火対象物：甲種防火管理者
　○乙種防火対象物（⑹項ロの用途に供される部分が存するものを除く。延べ面積300㎡未満）：甲種防火管理者又は乙種防火管理者

> (16の2)項（地下街で消防長又は消防署長が指定したもの）
> - 甲種防火対象物：甲種防火管理者
> - 乙種防火対象物（(6)項ロの用途に供される部分が存するものを除く。延べ面積300㎡ 未満）：甲種防火管理者又は乙種防火管理者

2　統括防火管理者

⑴　統括防火管理者であるための要件（令第4条、規則第3条の3）

　　防火対象物全体についての防火管理上必要な業務を適切に遂行するために必要な権限及び知識を有するもの

> 管理権原者から、防火対象物全体についての防火管理上必要な業務を適切に遂行するために必要な権限が付与されていること。

> 管理権原者から、防火対象物全体についての防火管理上必要な業務の内容について説明を受けており、かつ、当該内容について十分な知識を有していること。

> 管理権原者から、防火対象物の位置、構造及び設備の状況その他防火対象物全体についての防火管理上必要な事項について説明を受けており、かつ、当該事項について十分な知識を有していること。

＊説明は、文書の交付でも可能

⑵　統括防火管理者の責務（令第4条の2）

> 防火対象物全体についての消防計画を作成し、消防長又は消防署長に届出

> 防火対象物全体についての消防計画に基づく業務
> - 消火、通報、避難の訓練の実施
> - 廊下、階段、避難口、その他の避難上必要な施設の管理
> - 防火対象物全体についての防火管理上必要な業務

> 防火対象物全体についての防火管理上必要な業務を行うときは、必要に応じて最も適当と考えられる管理権原者の指示を求め、誠実にその職務を遂行しなければならない。

⑶　統括防火管理者の指示（法第8条の2第2項）

　　防火対象物全体についての防火管理上必要な業務を行う場合において必要があると認めるときは、各管理権原者により定められた防火管理者に対して、必要な措置を講ずることを指示することができる。

3　防火対象物全体の防火管理に係る消防計画（令第4条の2第1項、規則第4条）

⑴　統括防火管理者は、次の事項について防火対象物全体の防火管理に係る消防計画を作成（変更）し、管理権原者の確認を受けて消防長又は消防署長に届け出なければならない。

> 防火対象物の各管理権原者の当該権原の範囲

> 防火対象物全体についての防火管理業務の一部が委託されている場合
> 　受託者の氏名、住所（法人の場合は名称、事務所所在地）
> 　防火対象物全体についての業務の範囲、方法

防火対象物全体についての消防計画に基づく消火、通報、避難の訓練 その他防火対象物全体の防火管理上必要な訓練の定期的な実施
廊下、階段、避難口、安全区画、防煙区画その他の避難施設の維持管理・案内
火災、地震等が発生した場合における消火活動、通報連絡、避難誘導
火災の際の消防隊に対する防火対象物の構造その他必要な情報提供、消防隊の誘導
防火対象物全体についての防火管理に必要な事項
次の地域に所在する法第8条の2第1項に規定する防火対象物のうち、規則第4条第2項、第4項、第6項の統括防火管理者は、規則第3条第4項、第6項、第8項の事項を定める。 ・大規模地震対策特別措置法の規定による地震防災対策強化地域 ・南海トラフ地震に係る地震防災対策の推進に関する特別措置法の規定による推進地域 ・日本海溝・千島海溝周辺海溝型地震に係る地震防災対策の推進に関する特別措置法の規定による推進地域

(2) 消防計画の適合（法第8条の2第3項）

　　各管理権原者により定められた防火管理者が作成する消防計画は、統括防火管理者が作成する防火対象物全体の消防計画の訓練の実施、廊下等の共用部分の管理等の内容について整合が図られているものでなければならない。

4　統括防火管理者の選（解）任届と消防長等の命令（法第8条の2第4項、第5項、第6項、規則第4条の2）

(1)　管理権原者は、統括防火管理者を定めたとき（資格を証する書面を添える。）又は解任したときは遅滞なく、届出書（別記様式第1号の2の2の2の2）によって、消防長又は消防署長に届け出なければならない。

(2)　消防長又は消防署長は、統括防火管理者が定められていないと認める場合には、管理権原者に対し、統括防火管理者を定めることを命ずることができる。

(3)　消防長又は消防署長は、統括防火管理の業務が法令の規定又は消防計画に従って行われていないと認める場合には、必要な措置を講ずることを管理権原者に対し、命ずることができる。

○防火管理者を選任すべき防火対象物には仮設建築物も含まれる。
　仮設興行場（サーカス等）、博覧会の建築物など
○市町村の施設で役場の管理、監督的な者を防火管理者として選任したもので、役場と施設が遠距離（防火管理遂行上好ましくない距離）の場合、施設付近の住民（利用者）を補助業務に充てる。
○公営住宅等　区域内の2以上の共同住宅について、同一人を防火管理者としても差し支えない（昭和36年自消乙予発第118号）。
○複合用途防火対象物（収容人員300人以上）の統括防火管理者は再講習の義務があるのか。
　●統括防火管理者は常に消防機関と連携して日常の防火管理業務を行うことと

なり、最新の消防法令及び最近の火災事例等の情報を日常的に消防機関から提供される立場となるので甲種防火管理再講習を受講する必要性はない。

○ 法令上、統括防火管理者と管理権原者を記載しているが、要件を満たす場合には、両者を兼ねることは可能である。

○ 統括防火管理者が各防火管理者へ指示をすることができるとは、どういう場合か。（平成24年消防予第389号、消防技第60号）

● 廊下等に、避難の支障になる物件が置いてある状態を是正しようとしない防火管理者に対し、物件を撤去することを指示

● 防火対象物の全体についての消防計画に従って実施される訓練に参加しない防火管理者に対して、訓練の参加を促すことを指示

○ 統括防火管理者の選任届は管理権原者のだれが行うのか。（平成24年消防予第389号、消防技第60号）

● 届出義務については、全ての管理権原者に課せられており、連名をもって行うことが原則である。

● 代表者による届出を認める運用

・ 共同防火管理協議会（改正前の規則第4条の2）が設置されている場合には、協議事項及び協議会構成員名簿等を添付して届出

・ 主要な管理権原者に統括防火管理者の選任を一任している場合で、管理権原者が統括防火管理者の選任についての義務を果たしている旨を確認できる場合

立 入 検 査 チ ェ ッ ク ポ イ ン ト

□ 防火管理者選（解）任届、防火管理に係る消防計画の届出がされているか。

□ 再講習の必要な防火管理者は、再講習を受講しているか。

□ 防火管理に係る消防計画に基づき、自主点検等の防火管理業務が適正に行われているか。

□ 防火管理者は、従業者等に対して防火管理上必要な教育を行っているか。

□ 特定防火対象物の消火、避難訓練は年2回以上実施し、消防機関へ事前通報が行われているか。

□ 管理権原の分かれている高層建築物等に該当する防火対象物の各管理権原者は、協議により統括防火管理者を選任し、届出をしているか。

また、統括防火管理者は防火対象物全体の防火管理業務を行っているか。

― 45 ―

第3 自衛消防組織（法第8条の2の5）

近年、東海地震、南海トラフ地震、首都直下地震の発生の切迫性が指摘され、多数の者が出入りする大規模・高層防火対象物においては、火災その他の災害時の人命危険が大きく消防防災上のリスクが伴うことから管理権原者の責務として、自衛消防組織を設置し、消防長又は消防署長に届出が義務付けられた。

1 自衛消防組織設置防火対象物（令第4条の2の4）
(1) 設置対象
防火管理者選任該当の防火対象物で、次のもの

(ア) (1)項～(4)項、(5)項イ、(6)項～(12)項、(13)項イ、(15)項、(17)項 ① 地上11階以上で、延べ面積10,000㎡以上 ② 地上5階以上10階以下で、延べ面積20,000㎡以上 ③ 地上4階以下で、延べ面積50,000㎡以上 ※ 項の判定、階数、延べ面積で判定する。
(イ) (16)項（(ア)の用途が存するもの）地階を除く。 ① (ア)の用途の全部又は一部が11階以上の階にあり、当該用途の床面積の合計が10,000㎡以上 ② (ア)の用途の全部が10階以下の階にあり、かつ、当該用途の全部又は一部が5階以上10階以下の階にあって、当該用途の床面積の合計が20,000㎡以上 ③ (ア)の用途の全部が4階以下で、当該用途の床面積の合計が50,000㎡以上 ※ (ア)の用途部分の階数と床面積の合計で判定する。
(ウ) (16の2)項 延べ面積1,000㎡以上

※令第2条が適用されるため、同一敷地内に同一管理権原者の防火対象物が、複数ある場合の階数は、最も階数の多い防火対象物の階数で全体の階数を判断し、面積は個々の防火対象物の面積を合算する。

【設置義務例】

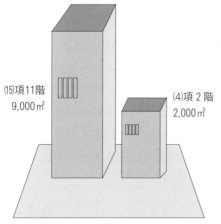

例① 令2条該当
11階建・延11,000㎡　設置義務あり

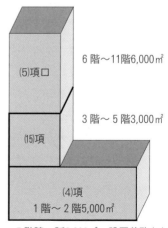

例② 複合用途
5階建・延8,000㎡　設置義務なし

(2) 自衛消防組織の設置・業務（令第4条の2の5、第4条の2の7）

　自衛消防組織は、火災発生時消防機関の到着までの初期活動を行い、地震発生時に直接的な被害の応急措置及び2次被害発生の防止を目的とし、「防火管理に係る消防計画」に定められた業務を行うもので、自衛消防組織設置防火対象物の管理権原者が設置する。なお、管理権原者が複数の場合は、各管理権原者が共同して設置する。

【設置形態】

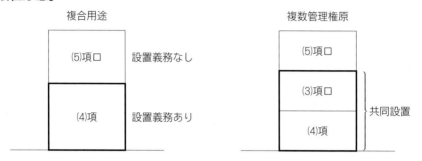

※令第4条の2の5かっこ書きの規定により(16)項の防火対象物については、「自衛消防組織設置防火対象物の用途に供される部分の管理について権原を有する者に限る。」とされていることから、共同住宅等の非該当用途との複合用途防火対象物については、該当用途部分にのみ自衛消防組織の設置義務がかかる。

(3) 自衛消防組織の編成（令第4条の2の8、規則第4条の2の11）

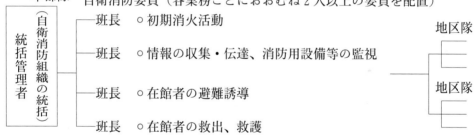

(4) 統括管理者の資格（令第4条の2の8第3項、規則第4条の2の13）

自衛消防組織の業務に関する講習修了者（平成20年消防庁告示第16号）
○自衛消防業務新規講習
○自衛消防業務再講習（平成20年消防庁告示第15号）
　新規講習を修了した日以後における最初の4月1日から5年以内に再講習を修了し、その後も同様に受講する。

学識経験を有する者
○市町村消防職員で1年以上管理・監督的な職（消防士長以上）にあった者
○消防団員で3年以上管理・監督的な職（班長以上）にあった者
○統括管理者の資格を有する者に準ずる者（平成20年消防庁告示第14号）
　防災センター要員講習の課程を修了した者で、最後の講習から5年以内に自衛消防組織の業務に関する追加講習（本講習及び再講習）を修了した者
※平成6年消防庁告示第10号（消防計画に定める防火上必要な教育に関する事項のうち防災センター要員に対するものを定める件）及び平成6年消防庁告示第9号は、廃止された。

※統括管理者が発災時に自衛消防活動が実施できるよう必要な権限を与え消防計画で担保し、統括管理者が不在時の対応についても消防計画で定めておく。

⑸　消防計画に定める自衛消防組織の業務（令第4条の2の6、規則第4条の2の10）

　　管理権原者は、防火管理者に「防火管理に係る消防計画」に自衛消防組織の業務に関する事項を定めさせる。

火災の初期消火活動、消防通報、避難誘導、火災被害軽減のための活動要領
要員の教育（平成20年消防庁告示第13号） 　○班長（統括管理者の直近下位の者で業務を分掌する統括者）に行う教育は自衛消防組織の業務に関する講習とする。 　○学識経験を有する者（統括管理者の資格）が班長の場合は、防火管理に係る消防計画で定める教育を行う。
要員の訓練
業務に関し必要な事項

自衛消防組織を共同設置する場合

協議会の設置、運営
統括管理者の選任
自衛消防組織が業務を行う防火対象物の範囲
自衛消防組織の運営に関する事項

⑹　自衛消防組織設置の届出（法第8条の2の5第2項、規則第4条の2の15）

　　管理権原者は、自衛消防組織を置いたとき（変更を含む。）は、要員の現況等を自衛消防組織設置（変更）届出書に統括管理者の資格を証する書面を添えて、遅滞なく消防長又は消防署長に届け出る。

管理権原者の氏名、住所 （⒃項は自衛消防組織設置防火対象物の用途に供される部分の管理権原者）
自衛消防組織設置防火対象物の所在地、名称、用途、延べ面積、階数（地階を除く。） （⒃項は延べ面積及び自衛消防組織設置防火対象物用途の床面積の合計）
管理権原が分かれている自衛消防組織設置防火対象物は、当該権原の範囲
自衛消防組織の内部組織の編成、自衛消防要員の配置
統括管理者の氏名、住所
自衛消防組織の資機材

2　措置命令（法第8条の2の5第3項）

　　消防長又は消防署長は、自衛消防組織が未設置の場合には、管理権原者に対して自衛消防組織を置くべきことを命令することができる。

第4　防災管理（法第36条）

　火災以外の災害による被害を軽減するため特に必要がある建築物その他の工作物（以下「防災管理対象物」という。）の管理権原者は、政令で定める資格を有する者のうちから防災管理者を定め、防災管理に係る消防計画の作成、避難の訓練の実施その他防災管理上必要な業務を行わせなければならない。また、防災管理者に防火管理者の行う防火管理業務を行わせなければならない。

　防災管理対象物に準用する法令（法第8条〜第8条の2の3）の読み替え規定

法第8条第1項	政令で定める資格	火災その他の災害の被害の軽減に関する知識を有する者で政令で定める資格
	防火管理者	防災管理者
	消火、通報及び避難の訓練の実施、消防の用に供する設備、消防用水又は消火活動上必要な施設の点検及び整備、火気の使用又は取扱いに関する監督、避難又は防火上必要な構造及び設備の維持管理並びに収容人員の管理その他防火管理上	避難の訓練の実施その他防災管理上
法第8条第2項及び第3項	防火管理者	防災管理者
法第8条第4項	防火管理者	防災管理者
	防火管理上	防災管理上
法第8条の2第1項	政令で定める資格	火災その他の災害の被害の軽減に関する知識を有する者で政令で定める資格
	防火管理上	防災管理上
	防火管理者（	防災管理者（
	統括防火管理者	統括防災管理者
	消火、通報及び避難の訓練の実施	避難の訓練の実施
法第8条の2第2項	統括防火管理者	統括防災管理者
	防火管理上	防災管理上
	防火管理者に	防災管理者に
法第8条の2第3項	規定する防火管理者	規定する防災管理者
	統括防火管理者	統括防災管理者
法第8条の2第4項及び第5項	統括防火管理者	統括防災管理者

法第8条の2第6項	統括防火管理者	統括防災管理者
	防火管理上	防災管理上
法第8条の2の2第1項	火災の予防に	火災以外の災害で政令で定めるものによる被害の軽減に
	防火対象物点検資格者	防災管理点検資格者
	防火管理上	防災管理上
	、消防の用に供する設備、消防用水又は消火活動上必要な施設の設置及び維持その他火災の予防上	その他火災以外の災害で政令で定めるものによる被害の軽減のために
法第8条の2の2第2項	防火対象物点検資格者	防災管理点検資格者
法第8条の2の3第1項第2号イ	又は第17条の4第1項若しくは第2項	、第17条の4第1項若しくは第2項又は第36条第1項において準用する第8条第3項若しくは第4項
法第8条の2の3第1項第2号ニ	防火対象物点検資格者	防災管理点検資格者
法第8条の2の3第6項第2号	又は第17条の4第1項若しくは第2項	、第17条の4第1項若しくは第2項又は第36条第1項において準用する第8条第3項若しくは第4項

防災管理対象物管理権原者

　　↓　　防災管理対象物（法第36条第1項、令第46条）
　　　　　　防災管理業務を行う建築物、工作物は自衛消防組織設置防火対象物とする。

　　　選任　防災管理者　「防災管理に係る消防計画」の作成（変更）・届出

　　↓　届出　防災管理者選任（解任）届（規則第51条の9）
　　　　　　資格を証する書面を添える。

消防長又は消防署長

〈複合用途の自衛消防組織の設置と防災管理者の選任〉

※防災管理者の選任については、法第36条により法第8条を準用しており、防災管理を要する建築物その他の工作物は令第46条で規定されている。これは防火管理者の選任と同様に建物全体にかかるものであり、複合用途防火対象物で権原が分かれているものは、自衛消防組織の設置該当の有無にかかわ

らず、それぞれに防災管理者の選任が必要となる。

1 防災管理を要する災害（令第45条、規則第51条の３）

地震　震度６強以上
次のものの発散又は放出のおそれがある事故（ＮＢＣ災害） ○毒性物質　二塩化カルボニル（ホスゲン）、塩化シアン、シアン化水素、トリクロロニトロメタン（クロロピクリン）等 （化学兵器の禁止及び特定物質の規制等に関する法律第２条第１項　第２種指定物質）
○生物剤　微生物であって、人、動物、植物の生体内で増殖する場合にこれらを発病させ、死亡させ、若しくは枯死させるもの又は毒素を産生するもの ○毒素　生物によって産生される物質であって、人、動物又は植物の生体内に入った場合にこれらを発病させ、死亡させ、又は枯死させるものをいい、人工的に合成された物質で、その構造式がいずれかの毒素の構造式と同一であるものを含む。 （細菌兵器（生物兵器）及び毒素兵器の開発、生産及び貯蔵の禁止並びに廃棄に関する条約等の実施に関する法律第２条第１項、第２項）
放射性物質、放射線の異常な水準の放出（Ｒ災害）

2 防災管理者（令第47条）

(1) 地位要件

防災管理対象物において防災管理上必要な業務を適切に遂行できる管理・監督的な地位にあるもの

(2) 資格

次の者で防災管理講習の課程を修了した者 ○甲種防火管理講習修了者 ○大学、高等専門学校において総務大臣の指定する防災に関する学科、課程を修めて卒業（専門職大学の前期課程修了者を含む。）し、１年以上の防火管理の実務経験を有する者
大学、高等専門学校において総務大臣の指定する防災に関する学科、課程を修めて卒業（専門職大学の前期課程修了者を含む。）し、１年以上の防火管理の実務経験者で、さらに１年以上の防災管理の実務経験を有する者
消防職員で１年以上管理・監督的な職（消防士長以上）にあった者
学識経験者（規則第51条の５） ○安全管理者（労働安全衛生法第11条第１項）として選任された者 ○防災管理点検資格者 ○危険物保安監督者（甲種危険物取扱者） ○保安管理者（鉱山保安法第22条第３項）、保安統括者（第３項ただし書により、保安管理者が選任されていない場合） ○国、都道府県の消防事務に従事する職員で、１年以上管理・監督的な職にあった者 ○警察官、警察官に準ずる警察職員で、３年以上管理・監督的な職（巡査部長以上）にあっ

た者
- ○建築主事、建築副主事（一級建築士試験合格者）又は一級建築士で防火管理及び防災管理の実務経験をそれぞれ１年以上有するもの
- ○消防団員で３年以上管理・監督的な職（班長以上）にあった者
- ○消防庁長官が定める者

※甲種防火対象物の小規模テナント部分の特例により、乙種防火管理講習修了者の資格で防火管理者が選任されている部分についても、防災管理対象物の場合は、甲種防火管理者の資格が必要になる。

3　防災管理者の責務（令第48条）

防災管理に係る消防計画を作成し、消防長又は消防署長に届出

防災管理に係る消防計画に基づいて、避難の訓練の実施その他防災管理上必要な業務を行わなければならない。

防災管理上必要な業務を行うときは、必要に応じて防災管理対象物の管理権原者の指示を求め、誠実にその職務を遂行しなければならない。

4　防災管理に係る消防計画（令第48条第１項、規則第51条の８）

　防災管理者は、防災管理対象物の位置、構造、設備の状況並びに使用状況等に応じ、管理権原者の指示を受けて「防災管理に係る消防計画」を作成（変更）し、消防長又は消防署長に届け出る。

防災管理に関する基本的事項
- ○自衛消防組織に関すること。
- ○避難通路、避難口等避難施設の維持管理及び案内に関すること。
- ○収容人員の適正化
- ○防災管理上必要な教育
- ○年１回以上の避難訓練、防災管理上必要な訓練の定期的な実施
  - ●避難訓練を実施する場合は、あらかじめ消防機関へ通報する。
- ○関係機関との連絡
- ○訓練結果を踏まえた消防計画の検証、見直し
- ○建築物、工作物における防災管理に必要な事項

地震被害の軽減に関する事項
- ○地震発生時における在館者の被害想定と対策
- ○建築物等の地震による被害の軽減のための自主検査
- ○地震による被害軽減のための設備、資機材の点検、整備
- ○地震発生時における家具、じゅう器、その他物品の落下、転倒、移動防止措置
- ○地震発生時の通報連絡、避難誘導、救出、救護、その他の応急措置
- ○地震被害の軽減に必要な事項

毒性物質等の災害による被害軽減に関する事項
- ○災害発生時における通報連絡、避難誘導
- ○被害軽減に必要な事項

規則第3条第2項〜第9項までの規定を準用する。
火災以外の災害における自衛消防組織の業務（令第49条、規則第51条の10） ○関係機関への通報、在館者の避難誘導、その他火災以外の災害軽減のための活動要領 ○自衛消防組織の要員に対する教育、訓練 ○自衛消防組織の業務に関し必要な事項
共同して自衛消防組織を置く場合 ○協議会の設置、運営に関すること。 ○自衛消防組織の統括管理者の選任 ○自衛消防組織が業務を行う防火対象物の範囲 ○自衛消防組織の運営に関し必要な事項

※自衛消防組織が火災その他の災害の被害の軽減に必要な業務を行う場合（法第36条第7項、令第49条）

　防災管理者は「防火管理に係る消防計画」において、火災に対応するための自衛消防組織の業務に関する事項を、「防災管理に係る消防計画」に火災以外の災害に対応するための自衛消防組織の業務に関する事項をそれぞれ作成（変更）し、別記様式第1号の2（規則第3条、第51条の8）により届け出る。

5　防災管理の外部委託（令第47条、規則第51条の6）

　防災管理者が行う業務を外部へ委託する防災管理対象物は、受託者が防災管理業務を適切に遂行するために必要な権限が付与されていること、及び規則第2条の2第2項の要件を準用する。

　【対象】　規則第2条の2第1項各号で、管理的、監督的地位にある者のいずれもが遠隔地に勤務している等の事由により防災管理上必要な業務を適切に遂行できないと消防長又は消防署長が認めるもの

※防災管理者が防火管理者の行う業務を兼ねるので、防災管理と防火管理を併せて委託することになる。

6　統括防災管理者（法第36条）

　管理権原の分かれている高層建築物等（法第8条の2第1項）に該当する防災管理対象物の各管理権原者は、協議により統括防災管理者を選任し、防災管理対象物全体の防災管理業務を行わせると共に消防機関へ届出する。この場合において、統括防災管理者に統括防火管理者の行うべき業務を行わせなければならない。

(1)　統括防災管理者の資格（令第48条の2、規則第51条の11）

　統括防災管理者の資格を有する者は、令第47条第1項各号のいずれかに掲げる者で、防災管理対象物全体についての防災管理上必要な業務を適切に遂行するために必要な権限及び知識を有するものとして規則第3条の3の要件を満たすもの

(2)　統括防災管理者の責務（令第48条の3）

防災管理対象物全体についての防災管理に係る消防計画を作成し、消防長又は消防署長に届出

防災管理対象物全体についての消防計画に基づく業務 ○避難訓練の実施 ○廊下、階段、避難口、その他の避難上必要な施設の管理 ○防災管理対象物全体についての防災管理上必要な業務	
防災管理対象物全体についての防災管理上必要な業務を行うときは、必要に応じて管理権原者の指示を求め、誠実にその職務を遂行しなければならない。	

(3) 統括防災管理者の指示（法第 8 条の 2 第 2 項）

　　防災管理対象物全体についての防災管理上必要な業務を行う場合において必要があると認めるときは、各管理権原者により定められた防災管理者に対して、必要な措置を講ずることを指示することができる。

(4) 消防計画の適合（法第 8 条の 2 第 3 項、規則第51条の11の 2）

　　各管理権原者により定められた防災管理者が作成する防災管理に係る消防計画は、統括防災管理者が作成する防災管理対象物全体についての防災管理に係る消防計画に適合しなければならない。

(5) 統括防災管理者の選（解）任届（法第 8 条の 2 第 4 項、規則第51条の11の 3）　　届出書（別記様式第 1 号の 2 の 2 の 2 の 2）

7 講習の種類（防災関係　規則第51条の 7）

講習の種類	対象者	平成20年消防庁告示
防災管理新規講習	防災管理者	第18号
防災管理再講習		第17号
追加講習（本講習）	防災センター要員講習修了者 再講習は自衛消防業務再講習とする。	第14号
自衛消防業務新規講習	・自衛消防組織の統括管理者 ・班長（学識経験者を除く統括管理者直近下位の者）	第16号
自衛消防業務再講習		第15・16号
防火・防災管理新規講習	防火管理者と防災管理者を同時に受講	第18号
防火・防災管理再講習		

根拠法令等	消防法施行規則の一部を改正する省令の公布に伴う関係告示の公布について（平成20年消防予第238号） 「消防法施行規則の一部を改正する省令」等の公布について（通知）（平成22年消防予第544号） 「消防法施行規則の一部を改正する省令」等の運用について（通知）（平成22年消防予第545号） 防火・防災管理に関する講習のオンライン化について（通知）（令和 4 年消防予第428号） 防火・防災管理に関する講習のガイドラインの改正について（通知）（令和 5 年消防予第41号）

(1) 再講習受講期限
　㋐　防災管理再講習受講期限
　　防災管理者として選任された日の4年前までに防災管理新規講習又は再講習を修了した防災管理者にあっては選任された日から1年以内に、それ以外の防災管理者にあっては最後に講習の課程を修了した日以後における最初の4月1日から5年以内に講習を修了しなければならない。以降、直近の再講習の課程を修了した日以後における最初の4月1日から5年以内ごと。
　㋑　自衛消防業務再講習受講期限
　　統括管理者又は自衛消防組織の班長が受ける再講習の受講期限は、自衛消防業務新規講習の課程を修了した日以後における最初の4月1日から5年以内ごと。
(2) 講習実施機関
　　都道府県知事、消防本部及び消防署を置く市町村の消防長、総務大臣の登録を受けた法人（防災管理講習は日本防火・防災協会が、自衛消防業務講習は日本消防設備安全センターが実施）

自衛消防組織と防災管理

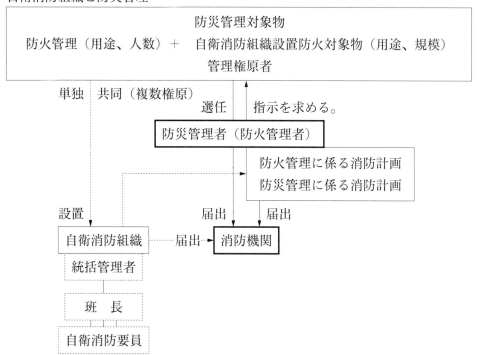

施行日　平成21年6月1日
　※法律の施行後5年を経過した場合に、この法律の施行の状況について検討を加え、必要があると認めるときは、所要の措置を講ずるものとする（消防法附則）。

立 入 検 査 チ ェ ッ ク ポ イ ン ト

☐ 　防災管理者選（解）任届、防災管理に係る消防計画、自衛消防組織設置の届出がされているか。

☐ 　自衛消防組織の統括管理者、要員の役割及び防災資機材等の知識、取り扱い方法が教育、訓練されているか。

☐ 　地震等の被害を想定し、緊急時に対応できる体制が整備されているか。

☐ 　防災に係る消防計画に基づき事前通報を行い、避難訓練が行われているか。

☐ 　再講習の必要な防災管理者、統括管理者等は、再講習を受講しているか。

☐ 　管理権原の分かれている高層建築物等に該当する防災管理対象物の各管理権原者は、協議により統括防災管理者を選任し、届出をしているか。
　　また、統括防災管理者は防災管理対象物全体の消防計画に基づき、避難訓練等を行っているか。

〈参考〉

大規模地震等に対応した消防計画作成ガイドラインの改訂について（平成31年消防予第96号）

　個々の防火対象物ごとの用途、構造、利用形態等を勘案し、実情に応じた消防計画を作成するものであるが、消防計画作成に当たっての手引きとして、作成手順や基本構成、災害対応上のポイント等をまとめたものである。

消防計画作成ガイドライン

　消防法において、防火対象物における人的面での予防体制の基本をなすものとして、防火管理制度及び防災管理制度が設けられており、業務は平常時の予防的措置と災害時の応急的措置に大別することができる。消防計画には人命安全の確保や二次的災害の防止等の観点から火災・大規模地震等の予防・被害軽減を図るために必要な防火・防災管理業務について定める。

1　消防計画の概要

　(1)　対象となる災害

　　　防火管理業務の対象となる火災、地震その他の災害及び防災管理業務の対象となる地震及び毒性物質の発散等による災害である。

　(2)　消防計画の内容

　　　消防計画は、防火・防災管理の基本方針であり、応急活動上の訓練の実施、消防用設備等の点検・整備、火気の使用・取扱いに関する監督、避難・防火上必要な構造・設備の維持管理、収容人員の管理など、防火・防災管理業務を行う上で必要な事項を定めるものである。

　　　なお、消防計画に定める訓練を実際に行う場面においては、防火対象物ごとに規模、用途、収容人員、建築物の防火・防災上の特徴（超高層の建物であり、在館者が屋外まで避難するのに時間を要する等）等を踏まえた訓練内容をできるだけ具体的に定めるとともに、訓練の実施方法についても、放送設備等を活用した順次避難訓練や本部隊におけるシナリオ非提示型図上訓練等の導入を考慮することが望ましい。

　　　防火管理者が防火に係る消防計画を定め、防災管理者が防災管理に係る消防計画を定めることになるが、両者の整合性のとれた一体的な運用が確保されることが必要であり、防火・防災管理業務全体について両方の規定を満足するよう一の消防計画を定めることが効率的である。

　(3)　災害想定に基づいた消防計画の作成

　　　震度6強程度の地震を考慮し、さらに地域防災計画における想定地震災害の規模や、建築基準法の耐震設計の考え方における「存在期間中に遭遇する可能性がある最大級の地震規模」震度7の地震発生を想定し、被害の態様の評価、必要な活動内容を整理し、これらに対処するための組織、人員、物資、資機材、活動要領等が確保される消防計画を作成する。

第3章　防火・防災管理

(4) 防火対象物における被害の想定手法

　想定される地震により、発生することが想定される被害について、耐震措置の状況や過去の被害例等を踏まえ、防火・防災上の観点から評価する。

　対策を要する被害程度を過小評価することのないよう、また想定被害に応じた対応が不適切なものでないように一定の合理性が確保された客観的な手法により、防火対象物側の自主的な取組みに委ねることが適当である。

○建築構造等の基本被害

　耐震診断の結果や過去の被害例等により被害を想定する。

○建築設備等の被害

　設計、施工上の強度、耐震診断結果、過去の被害例等により損壊、防火・防災上の機能停止等を想定する。

○避難施設等の被害

　避難経路となる廊下、階段等の被害について、非構造部材における耐震診断結果、過去の被害例等により避難経路のうち1以上は使用できないことを想定する。

○消防用設備等の被害

　耐震措置の状況、過去の被害例等により損壊、機能停止等を想定する。過去の被害例によりスプリンクラーヘッド、火災感知器等は、天井等との衝突や変位により、耐震対策の程度に応じ一定の損害が生じることを想定する。

○収容物等の被害

　固定措置の状況や過去の被害例等により、転倒、落下、移動等による被害を想定し、要救助・救護者の発生、通行障害等を想定する。

○ライフライン等（商用電力、水道、電話、ガス等）の被害

　過去の被害例等により被害を想定し、利用困難なものとする。

○火災等の発生及び人的被害

　建物、設備等の被害程度の関連、過去の被害例等により想定する。

(5) ＰＤＣＡサイクル

　被害の想定や必要な対応行動が十分かどうか、それに応じた体制が備えられているかどうか等について、訓練等を通じて定期的に見直し、改善していく仕組みを消防計画に盛り込む。

Plan：計画　　Do：実施、実行　　Check：点検、評価　　Action：処置、改善

2　具体的な消防計画の構成

(1) 総則的事項

○計画の目的等（目的、適用範囲、管理権原、ＰＤＣＡ）

○防火・防災管理者等（防火管理者、防災管理者、権限、業務、組織）

(2) 予防的事項

○共通的事項（予防活動体制、自主チェック体制、記録、休日夜間対応等）

○火災に特有の内容（火気管理、危険物管理、構造管理）

○地震に特有の内容（耐震診断、転倒防止、地域防災計画との調整、物資等の確保）

(3) 応急対策的事項

○共通的事項（自衛消防組織の編成、運用体制、装備、指揮命令体系）

○火災に特有の内容（発見、通報連絡、初期消火、避難誘導、安全防護等）

○地震に特有の内容（初期対応、被害状況の確認、救出救護、エレベーター停止等への対応、インフラ等の機能不全への対応、避難誘導等）

○その他の災害対応（避難誘導等）

(4) 教育訓練

○従業者等の教育（管理権原者、防火・防災管理者、自衛消防組織の構成員の教育等）

○訓練の実施（実施時期、実施手順、訓練内容、訓練結果の検討等）

3 超大規模防火対象物等に対する訓練の充実強化方策

超大規模防火対象物等の多くは、建物に不案内かつ多様な在館者が多数利用しており、火災や地震等の災害発生時の安全性の確保が求められ、ハード面の対策状況に応じ、自衛消防組織の活動を有効に機能させることが重要である。

(1) 超大規模防火対象物等とは、次のものをいう。

ア 超大規模防火対象物

自衛消防組織の設置義務対象のうち、以下の全てに該当する防火対象物とする。

① 特定防火対象物、駅舎、空港のうち、いずれかの用途の防火対象物

② 防火対象物全体の収容人員が10,000人以上

③ 高さ200m以上又は延べ面積200,000㎡以上の防火対象物

イ 大規模、高層の建築物が地下部分や駅施設等を介して複雑に接続された超大規模な建築物群

(2) シナリオ非提示型図上訓練

火災や地震発生時の自衛消防活動を適切に行うためには、自衛消防組織の本部隊の状況判断・指揮能力等の向上が重要だが、当該対象物が大規模であることや在館者が多種・多数であることから全館を挙げての訓練の実施は困難な状況である。そこで、実災害に近い場面を想定して、訓練参加者が与えられる役割で災害を模擬的に体験し、付与される災害状況に応じた状況判断を行うシナリオ非提示型による図上訓練を行い、自衛消防組織の本部隊の状況判断・指揮能力等を向上させることとする。

※ 消防機関は、従来火災に対する消防計画に主眼が置かれていたため、地震災害対応の消防計画の作成指導又は届出された消防計画の内容をチェックするための「大規模地震対応消防計画審査マニュアル」が、（一財）消防防災科学センターで作成されている。

第5　防火対象物点検報告制度

　昭和55年11月に発生した栃木県川治プリンスホテルの火災に鑑み、立入検査の結果、表示基準に適合する防火対象物には「表示マーク」を交付することができる防火基準適合表示制度が実施され、「適マーク」として国民の間に定着してきたが、新宿区小規模雑居ビル火災を契機に、平成15年10月から防火対象物点検報告制度が施行され、防火基準適合表示制度は廃止された。
　また、防災管理対象物について法第36条により法第8条から第8条の2の3までの規定を準用しており、「防災管理点検資格者」による防災管理対象物の点検及び表示等に関する事項が適用され、平成21年6月1日から施行された。
　その後、平成24年5月広島県福山市において発生したホテル火災を踏まえ、平成15年9月30日に廃止した「防火基準適合表示制度」の仕組みを再構築し、ホテル、旅館等の新表示制度として、「防火対象物に係る表示制度」の運用を平成26年4月1日から開始することになった。

> 消防機関が行う立入検査と同様な資格者による防火対象物の基準適合状況をチェックする制度

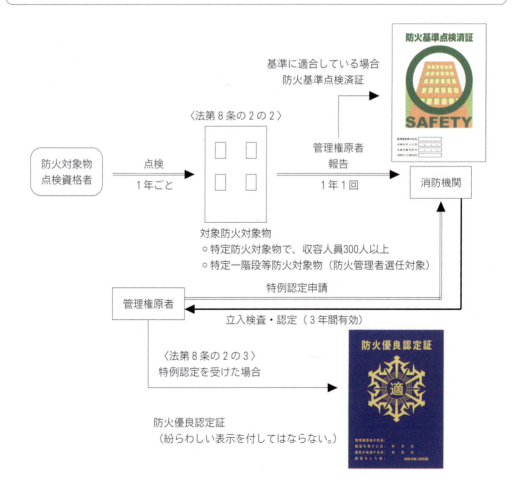

1 防火対象物点検報告(法第8条の2の2第1項、規則第4条の2の4第1項)
　管理権原者は、1年に1回「防火対象物点検資格者」に点検対象事項が点検基準に適合しているかを点検させ、消防長又は消防署長に報告しなければならない。ただし、消防庁長官が定める新型インフルエンザ等の事由により、期間ごとに点検を行うことが困難であるときは、消防庁長官が定める期間ごとに点検を行うものとする(消防用設備等の点検報告(法第17条の3の3)については、別に報告する。)。

2 点検を要する防火対象物

```
                点検対象防火対象物  特定防火対象物
┌──────────┬─────────────────────────┬──────────┐
│ 収容人員    │ 収容人員30人以上300人未満        │          │
│ 30人未満    │ ((6)項ロ10人以上300人未満)       │ 収容人員 │
│ ((6)項ロ10  ├─────────────────────────┤ 300人以上│
│ 人未満)     │ 特定一階段等防火対象物           │          │
└──────────┴─────────────────────────┴──────────┘
```

　防火管理者選任該当(法第8条第1項)で次の防火対象物(令第4条の2の2)
⑴ ⑴項〜⑷項、⑸項イ、⑹項、⑼項イ、⑯項イ、(16の2)項　収容人員300人以上
⑵ 特定一階段等防火対象物
　特定用途部分が地階又は3階以上の階(避難階は除く。)に存するもので、当該階から避難階又は地上へ直通する階段が2以上設けられていないもの
　＊特定用途とは：⑴項〜⑷項、⑸項イ、⑹項、⑼項イに掲げる防火対象物の用途に供される部分
　＊階段が1でも除かれるもの：屋外階段、特別避難階段又は屋内避難階段で2㎡以上の外気に開放されたもの(平成14年消防庁告示第7号)
　＊避難上有効な開口部を有しない壁で区画されている部分が存する場合は、その区画された部分(規則第4条の2の2)

【避難上有効な開口部】
　○直径1m以上の円が内接できる開口部又は幅75cm以上、高さ1.2m以上
　○床面から開口部の下端までの高さ15cm以内
　○格子その他容易に避難を妨げる構造を有しない
　○常時良好な状態に維持されているもの

【防火対象物点検報告に該当する場合】
⑺ 管理権原者が同一で収容人員300人以上(収容人員の算定　規則第1条の3)

㈠　特定一階段等防火対象物（収容人員30人（⑹項ロ10人）以上300人未満）

	階段
スーパーマーケットの事務所、倉庫	3 階
スーパーマーケット売場	2 階
スーパーマーケット売場	1 階

「令別表第一に掲げる防火対象物の取り扱いについて」昭和50年第41号通知により、従属的な部分を構成すると認められるかどうかを判断したうえで、令第4条の2の2第2号の対象となるか判断をする（平成14年消防安第122号執務資料）。

4 階	キャバレー
3 階	スナック
2 階	事務所
1 階	パチンコ店

3 階	共同住宅
2 階	共同住宅
1 階	食堂
地階	居酒屋

4 階	レストラン
3 階	共同住宅
2 階	共同住宅
1 階	事務所

3 階	スナック	スナック
2 階	レストラン	
1 階	レストラン	

3 階にある特定用途部分が避難上有効な開口部（規則第4条の2の2）を有しない壁で区画されている2階段の特定防火対象物

3　点検対象事項（法第8条の2の2）

○防火管理上必要な業務

○消防の用に供する設備、消防用水又は消火活動上必要な施設の設置・維持

○その他火災の予防上必要な事項

4　点検基準（規則第4条の2の6）

⑴　届出　防火管理に係る消防計画、防火管理者選任（解任）届
（1－2）　自衛消防組織設置防火対象物にあっては、自衛消防組織設置（変更）の届出
⑵　防火管理に係る消防計画に基づき、消防庁長官が定める事項が適切に行われていること。
⑶　管理について権原が分かれている防火対象物にあっては、消防庁長官が定める事項が適切に行われていること。
⑷　避難施設、防火戸の適正管理
⑸　防炎防火対象物における防炎対象物品の表示
⑹　圧縮アセチレンガス等の届出（法第9条の3第1項ただし書を除く。）
⑺　消防用設備等又は特殊消防用設備等の設置

| (8) | 消防用設備等の設置届出を行い、検査を受けていること。 |
| (9) | 市町村長が定める事項 |

点検基準の適用除外（規則第4条の2の6第2項）

ア　次の場合は、点検基準の(4)から(9)までを適用しない。
　○令第2条により、一の防火対象物とみなされる場合
　　(1)項～(4)項、(5)項イ、(6)項、(9)項イの「特定用途」がない防火対象物
　○令第8条第1号に掲げる部分で開口部のない耐火構造の床、壁で区画された部分に
　　(1)項～(4)項、(5)項イ、(6)項、(9)項イの「特定用途」がない部分
　○特定共同住宅等（これに類する防火対象物で火災の発生、延焼のおそれの少ないも
　　のとして消防長又は消防署長が認めるものを含む。）の次に掲げる部分以外の部分
　　①　(5)項イ、(6)項ロ及びハの用途部分
　　②　①に掲げる部分から地上に通ずる主たる廊下、階段その他の通路
イ　次の場合は、点検基準の(5)から(9)までを適用しない。
　○令第8条第2号に掲げる部分で区画された部分に(1)項～(4)項、(5)項イ、(6)項、(9)項
　　イの「特定用途」がない部分

> **根拠法令等**　消防法施行規則第4条の2の6第1項第2号、第3号及び第7号の規定に基づき、防火対象物の点検基準に係る事項等を定める件（平成14年消防庁告示第12号）

5　防火管理維持台帳（規則第4条の2の4第2項）

防火対象物の管理権原者は、点検を行った結果を防火管理維持台帳に記録、保存しなければならない。

1	甲種防火管理再講習修了証☆
2	防火管理に係る消防計画作成（変更）届出書及び全体についての消防計画作成（変更）届出書☆
3	防火管理者選任（解任）届出書☆
4	統括防火管理者選任（解任）届出書☆
5	自衛消防組織設置（変更）届出書☆
6	防火対象物点検結果報告書☆
7	防火対象物点検報告特例認定申請書☆
8	防火対象物点検報告特例認定決定通知書又は不認定決定通知書
9	消防用設備等・特殊消防用設備等設置届出書☆
10	消防用設備等・特殊消防用設備等検査済証
11	消防用設備等・特殊消防用設備等点検結果報告書☆
12	防火管理に係る消防計画に基づき実施される次の事項を記載した書類

	①	火災予防上の自主検査の状況
	②	消防用設備等・特殊消防用設備等の点検及び整備の状況
	③	避難施設の維持管理状況
	④	防火上の構造の維持管理状況
	⑤	定員の遵守その他収容人員の適正化の状況
	⑥	防火管理上必要な教育の状況
	⑦	消火、通報及び避難の訓練その他防火管理上必要な訓練の状況
	⑧	増築、改築、移転、修繕又は模様替えの工事中の防火対象物における防火管理者又はその補助者の立会いその他火気の使用又は取扱いの監督の状況
	⑨	大規模な地震に係る防災訓練並びに教育及び広報の状況（強化地域に所在する防火対象物に限る。）
13		消防用設備等・特殊消防用設備等の工事、整備等の経過一覧表
14		その他防火管理上必要な書類

☆＝写しを保存するもの

6　防火対象物点検資格者（規則第4条の2の4第4項、規則第4条の2の5）

　　登録講習機関（法人で総務大臣が登録するもの）が行う防火対象物の点検に関し必要な知識、技能を修得する講習の課程を修了し、免状の交付を受けている者をいう。受講資格は、次のうちのいずれかに該当する者

(1)　1年以上の実務経験者
○市町村の消防職員（火災予防に関する業務）

(2)　2年以上の実務経験者
○建築主事、確認検査員（建基法第5条第3項一級建築基準適合判定資格者検定合格者）

(3)　3年以上の実務経験者
○消防設備士（工事、整備、点検について）
○消防設備点検資格者
○防火管理者として選任された者

(4)　5年以上の実務経験者
○甲種、乙種防火管理講習修了者（防火管理上必要な業務）
○特定建築物調査員（建基則第6条の6の表の㈠項の(は)欄）
○建築設備検査員（建基則第6条の6の表の㈡項の(は)欄）
　建築設備（昇降機を除く。）及び防火設備（㈡項の(ろ)欄に規定する国土交通大臣が定めたものに限る。）
○防火設備検査員（建基則第6条の6の表の㈢項の(は)欄（上記の防火設備を除く。））
○1級建築士、2級建築士（建築物の設計、工事監理、建築工事の指導監督）
○建築設備士（建築士法施行規則第17条の18）

○市町村の消防職員（上記⑴を除く。）

　　○特定行政庁の職員（防火に関する建築行政に関する業務）

⑸　8年以上の実務経験者

　　○市町村の消防団員

　　※防火対象物点検資格者又は防災管理点検資格者が受けることとされている再講習の受講期限は、免状の交付を受けた日以後における最初の4月1日から5年以内ごと（平成24年4月1日施行）。

第6　防火対象物点検報告の特例（法第8条の2の3）

1　特例

　特例認定制度は、防火対象物点検報告が義務付けられている防火対象物の管理権原者からの申請により、3年以上消防法令のうち火災予防に関する事項を遵守している防火対象物については、点検・報告に係る規定を適用しない。

　なお、認定された防火対象物が、認定から3年を経過したとき又は管理権原者に変更があった場合は、認定の効力を失う。

2　認定要件

　次の事項について、消防機関が書類審査及び立入検査で認定要件を満たしているか否か判断する。

⑴　申請者が防火対象物の管理を開始してから3年が経過していること。

⑵　過去3年以内に次のいずれにも該当しないこと。

　㋐　措置命令をされたことがあり、又はされる事由が現にあること。

　㋑　取消しを受けたこと、又は受ける事由が現にあること。

　㋒　点検報告をしなかったことがあり、又は虚偽の報告をしたことがあること。

　㋓　点検基準に適合しないことがあること。

3　検査（規則第4条の2の8）

　過去3年以内に消防法令の遵守の状況が優良なものとして消防長又は消防署長の検査において、次の要件を満たしているもの

点検基準（規則第4条の2の6）に適合
消防用設備等又は特殊消防用設備等が設備等技術基準又は設備等設置維持計画に従って設置・維持されている。
法第17条の3の3の規定を遵守
市町村長が定める基準に適合

根拠法令等	消防法第8条の2の3に定める特例認定に係る運用について（平成14年消防安第117号）

4　管理権原者変更届（法第8条の2の3第5項）

　特例認定を受けた防火対象物の管理権原者が変更になった場合、変更前の管理権原者は、消防長又は消防署長に管理権原者変更届をしなければならない。消防機関が届出を指導したにもかかわらず、届出を怠った者は5万円以下の過料に処される。

　次の場合は、管理権原者の変更に該当しない。

○法人の代表者が変更になった場合

○法人の名称のみが変更になった場合で、組織の変更がないもの

第7　防災管理点検報告、防災管理点検報告の特例（法第36条）

　防災管理点検報告は、防災管理対象物（令第46条）全体が防災管理点検の対象となり、防災管理点検資格者が1年に1回防災管理の点検基準について点検を行い、管理権原者が点検結果を消防長又は消防署長へ報告する。ただし、消防庁長官が定める新型インフルエンザ等の事由により、期間ごとに点検を行うことが困難であるときは、消防庁長官が定める期間ごとに点検を行うものとする。

　特例認定については消防長又は消防署長の検査において認定された場合、点検報告が免除される。

　なお、防火対象物点検の対象外であっても防災管理点検の対象物となる。

1　防災管理維持台帳（規則第51条の12）

　防災管理対象物の管理権原者は、防災管理維持台帳に防災管理再講習の修了証の写し、届出に係る書類の写し、報告書・申請書の写し等を記録、保存しなければならない。

2　防災管理点検の点検基準（規則第51条の14）

(1)　届出　防災管理に係る消防計画、防災管理者選任（解任）届
(2)　自衛消防組織設置（変更）届
(3)　防災管理に係る消防計画に基づき、消防庁長官が定める事項が適切に行われていること（平成20年消防庁告示第22号）。 ○避難施設の点検、収容人員の適正化、防災管理上必要な教育等 ○地震の被害想定、想定被害への対策、自主検査、資機材の点検等 ○特殊災害発生時における通報連絡、避難誘導等 ○自衛消防組織の業務に係る活動要領、要員に対する教育、訓練等 ○自衛消防組織を共同して置く場合は、協議会の設置、運営に関する事項 ○防災管理者を外部へ委託する場合は、受託者の住所、氏名（法人の場合は、名称、主たる事業所の所在地）等 ○管理権原が分かれている防災管理対象物は、権原の範囲に関する事項 ○地震防災対策強化地域（規則第3条第4項）に所在する防災管理対象物は、地震予知情報及び警戒宣言の伝達方法、警戒宣言発令時の避難誘導等 ○避難訓練の実施回数（消防機関への通報を含む。）

> (4) 防災管理対象物で管理権原が分かれている場合は、消防庁長官が定める事項が適切に行われていること。
>
> (5) 避難上必要な施設、防火戸が適切に管理されていること。

3 防災管理点検報告の特例（規則第51条の16）

防火対象物点検と同様に、過去３年以内の点検結果が優良である等の条件により、消防長又は消防署長の検査により、点検報告の義務を３年間免除する制度であるが、防災管理点検の規定は法第８章雑則の第36条により準用されるもので、防火に関する規定でないため、防災管理関係の不備は防火対象物点検報告の特例認定（法第８条の２の３）の取消し要件にはならない。ただし、表示については掲出できない。

4 防災管理点検等に関する表示

(1) 防災管理点検、防災管理点検の特例認定の表示

防災管理点検の基準に適合している場合は「防災基準点検済証」を、防災管理点検の特例認定を受けた場合の表示は「防災優良認定証」を付することができる。

【防災管理点検】規則第51条の15

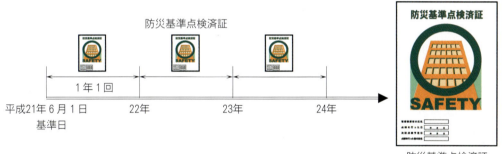

【防災管理特例認定】規則第51条の17

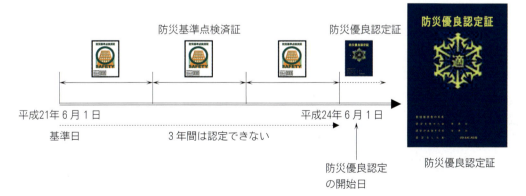

(2) 防火対象物点検と防災管理点検が該当となる場合の表示（法第36条第4項、規則第51条の18）

防火対象物点検と防災管理点検の双方が該当する場合は、防火対象物点検資格者及び防災管理点検資格者によりいずれの点検基準にも適合している場合に限り、「防火・防災基準点検済証」を付することができる。

防火・防災基準点検済証

(3) 防火対象物点検及び防災管理点検の特例認定表示（法第36条第5項、規則第51条の19）

防火対象物点検と防災管理点検が併せて特例認定を受けた場合は「防火・防災優良認定証」を付することができる。

※特例認定が平成24年6月1日から適用されたことから、消防法第36条第1項において準用する消防法第8条の2の3に定める特例認定に係る運用について（平成24年消防予第14号）が発出されている。

防火・防災優良認定証

第8 防火対象物に係る表示制度

防火対象物点検報告制度（法第8条の2の2）の対象外となっていたホテル等では、防火管理者等が点検を行い「防火自主点検済証」を掲出できることになっていたが、ホテル、旅館等の新表示制度として、「防火対象物に係る表示制度」が運用されることにより、自主点検報告表示制度は廃止された。

1 表示の目的

ホテル・旅館等の防火安全対策及び関係者の防火認識を高め、防火管理業務の適正化、消防用設備等の設置、維持管理等を促進するとともに、建築構造等への適合性も含めた防火・防災管理上の一定の基準に適合している防火対象物の情報を利用者等に提供し、防火安全体制の確立を図るための表示を行う。

2 表示対象

収容人員30人以上（防火管理者の選任義務）、かつ、地上3階以上

ホテル、旅館等（(5)項イ）
複合用途（(16)項イ）で、(5)項イの用途があるもの
その他の防火対象物は、地域実情に応じて実施可能

※複合用途（⒃項イ）における本制度の対象範囲

原則として防火対象物全体とする。ただし、⑸項イの用途以外の部分において、次の違反がない場合は、⑸項イの部分及び当該用途からの避難経路に係る部分のみを対象とすることができる。

○建物全体についての防火（防災）管理、統括防火（防災）管理者の選任
○消防計画の届出等
○消防用設備等（スプリンクラー設備及び自動火災報知設備等）
○危険物施設等
○建築構造等

3　交付申請

⑴　ホテル・旅館等の関係者が「表示マーク交付申請書」に次の報告書等のうち、該当となるものを添付して行う。

ただし、一定期間内に既に消防本部等に報告済みである場合等は、添付を省略することができる。

表示マークの交付申請に添付が必要となる報告書等

報告書等の種別・根拠法令	備 考	
	表示マーク（銀）	表示マーク（金）
防火対象物（防災管理）点検報告書（写）※1 【法第8条の2の2（法第36条において準用する法第8条の2の2）】	申請日から過去1年以内に実施した報告書を添付する。 ただし、消防本部等に報告済みの場合は添付の省略可。	前回の申請日以降に実施した報告書をすべて添付する。 ただし、消防本部等に報告済みの場合は添付の省略可。
防火対象物（防災管理）点検報告特例認定通知書（写）※2 【法第8条の2の3（法第36条において準用する法第8条の2の3）】	申請日直近の認定通知書を添付する。	
消防用設備等点検結果報告書（写） 【法第17条の3の3】	申請日から過去1年以内に実施した報告書を添付する。	前回の申請日以降に実施した報告書をすべて添付する。 ただし、消防本部等に報告済みの場合は添付の省略可。
製造所等定期点検記録表（写） 【法第14条の3の2】	申請日から過去1年以内に実施した記録表を添付する。 ただし、消防本部等が記録表を確認済みの場合は添付の省略可。	前回の申請日以降に実施した報告書をすべて添付する。ただし、消防本部等が記録表を確認済みの場合は添付の省略可。
定期調査報告書（写） 【建基法第12条】	直近の定期調査の期間内に行ったものを添付すること。	直近の定期調査報告の期間内に行ったものをすべて添付すること。

| その他消防本部等が必要と認める書類 | （例）点検報告の不備事項の改修状況
自衛消防訓練の記録や自主点検記録
更新前に交付を受けた表示基準適合通知書 |

※1　法第8条の2の3（法第36条において準用する法第8条の2の3）に基づく点検及び報告の特例の認定がされていない場合

※2　法第8条の2の3（法第36条において準用する法第8条の2の3）に基づく点検及び報告の特例の認定により防火対象物定期点検報告が免除されている場合

⑵　複合用途防火対象物の交付申請

　　原則として表示基準のうち建物全体に係る部分が表示基準に適合していることを確認できる書類の添付をする。

⑶　ホテル・旅館等が次に該当する場合は、下記による。

　㋐　防火対象物点検報告（法第8条の2の2）の対象外

　　　法令の対象外であるが、規則第4条の2の4に定める防火対象物点検資格者による点検を行い、その結果を申請書に添付するものとする。

　㋑　定期調査報告（建基法第12条）の対象外

　　　法令の対象外であるが、建築士等有資格者により、表示基準に関わる部分（建築構造等・避難施設等）を建基法第12条に準じた調査を行い、その結果を申請書に添付するものとする。

⑷　表示制度対象外のホテル・旅館等

　　2階以下又は収容人員30人未満のホテル・旅館等の関係者から、「表示制度対象外施設」であることの通知の交付申請があった場合、消防長等は、表示基準に適合していることを確認した上で、「表示制度対象外施設通知書」により通知するものとする。

4　表示基準及び審査

防火基準適合表示要綱による。

⑴　点検項目　表示に当たっての点検項目は、次に掲げる項目とする。

点検項目	
防火管理等	防火対象物の点検及び報告
	防火管理者等の届出
	自衛消防組織の届出
	防火管理に係る消防計画
	統括防火管理者等の届出
	防火・避難施設等
	防炎対象物品の使用
	圧縮アセチレンガス等の貯蔵等の届出
	火気使用設備・器具
	少量危険物・指定可燃物

防災管理	防災管理対象物の点検及び報告
	防災管理者等の届出
	防災管理に係る消防計画
	統括防災管理者等の届出
消防用設備等	消防用設備等及び特殊消防用設備等の設置及び維持等
	消防用設備等の点検報告
危険物施設等	
建築構造等	定期調査報告
	建築構造等（建築構造・防火区画・階段）
	避難施設等（屋根・外壁・非常用エレベーター・排煙設備・防煙壁・非常用の照明装置・非常用の進入口等・壁・天井・床・特定防火設備及び防火設備・避難施設・敷地内の通路）

(2) 表示基準の審査は、次の制度を活用する。

防火対象物（防災管理）点検報告
消防用設備等点検報告
製造所等定期点検記録表
建築基準法に定める定期調査報告等

＊建築法令に係るものについて、定期調査報告（建基法第12条）を活用した審査方法と点検項目の基本的な解説を行うものとして、「表示制度における建築構造等審査マニュアル」（平成25年消防予第499号）が、発出されている。

(3) 判定基準

「防火対象物に係る表示制度の実施細目等について（通知）」（平成25年消防予第419号）の判定基準による。

○消防法に基づく各種届出、建築基準法に基づく届出、市町村条例に基づく届出等により確認し、適合状況を判定する。

○消防本部等において既に把握している情報（査察台帳等）を活用するほか、必要に応じて現地確認を実施することにより判定する。

(4) 審査上の注意事項

ア　防火対象物点検の特例認定と表示基準が重複する対象物の審査は、効率性に配慮する。

イ　建基法第12条の規定に基づく定期調査報告書は、各自治体で指定している特殊建築物等の定期調査期間内に報告されているものを有効とする。

表示マーク交付後に定期調査報告が行われた場合には、表示基準のうち建築構造等の適合状況を確認するため、調査報告書の提出を求めること。申請者に対し、表

示基準適合通知書を交付する際に、あらかじめその旨を伝えておくこと。

ウ　「旅館・ホテル等における夜間の防火管理体制指導マニュアルについて」（昭和62年消防予第131号）に基づき、夜間訓練を実施することが消防計画に定められている場合は、防火対象物点検結果報告書で訓練の実施について確認するものとし、必要に応じて訓練の立会い等を行う。

エ　表示基準の「建築構造等」における建築構造、防火区画及び階段については、現行の建築基準法令に適合（既存不適格として扱っているものは除く。）していることを確認するものとする。

ただし、既存不適格として取り扱っているものであっても、特定行政庁からの代替措置等の指導状況を確認すること等により、一定の安全性が確保されていると認められるものについては、消防長等の判断により審査の対象とすることができるものとする。

5　表示マークの交付等

(1)　消防長又は消防署長は、審査の結果、表示基準に適合していると認める場合には、関係者に「表示基準適合通知書」により通知するとともに、「表示マーク」を交付する。

ア　表示マーク（銀）の交付

表示マーク（金）以外の表示対象

イ　表示マーク（金）の交付

㋐　3年間継続して、表示マーク（銀）が交付されており、表示基準に適合していると認められる場合

㋑　表示マーク（金）が交付されており、交付日から3年が経過する前に交付（更新）申請され、表示基準に適合していると認められる場合

(2)　表示マークの交付を行った場合、「表示マーク受領書」を申請者から受理する。

(3)　表示マークの継続

表示マーク（金）、（銀）を継続する場合は、適合している旨の通知のみを行う。

(4)　表示基準に適合しないと認めた場合、関係者に「表示基準不適合通知書」により通知するものとする。

(5)　表示マークを交付したホテル・旅館等の情報については、市のホームページ等に掲載するとともに、建築行政機関等と情報共有するよう努めるものとする。

6　表示マーク

関係者に対する防火安全の意識付けや、表示マークの返還時の対応等を考慮し、消防機関から表示マークを交付する。

表示マーク（銀）

表示マーク（金）

備考
1　様式の大きさは、日本産業規格Ｂ４とする。
2　色彩は、地を紺色、その他のもの（消防本部名を除く。）にあっては、それぞれ金色・銀色とする。

7　表示マークの掲出（平成26年消防予第39号、平成26年消防予第61号）
　　関係者は、平成26年8月1日から防火対象物に表示マークを掲出するとともに、ホームページ等において電子データの表示マークを使用することができることとなった。
　　ホームページ等（ブログ、ツイッター等インターネットの利用に係るものを含む。）で使用する表示マーク及び表示マーク用バナーは、表示マーク交付時に消防本部等から通知されるパスワードを用いて、消防庁のホームページ（https://www.fdma.go.jp/kasai_yobo/hyoujiseido/index.html）からダウンロードしたものを使用する。

8　表示マークの有効期間
　　交付日から「表示マーク（銀）」は1年間、「表示マーク（金）」は3年間
⑴　最初に交付を行った日を基準日（起点）とすることから、表示マークを変更した場合も、表示マークに記載する交付年月日は、変更しない。
　　なお、表示マーク（銀）から表示マーク（金）に変更となる場合であっても、交付する表示マーク（金）に記載する交付年月日は最初に表示マーク（銀）の交付を行った日とする。
⑵　表示マークを継続する場合の有効期間は、継続前の表示マークの有効期間終了後を起点とするものであり、表示マークを継続するための交付申請を行った日、若しくは通知書の交付を行った日としないよう留意すること。

9　表示マークの返還
⑴　表示マークの有効期間が満了し、交付（更新）申請を行わない場合、関係者は、表示マークを返還するものとする。
⑵　表示マークの有効期間中であっても、次のいずれかに該当する場合、関係者は、表示マークを返還するものとする。

ア　表示マークが交付されている防火対象物において表示基準に適合しないことが明らかとなった場合

イ　表示マークが交付されている防火対象物において火災が発生し、表示基準への適合性の調査の結果、不適合であることが確認された場合

※表示基準の適合性についての調査結果が確定するまでの間は、消防本部等の判断により、関係者に表示マークの掲出を留保させるものとする。

ウ　ホームページ等への表示マークの使用に際して配付された表示マークの電子データを無断で転用した場合

(3)　表示マークを返還させる際には、消防長又は消防署長は、その理由を附記した「表示マーク返還請求書」により通知し、貸与していた表示マークの返還及びホームページ等での使用の中止を求めるものとする。

10　表示マークの再交付

表示マークを返還させた防火対象物の関係者から表示マークの交付について再申請され、再審査において表示基準に適合していると認められる場合には、返還前の表示マークの種別に関係なく表示マーク（銀）を再交付するものとする。

なお、この場合、表示マークの返還の理由となった違反等の内容に応じて十分な確認期間を確保すること。

立 入 検 査 チ ェ ッ ク ポ イ ン ト

☐　防火対象物点検報告又は防災管理点検報告は１年に１回報告がされているか。

☐　点検結果で不備内容がある場合は、改善されているか確認をする。

☐　防火管理（防災管理）維持台帳に記録が保存されているか。

☐　特例認定の管理権原者の変更はないか。

☐　表示について見やすい箇所か、様式、記載内容等を確認する。

第9　防炎規制

防炎規制には、消防法で規制される「防炎物品」と、防炎製品認定委員会が消費者の立場で防炎性能等を認定する「防炎製品」がある。

昭和44年から消防法に位置付けられた防炎規制では、不特定多数の人が出入りする施設・建築物や高層建築物、地下街等の防炎防火対象物で使用されるカーテンやじゅうたん等は、防炎物品の使用が義務付けられており、「防炎」の表示を付けることになっている。

防炎物品	カーテン、布製ブラインド、暗幕、じゅうたん等の床敷物、展示用合板（舞台において使用する幕を含む。）、工事用シート又はその材料で消防法で定める基準以上の防炎性能を有するもの
防炎製品	防炎物品（カーテン・じゅうたん等）以外のもので、火災予防上防炎性能を有することが望ましいものについて、防炎製品認定委員会が基準を定め、認定しているもの　　布団、毛布、衣服（パジャマ等）、車のボディカバー等 （公財）日本防炎協会認定　日常生活での防炎・毒性の有無

1　防炎対象物品の防炎性能（法第8条の3）

カーテン等に防炎性能を持たせることにより、着火物又は延焼の媒介物とならないようにすることが目的である。防炎物品は炎に接してもすぐに燃え上がらず、炎を取り去ると焼けた部分は黒く焦げるが炎が立たない、燃えにくい性質であり、防炎加工をしてあるため燃えないというものではない。

2　防炎防火対象物（令第4条の3第1項）

小さい規模でも対象

高層建築物（高さ31mを超えるもの）
地下街（(16の2)項）
準地下街（(16の3)項）
(1)項～(4)項、(5)項イ、(6)項、(9)項イ、(12)項ロ
(16)項（防炎防火対象物の用途部分）
工事中の建築物、工作物 　(1)　建築物（都市計画区域外の専用住居、付属するものを除く。） 　(2)　プラットホームの上屋 　(3)　貯蔵槽（サイロ、危険物タンク、ガスタンク等） 　(4)　化学工業製品製造装置

(3)(4)に掲げるものに類する工作物（煙突、看板等）

＊否定の否定

　令第4条の3第1項で「総務省令で定めるものを除く。」といって、規則第4条の3第1項で「次に掲げるもの以外のものとする。」としている。つまり、規則第4条の3第1項で定めたものが対象となる。

　工事中の防火対象物は実質的に規制を受けるのは、工事用シートのみで、工事中のものすべてを指定するのが望ましいが、規則第4条の3第1項に定めるもの以外は除外されている。

3　防炎対象物品（令第4条の3第3項）

防炎性能の有効期間は使用場所、方法等が異なるため、一概に決め難い。

カーテン	○壁に布を貼り付けたもの、内装仕上げ材は該当しない。 ○31mを超える共同住宅（防炎防火対象物）各室のカーテンすべて
布製ブラインド	○巻上げブラインド、ベネチャンブラインド（布製が該当） ○木製、プラスチック製は該当しない。 ○病院等（更衣室、診察室の布製つい立て）該当 ○アコーディオンドアー　　布製は該当 ○内装仕上げ、ふすま　　布で貼付してあるものは含まれない。
暗幕	(7)項は防炎でなくても差し支えないが、できるだけ防炎性能のあるものを指導する。
じゅうたん等 **2㎡以下は対象外**	○じゅうたん（織りカーペット（だん通）を除く。） ○玄関マット　防炎加工剤（ダストコントロール剤） ○体育館（(1)項ロ）の催物で床に敷くフロアーシートは、該当 ○毛せん（フェルトカーペット） ○タフテッドカーペット、ニッテドカーペット、フックドラグ、接着カーペット、ニードルパンチカーペット（工事段階で施工されるものは該当しない。） ○クッションフロアは、床とみなし対象外 ○ござ（いぐさ、ポリプロピレン、竹等） ○人工芝　　屋上に敷設の場合で(4)項は該当、(15)項は非該当 　　　　　野球場：屋根のないグランドは規制外 ○合成樹脂製床シート ○その他類するもの（毛皮製床敷物、毛製だん通等を除く。）
展示用合板	ＪＩＳ特殊合板等 ○天井からぶら下げた状態のパネル等　対象 ○間仕切のベニヤ合板（昭和47年消防予第74号） 　防炎合板（建築基準法の内装制限の「難燃合板」とは異なる。） 　展示用防炎合板（薄手）台、バックスクリーン、仕切り用等 　　不燃材料、準不燃材料、難燃材料（防炎性能ありとして扱う。） 　舞台部において使用する大道具用防炎合板
どん帳、舞台幕、 舞台大道具用合板	ライトの熱で出火しやすい。

— 76 —

工事用シート	ナイロン、ポリエステル、ポリエチレン製　網目寸法12ミリ以下該当近年メッシュ状もある（建基令第136条の5）。 ○落下物に対する防護（鉄網、帆布） ○境界線水平距離5ｍ以内、かつ、高さ7ｍ以上 ○帆布は難燃処理したもので十分な強度を有するもの

○防炎防火対象物のエレベーター内じゅうたん等は、該当（2㎡以内の接着（合成樹脂シート）したものを除く。）
○「のれん」は、該当。ただし、火災予防上支障のないものは、この限りでない。
○⒃項イ　防炎防火対象物のある階から避難階までの共用部分は規制対象

4　防炎表示（法第8条の3第2項）

　カーテン等に防炎性能があるかどうかは、外観上で判断することはできない。そこで、消防機関の査察時の確認や購入者の目安として、防炎性能の表示が付されているか見極める必要がある。これは、消防法において防炎対象物品は、防炎表示又は指定表示が付されていなければ、販売し、又は販売のために陳列してはならないこと、及び防炎表示、指定表示以外紛らわしい表示を付してはならないことが規定されているためである。

⑴　防炎表示（規則第4条の4第1項）

　　○表示の方法は、防炎物品ごとに、見やすい箇所に縫付、ちょう付、下げ札等によること。
　　○防炎表示を付する者は、消防庁長官の登録を受けた者
　　○表示の様式　規則別表第1の2の2
　　○関係者が防炎性能のないカーテン等を購入し、防炎処理業者に防炎処理をさせたり、防炎性能を有する原反からカーテンを作らせたような場合は、次の表示を付させるか、登録業者に防炎表示を付させなければならない（法第8条の3第5項）。
　　　㋐　「防炎処理品」又は「防炎作製品」の文字
　　　㋑　処理又は作製した者の氏名、名称
　　　㋒　処理又は作製年月

⑵　指定表示（法第8条の3第3項、令第4条の4、規則第4条の4第8項）

　　法第8条の3第1項に規定する防炎性能の基準と同等以上の防炎性能を有する旨の表示として消防庁長官が指定（告示）したもの
　㋐　産業標準化法（昭和24年法律第185号）
　　●織りじゅうたん　JIS L4404（平成28年消防庁告示第20号）
　　●タフテッドカーペット　JIS L4405（平成28年消防庁告示第20号）
　　●タイルカーペット　JIS L4406（平成28年消防庁告示第20号）
　　●ビニル系床材（置敷きビニル床タイル及び薄形置敷きビニル床タイルに限る。）
　　　JIS A5705（平成28年消防庁告示第20号）

(イ) 家庭用品品質表示法（昭和37年法律第104号）

※ 合板の日本農林規格の一部が改正され、難燃処理及び防炎処理についての規定が削除されたことに伴い、平成17年消防庁告示第5号が廃止されたが、告示廃止前の規定は効力を有する（平成26年5月26日施行）。

（表示）　ホテル、宴会場など大きな室は、主要出入口にメダル表示する。
　　　　　階段は、踊り場にメダル表示する。

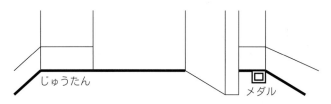

表示はじゅうたん面に行い、幅木、壁面への表示は不可

立入検査チェックポイント

☐ 防炎表示の確認
☐ 改修工事等により、防炎物品でないものと交換されていないか。
☐ 防炎性能に係る耐洗たく性能の方法（水洗い、ドライクリーニング）による洗たくをしているか。

根拠法令等　防炎性能に係る耐洗たく性能の基準（昭和48年消防庁告示第11号）

第4章 消防用設備等（特殊消防用設備等）の設置

第1 消防用設備等の種類

令別表第一に掲げる防火対象物の関係者は、火災の早期発見・通報、初期段階の消火、迅速かつ安全な避難を行わせるため、消防の用に供する設備、消防用水及び消防隊の活動を支援するための施設を政令で定める技術上の基準に従って設置、維持しなければならない。

法第17条の消防用設備等の体系は、次による。

ルートA（仕様規定） **「通常用いられている消防用設備等」**（法第17条第1項） 従来、用いられてきた消防用設備等（令第10条〜令第29条の3）
ルートB（性能規定） 客観的検証法（法第17条第1項、令第29条の4） **「必要とされる防火安全性能を有する消防の用に供する設備等」** 「初期拡大抑制性能」、「避難安全支援性能」、「消防活動支援性能」を検証
ルートC（総務大臣認定）**特殊消防用設備等**（法第17条第3項） 防火対象物の関係者（性能評価を受ける者）が、日本消防検定協会又は総務大臣の登録を受けた登録検定機関（日本消防設備安全センター）の評価結果により、総務大臣へ認定申請を行い、「設備等設置維持計画」により設置するもので、法第17条第1項、第2項による消防用設備等を適用しない。

1 基準法令で定める技術上の基準に従って消防用設備等を設置（法第17条）

(1) 通常用いられる消防用設備等（令第7条第1項〜第6項）

消防の用に供する設備	消火設備	消火器・簡易消火用具	令10条
		屋内消火栓設備	令11条
		スプリンクラー設備	令12条
		水噴霧消火設備	令13条、14条
		泡消火設備	令13条、15条
		不活性ガス消火設備	令13条、16条
		ハロゲン化物消火設備	令13条、17条
		粉末消火設備	令13条、18条
		屋外消火栓設備	令19条
		動力消防ポンプ設備	令20条

		自動火災報知設備	令21条
警　報　設　備		ガス漏れ火災警報設備	令21条の2
		漏電火災警報器	令22条
		消防機関へ通報する火災報知設備	令23条
		非常警報器具・設備	令24条
避　難　設　備		避難器具	令25条
		誘導灯・誘導標識	令26条
消　防　用　水		防火水槽・貯水池	令27条
消火活動上必要な施設		排煙設備	令28条
		連結散水設備	令28条の2
		連結送水管	令29条
		非常コンセント設備	令29条の2
		無線通信補助設備	令29条の3

⑵　必要とされる防火安全性能を有する消防の用に供する設備等（令第29条の4）

　　客観的検証法　総務省令（告示を含む。）で定め、消防長又は消防署長が、その防火安全性能と同等以上であると認める消防の用に供する設備、消防用水又は消火活動上必要な施設であり、通常用いられる消防用設備等に代えて用いることができるもので、令第7条第7項により法第17条第1項の設備として位置付けられる。

　　○パッケージ型消火設備
　　○パッケージ型自動消火設備
　　○特定共同住宅等
　　○特定小規模施設用自動火災報知設備
　　○加圧防排煙設備
　　○複合型居住施設用自動火災報知設備
　　○特定駐車場用泡消火設備

⑶　附加条例（法第17条第2項）

　　国の法令のみでは、防火の目的を充分に達し難いと認められる場合、条例で消防用設備等の設置及び維持の技術上の基準を定めることができる。

　　地域の気候、風土の特殊性により補完する条例

> **根拠法令等**　消防法第17条第2項の規定に基づく条例により設置義務を課している消防用設備等の代替設備等を用いる場合の留意事項について（平成16年消防予第126号）

2　**特殊消防用設備等**（法第17条の2〜第17条の2の3）

　　新しく開発された予想しない特殊の消防用設備等については従来、特例（令第32条）により対応してきたが、日本消防検定協会等による性能評価を基に大臣認定を受けた場

合、特殊消防用設備等として位置付けられる。
　この場合、設備等設置維持計画に従って設置、維持されるので、検定制度の適用除外、消防用設備等点検報告制度の特例がある。

特殊消防用設備等の大臣認定手続の流れ

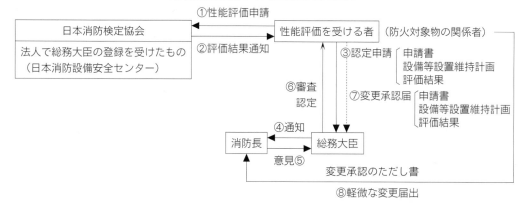

第2　消防用設備等の遡及適用

　違反でない建築物に対して、消防用設備等の技術上の基準を法改正の都度、適用していくことは、関係者に多大な経済的負担をさせることになるので、法律の規制を既存の建築物等に対して、建築時に遡って適用しないという法令不遡及の原則がある。
　なお、技術基準の改廃等が行われた場合に、既に建築されている防火対象物に対して、適用されることを「遡及適用」という。

1　既存防火対象物の特例

　基準時とは、法第17条の2の5第1項により、現行の基準法令の規定適用が除外されている消防用設備等について、その適用除外がなされるに至った最初の時点である。不遡及の場合、現行の技術基準に適合していなくても違反ではない「既存不適格建築物」という。

　　基準時（令第34条の2第2項）　　基準法令の規定が適用されない始期
　　　　　新しい規定が施行され、既存のものを含めて一般に適用になった時

　工場（⑿項イ）は、法令が施行された時点（基準時）以降に新築された場合、500㎡で自動火災報知設備の設置義務があるが、既存の場合、増築面積が基準時の面積400㎡の2分の1（200㎡）又は1,000㎡に達していないので自動火災報知設備の設置義務はない。

— 81 —

ただし、次の場合は現行の基準に適合させることになる。

⑴ **遡及適用（新しい規制に適合させる必要がある場合）**（法第17条の2の5第2項）
　　　　　　　（基準時が消滅し、基準法令の規定が適用される。）不遡及が解除される。

　㋐　基準法令の改廃があった場合
　　　適用の際、従前の規定に適合させていなかった消防用設備等
　　　当該規定に相当する従来の規定違反

　㋑　工事の着手が基準時以降の増改築　数回実施した場合は合計面積（令第34条の2）
　　　増築、改築部分の床面積の合計が、1,000㎡以上になった時点
　　　基準時の延べ面積の1/2以上増築、改築が行われた時点

　㋒　大規模の修繕、模様替え（主要構造部（建基法第2条第5号）の壁について過半の修繕、模様替えが行われた場合）
　　　　1回での修繕、模様替え（令第34条の3）
　　　　修　　繕……建築物の全部又は一部の除去、滅失を伴わない主要構造部の原状回復工事
　　　　模様替え……建築物の除去、滅失又は床面積の増加を伴わない主要構造部について以前の状態を変更する工事

　㋓　任意設置した消防用設備等が基準法令に適合するに至った時
　　　任意設置の消防用設備等が変更後の基準法令に適合していれば、そのまま設置維持させる。原則、新たに経済負担をかけないので不適合状態に復帰させる必要はない。

　㋔　複合用途防火対象物（⒃項イ）の消防用設備等（令第34条の4第1項）

　㋕　特定防火対象物の消防用設備等
　　　　（⑴項〜⑷項、⑸項イ、⑹項、⑼項イ、（16の2）項、（16の3）項）
　　　昭和49年6月法第64号附則第4項　遡及適用　危険性と経済負担の比較
　　　「特定防火対象物」　防火対象物で多数の者が出入りするもの
　　　　　百貨店、旅館、病院、地下街（（16の2）項）、複合用途（⒃項）を指定（法第17条の2の5第2項第4号）
　　　　　⑴項〜⑷項、⑸項イ、⑹項、⑼項イ、（16の3）項を指定（令第34条の4第2項）

> ＊百貨店、旅館、病院以外のものとしているのは、法第17条の2の5第2項第4号で指定しているので、重複しないように除いている。

⑵ **常に基準法令に適合させる消防用設備等（令第34条）**
　　　防火対象物の構造に手を加えることなく設置、変更できる消防用設備等

消火器 避難器具	（法第17条の2の5第1項かっこ書で指定）
簡易消火用具 不活性ガス消火設備 （全域放出方式の二酸化炭素消火設備）	保安のための措置（規則第19条第5項第19号イ㈑㈭） ・集合管又は操作管に閉止弁の設置 ・二酸化炭素の危険性等に係る標識の設置

	全域放出方式の二酸化炭素消火設備の維持に関する技術上の基準（規則第19条の２）
自動火災報知設備 ガス漏れ火災警報設備	((1)項～(4)項、(5)項イ、(6)項、(9)項イ、(16)項イ、(16の２)項～(17)項）多少の経済的負担を課しても、防火上必要と認められる業態 ((1)項～(4)項、(5)項イ、(6)項、(9)項イ、(16)項イ、（16の２）項、（16の３）項並びにこれらの防火対象物以外で温泉採取設備（温泉井戸、ガス分離設備、排出口、配管）が、屋内に設置されている有人の建築物、工作物（温泉源から温泉の採取を業とする者が可燃性天然ガスの濃度が災害防止措置を必要としない基準（環境省令）を超えないことを都道府県知事の確認を受けて設置する温泉採取設備を除く。))
漏電火災警報器 非常警報設備・器具 誘導灯、誘導標識	
必要とされる防火安全性能を有する消防の用に供する設備等であって、消火器、避難器具及び前各号（上記）に掲げる消防用設備等に類するものとして消防庁長官が定めるもの	

＊基準法令には、施行令、施行規則及び市町村条例（附加条例）のほか、法第21条の５の規定による技術
　上の規格の変更に係る型式承認の失効も含まれる（消防用機械器具等に係る技術上の規格を定める総務
　省令）。

「その他」と「その他の」の違い

その他　　　　　　　　　法律で明示　並列関係（政令で言及する必要がない。）

　　　　　　　　　　　　　　　　　　ここで指定

　法第17条の２の５……消防用設備等（<u>消火器、避難器具　その他</u>　政令で定め

　　　るものを除く。以下この条及び次条において同じ。）又は現

　　　に新築……

　＊消火器、避難器具はここで指定され、その他政令で定めるものが加わる。

　　　（適用が除外されない消防用設備等）

　　　令第34条　法第17条の２の５第１項の政令で定める消防用設備等は、次の各号に掲げる消防用

　　　　設備等とする。

その他の

　法第17条　<u>学校、病院、工場、事業所、興行場、百貨店、旅館、飲食店、地下街、</u>

　　　<u>複合用途防火対象物</u>　その他の　防火対象物で政令で定めるものの……

　　　　　　　　　　　　　　　広い意味　内容の例示

　＊その他の「の」がついた場合は、例示にすぎず、改めて政令で定める必要がある。

　　　（防火対象物の指定）

　　　令第６条　法第17条第１項の政令で定める防火対象物は、別表第一に掲げる防火対象物とする。

２　用途変更の防火対象物の特例

　原則として変更前の用途に応じた技術上の基準が適用（法第17条の３第１項）

— 83 —

特例が適用にならない場合（法第17条の3第2項）
- その他の用途から特定防火対象物に用途変更　前記1(1)(オ)、(カ)適用
- 用途変更前の規定違反、用途変更後の工事着手による増築、改築又は大規模な修繕、模様替え、任意設置の消防用設備等は、前記1(1)(ア)、(イ)、(ウ)、(エ)適用

第3　消防用設備等の設置

　消防用設備等の設置は、原則として棟を単位とするが、防火対象物の用途、規模、構造等は多様で原則を貫くことは不合理な点があるため、地階、無窓階、3階以上、11階以上など部分的に規制するほか、屋外消火栓設備、動力消防ポンプ設備、消防用水は敷地によるみなし規定がある。

（例）　避難器具（階ごと）　水噴霧消火設備等（特殊性）など

　棟とは、原則として、独立した一の建築物又は2以上の建築物が渡り廊下等で構造的に接続されて一体となったものをいう。

1　基準の例外

(1) **令8区画**（別棟みなし規定）

　防火対象物が次に掲げる部分で区画されているときは、区画された部分の消防用設備等の設置及び維持の技術上の基準（令第2章第3節）の適用について、それぞれ別の防火対象物とみなす。

ア　開口部のない耐火構造の壁等で区画（令第8条第1号、規則第5条の2）

(ア)　耐火構造（建基法第2条第7号）の壁等（床又は壁）

- 耐火構造の壁等は、鉄筋コンクリート造（RC造）、鉄骨鉄筋コンクリート造（SRC造）、その他これらに類する堅ろうで、かつ、容易に変更できない構造であること。
- その他これらに類するものとして、壁式鉄筋コンクリート造（壁式プレキャスト鉄筋コンクリート造を含む。）、プレキャストコンクリートカーテンウォール、軽量気泡コンクリートパネル等が該当する（軽量気泡コンクリートパネルなど工場生産された部材等による施工方法を用いる場合は、モルタル塗り等による仕上げ、目地部分へのシーリング材等の充てん等により、適切に煙漏洩防止対策が講じられるよう留意する。）。

※「開口部」とは、採光、換気、通風、出入り等のための窓、出入口等をいう。

※令8区画は、消防機関の検査終了後に内装変更や増改築等により容易に変更できるものは認められないので、当該区画は、耐力壁等の主要構造部に該当することが必要である。

(イ)　耐火構造の壁等は、建基令第107条第1号の表の規定にかかわらず、同号に規定する通常の火災による火熱が2時間加えられた場合に、構造耐力上支障のある変形、溶融、破壊その他の損傷を生じないものであること。

㈦　耐火構造の壁等の両端又は上端は、防火対象物の外壁又は屋根から50cm以上突き出していること。

※令8区画の突き出しは、「建築基準法第21条第2項及び第27条第2項第1号の規定による建築物と同等以上の効力があると認める件」（平成6年建設省告示第1059号）第2を参考に規定されたものである。

ただし、耐火構造の壁等及びこれに接する外壁又は屋根の幅を3.6m以上とし、かつ、耐火構造の部分が次のいずれかの要件を満たすものである場合は、この限りでない。

○開口部が設けられていないこと。
○開口部に防火戸（建基法第2条第9号の2ロ）が設けられており、かつ、耐火構造の壁等を隔てた開口部相互間の距離が90cm以上離れていること。

※耐火性能は建基法で外壁又は屋根に要求される耐火性能時間以上とし、耐火構造の壁等を介して両側にそれぞれ1.8m以上の部分が耐火構造となっていることが望ましいものであること。

㈡　耐火構造の壁等は、配管を貫通させないこと。ただし、配管及び貫通部が次に掲げる基準に適合する場合は、この限りでない。

○配管の用途は、給排水管（排水管に付属する通気管を含む。）であること。
○配管の呼び径は、200mm以下であること。
○貫通部の内部の断面積が、直径300mmの円の面積以下であること。
○貫通部を2以上設ける場合にあっては、貫通部相互間の距離は、直径が大きい貫通部の直径の長さ（当該直径が200mm以下の場合にあっては、200mm）以上とすること。
○配管と貫通部の隙間を不燃材料（建基法第2条第9号）により埋める方法その他これに類する方法により、火災時に生ずる煙を有効に遮ること。
○配管及び貫通部は、耐火構造の壁等と一体として、ア⒤に規定する性能を有すること。
○配管には、その表面に可燃物が接触しないような措置を講じること。ただし、配管に可燃物が接触しても発火するおそれがないと認められる場合は、この限りでない。

イ　建築防耐火別棟及び渡り廊下等（令第8条第2号）
　　建基法上の防火規制に係る別棟みなし規定の創設を踏まえ、防火対象物が床、壁その他の建築物の部分又は防火戸（建基法第2条第9号の2ロ）のうち、防火上有効な措置が講じられたもの（アに掲げるものを除く。）
　(ア)　渡り廊下等の壁等（規則第5条の3第2項第1号）
　　　渡り廊下又は区画避難安全性能（建基令第128条の7第2項）に規定する火災の発生のおそれの少ないものとして国土交通大臣が定める室（廊下、階段その他の通路、便所その他これらに類するものに限る。）を構成する壁等
　　○渡り廊下等の壁等のうち防火戸は、閉鎖した場合に防火上支障のない遮煙性能を有するものであること。
　　○渡り廊下等の壁等により区画された部分のそれぞれの避難階以外の階に、避難階又は地上に通ずる直通階段（傾斜路を含む。）が設けられていること。

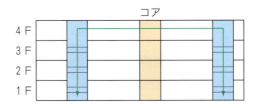

　　※火災の発生のおそれの少ない室（コア）とは、平成12年建設省告示第1440号で定められており、建築防耐火別棟の壁タイプ（開口部あり）については、防火上の措置として渡り廊下等と「延焼拡大防止」、「煙影響防止」、「動線確保」の観点において「同等」と判断できる場合には、消防別棟として扱う。

　(イ)　消防庁長官が定める基準（規則第5条の3第2項第2号）
　　【防火上有効な措置が講じられた壁等の基準】（令和6年消防庁告示第7号）
　　○渡り廊下を構成する壁等（床、壁その他の建築物の部分又は防火戸（建基法第第2条第9号の2ロに規定する防火設備に限る。）
　　○地下連絡路（通路でその全部又は出入口以外の部分が地下に設けられるもののうち、当該通路により接続されている建築物又はその部分（通路が接続されている階をいう。）の建基法第2条第9号の2イに規定する特定主要構造部が耐火構造を構成する壁等
　　○洞道（換気、暖房若しくは冷房の設備の風道、給水管、排水管、配電管その他の配管類又は電線類その他これらに類するものを敷設するために地中に設けられるものをいう。）を構成する壁等
　　○前各号に掲げるもののほか、消防長又は消防署長が認める壁等

【渡り廊下を構成する壁等に関する基準】令和6年消防庁告示第7号第3
(1)　渡り廊下の有効幅員
　　有効幅員は、接続されている建築物の主要構造部の全部又は一部に木材、プラスチックその他の可燃材料を用いた場合にあっては3m未満とし、その他の場合にあっては6m未満とすること。

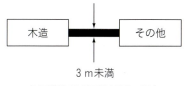
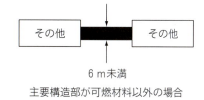

(2) 防火対象物の相互間の距離

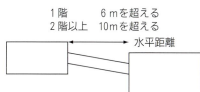

ただし、次に掲げる基準に適合する場合は、別棟扱いとすることができる。

ア 防火対象物の外壁及び屋根（渡り廊下が接続されている部分からそれぞれ3ｍ以内にある部分）が、次のいずれかに該当していること。

(ｱ) 耐火構造又は防火構造（建基法第2条第8号）で造られていること。

(ｲ) 耐火構造若しくは防火構造の塀その他これらに類するもの、スプリンクラー設備（閉鎖型スプリンクラーヘッド）又はドレンチャー設備で延焼防止上有効に防護されていること。

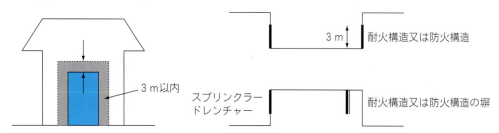

イ 防火対象物の外壁及び屋根（上記3ｍ以内にある部分）は開口部（開口部の面積が4㎡以内、かつ、防火戸が設けられているものを除く。）を有していないこと。

ウ 渡り廊下の構造
　○直接外気に開放されているもの
　○開放式以外の場合は、次による。

構　造	構造耐力上主要な部分（建基令第1条第3号）	①鉄骨造 ②鉄筋コンクリート造 ③鉄骨鉄筋コンクリート造
	その他の部分	不燃材料又は準不燃材料
接続部の出入口	面　積	4㎡以下
	構　造	防火戸（随時開くことができる自動閉鎖装置付又は随時閉鎖することができ、イオン化式スポット型感知器等※の作動と連動して閉鎖する構造のもの）

直接外気に接する開口部又は機械排煙設備(閉鎖型スプリンクラーヘッドを用いるスプリンクラー設備又はドレンチャー設備が設けられている場合はこの限りでない。)	排煙上有効な位置に、火災の際容易に接近できる位置から手動で開放又はイオン化式スポット型感知器等の作動と連動して開放 ○自然排煙(開口部面積合計 1 ㎡以上) ○機械排煙設備(電気で作動のものは非常電源附置)

※イオン化式スポット型感知器等(イオン化式スポット型感知器、光電式スポット型感知器、光電式分離型感知器、煙複合式スポット型感知器、イオン化アナログ式スポット型感知器、光電アナログ式スポット型感知器、光電アナログ式分離型感知器、熱煙複合式スポット型感知器)

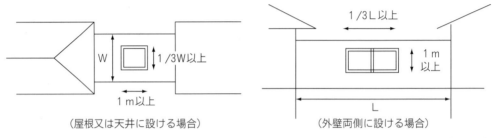

(屋根又は天井に設ける場合)　(外壁両側に設ける場合)

　　エ　渡り廊下は、通行又は運搬の用途にのみ供され、可燃物の存置その他通行の支障がない状態を維持すること。

【緩衝帯による別棟扱い】消防長又は消防署長が認める壁等

　　緩衝帯とは、大規模・複雑化した建築物同士が接続する際、消防用設備等の設置単位を別棟とする基準(令8区画、渡り廊下、地下連絡路等)の開口部制限や接続部の長さが要件に適合しない場合であっても、渡り廊下等の基準と同等の防火安全性を有するものとして接続した建築物同士に火災の影響が及ぶことがないと評価された接続部である。緩衝帯で接続されたそれぞれの建築物は、各消防本部や日本消防設備安全センターに設置される専門家により構成された「消防設備システム評価委員会」等で審査・評価が行われ、消防用設備等の設置単位を別棟として取り扱われている。

> 　消防用設備等の別棟みなし規定の拡充に併せて、「消防法施行令の一部を改正する政令等の運用について(通知)」(令和6年消防予第155号)により、「令8区画及び共住区画の構造並びに当該区画を貫通する配管等の取扱いについて(通知)」(平成7年消防予第53号)、「消防用設備等の設置単位について」(昭和50年消防安第26号)及び行政実例等は廃止された。

(2)　**令9適用**(令第9条)

　　ア　複合用途防火対象物は、管理者や階に関係なく同一用途に供される部分を一の防火対象物とみなし、消防用設備等の設置を規制する(⒃項～⒇項を除く。)。

　　　　＊用途判定で「機能従属」主たる用途、従たる用途の関係は、⒃項ではない。

　　イ　令第9条のかっこ書は**棟全体で消防用設備等の設置を規制する。**

　　　　(スプリンクラー設備、警報設備、避難設備)

　　　　本文と「かっこ書」との部分の規定を分けて解釈する。

〈棟全体で適用される消防用設備等〉

スプリンクラー設備（令第12条第 1 項第 3 号、第10号～第12号）
自動火災報知設備（令第21条第 1 項第 3 号、第 7 号、第10号、第14号）
ガス漏れ火災警報器（令第21条の 2 第 1 項第 5 号）
漏電火災警報器（令第22条第 1 項第 6 号、第 7 号）
非常警報設備（令第24条第 2 項第 2 号、第 3 項第 2 号、第 3 号）
避難器具（令第25条第 1 項第 5 号）
誘導灯・誘導標識（令第26条）

⑶　地下街と一体を成すもの（令第 9 条の 2 ）

　　特定防火対象物（⑴項～⑷項、⑸項イ、⑹項、⑼項イ、⒃項イ）の地階で、地下街
と一体を成すものとして、消防長又は消防署長が指定したものは、スプリンクラー設
備、自動火災報知設備、ガス漏れ火災警報設備、非常警報設備について地下街（（16
の 2 ）項）の基準が適用される。

⑷　基準の特例

　ア　⑿項イに係る基準の特例（令第31条第 1 項、規則第32条の 2 ）

　　　爆発又は発火の危険がある危険工室（火薬類取締法施行規則第 1 条第 5 号）につ
いては、消火設備に関する基準は、適用しない。

　イ　畜舎等⒂項に係る基準の特例（令第31条第 2 項第 1 号、規則第32条の 3 ）

　　　管理権原者が同一である畜舎等で、①防火上及び避難上支障がないこと、②周囲
の状況から延焼防止上支障がないことの要件を満たし、令和 4 年消防庁告示第 2 号
に適合する場合は、消防用設備等の設置基準は、特例による。

畜舎等とは、畜舎（家畜の飼養施設）、堆肥舎（家畜排せつ物の処理又は保管す
る施設）及び関連施設（搾乳施設及び畜舎に付随する集乳施設、貯水施設及び水
質浄化施設、保管庫（防火上支障がない物資及び車両以外のものを保管しないも
のに限る。）、排水処理施設、発酵槽等をいう。

根拠法令等　消防法施行令の一部を改正する政令等の公布について（令和 4 年消防予第127号）
消防法施行令の一部を改正する政令等の運用について（通知）（令和 4 年消
防予第144号）
畜舎等に係る基準の特例の細目（令和 4 年消防庁告示第 2 号）、（最終改正令
和 6 年消防庁告示第 4 号）

　ウ　防火対象物の道路部分の特例（令第31条第 2 項第 2 号、規則第33条）

　　　規則第33条第 1 項に該当する防火対象物の道路の用に供される部分については、
同条第 2 項の規定は、適用しない。

　エ　消防用設備等の基準の特例（令第32条）

　　　消防用設備等について、消防長又は消防署長が、防火対象物の位置、構造又は設
備の状況から判断して、消防用設備等の設置及び維持の技術上の基準によらなくと
も、火災の発生又は延焼のおそれが著しく少なく、かつ、火災等の災害による被害

を最少限度に止めることができると認めるときにおいては、令第2章第3節の規定は適用しない。

2 　地階（建基令第1条第2号）Basement floor

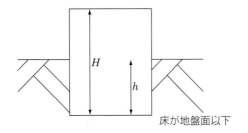

$h \geqq H/3$
床面から地盤面まで(h)が、その階の天井高(H)の1/3以上の階

3 　無窓階（令第10条第1項第5号、規則第5条の5）
(1) 避難上又は消火活動上有効な開口部を有しない階（開口部は、地上階の外壁にある開口部で、階の床面積に対して1/30以下の階）
　(ｱ) 10階以下の階
　　　（消火活動上有効な開口部＋避難上有効な開口部）の面積合計＝床面積の1/30以下

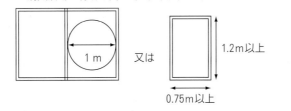

　(ｲ) 11階以上の階　　避難上有効な開口部の面積合計が、床面積の1/30以下
(2) **開口部の条件**
　(ｱ) 敷地内通路（10階以下の階）
　　　外壁面開口部が、道又は道に通じる幅員1ｍ以上の通路、その他空地に面すること。敷地外の空地、双方の敷地内の空地の合計が1ｍ以上のものは有効
　　　※敷地外の空地部分については、将来にわたって確保されていて避難及び消火活動に支障がないものであること（昭和50年消防予第65号）。
　(ｲ) 開口部

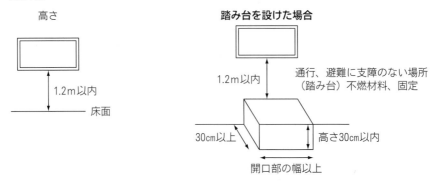

㈮　開口部の構造

○内部から容易に避難することを妨げない構造（格子等）

○外部から開放又は容易に破壊進入できるもの

○開口のため常時良好な状態に維持されているもの

●**ガラスを使用した開口部**

種　　　　　類	厚　　　　さ		足場あり	足場なし
普通ガラス （昭和53年消防予第174号）	6ミリ程度	引き違い戸 FIX	○ ○	○ ○
クレセント付網入りガラス （昭和58年消防予第186号） 引き違い戸おおむね1/2が有効開口	6.8ミリ以下	引き違い戸 FIX	△ ×	△ ×
	10ミリ以下	引き違い戸 FIX	△ ×	× ×
強化ガラス	5ミリ以下	引き違い戸 FIX	○ ○	○ ○

○：開口部　△：外部から破壊開放できるもの　×：開口部として取り扱うことができない

足場あり　：避難階、屋上広場等

引き違い戸：片開き、開き戸を含め通常は部屋内から開放でき、ガラスを一部破壊することで
　　　　　　外部から進入できるもの

FIX　　　　：はめ殺し（容易に破壊又ははずすことができる場合は認められる。）

●**合わせガラス**：2枚以上の材料の板ガラスで中間幕（材料板ガラスの間に両者を
　　　　　　　　　接着する目的で介在する合成樹脂の層をいう。）を挟み込み全面
　　　　　　　　　接着したもので、外力の作用によって破損しても、破片の大部分
　　　　　　　　　が飛び散らないようにしたものをいう。

⑴　平成19年消防予第111号第1の合わせガラスに係る破壊試験ガイドラインに
　　よる破壊試験により合格したものを有効開口部とする（日本産業規格R3205を
　　引き違い窓等に使用した場合）。

⑵　具体的な取扱い

　　　2以下のかぎ（クレセント錠又は補助錠をいう。）を解錠することにより、開
　　放することができる開口部の取扱い（規則第5条の5第2項第3号後段を除く。）

　　次の合わせガラスは、破壊試験をした場合に合格するものとみなし、有効開口部と
して取り扱える。

○フロート板ガラス6ミリ以下＋PVB（ポリビニルブチラール）30mil（膜厚0.76ミリ）
　以下＋フロート板ガラス6ミリ以下の合わせガラス

○網入板ガラス6.8ミリ以下＋PVB（ポリビニルブチラール）30mil（膜厚0.76ミリ）
　以下＋フロート板ガラス5ミリ以下の合わせガラス

　　次の合わせガラスは、破壊試験を適用した場合に合格するものとみなし、外部にバ
ルコニー、屋上広場等の足場が設けられている場合

○フロート板ガラス5ミリ以下＋PVB（ポリビニルブチラール）60mil（膜厚1.52ミ
　リ）以下＋フロート板ガラス5ミリ以下の合わせガラス

○網入板ガラス6.8ミリ以下＋PVB（ポリビニルブチラール）60mil（膜厚1.52ミリ）
　以下＋フロート板ガラス6ミリ以下の合わせガラス

○フロート板ガラス3ミリ以下＋PVB（ポリビニルブチラール）60mil（膜厚1.52ミ
　リ）以下＋フロート板ガラス4ミリ以下の合わせガラス

(3) その他
- ○引き違い窓等合わせガラスを一部破壊することにより、外部から開放することができる部分を規則第5条の5に規定する開口部として取り扱うものとする。
- ○合わせガラスのはめ殺し窓は、開口部として取り扱わない。
- ○クレセントやレバーハンドル自体に鍵付き等特殊なものは個別に判断する。

● **低放射ガラス**（Low-Eガラス）：基板（板ガラス等）に金属粒子を一様に薄く付着させて表面に薄膜を形成し、日射熱を反射し紫外線の透過を抑えたガラスで、薄膜は、「パイロティック製法」と、「スパッタリング製法」によるものがある。

※低放射ガラスを開口部に用いた場合の規則第5条の5第2項第3号後段「外部から開放し、又は容易に破壊することにより進入できるもの」として取り扱って差し支えない。

● **シャッター等の開口部**
- ・軽量シャッター等は、屋内外から手動で開放、又は破壊できるもの
- ・電動シャッター等は、水圧開放装置（消防防災用設備機器性能評定委員会による性能評定）を設置したもので非常電源付きのものに限る。

注水口（屋外側）

水圧スイッチと非常電源（屋内側）

| 根拠法令等 | シャッター等の水圧開放装置に関する取扱いについて（通知）（昭和52年消防予第251号） |

○棟単位の質疑

かぶさっている又は接している場合

構造上結合されていない場合は、別棟として取り扱う（昭和53年消防予第32号）。

- ○休業中の防火対象物は、法第17条の適用はされない。
- ○テナントビルにおいて、一部未使用部分（未入居）がある場合
スケルトン状態の防火対象物に係る消防法令の運用について（平成12年消防予第74号）を参照

第4　消防用設備等の設置から検査まで

建築主 ──── 確認申請 ────→ 権限を有する行政庁（建築主事又は建築副主事）
（建基法第6条第1項第1号～第4号）
←──── 確認済証 ──── 委任を受けた者
指定確認検査機関（民間）

同意、不同意の通知 ⇅ 同意
消防長又は消防署長

1　消防同意（法第7条）

建築物の新築、増築、改築、移転、修繕、模様替え、特殊建築物への用途変更、使用について、設計の段階から防火防災面に消防が関与するもので、同意の対象は建築物であり、工作物は含まれない。建築物の防火に関する規定は、敷地に関する規定も含まれ、防火に関する規定違反でない限り、不同意となし得ない。

消防同意は、行政機関相互間の内部的行為で建基法第93条「許可又は確認に関する消防長等の同意等」に同じ規定がある。

(1)　同意を行う者　消防長又は消防署長
消防本部を置かない市町村は市町村長

(2)　同意の対象

建築物のうち、防火地域・準防火地域以外の区域内における住宅を除いたもので、次の建築物が同意の対象となり、増築の場合1号から3号の規模になる場合を含む。

地域 建基法第6条第1項	防火・準防火地域	その他の地域	
		戸建て住宅 住宅以外の用途が延べ面積の1／2以上又は50㎡超	長屋、共同住宅
1号　特殊建築物※	用途の床面積の合計200㎡超		
2号　木造建築物	階数3以上　延べ面積500㎡超　高さ13m超　軒高9m超		
3号　木造以外の建築物	階数2以上　延べ面積200㎡超		
4号　上記以外の建築物	建築士の設計・建築士以外の設計		

※　特殊建築物：建基法別表第1（い）欄

○防火地域、準防火地域以外の増築、改築、移転で床面積の合計が10㎡以内の場合適用しない。

○4号同意の区域
都市計画区域、準都市計画区域（都道府県知事が指定する区域を除く。）
準景観地区（景観法第74条第1項　市町村長が指定する区域を除く。）
都道府県知事が市町村の意見を聴いて指定する区域

※建基法関係において、令和4年法律第69号の改正の一部は、令和4年6月17日から起算して3年を超えない範囲内において政令で定める日（令和7年4月1日）から施行のため、本書に反映させておりません。

   (ア)　法第7条第1項のただし書による通知
- 専用住宅（防火・準防火地域以外の区域内の住宅）
- 住宅用途以外の用途の床面積合計が、延べ面積の1／2未満又は50㎡以下のもの
- 建築設備（建基法第87条の4　エレベーター、エスカレーター等）

   (イ)　審査の簡素化
     消防同意を求められた場合、一部が省略される（法第7条第3項）。
- 認定型式に適合する部分を有する建築物
- 建築士が設計した一定の建築物（建築物の建築に関する確認の特例）

   (ウ)　建築主が国、都道府県、建築主事を置く市町村の場合で建基法第6条第1項の適用を受ける場合は、計画通知がされる。

(3)　同意を求めてくる者

   (ア)　許可、認可、確認をする権限を有する行政庁
    ①　確認を行う建築主事又は建築副主事（建基法第6条第1項）
    ②　許可を行う特定行政庁（建基法第48条等）
    ③　許可を行う都道府県知事等
     ※特定行政庁とは、建築主事又は建築副主事を置く市町村にあっては市町村長をいい、その他の市町村区域は都道府県知事（指定都市又は特別区の長）をいう（建基法第2条第35号）。

   (イ)　委任を受けた者
     特定行政庁の委任を受けた者（地方自治法第153条第1項又は第2項による委任）

   (ウ)　指定確認検査機関　　民間の検査機関（平成11年5月1日施行）

(4)　同意の期間
- 4号同意又は建築設備に係る確認
   同意を求められた日から3日以内
- その他（1号同意から3号同意）7日以内

  （民法の計算期間）
   同意を求められた当日は算入されない（民法第140条）。
   期間の末日が日曜日、休日、年末年始の期間は不算入（民法第142条、刑事訴訟法第55条第3項）とし、同意、不同意の通知は、上記期間内に発信すれば足りる。

(5)　指定確認検査機関と情報通信の技術を利用して同意等を行う場合

   ア　電磁的記録への氏名等の記録等の適切な方法により、電磁的記録を作成した本人の確認をするとともに、通信途中での電磁的記録の情報漏洩、改ざん等を防止した上で実施する。この場合、指定確認検査機関と消防長等は事前に次に掲げる内容等について、実施方法を協議し、合意した上で行うことが望ましい。

    (ア)　消防同意等事務を電子化する場合の電子ファイルの送受信方法
     ①　ファイルのアップロードやダウンロードが行える電子システムを利用した方法

② 電子メールに電子ファイルを添付する方法　等
(イ) 同意等の通知の方法
① 確認申請書の同意欄に同意する旨、消防長等の官職、交付日等の記録を行い交付する方法
② 確認申請書とは別に、同意する又は同意できない旨、消防長等の官職、建築主の氏名等の事案を特定するために必要な事項、交付日等を記載した文書を新たに交付する方法　等
(ウ) 図面等の補正等に関する手続等
① 消防機関から補正等を求める内容を指定確認検査機関へ通知する手続
② 申請者が補正等を行った図面等について申請者から指定確認検査機関等に提出された場合の手続　等
イ　その他
(ア) 電子申請された申請図書等を指定確認検査機関が紙に出力した場合の消防同意等事務の手続きは、平成11年消防予第92号によること。
(イ) 建築確認手続き等における電子申請については、建築主事等においても対応を行うことが認められており、建築主事等がその運用を行う場合は、各地方公共団体において協議の上、対応すること。
(ウ) 消防同意等事務を情報通信の技術を利用する方法で行う場合は、総務省関係法令に係る行政手続等における情報通信の技術の利用に関する法律施行規則（平成15年総務省令第48号）を参考にすること。
(エ) 消防同意事務等について、指定確認検査機関から情報通信の技術を利用する方法での実施に係る相談があった場合には、積極的な対応を検討すること。
(オ) 消防同意等事務の電子化の推進に当たっての運用上の留意事項等については、別途通知する予定であること。

根拠法令等	消防法第7条の規定に基づく建築物の確認に対する同意事務の取扱いについて（平成7年消防予第2号） 消防法等の一部を改正する法律等の運用について（平成11年消防予第92号） 「消防同意等の電子化に向けたシステム導入対応マニュアル」の送付について（平成29年消防予第269号） 電子申請による建築確認に係る消防同意等事務の取扱について（令和3年消防予第40号）

(6) 畜舎等の消防同意（令和4年4月1日施行）
ア　認定畜舎等（床面積3,000㎡を超える畜舎等）
畜舎等の建築等及び利用の特例に関する法律における畜舎建築利用計画は、申請者から工事施工地又は所在地を管轄する都道府県知事に提出され審査が行われ、畜舎特例法の基準（第3条第3項）に適合する場合に認定され、畜舎特例法第12条により建築基準法令の適用が除外される。
都道府県知事の認定に当たって、消防同意が求められることから関係機関で疑義への回答や、図書の補正等の対応方法について事前に確認しておく必要がある。

なお、認定については、都道府県が指定確認検査機関等を活用して審査を行うことができる。

○申請者が指定確認検査機関等に技術審査を依頼し、審査後に都道府県に申請する方法

○都道府県が認定申請を受けた後に、指定確認検査機関等に技術審査を委託する方法

　(ｱ)　消防同意の審査対象

　　　畜舎特例法施行規則第2章第1節第1款、第4款〜第7款及び第3節のうち防火に関することが審査対象となる。

　(ｲ)　消防同意の方法

　　　同意又は不同意の旨、消防長等の官職、申請者の氏名等の事案を特定するために必要な事項、交付の日付等を記載した文書を新たに交付する方法による。

　(ｳ)　電子申請による手続きは、令和3年消防予第40号を参考とし、消防機関と都道府県の間で電子メールによるファイル送信を行う方法等が考えられる。

　イ　特例畜舎等（床面積が3,000㎡以下の畜舎等）

　　特例畜舎等については、審査が行われないことから、消防同意は求められない。この場合、都道府県から消防機関に対し、特例畜舎等に係る認定手続きにおいて、申請者から提出された資料の提供が消防機関へ行われることとされている。

　ウ　仮使用の認定について

　　工事中の認定畜舎等の仮使用の認定に当たっては、都道府県が安全上、防火上及び避難上支障がないことを判断するものであり、都道府県から消防機関に相談があった場合は、必要に応じて対応すること。

> **根拠法令等**　畜舎等の建築等及び利用の特例に関する法律等の施行に伴う消防同意等の対応について（令和4年消防予第59号）

2　工事整備対象設備等着工届（法第17条の14）

　甲種消防設備士は、消防用設備等の設置が必要な建築物に消防用設備等の設置工事をする場合、工事に着手しようとする日の10日前までに消防長又は消防署長へ届出する。

【届出の必要な消防用設備等】（令第36条の2第1項）

消火設備	警報設備	避難設備
屋内消火栓設備 スプリンクラー設備 水噴霧消火設備 泡消火設備 不活性ガス消火設備 ハロゲン化物消火設備 粉末消火設備 屋外消火栓設備	自動火災報知設備 ガス漏れ火災警報設備 消防機関へ通報する火災報知設備	固定式金属製避難はしご 救助袋 緩降機

パッケージ型消火設備 パッケージ型自動消火設備 共同住宅用スプリンクラー設備 特定駐車場用泡消火設備	共同住宅用自動火災報知設備 住戸用自動火災報知設備 特定小規模施設用自動火災報知設備 複合型居住施設用自動火災報知設備	
特殊消防用設備等		

根拠法令等	設置届及び着工届の添付図書等に関する運用について（通知）（令和 5 年消防予第196号・消防危第68号） 消防法施行令第36条の 2 第 1 項各号及び第 2 項各号に掲げる消防用設備等に類するものを定める件（平成16年消防庁告示第14号） 特定共同住宅等における必要とされる防火安全性能を有する消防の用に供する設備等に関する告示の公布及び特殊消防用設備等の総務大臣認定に伴う関係告示の一部改正について（平成18年消防予第212号） 消防用設備等に係る届出等に関する運用について（平成 9 年消防予第192号）

3　消防用設備等又は特殊消防用設備等の検査（法第17条の 3 の 2 ）

【消防機関の検査を受けなければならない防火対象物】（令第35条）

　　特定防火対象物

　　　面積に関係なく

　　　○(2)項ニ、(5)項イ、(6)項イ(1)～(3)、(6)項ロ

　　　○(6)項ハ（利用者を入居させ、又は宿泊させるものに限る。）

　　　○上記の用途が存する(16)項イ、（16の 2 ）項、（16の 3 ）項

　　　○特定一階段等防火対象物

　　　延べ面積300㎡以上

　　　○(1)項、(2)項イ・ロ・ハ、(3)項、(4)項、(6)項イ(4)、(6)項ハ・ニ、(9)項イ、(16)項イ、（16の 2 ）項、（16の 3 ）項（上記に掲げるものを除く。）

　　その他の防火対象物

　　　延べ面積300㎡以上のうち消防長、消防署長が指定したもの

　　　○(5)項ロ、(7)項、(8)項、(9)項ロ、(10)項～(15)項、(16)項ロ、(17)項、(18)項

関係者

　　消防用設備等（特殊消防用設備等）設置届出書

　　設備工事が完了した日から 4 日以内（規則第31条の 3 第 1 項）

消防長又は消防署長

消防検査（設置検査）　簡易消火用具、非常警報器具を除く（令第35条第 2 項）。

　　（規則第31条の 3 第 2 項）　消防長又は消防署長は遅滞なく検査をしなければならない。

　　　　　　　法第17条第 1 項　政令、命令　「設備等技術基準」

　　　　　　　　　　　第 2 項　条例（附加条例）

　　　　　　　　　　　第 3 項　特殊消防用設備等（大臣認定）「設備等設置維持計画」

— 97 —

　　　　適
　　　　合
　　↓

検査済証の交付（別記様式第1号の2の3の2）

　＊行政上、手数料（地方自治法第227条）は徴収できない。

4　軽微な工事に関する運用（平成9年消防予第192号）

　　消防用設備等に係る届出等については、軽微な工事、重複している添付書類の取扱い
　等について簡素合理化により、消防用設備等の着工届、設置届及び消防検査の手続きに
　ついて省略できる場合を定め、平成9年12月5日から運用された。令和5年消防予第196
　号・消防危第68号及び令和6年消防予第109号で一部改正が行われた。

　(1)　着工届の省略

　　　甲種消防設備士が行う工事で、増設、移設、取替え工事のうち軽微な工事（平成9
　　年消防予第192号通知別紙2）に該当するものは、消防用設備等試験結果報告書、工
　　事消防用設備等に関する図書、写真、試験データ等を関係者に渡し、関係者が消防用
　　設備等の経過一覧表に記録、維持台帳に保存し、消防機関の査察時に書類を提出でき
　　るようにしておくことで着工届を省略することができる。

　　　なお、軽微な工事と新設、増設、移設、取替え、改造の工事を同時に行う場合は着
　　工届が必要である。

　　※軽微な工事の増設・移設・取替えの工事を同時に行う場合は軽微な工事に該当する。

　(2)　設置届及び消防検査

　　　設置届及び消防検査は、新設、増設、移設、取替え、改造の工事について要する。
　　ただし、増設、移設、取替え工事のうち、軽微な工事に該当するものにあっては、次
　　により取り扱うことができる。

　　ア　軽微な工事であっても、設置届を省略することはできない。

　　イ　軽微な工事に係る消防検査については、設置届（消防用設備等試験結果報告書、
　　　図書等）の確認により、現場確認を省略することができる。

　　　　なお、軽微な工事と新設、増設、移設、取替え、改造の工事を同時に行う場合は
　　　現場確認を要する。

　　ウ　軽微な工事に係る事項については、査察等の機会をとらえ、維持台帳に編冊され
　　　た経過一覧表及び試験結果報告書の内容並びに現場の状況を確認し、消防用設備等
　　　が適正に設置・維持されていることを確認すること。

第5　消防設備士（法第17条の5）

　　消防用設備等の設置工事及び設置後の維持管理については、工事・整備が適正に行われ、
　機能の確保のため、一定の知識・技能を有する消防設備士による独占業務とされている。

　　危険物製造所等に設置する消防用設備等（法第10条第4項）

　　消防用設備等、特殊消防用設備等（法第17条）

— 98 —

1　消防設備士でなければ行ってはならない工事又は整備（令第36条の2、規則第33条の3）

令第36条の2	注	工事・整備	整　　備
屋内消火栓設備	△	甲種1類	乙種1類
スプリンクラー設備	△	甲種1類	乙種1類
水噴霧消火設備	△	甲種1類	乙種1類
泡消火設備	▲	甲種2類	乙種2類
不活性ガス消火設備	▲	甲種3類	乙種3類
ハロゲン化物消火設備	▲	甲種3類	乙種3類
粉末消火設備	▲	甲種3類	乙種3類
屋外消火栓設備	△	甲種1類	乙種1類
自動火災報知設備	▲	甲種4類	乙種4類
ガス漏れ火災警報設備	▲	甲種4類	乙種4類
消防機関へ通報する火災報知設備	▲	甲種4類	乙種4類
金属製避難はしご（固定式に限る。）		甲種5類	乙種5類
救助袋		甲種5類	乙種5類
緩降機		甲種5類	乙種5類
消火器			乙種6類
漏電火災警報器			乙種7類

注（△は電源、水源、配管の部分を除く。▲は電源部分を除く。）

1　必要とされる防火安全性能を有する消防の用に供する設備等		
パッケージ型消火設備 パッケージ型自動消火設備	甲種1、2、3類	乙種1、2、3類
共同住宅用スプリンクラー設備	甲種1類	乙種1類
共同住宅用自動火災報知設備	甲種4類	乙種4類
住戸用自動火災報知設備		
特定小規模施設用自動火災報知設備（※）		
複合型居住施設用自動火災報知設備		
特定駐車場用泡消火設備	甲種2類	乙種2類
2　特殊消防用設備等	甲種特類	
ドデカフルオロー2ーメチルペンタンー3ーオンを消火剤とする消火設備		
加圧防煙システム		
火災温度上昇速度を監視する機能を付加した防災システム		
複数の総合操作盤を用いた総合消防防災システム		
閉鎖型ヘッドを用いた駐車場用消火設備		
インバーター制御ポンプを使用するスプリンクラー設備		
空調設備と配管を兼用するスプリンクラー設備		
閉鎖型水噴霧ヘッドを使用した消火設備		
放射時間を延長した窒素ガス消火設備		
大空間自然給排煙設備		

（必要とされる防火安全性能を有する消防の用に供する設備等若しくは特殊消防用設備等で
消防庁長官が定めたものは、電源、水源、配管部分を除く。）

（※）特定小規模施設用自動火災報知設備のすべての感知器が無線式又は連動型警報機能付で、受信機を設けないものにあっては、消防設備士でなければ行ってはならない工事又は整備から除く（平成27年4月1日施行）。

> **根拠法令等**
> 消防法施行令第36条の2第1項各号及び第2項各号に掲げる消防用設備等に類するものを定める件（平成16年消防庁告示第14号）
> 消防設備士が行うことができる必要とされる防火安全性能を有する消防の用に供する設備等の工事又は整備の種類を定める件（平成16年消防庁告示第15号）

2 消防設備士でなくても行える消防用設備等の整備（令第36条の2、規則第33条の2の2）

軽微な整備　屋内消火栓設備の表示灯の交換
屋内消火栓設備又は屋外消火栓設備のホース、ノズルの交換
ヒューズ類、ネジ類等の部品交換
消火栓箱、ホース格納箱等の補修その他これらに類するもの

3 消防設備士の責務・義務

⑴　消防設備士は、業務の誠実な執行及び技術や関係法令の最新の知識、技能を有するように努めなければならない（法第17条の12）。

⑵　業務に従事する時は、消防設備士免状を携帯しなければならない（法第17条の13）。

4 消防設備士講習（法第17条の10、規則第33条の17）

⑴　受講期限

消防設備士免状の交付を受けた日以後における最初の4月1日から2年以内、及び講習を受けた日以後における最初の4月1日から5年以内に講習を受けなければならない。

⑵　講習の種類

講習区分	消防設備士の種類・区分	
特殊消防用設備等	特　類	甲種消防設備士
消火設備	第1類	甲種消防設備士、乙種消防設備士
	第2類	甲種消防設備士、乙種消防設備士
	第3類	甲種消防設備士、乙種消防設備士
警報設備	第4類	甲種消防設備士、乙種消防設備士
	第7類	乙種消防設備士
避難設備・消火器	第5類	甲種消防設備士、乙種消防設備士
	第6類	乙種消防設備士

> **根拠法令等**
> 工事整備対象設備等の工事又は整備に関する講習の実施細目を定める件（平成16年消防庁告示第25号）

第6 消防用設備等（特殊消防用設備等）の点検結果報告（法第17条の3の3）

　防火対象物の関係者は、消防用設備等を、法第17条の規定により設置した後、火災が発生した場合に有効に作動するための維持管理が必要であるため、定期的に点検し、その結果を維持台帳に記録するとともに、消防長又は消防署長に報告することが義務付けられている。なお、危険物製造所等は、本条の適用はない。

1　消防用設備等の点検（令第36条第2項）

消防設備士 消防設備点検資格者	特定防火対象物　延べ面積1,000㎡以上 （(1)項～(4)項、(5)項イ、(6)項、(9)項イ、(16)項イ、（16の2）項、（16の3）項）
	延べ面積1,000㎡以上で消防長又は消防署長が指定したもの （(5)項ロ、(7)項、(8)項、(9)項ロ、(10)項～(15)項、(16)項ロ、(17)項、(18)項）
	特定一階段等防火対象物
	全域放出方式の二酸化炭素消火設備
関係者自らが点検 又は上記資格者	その他の防火対象物

2　特殊消防用設備等の点検

甲種特類消防設備士 特種消防設備点検資格者	設備等設置維持計画（規則第31条の3の2）に定める点検期間及び報告期間ごとに行う。

3　報告を要しない防火対象物（令第36条第1項、規則第5条第10項）

　令別表第一(20)項（舟車）

- ●総トン数5トン以上で推進機関を有するもの
- ●消火器を設置する車両（鉄道営業法、軌道法、道路運送車両法）

　＊任意設置の消防用設備等は点検の義務はない（昭和54年消防予第118号）。

4　点検の種類

　法第17条の技術上の基準又は設備等設置維持計画に適合しているか確認するもので、消防用設備等の種類、非常電源、配線及び総合操作盤ごとに行う。

　　機器点検　○自家発電設備又は動力消防ポンプの作動状況
　　　　　　　○機器の適正配置、損傷の有無、外観から判断できる事項
　　　　　　　○機能について、外観から又は簡易な操作により判断できる事項
　　総合点検　消防用設備等の一部若しくは全部を作動させ、又は使用し、総合的機能を確認する。

根拠法令等	消防用設備等の点検要領の全部改正について（平成14年消防予第172号） 消防用設備等の点検の基準及び消防用設備等点検結果報告書に添付する点検票の様式を定める件（昭和50年消防庁告示第14号）、（最終改正令和5年消防庁告示第1号）

5 点検報告の期間及び報告要領

(1) 点検報告の期間（規則第31条の6）

最終点検後、おおむね15日以内（昭和51年消防安第46号（質疑応答））

○ 特定防火対象物　1年に1回

○ その他の防火対象物　3年に1回

○ 消防庁長官が定める新型インフルエンザ等の事由により、法第17条の3の3による点検、報告をすることが困難であるときは、消防庁長官が定める期間ごとに点検、報告を行うものとする。

(2) 報告要領

【消火器点検アプリの運用】（平成31年消防予第123号）

小規模飲食店等において、消火器具の設置が義務付けられたことから、点検報告の促進対策として、消火器の点検及び点検結果報告書の作成を支援するスマートフォンアプリの本格的運用が開始された。

○ 延べ面積150㎡未満の小規模な飲食店等の関係者が、自ら消火器の点検及び報告書の作成を行うことを支援するためのツールの一つで、飲食店等以外の小規模な施設の関係者でも利用可能である。

○ 粉末消火器、強化液消火器等を対象としているが、内部点検が必要となる製造年から5年（加圧式消火器は製造年から3年）を経過したものは、アプリによる点検の対象から除外し、専門業者への依頼又は買い替えを推奨とする。

【平成31年消防庁告示第5号・第6号の運用】（平成31年消防予第141号）

ア　点検票及び点検報告書

報告義務者（防火対象物の関係者）以外の点検者、防火管理者及び立会者は、記名のみで押印を不要とする。

イ　別記様式第3「消防用設備等（特殊消防用設備等）点検者一覧表」

○ 点検者が複数か否かにかかわらず、有資格者（消防設備士又は消防設備点検資格者）が点検を実施した場合に添付する。

○ 有資格者情報は、所持している資格の情報を全て記載すること。ただし、消防設備士で同類の甲種・乙種両方の資格を所持している者は、甲種の情報を記載することで足りる。

【郵送による消防用設備等の点検報告の推進について（通知）】（平成31年消防予第167号）

ア　点検報告が義務付けられている全ての防火対象物を対象として郵送による点検報

告を受ける。

イ　点検報告は、行政手続法第37条に基づく「届出」に該当し、郵送された書類が届出の形式上の要件に適合していない場合は、再度提出させる等により指導すること。

　　形式上の要件に適合していない場合の例としては、次のようなものが考えられる。

　㋐　有資格者が点検を行っているにもかかわらず、点検者一覧表が添付されていない場合

　㋑　点検結果報告書に報告年月日や届出者の欄に記載が無い場合

　㋒　点検票に点検が必要とされている点検項目の判定結果が記載されていない場合

ウ　郵送により報告された各消防用設備等の点検結果に不良内容があり、改修等の措置が記載されていない場合や改修予定時期が記載されていない等の場合は、返信用封筒に指導書を同封する等により早期に改善するよう指導すること。

エ　郵送により報告を受けた場合におけるトラブル防止や適切な記録・管理のため、事務処理要領等の作成やホームページにより周知することを各消防本部等の実情に応じて作成すること。

6　**点検書類の保存期間**（平成9年消防予第192号、平成10年消防予第67号）

　　点検票の保存については、点検に係る履歴が明確にされていれば足りることから、その内容がわかる点検結果総括表、点検者一覧表、経過一覧表等を保存することで、点検票そのものを長期間保存しなくともよいこととしたものであり、次によるものとする。

⑴　原則3年とし、3年を経過したものは、点検結果総括表、点検者一覧表、経過一覧表を保存する。

⑵　消防長、消防署長が適当と認めるとき

　　定期点検が適正に行われ、上記期間の報告が行われている防火対象物

　○特定防火対象物　直近の報告以前の点検票の保存を要しない（保存期間1年）。

　○その他の防火対象物　1年を経過したものについては、点検結果総括表、点検者一覧表、経過一覧表等を保存し、点検票の保存を要しない。

7　**消防用設備等の種類別点検資格・点検期間**

	種　　　類	消防設備士	点検資格者	機器点検	総合点検
	消火器・簡易消火用具	第6類			
消火設備	屋内消火栓設備 スプリンクラー設備 共同住宅用スプリンクラー設備 水噴霧消火設備	第1類	第1種	6か月	1年
	泡消火設備 特定駐車場用泡消火設備	第2類			
	不活性ガス消火設備 ハロゲン化物消火設備 粉末消火設備	第3類			

区分	消防用設備等	類	消防設備点検資格者	期間	期間
	屋外消火栓設備	第1類			
	動力消防ポンプ設備	第1類・第2類			
	パッケージ型消火設備・パッケージ型自動消火設備	第1類・第2類・第3類			
警報設備	自動火災報知設備 共同住宅用自動火災報知設備 住戸用自動火災報知設備 特定小規模施設用自動火災報知設備 複合型居住施設用自動火災報知設備 ガス漏れ火災警報設備	第4類	第2種	6か月	1年
警報設備	漏電火災警報器	第7類	第2種	6か月	1年
警報設備	消防機関へ通報する火災報知設備	第4類	第2種	6か月	
警報設備	非常警報器具・設備 共同住宅用非常警報設備	第4類・第7類			1年
避難設備	金属製避難はしご、救助袋、緩降機、滑り台、避難橋、その他の避難器具	第5類			1年
避難設備	誘導灯・誘導標識	第4類・第7類で電気工事士又は電気主任技術者	第2種	6か月	
消防用水	防火水槽 貯水池 その他の用水	第1類・第2類	第1種	6か月	
消火活動上必要な施設	排煙設備 加圧防排煙設備	第4類・第7類	第2種		1年
消火活動上必要な施設	連結散水設備	第1類・第2類	第1種	6か月	
消火活動上必要な施設	連結送水管 共同住宅用連結送水管	第1類・第2類	第1種	6か月	1年
消火活動上必要な施設	非常コンセント設備 共同住宅用非常コンセント設備 無線通信補助設備	第4類・第7類	第2種		
非常電源	非常電源専用受電設備 蓄電池設備 自家発電設備 燃料電池設備		当該設備の点検資格者	6か月	1年
非常電源	配線		当該設備の点検資格者	6か月	

総合操作盤：当該消防用設備等に係る資格者が行う。総合操作盤が複数設置されている場合は、第4類消防設備士、第2種消防設備点検資格者が望ましい。

消防設備点検資格者：登録講習機関が行う講習の課程を修了し、免状の交付を受けた者

第1種（消火設備、消防用水、連結散水設備、連結送水管）

第2種（警報設備、避難設備、排煙設備、非常コンセント、無線通信補助設備）

特種（特殊消防用設備等）

根拠法令等	消防法施行規則の規定に基づき、消防用設備等又は特殊消防用設備等の種類及び点検内容に応じて行う点検の期間、点検の方法並びに点検の結果についての報告書の様式を定める件（平成16年消防庁告示第9号）、（最終改正令和2年消防庁告示第19号） 消防設備士免状の交付を受けている者又は総務大臣が認める資格を有する者が点検を行うことができる消防用設備等又は特殊消防用設備等の種類を定める件（平成16年消防庁告示第10号）

○ 消防用ホースの耐圧性能に係る点検

　　消防用ホースは、製造後10年を経過したころから端末部における緊結部の布やゴムに劣化が見られ、漏水等の症状が現れ、本来の機能が損なわれてくるものが多くなってくる。そこで、製造年末日から10年を経過している消防用ホースの耐圧性能に関する点検が義務付けられた。ただし、耐圧点検を行ってから3年を経過していないもの及び易操作性1号、2号消火栓ホースを除く。

　　その後3年ごとに点検を行うが、全数を6つにロット分けすることにより、6か月ごとに1ロットずつ「ホースの耐圧性能」の確認を行うことで、3年間で全数点検し平準化できる。

　　判定方法は、ホースの変形、損傷等がなく、ホース及び金具との接続部から噴水状の漏水又は継続する滴下がないことであるが、点検にコストがかかることから、ホースを交換する事例が多い。

○ 連結送水管の耐圧性能点検

　　連結送水管は、経年変化により腐食等が進み、消火活動を行う場合に重大な影響を及ぼすことから、設置から10年を経過したものは点検を行い、その後3年ごとに実施する。ただし、点検を行ってから3年経過していない場合又は屋内消火栓設備と配管を共用している部分を除く。

　　送水口から消火栓配管に接続する場合は、送水口から送水口直近の逆止弁までの配管が点検対象となる。

　　連結送水管耐圧試験の方法は、耐圧試験機器（テストポンプやテスト用圧力計）を用いて、配管内に設計送水圧力の1.5倍の水圧をかけた状態で3分間保持をする。

○ 泡消火設備

・泡消火設備の試験又は点検時に放出した泡水溶液は「廃棄物の処理及び清掃に関する法律」（昭和45年法律第137号）に該当するため、都道府県条例等により産業廃棄物処理業者等に処理を依頼する。

　廃液の処理は、メーカーのMSDS（化学物質等安全データーシート）により処理をする。

・固定式泡消火設備（低発泡）の総合点検で、ＰＦＯＳ（ペルフルオロ（オクタン－1－スルホン酸））又はその塩を含有する消火薬剤を含む泡消火設備を点検する際、消火薬剤の機能を維持するための措置が講じられている場合に限り、泡放射等を行うことを要しない（平成22年10月1日施行）。

— 105 —

○自家発電設備の点検方法の合理化等（平成30年消防庁告示第12号・平成30年6月1日施行）
・総合点検における運転性能に係る点検の見直し
運転性能の点検方法は負荷運転に限られていたが、負荷運転の代替点検方法として、内部観察等を規定した。また、総合点検において1年に1回負荷運転を行う必要があるが、潤滑油等の交換など運転性能の維持に係る予防的な保全策が講じられている場合には、点検周期を6年に延長することとした。
・負荷運転の対象の見直し
総合点検の際に、すべての非常電源（自家発電設備）に負荷運転を必要としていたが、ガスタービンを原動力とする自家発電設備は負荷運転を不要とした。
・換気性能の点検の見直し
負荷運転時に換気性能に係る点検を行うこととされていたが、無負荷運転時に換気性能に係る点検を行うように変更した。
○誘導灯の代替要件となる光を発する帯状の標示等
⑵項ニの用途部分に通路誘導灯の代替で光を発する帯状の標示等を設ける場合は、誘導灯の設置免除要件であるため、法第17条の設備でなくても消防用設備等に準じて検査（法第17条の3）及び維持管理（法第17条の3の3）を行う。
○消火器（平成22年消防庁告示第24号・平成23年4月1日施行）
・内部及び機能点検は、消火器（二酸化炭素消火器及びハロゲン化物消火器を除く。）の製造年から3年（化学泡消火器は設置後1年、蓄圧式消火器は製造年から5年）を経過したもの又は消火器の外形の点検において安全栓、安全栓の封若しくは緊結部等に異常が認められたものについて実施する。この場合、消火器の外形点検において安全栓等に異常が認められなかったもののうち、製造年から3年を経過した加圧式粉末消火器及び5年を経過した蓄圧式消火器にあっては、抜取り方式により点検することができる。
・耐圧性能点検は、消火器（二酸化炭素消火器及びハロゲン化物消火器を除く。）の製造年から10年を経過したもの又は消火器の外形点検において本体容器に腐食等が認められたものについて実施するもので、本体容器及びキャップについて、所定の水圧をかけた場合に変形、損傷又は漏水等がないことを確認する。ただし、この点検を実施してから3年を経過していないものを除く。

【加圧式粉末消火器】

【蓄圧式消火器】

○不活性ガス消火設備等の容器弁の点検（平成21年消防予第132号・平成21年3月31日施行）
封板等に損傷、腐食、漏れのある場合や設置又は点検後15年を経過したものは20年までに機器点検（外観点検・構造、形状、寸法点検・耐圧点検・気密点検・安全装置

等作動点検・表示点検）を実施する。この場合、消火剤の再充てん、容器弁の取り付け等は消防設備士が行う「整備」に該当する（昭和51年消防庁告示第9号）。

○ ガス系消火設備の容器弁の安全性の点検基準（平成25年消防庁告示第19号・平成25年11月26日施行）

　　（不活性ガス消火設備、ハロゲン化物消火設備、粉末消火設備、パッケージ型消火設備及びパッケージ型自動消火設備）

　不活性ガス消火設備のうち消火剤に二酸化炭素を用いるものにあっては点検期限を25年、それ以外のもの（消火剤に二酸化炭素以外のものを用いるハロゲン化物消火設備等）にあっては点検期限を30年とする。また、安全性に係る点検項目を新たに規定する。

○ 消防法施行規則第19条の2第4号に規定する「工事、整備及び点検時において取るべき措置の具体的内容及び手順を定めた図書」の例について（令和5年3月27日事務連絡）

○ 樹脂製消火器

　本体容器にポリエチレンナフタレートを用いた樹脂製消火器が消火器の技術上の規格を定める省令第53条の特例を受け法第21条の9の表示が付され、販売等に供されることとなった（型式番号消第26～5号及び消第27～45号）。

　法第17条第1項に基づき防火対象物に設置された樹脂製消火器は、点検を行う必要があるが、キャップ等が化粧カバーで覆われ分解整備及び再充填等ができない構造となっていることから「消防用設備等の点検要領の全部改正について」（平成14年消防予第172号）により点検を実施することが困難な項目があるので、点検要領については、「基準の特例を適用した検定対象機械器具等の点検要領について」（平成26年消防予第473号）による。

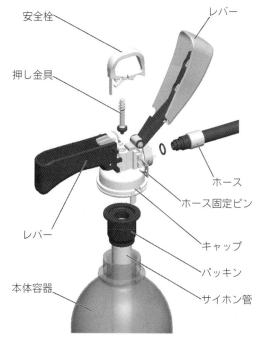

※　清掃で業務用アルカリ洗剤を使用している厨房に設置された樹脂製消火器が破裂したことにより、有機系溶剤、強酸・強アルカリ類の薬品が使用又は保管される場所や厨房等に設置しないように注意を要する（平成28年消防予第211号）。

【点検済表示制度】（平成8年消防予第61号）

　点検済表示制度が活用される場合において、消防用設備等の点検が適正に実施されていると認められるときは、次のような取扱いを行うことができる。

ア　関係者からの点検結果報告の手続

　　消防用設備等点検結果報告書に添付する点検票に代えて、消防用設備等点検結果総括表及び消防用設備等点検者一覧表の添付で足りるものとする（点検済表示制度の活用以外の方法で適正な点検が実施されていると認められる防火対象物にあっても同様の取扱いをして差し支えない。）。

イ　立入検査時における消防用設備等の適合確認

　　個々の消防用設備等の点検済表示の確認をもって代える。なお、必要に応じて維持台帳及び点検票による確認を行うこと。

第7　検定制度（法第21条の2）

　消防の用に供する機械器具等については、一定の形状や性能等を有していなければ火災の予防若しくは警戒、消火又は人命の救助等のために重大な支障を生ずるおそれがあることから、あらかじめ検査・確認しておく必要があると認められる消防用機械器具等（以下「検定対象機械器具等」という。）について、検定を行うこととされている。

　また、検定対象機械器具等以外の消防用機械器具等のうち、製造業者等の責任において一定の形状等の確保を図ることとしても差し支え無いと認められるものについては自主表示対象機械器具等としている。

1　技術省令

　技術上の規格である「○○の技術上の規格を定める省令（自治省令第○○号）」をいう。

　公益法人事業仕分けの結果を踏まえて、「予防行政のあり方に関する検討会」において検討を行った結果、自主検査の拡大や鑑定業務が廃止されたことに伴い、改正令等において、検定対象機械器具等及び自主表示対象機械器具等の品目の見直しを行い、規格省令等の改正又は制定が行われた（平成26年4月1日施行）。

○消防用ホースの技術上の規格を定める省令（平成25年総務省令第22号）

○消防用ホースに使用する差込式又はねじ式の結合金具及び消防用吸管に使用するねじ式の結合金具の技術上の規格を定める省令（平成25年総務省令第23号）

○漏電火災警報器に係る技術上の規格を定める省令（平成25年総務省令第24号）

○住宅用防災警報器及び住宅用防災報知設備に係る技術上の規格を定める省令等の一部を改正する省令（平成25年総務省令第25号）

○エアゾール式簡易消火具の技術上の規格を定める省令（平成25年総務省令第26号）

2　検定

(1)　**型式承認**　型式に係る形状等が総務省令で定める検定対象機械器具等に係る技術上の規格に適合していることを総務大臣が承認するもの

(2)　**型式適合検定**　製品の形状等が型式承認を受けた検定対象機械器具等に関わる形状等に適合しているかどうかについて、日本消防検定協会又は登録検定機関の指定した日時・場所において立会い方式により行う抜取検査方式等をいう。ただし、製造工程における検査の信頼性が確保されているものとして消防庁長官が定めるものについて

は、データ審査方式による方法とすることができる。

○データ審査方式（平成25年消防庁告示第20号・平成26年4月1日施行）

　　次に定めるもののうち、主要な項目の検査に係る測定結果が製造工程において確実に記録されるものとする。

● 火災報知設備の感知器

● 住宅用防災警報器

⑶　**検定対象機械器具等**（令第37条）

消火器
消火器用消火薬剤（二酸化炭素を除く。）
泡消火薬剤（水溶性液体用泡消火薬剤を除く。）
火災報知設備　**感知器**（火災によって生ずる熱、煙又は炎を利用して自動的に火災の発生を感知するものに限る。）**発信機　中継器　受信機**
ガス漏れ火災警報設備　**中継器　受信機** 　　除かれるもの（規則第34条の4）：LPG検知対象、発電用火力設備、冷凍保安規則、一般 　　　　　　　　　　　　　　　　　高圧ガス保安規則、ガス工作物
住宅用防災警報器
閉鎖型スプリンクラーヘッド
スプリンクラー設備、水噴霧消火設備、泡消火設備 　**流水検知装置** 　**一斉開放弁**（配管接続部の内径300mm超を除く。）
金属製避難はしご
緩降機

⑷　**合格表示**（法第21条の2第4項、第21条の9、規則第40条）

　　総務省令で定める技術上の規格に適合している旨の表示が付されているものでなければ、販売又は販売目的で陳列及び設置、変更、修理の請負工事に使用できない。表示を付さないで販売等を行った場合には罰則の対象となる。

　　また、何人も紛らわしい表示を付してはならない。

合格の表示（規則別表第3）

種別	表示方法	合格表示
消火器 火災報知設備の感知器又は発信機 中継器 受信機 金属製避難はしご	合格ラベルの貼付	国家検定 検 合格之印 10ミリメートル
緩降機	合格ラベルの貼付	国家検定 検 合格之印 12ミリメートル

消火器用消火薬剤 泡消火薬剤	押印	国家検定 検 合格之印 ←15ミリメートル→
閉鎖型スプリンクラーヘッド	合格ラベルの貼付	検 A ←3ミリメートル→
流水検知装置 一斉開放弁	刻印	検 ←8ミリメートル→
住宅用防災警報器	合格ラベルの貼付	検 ←8ミリメートル→
	レーザー印刷	検 ←8ミリメートル→

備考　合格ラベルの貼付による合格表示は、規則に定める様式に加え、発行枚数に応じた記号（アルファベット）を付すものとする。

> **根拠法令等**　検定対象機械器具等の型式適合検定の合格表示の表示の方法について（平成27年消防予第66号）

3　自主表示対象機械器具等の表示等（法第21条の16の2、第21条の16の3）

　製造業者又は輸入業者は、その形状等が総務省令で定める技術上の規格に適合しているか規則で定める方法により検査を行い、記録を作成、保存し、規格省令に適合している場合は、表示マークを付すことができる。

　表示が付されているものでなければ、販売又は販売目的で陳列及び設置、変更、修理の請負工事に使用できない。表示を付さないで販売等を行った場合には罰則の対象となる。また、何人も紛らわしい表示を付してはならない。

○検査記録に記載すべき事項（規則第44条）

○検査記録は、電磁的方法により記録を作成、保存することができ、検査の日から5年保存する。

— 110 —

⑴ 自主表示対象機械器具等（令第41条）

動力消防ポンプ
消防用ホース
消防用吸管
結合金具　消防用ホース（差込式又はねじ式）・消防用吸管（ねじ式）
エアゾール式簡易消火具
漏電火災警報器

⑵ 適合表示

表示（規則別表第4）

表示の様式	消防機器の種別	表示の様式	消防機器の種別
動力消防ポンプ		結合金具	
消防用ホース		エアゾール式簡易消火具 漏電火災警報器の変流器又は受信機	
消防用吸管			

4 失効機器（法第21条の5）

　技術の進歩等により規格改正が行われ、失効告示（官報登載）により検定対象機械器具等が新規格に適合しなくなったときは、販売・陳列・工事等への使用ができなくなる。

　消火器、避難器具のほか、令第34条、法第17条の2の5第2項及び法第17条の3第2項に該当する場合は常に技術上の基準に適合させる必要があることから、規格省令の施行又は適用の日から、新規格に適合する機械器具等が市場に流通する日までの一定期間特例（令第30条第2項）による経過措置がとられる。

5 基準の特例を適用した検定対象機械器具等

　検定対象機械器具等に係る技術上の規格に関する基準の特例適用を受けたものは、法第21条の9の規定に基づく表示「⑪」、「㊙」が付され、販売等に供され、特例適用を受けた検定対象機械器具等について消防庁予防課から情報提供が行われる。

　＊検定対象機械器具等に係る技術上の規格に関する基準の特例制度は、「消防法施行規則等の一部を改正する省令の施行について」（昭和62年消防予第36号）により通知

— 111 —

6　検定の取り消し（法第21条の8第2項、第3項）

　日本消防検定協会及び登録を受けた法人は、不正の手段で型式適合検定に合格した検定対象機械器具等の合格を取り消しすることができ、この場合に理由を付して総務大臣に届け出るとともに公示し、検定を受けた者に通知しなければならない。

7　総務大臣の回収命令等（法第21条の13、第21条の16の6）

　総務大臣は、検定に合格していない消防用機械器具等、又は技術上の規格に適合していない自主表示対象機械器具等が販売され、又は消防の用に供する機械器具・設備を設置、変更、修理の請負に係る工事に使用した場合や消防の用に供する機械器具・設備について型式適合検定の合格が取り消されたときは販売業者等に対し、回収等を命ずることができる。

第8　消防用設備等の認定（規則第31条の4）

　登録認定機関は、消防用設備等又はこれらの部分である機械器具が省令・告示に定める技術基準に適合していることの認定を行い、適合表示を付することができる。表示が付された消防用設備等は、技術基準（規則第31条の3）に適合しているとみなされ、消防機関による消防用設備等の設置検査において、関係者による作動試験結果報告書等の提出は不要である。

(1)　登録認定機関と表示様式

法人の名称	認定を行う消防用設備等又はこれらの部分である機械器具	認定を行ったものに付する表示の様式
一般財団法人日本消防設備安全センター	1　屋内消火栓及び連結送水管の放水口 2　スプリンクラー設備、連結散水設備及び連結送水管に使用される送水口 3　合成樹脂製の管及び管継手 4　金属製管継手及びバルブ類 5　ポンプを用いる加圧送水装置 6　圧力水槽方式の加圧送水装置 7　加圧送水装置の制御盤 8　不活性ガス消火設備、ハロゲン化物消火設備及び粉末消火設備（以下「不活性ガス消火設備等」という。）の噴射ヘッド 9　不活性ガス消火設備等の音響警報装置 10　不活性ガス消火設備等の容器弁及び安全装置並びに破壊板 11　放出弁 12　不活性ガス消火設備等の選択弁 13　不活性ガス消火設備及びハロゲン化物消火設備の制御盤 14　不活性ガス消火設備の閉止弁 15　移動式の不活性ガス消火設備等のホース、ノズル、ノズル開閉弁及びホースリール	1 外環と内環の径の比率は、5：3とする。 2 ショウボウチョウトウロク FESC ニンテイ

	16 粉末消火設備の定圧作動装置 17 開放型散水ヘッド 18 パッケージ型消火設備 19 パッケージ型自動消火設備 20 火災通報装置 21 総合操作盤 22 避難はしご 23 避難ロープ 24 滑り台 25 救助袋 26 中輝度蓄光式誘導標識及び高輝度蓄光式誘導標識		
一般社団法人電線総合技術センター	電線（省令第12条第1項第4号ホ㈵ただし書に規定する電線及び同項第5号ロただし書に規定する電線をいう。）	1 2 トウロクニンテイキカン JCT ニンテイ	
一般社団法人全国避難設備工業会	避難器具用ハッチ	外環の径は27mmとする。	
一般社団法人日本電気協会	1 キュービクル式非常電源専用受電設備 2 低圧で受電する非常電源専用受電設備の配電盤及び分電盤 3 蓄電池設備 4 誘導灯 5 燃料電池設備		
日本消防検定協会	1 自動火災報知設備の地区音響装置 2 非常警報設備の非常ベル及び自動式サイレン 3 非常警報設備の放送設備 4 パッケージ型自動消火設備 5 総合操作盤 6 放水型ヘッド等を用いるスプリンクラー設備 7 屋内消火栓設備等（屋内消火栓設備、スプリンクラー設備、泡消火設備、屋外消火栓設備及び連結送水管）の簡易操作型放水用設備、消火栓弁、ノズル及び消防用ホースと結合金具の装着部		

	8　特定駐車場用泡消火設備の閉鎖型泡水溶液ヘッド、開放型泡水溶液ヘッド及び感知継手	
一般社団法人日本内燃力発電設備協会	自家発電設備（省令第12条第1項第4号ロに規定する自家発電設備をいう。）	外環の径は18mm、内環の径は11.25mmとする。 認定マークの色は黒とする。
一般社団法人日本消防防災電気エネルギー標識工業会	電気エネルギーにより光を発する誘導標識	1 2 ショウボウチョウトウロク JESA ニンテイ

根拠法令等　登録認定機関が認定をした消防用設備等又はこれらの部分である機械器具に付する表示の一部変更について（通知）（平成25年消防予第126号）

第5章　消防用設備等の技術基準

第1節　消火器具（令第10条）

第1　消火器

　消火器は、水その他消火剤を圧力により放射して消火を行う器具で、人が操作し、小型消火器と大型消火器に分類される。

　一般的に普及しているＡＢＣ粉末消火器は、普通火災（Ａ）、油火災（Ｂ）、電気火災（Ｃ）に適応して、主成分は第一リン酸アンモニウム（オルトリン酸二水素アンモニウム $NH_4H_2PO_4$）という強酸性の無機化合物の微粉末で、その微粉子の表面を硅素樹脂（シリコン樹脂）でコーティングして吸湿性を防止するとともに、撥水性と流動性をよくした粉末消火剤となっている。

　消火器にはこのほか、強化液消火器、泡消火器、二酸化炭素消火器、ハロゲン化物消火器等があり、構造的には蓄圧式、加圧式に分類される。

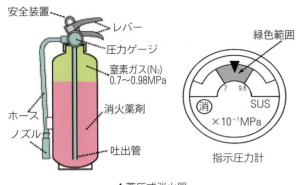

▲蓄圧式消火器

窒素で加圧されている強化液等の蓄圧式は、漏れがあると加圧ガスのみ消失し、残った薬剤重量から正常という判断ができないため、圧力ゲージを備えている（炭酸ガスとハロン1301は薬剤自体が蒸気圧を有し、万一漏れた場合に薬剤ごと消失し重量で空になったことが判定できるため、圧力ゲージがない。）。

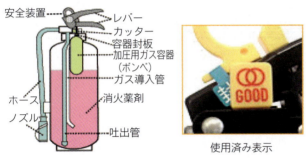

▲加圧式消火器

消火器を使用した場合に作動し、使用済みであることを判別できる装置を設ける。例外もあり、指示圧力計を有する蓄圧式消火器の強化液やハロン消火器の一部には使用済表示を省略できる（消火器の技術上の規格を定める省令第21条の２）。

1　設置基準

(1)項イ、(2)項、(6)項イ(1)～(3)、(6)項ロ、(16の２)項、(16の３)項、(17)項、(20)項	全部
(3)項（小規模特定飲食店等で、防火上有効な措置が講じられたものを除く。）	
(1)項ロ、(4)項、(5)項、(6)項イ(4)、(6)項ハ・ニ、(9)項、(12)項～(14)項	延べ面積150㎡以上
(3)項（小規模特定飲食店等以外）	
(7)項、(8)項、(10)項、(11)項、(15)項	延べ面積300㎡以上
上記以外で少量危険物、指定可燃物を建築物その他の工作物において貯蔵・取り扱う場合 （例）(1)項ロの延べ面積100㎡で貯蔵する場合	
地階、無窓階、３階以上の階	床面積50㎡以上

※小規模特定飲食店等とは、調理を目的として火気使用設備・器具（その使用に際し、火災の発生のおそれのある設備・器具は含まない。）を設けたもので、防火上有効な措置（規則第５条の４）とは、次のものをいう。（令和元年10月１日施行）

○調理油過熱防止装置
　・鍋等の温度の過度な上昇を感知して自動的にガスの供給を停止し、消火する装置

○自動消火装置（対象火気設備等の位置、構造及び管理並びに対象火気器具等の取扱いに関する条例の制定に関する基準を定める省令第11条第７号）
　・火を使用する設備・器具の火災を自動的に感知し、消火薬剤を放出して消火する装置

○その他の危険な状態の発生を防止するとともに、発生時における被害を軽減する安全機能を有する装置

・圧力感知安全装置等（過熱等によるカセットボンベ内の圧力上昇を感知し、自動的にカセットボンベからのガス供給を停止する消火装置）をいい、吹きこぼれによる立ち消え防止安全装置は該当しない。

根拠法令等	消防法施行令の一部を改正する政令等の運用について（通知）（平成30年消防予第247号） 対象火気設備等の位置、構造及び管理並びに対象火気器具等の取扱いに関する条例の制定に関する基準を定める省令（平成14年総務省令第24号）

2 消火器の能力単位（規則第6条）

(1)項イ、(2)項、(16の2)項、(16の3)項、(17)項	50㎡で1単位
(1)項ロ、(3)項〜(6)項、(9)項、(12)項〜(14)項	100㎡で1単位
(7)項、(8)項、(10)項、(11)項、(15)項	200㎡で1単位
少量危険物	貯蔵・取扱量÷指定数量（危令別表第三）
指定可燃物	貯蔵・取扱量÷指定数量の50倍（危令別表第四） 指定数量の500倍以上は大型消火器
電気設備（変圧器、配電盤、発電設備、急速充電設備、電力制御装置等）	床面積100㎡ごとに1個以上（C火災用） 金網の柵で区画されている部分又は電気室全部
多量の火気使用場所（付加設置） ボイラー室、鍛造場、乾燥室、社員食堂の厨房、学校の家庭科実習室（規模、容量に関係なく設置）　　　　　　　（昭和55年消防予第207号） ※小規模特定飲食店等の消火器の設置はこんろ火災の初期消火を目的としており、多量の火気使用場所と趣旨が同じであることから、次の場合を除き付加設置による加算をしない。 〇少量危険物又は指定可燃物を貯蔵・取り扱う防火対象物 〇床面積が50㎡以上の地階、無窓階、3階以上の階	床面積/25㎡

3 能力単位の倍読み（規則第6条第2項）

特定主要構造部を耐火構造とし、かつ、壁、天井の室内に面する部分（回り縁、窓台等を除く。）の仕上げを難燃・準不燃・不燃材料とした防火対象物は、能力単位を2倍の数値とする。

4 所要単位

延べ面積又は床面積を規則第6条の数値で除した数値以上を設置する。第4類の危険物を貯蔵、取り扱う場合は消火器のB火災に対する能力単位の数値をいい、電気火災Cは「1個」と表現しているが、電気火災用消火器には規格上能力単位がないからである。その他は、A火災の能力単位の数値とする。

5 車両、舟に設置する消火器（規則第5条第10項、第6条、第10条）

(20)項	車両：鉄道営業法、軌道法、道路運送車両法による自動車用消火器
	舟：船舶安全法第2条第1項に適用しない船舶、端船、はしけ、被曳船その他の船のうち、総トン数5t以上の舟で推進機関を有するもの（1単位以上）

自動車用消火器は、霧状の強化液消火器、機械泡消火器、ハロゲン化物消火器、二酸化炭素消火器、粉末消火器とする。

6　大型消火器（A火災10以上、B火災20以上）（規則第7条）
- 指定可燃物　指定数量の500倍以上
- 階ごとに歩行距離30m以下
- 大型消火器の有効範囲内において、適応性が同一の場合、小型消火器の所要単位を1/2減少できる。
- 大型消火器とスプリンクラー設備を同一の場所に設置した場合、大型消火器を1/2まで減少できる（昭和41年自消丙予発第46号）。

▲大型消火器（50型）

| 根拠法令等 | 消火器の技術上の規格を定める省令（昭和39年自治省令第27号）
消火器用消火薬剤の技術上の規格を定める省令（昭和39年自治省令第28号） |

第2　簡易消火用具

　初期消火の器具として水バケツ、乾燥砂、膨張ひる石などがある。

1　能力単位

水バケツ	8ℓ以上3個　　1単位
水　　槽	80ℓの水槽に8ℓ以上のバケツ3個　　1.5単位 190ℓの水槽に8ℓ以上のバケツ6個　　2.5単位
乾燥砂	50ℓ以上1塊にスコップ　　0.5単位
膨張ひる石、膨張真珠岩	160ℓ以上1塊にスコップ　　1単位

＊膨張ひる石　バーミキュライト（雲母質の岩石で薄い層が重なっており、加熱すると数十倍に膨張し、その様子がひるに似ている。）

＊膨張真珠岩　パーライト（酸性火山のガラス体溶岩（真珠岩）を粉砕し、高温で焼き膨張させたもの）

2　能力単位2以上の場合（規則第6条第7項）
　簡易消火用具の能力単位は、消火器の能力単位の1/2を超えないこと（禁水性物品等に対して乾燥砂、膨張ひる石、膨張真珠岩を設けるときは、この限りでない。）。

3　その他の消火用具

○エアゾール式消火用具

> **根拠法令等**　エアゾール式簡易消火具の技術上の規格を定める省令（平成25年総務省令第26号）

○消火弾　アンプル入り水6個
○簡易自動消火装置
○三角バケツ

第3　設置個数の減少（令第10条第3項、規則第8条）

屋内消火栓設備（令第11条）
スプリンクラー設備（令第12条）
水噴霧消火設備（令第14条）
泡消火設備（令第15条）
不活性ガス消火設備（令第16条）
ハロゲン化物消火設備（令第17条）
粉末消火設備（令第18条）

消火設備と適応性が同一であるとき

○消火設備の有効範囲内
　消火器の所要単位を1／3減少できる。
　（11階以上の部分は不可）
○大型消火器を設置しないことができる。

第4　消火器の設置

1　設置場所（規則第6条第6項、第9条）

○通行、避難に支障がなく、容易に持ち出すことができる箇所
○転倒防止（粉末消火器等転倒放出しないものを除く。）
○凍結、変質、高温、多湿を避ける。
○消火器の配置
　次の各部分から、一の消火器具に至る歩行距離が20m以下となるように配置

防火対象物、火気使用場所（小規模特定飲食店等を除く。）	防火対象物の階ごとに、防火対象物の各部分
小規模特定飲食店等（火気使用設備・器具が設けられた階にのみ配置すれば足りる。）	火気使用設備・器具の設置階（床面積50㎡以上の地階、無窓階、3階以上の階を含む。）ごとに、防火対象物の各部分
少量危険物・指定可燃物の貯蔵・取り扱う場所	防火対象物の階ごとに、危険物又は指定可燃物貯蔵・取り扱う場所の各部分
電気設備のある場所	防火対象物の階ごとに、電気設備のある場所の各部分

※歩行距離とは、実際に人が歩いた場合の通常の動線によって測った距離をいい、机やロッカーなどの設備、物件、壁等の障害物があればそこを回り込んだ距離となる。

※ 消火器の外面は、25％以上を赤色仕上げとし、高圧ガス保安法により、消火器の1／2を二酸化炭素消火器は緑色、ハロン消火器はねずみ色とする。

2 **消火器の適応性**（令第10条第2項）

　消火器の適応性は、令別表第二においてその消火に適応する消火器が定められ、危険物施設の消火器の適応性は、危令別表第五に定められている。

　防火対象物の用途、構造、規模又は消火器具の種類、性能に応じ、消火に適応する消火器を設置するものであるが、粉末消火器は、建築物、工作物、油火災及び電気火災に適応するが、浸透性がないため、木材加工品などでは再燃するおそれがあり、強化液等と混在して設置することも必要である。

(1) 消火器の表示

　消火器の技術上の規格を定める省令第38条に消火器の種別、使用方法、能力単位の数値、製造年等の表示が定められているが、近年発生している消火器の破裂事故に鑑み、住宅用以外の消火器に表示すべき事項として、消火器の加圧式又は蓄圧式の区別、消火器の標準的な使用期限、廃棄時の連絡先及び安全上の注意事項等を表示する。

　適応する火災の絵表示（国際規格に準じたもの）

火災の区分	絵表示	絵表示の色
A火災 「普通火災用」		炎は赤色、可燃物は黒色とし、地色は白色とする。
B火災 「油火災用」		炎は赤色、可燃物は黒色とし、地色は黄色とする。

| 電気火災
「電気火災用」 | | 電気の閃光は黄色とし、地色は青色とする。 |

*表示の大きさは、充てんする消火剤の容量又は質量が、2ℓ又は3kg以下のものにあっては半径1cm以上、2ℓ又は3kgを超えるものにあっては半径1.5cm以上

3 設置制限（令第10条第2項第1号ただし書、規則第11条）
　二酸化炭素消火器、ハロゲン化物消火器（ブロモトリフルオロメタン（ハロン1301）を除く。）は、次の場所に設置しないこと。
- 地下街、準地下街
- 換気上有効な開口部が、床面積の1/30以下で、かつ、当該床面積20㎡以下の地階、無窓階、その他の場所（居室）

4 消火器の配置についての特例
(1) (15)項のうち畜舎等については、専ら家畜の飼養又は家畜排泄物の処理若しくは保管の用に供する部分を除く各部分から20mごとに設置する（令第31条第2項、規則第32条の3第5項）。
(2) 消火器の配置について、火災等の被害を最少限度に止めることができると認めるときは、次のような場合に消防長又は消防署長が特例を適用することができる（令第32条）。
　昭和50年消防安第84号通知等による場合と行政実例により運用される場合がある。
○ 倉庫に設置する消火器も歩行距離20mを勘案し配置するものであるが、通常、無人である倉庫では火災時に倉庫内の消火器を取りに行けないこともあり、入口に消火器を設置することができる。
○ 精神科病院の重症患者を収容する部分等において、患者が消火器を放射するおそれがある場合は、ナースステーション等職員が管理できる場所に消火器を配置する。
○ 刑務所等の収容施設で、収容者の行動が制限され、初期消火が期待できない場合で、関係者が消火器具を使用するに当たり合理的な位置に配置できる。

5 標識（規則第9条第4号）

地：赤
文字：白　消火器　消火バケツ　消火水槽
　　　　　消火砂　消火ひる石

8cm以上
24cm以上

根拠法令等　消防用設備等の標識類の様式について（昭和44年消防予第238号）

6 泡消火薬剤等（ＰＦＯＳ、ＰＦＯＡ）の取扱い

　消火器、消火薬剤の一部に含有されている、ＰＦＯＳ（ペルフルオロ（オクタン－１－スルホン酸））とその塩が平成22年４月に、ＰＦＯＡ（ペルフルオロオクタン酸）とその塩が令和３年４月に、ストックホルム条約及び「化学物質の審査及び製造等の規制に関する法律」により第一種特定化学物質に指定され、製造の禁止、使用等の制限がされたことにより、平成22年９月に「化学物質の審査及び製造等の規制に関する法律施行令附則第３項の規定により読み替えて適用する同令第３条の３の表ＰＦＯＳ又はその塩の項第４号に規定する消火器、消火器用消火薬剤及び泡消火薬剤に関する技術上の基準を定める省令」が公布され、平成22年10月１日から施行された。

　※ストックホルム条約（環境中に残留する生物に蓄積しやすい等の有害な物質を廃絶するための国際条約）

　「ＰＦＯＳ及びＰＦＯＡ含有廃棄物の処理に関する技術的留意事項」については、環境省ホームページを参照

　https://www.env.go.jp/content/000077696.pdf

7 消火器のリサイクル

　消火器を廃棄するときは、特定窓口に引き取りに来てもらうか、指定取引場所に持ち込み、又は、法人以外であれば「ゆうパックによる回収」により、リサイクル施設へ郵送する。この場合、リサイクルシールにより二次物流費を負担するが、ゆうパックは別途費用が発生する。なお、平成22年１月以降に製造された消火器には、販売時にリサイクル費用が徴収されているので、引き取り時の費用はかからない。

　詳細については、㈱消火器リサイクル推進センター、又は、（一社）日本消火器工業会のホームページを参照

㈱消火器リサイクル推進センターホームページ

https://www.ferpc.jp/

（一社）日本消火器工業会ホームページ

https://www.jfema.or.jp/

立 入 検 査 チ ェ ッ ク ポ イ ン ト

☐　必要能力（附加設置を含む。）が設置され、歩行距離による配置が適正か。

☐　適応する消火器が設置してあるか。また、失効していないか。

☐　取付けの高さ及び標識を確認

☐　容器の破損、腐食、機能不良はないか。

☐　消火器の安全栓が抜けていないか確認

☐　転倒すると放出するおそれのある消火器（泡消火器）は、転倒防止を確認

第2節

屋内消火栓設備（令第11条）

屋内消火栓設備は、初期消火を目的とした消火設備で、20分間放水継続できる水源、加圧送水装置、配管、消火栓箱、消防用ホース及びノズルで構成される。

第1 設置基準

(1)項	延べ面積500㎡以上
(2)項～(10)項、(12)項、(14)項	延べ面積700㎡以上
(11)項、(15)項	延べ面積1,000㎡以上
(15)項の畜舎等	保管庫部分の床面積の合計が3,000㎡を超えるものは設置（規則第32条の3第3項）
(16の2)項	延べ面積150㎡以上
前記以外の令別表第一の建築物・工作物で指定可燃物を貯蔵・取り扱う場合（可燃性液体類に係るものを除く。）	指定数量の750倍以上
前記以外の(1)項～(12)項、(14)項、(15)項の地階、無窓階、4階以上の階（床面積）	(1)項　100㎡以上
	(2)項～(10)項、(12)項、(14)項　150㎡以上
	(11)項、(15)項　200㎡以上

1 倍読み規定（指定可燃物を除く。）

主要構造部及び内装仕上材を不燃化することにより、フラッシュオーバーを遅延することができるため、設置面積を緩和している。

3倍読み	特定主要構造部を耐火構造＋内装制限
2倍読み	特定主要構造部を耐火構造
	主要構造部を準耐火構造（建基法第2条第9号の3イ・ロ）＋内装制限

(1) 内装制限

○天井・壁を難燃材料（5分間）、準不燃材料（10分間）、不燃材料（20分間）で仕上げ

○天井がない場合は、屋内に面する屋根面をいい、火災荷重の少ない幅木、回り縁、窓台を除く。

— 123 —

○建基令第128条の5による内装不燃は、腰壁部分（床面から1.2m以下）を除いているが、倍読み規定の場合、室内に面する腰壁部分、間仕切、移動仕切壁、廊下、階段、倉庫等を含む（押入れは除く。）。

(2) 特定主要構造部（建基法第2条第9号の2イ）

　　主要構造部のうち、防火上及び避難上支障がないものとして建基令第108条の3で定める部分以外の部分が次のいずれかに該当すること。

ア　耐火構造であること。

イ　次に掲げる性能（外壁以外の特定主要構造部は、(i)に掲げる性能に限る。）に関して建基令第108条の4（耐火性能検証法又は国土交通大臣の認定）で定める技術的基準に適合するものであること。

　(i)　建築物の構造、建築設備及び用途に応じて屋内において発生が予測される火災による火熱に火災が終了するまで耐えること。

　(ii)　建築物の周囲において発生する通常の火災による火熱に火災が終了するまで耐えること。

　　主要構造部（建基法第2条第5号）は、壁、柱、床、はり、屋根又は階段をいい、建築物の構造上重要でない間仕切壁、間柱、付け柱、揚げ床、最下階の床、回り舞台の床、小ばり、ひさし、局部的な小階段、屋外階段その他これらに類する建築物の部分を除くものであるが、防火上主要な間仕切壁（建基令第114条第2項）は原則として主要構造部として扱う。

> 　建基法の一部改正により、特定主要構造部のみを耐火構造等とする建築物の建築が可能となり、主要構造部全てを耐火構造等とする建築物と同様に、消防用設備等の技術基準の一部が緩和された。

(3) 耐火構造（建基法第2条第7号、建基令第107条）

　　通常の火災が終了するまでの間火災による建築物の倒壊及び延焼を防止するために壁、柱、床その他の建築物の部分の構造に必要とされる耐火性能に関する技術的基準に適合する鉄筋コンクリート造、れんが造その他の構造で、国土交通大臣が定めた構造方法（平成12年建設省告示第1399号）を用いるもの又は国土交通大臣の認定を受けたものをいう。

(4) 主要構造部を準耐火構造とした建築物（建基法第2条第9号の3イ・ロ）

ア　主要構造部を準耐火構造としたもの（通称イ準耐）

イ　アに掲げる建築物以外の建築物であって、アに掲げるものと同等の準耐火性能を有するものとして主要構造部の防火措置その他の事項について建基令第109条の3で定める技術的基準に適合するもの（通称ロ準耐）

　　ロ準耐にはロ準耐1号（外壁耐火構造）、ロ準耐2号（不燃構造）がある。

※　屋内消火栓設備は、初期消火を目的としているため、延焼のおそれのある部分の外壁開口部に防火設備を設ける耐火建築物、準耐火建築物を要求していない。

(5) 準耐火構造（建基法第2条第7号の2、建基令第107条の2）

通常の火災による延焼を抑制するために壁、柱、床その他の建築物の部分の構造に必要とされる準耐火性能に関する技術的基準に適合するもので、国土交通大臣が定めた構造方法（平成12年建設省告示第1358号）を用いるもの又は国土交通大臣の認定を受けたものをいう。

(6) 特定施設（令第12条第1項第1号）

特定施設については、3倍（2倍）読みの数値又は1,000㎡に防火上有効な措置が講じられた構造を有する部分（規則第13条の5の2）の床面積の合計を加えた数値のうち、いずれか小さい数値以上のものに屋内消火栓設備を設置する（平成27年3月1日施行）。

動力消防ポンプ設備（令第20条第2項）についても準用する。

＊改正前の令第12条第1項第1号の防火対象物については、主要構造部を耐火構造としたもの等であっても、延べ面積1,000㎡以上に屋内消火栓設備の設置が義務付けられていた。

第2　屋内消火栓設備の代替

スプリンクラー設備、水噴霧消火設備、泡消火設備、不活性ガス消火設備、ハロゲン化物消火設備、粉末消火設備、屋外消火栓設備（1階、2階部分に限る。）、動力消防ポンプ設備（1階、2階部分に限る。）、パッケージ型消火設備（令第29条の4）の有効範囲内の部分について屋内消火栓設備を設置しないことができる。

＊大規模な倉庫や工場においては、可燃物量が大きいこと等から火災時の初期消火において、消火器だけでは延焼拡大を防ぐことができないため、屋外消火栓設備の有効範囲内であっても、屋内消火栓設備やパッケージ型消火設備を設置する事例が増えている。

第3　技術基準

技術上の基準が令第11条第3項第1号に定められているものを1号消火栓、第2号に定められているものを2号消火栓と呼んでいる。

1号消火栓の設置が義務付けられている工場、倉庫等以外の防火対象物は、関係者が使用実態や構造等により、1号消火栓か2号消火栓のいずれかを設置することとなっていたが、2号消火栓は設置間隔から費用の面で設置が進まず、1号消火栓が設置されていた。1号消火栓は、2人で操作するため、訓練を十分にしていない防火対象物では有効に活用されていない実態が生じていた。

今般、1人で操作することができ、80l／分で放水する消防用ホースが開発され、設置間隔が25mでも十分な消火性能等を有することから、初期消火器具等のユニバーサルデザイン化に関する調査研究会における検討内容を踏まえ、屋内消火栓設備の設置に係る技術

上の基準についての整備が行われた（平成25年10月1日施行）。

▲1号消火栓

▲2号消火栓（折畳み等収納式）

▲（ホースリール収納式）

1号消火栓設備の設置対象

⑿項イ（工場、作業所）
⒁項（倉庫）
指定可燃物（指定数量の750倍以上）

種別 項目	1号消火栓	2号消火栓	
		イ（2号消火栓）	ロ（広範囲型2号消火栓）
水平距離（階ごと）	25m以下	15m以下	25m以下
消防用ホースの長さ	25mの範囲内に有効に放水できる長さ	15mの範囲内に有効に放水できる長さ	25mの範囲内に有効に放水できる長さ
消防用ホースの構造	平ホース	・1人で操作ができる保形ホース ・延長及び格納の操作が容易にできるものとしてホースリール等に収納（平成25年消防庁告示第2号）	
水源（設置個数が2を超えるときは2）	2.6㎥（×2）以上	1.2㎥（×2）以上	1.6㎥（×2）以上
ポンプ吐出量（設置個数が2を超えるときは2）	150ℓ/分（×2）以上	70ℓ/分（×2）以上	90ℓ/分（×2）以上
主配管の立上り管	呼び50mm以上	呼び32mm以上	呼び40mm以上
開閉弁	床面からの高さ1.5m以下又は天井に設置（自動式は、消防用ホースを用いて放水するときに自動的に全開するもので、手動により開閉できる構造）		
ノズル先端の放水圧力	0.17MPa以上0.7MPa	0.25MPa以上0.7MPa	0.17MPa以上0.7MPa
ノズル放水量	130ℓ/分以上	60ℓ/分以上	80ℓ/分以上
（注）放水圧力、放水量は、階の屋内消火栓（設置個数が2を超えるときは2個）を同時使用した場合			
起動装置	起動用押しボタン等	開閉弁の開放、消防用ホースの延長操作等と連動	

※簡易操作型放水用設備：屋内消火栓、消防用ホース、消防用ホース収納部及びノズルから構成される設備（天井に設置する場合にあっては、降下装置を含む。）

根拠法令等	屋内消火栓設備の屋内消火栓等の基準（平成25年消防庁告示第2号） 消防用ホースの技術上の規格を定める省令（平成25年総務省令第22号） 消防用ホースに使用する差込式又はねじ式の結合金具及び消防用吸管に使用するねじ式の結合金具の技術上の規格を定める省令（平成25年総務省令第23号）

1 加圧送水装置（ポンプ）

　加圧送水装置には、高架水槽、圧力水槽、ポンプがあるが、ポンプを用いるのがほとんどである。なお、断水等により使用できない場合もあるので、上水道との直結は禁止されている。

○点検に便利で、火災等による被害を受けるおそれの少ない箇所に設置

○水源がポンプより低い位置にある場合は、呼水装置（呼水槽）及び吸水管（フート弁）を設ける。

　呼水槽の減水警報は、定水位の1/2で作動（音響）

○水源がポンプと同位にあるものは、ポンプと水源の間に止水弁を設ける。

○ポンプの吐出側に圧力計、吸込側に連成計を設け、原動機は電動機による。

○ノズル先端の放水圧力が0.7MPaを超えない措置を講じる。

【ポンプ揚程】（m）

　　○1号消火栓、広範囲型2号消火栓（2号ロ）

　　全揚程＝消防用ホースの摩擦損失水頭＋配管の摩擦損失水頭＋落差＋17m

　　○2号消火栓イ

　　全揚程＝消防用ホースの摩擦損失水頭＋配管の摩擦損失水頭＋落差＋25m

　　　※2号消火栓本体の摩擦損失値は、メーカーや型式により異なる。

○オーバーロードによるポンプ停止のリスクをできる限り回避するため、吐出量が定格吐出量の150%である場合の全揚程が定格全揚程の65%以上の性能を有するポンプを選定する。

根拠法令等	配管の摩擦損失計算の基準（平成20年消防庁告示第32号）

【起動装置】直接操作と遠隔操作の両方ができるもの

　1号消火栓

　　○自動火災報知設備のP型発信機を兼用し、起動させる方式

　　○屋内消火栓箱の内部又は直近に専用の起動用押しボタンを設置する方式

　　○1人で操作することができる屋内消火栓で、開閉弁の開放操作（リミットスイッチ）、消防用ホースの延長操作等と連動して起動する方式

　2号消火栓

　　○開閉弁の開放、消防用ホースの延長操作等と連動して起動する方式

【始動表示灯】消火栓箱の上部又は直近に設ける。

　　　　　　（位置標示の赤色の灯火を点滅（フリッカー）させる方式が多い。）

【停止】ポンプ室へ行き、制御盤での直接操作による停止のみ

根拠法令等　加圧送水装置の基準（平成9年消防庁告示第8号）

▲消火栓ポンプ

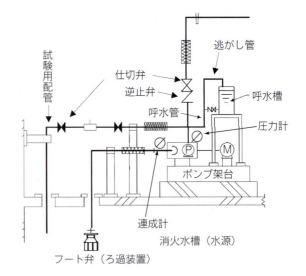

2　**非常電源**（容量は30分以上）

特定防火対象物で、延べ面積1,000㎡以上のもの（小規模特定用途複合防火対象物を除く。）は、自家発電設備、蓄電池設備又は燃料電池設備とし、その他の防火対象物は、このほかに非常電源専用受電設備がある（第25節非常電源及び第7章火災予防条例（例）参照）。

　　※　延べ面積1,000㎡以上の小規模特定用途複合防火対象物は、自家発電設備、蓄電池設備、燃料電池設備又は非常電源専用受電設備とすることができる。

3　**設置標示**

消火栓箱に「消火栓」と表示

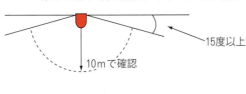
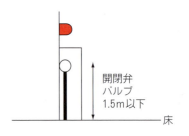

＜屋内消火栓の開閉弁を天井に設ける場合＞

　○屋内消火栓箱の直近の箇所には、取付け位置から10m離れたところで、かつ、床面からの高さが1.5mの位置から容易に識別できる赤色の灯火を設けること。

　○消防用ホースを降下させる装置の上部には、取付け面と15度以上の角度となる方向に沿って10m離れたところから容易に識別できる赤色の灯火を設けること。

　○天井に設置する簡易操作型放水用設備の降下装置には、降下装置である旨を、降下

— 128 —

装置又はその周囲の見やすい箇所に容易に消えないように表示すること。

▲消火栓本体（天井内設置部分）　　　　　　　▲操作箱（壁面取付部分）

○降下装置は、床面からの高さが1.8m以下の位置に設けるとともに、操作しやすい構造とし、簡易操作型放水用設備の機能に障害を与えないものであること。
○降下装置を操作した場合に、消防用ホースを床面からの高さが1.5m以下の位置まで降下できる措置が講じられていること。
○降下装置を操作した場合に、消防用ホースの延長及び放水の操作が安全に行える速度で降下するものであること。

表示　開閉弁（開閉方向）
　　　逆止弁（流れ方向）

耐震装置（フレキシブルジョイント等）
貯水槽、加圧送水装置、非常電源、配管等

呼称40又は50

▲消火栓開閉弁

操作方法の周知
　シールは、規則第12条第１項第３号イに掲げる表示として認められる。

```
　　　　　　１号消火栓使用方法
１　発信機のボタンを押す。
２　ノズルを持ちホースを伸ばし、放水
　体制をとる。
３　開閉弁を開き放水する。
```

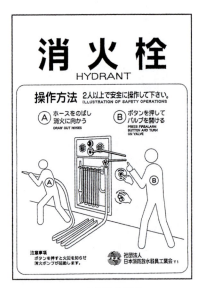

▲起動装置兼用向

4　FRP水槽

耐熱性がないので、次の場合に設置が可能

加圧送水装置と同一の室内　　送水装置直近か防火上有効な措置（断熱材被覆）
規則第12条第1項第4号イ㈡の非常電源専用受電設備の設置場所に準じる場所（ただし書を含む。）　周囲に可燃物がないこと。
埋設

第4　パッケージ型消火設備（令第29条の4）

屋内消火栓設備に代えて用いることができる必要とされる防火安全性能を有する消防の用に供する設備等

▲パッケージ型消火設備

1 設置できる場所

(1)項　延べ面積500㎡以上
(2)項〜(10)項、(12)項　延べ面積700㎡以上
(11)項、(15)項　延べ面積1,000㎡以上
(16)項（(1)項〜(12)項、(15)項の用途部分）
4階以上の階（(1)項100㎡以上、(2)項〜(10)項・(12)項150㎡以上、(11)項・(15)項200㎡以上）

2 設置できない場所

地階、無窓階又は火災のとき煙が著しく充満するおそれのある場所
指定可燃物（可燃性液体類を除く。）　指定数量の750倍以上の貯蔵・取扱い 　＊屋内消火栓設備を設置（令第11条第1項第5号）
(14)項（倉庫）、(16)項の倉庫部分

3 設置・維持条件

項目　　　　　　種別	Ⅰ型	Ⅱ型
耐　火　建　築　物	地上6階以下、かつ、延べ面積3,000㎡以下	地上4階以下、かつ、延べ面積1,500㎡以下
そ　の　他　の　建　築　物	地上3階以下、かつ、延べ面積2,000㎡以下	地上2階以下、かつ、延べ面積1,000㎡以下
設　　置　　場　　所	40度以下で温度変化が少ない場所	
	直射日光及び雨水のかかるおそれの少ない場所	
水　平　距　離（階　ご　と）＊	20m以下	15m以下
防　　護　　面　　積	850㎡以下	500㎡以下
消火薬剤の貯蔵量　強　　化　　液	200 l	60 l
第　1　種　機　械　泡	200 l	
第　2　種　機　械　泡	120 l	
第1種浸潤剤等入り水	200 l	
第2種浸潤剤等入り水	120 l	
第3種浸潤剤等入り水	80 l	
放射時間（温度20度）	2分以上	1分30秒以上
表　　　　　示	赤色の灯火及び標識	

＊各部分から一のホース接続口までの水平距離

※　スプリンクラー設備の代替として、パッケージ型自動消火設備（平成16年消防庁告示第13号）を設置している防火対象物又はその部分のうち、スプリンクラーヘッドを設けなくてもよい部分（規則第13条第3項各号）にパッケージ型消火設備を設置することができる。

根拠法令等	パッケージ型消火設備の設置及び維持に関する技術上の基準を定める件（平成16年消防庁告示第12号） 必要とされる防火安全性能を有する消防の用に供する設備等に関する省令（平成16年総務省令第92号）

立 入 検 査 チ ェ ッ ク ポ イ ン ト

- ☐　増築や棟接続による未包含部分がないか。
- ☐　倍読み規定を適用の場合、主要構造部や内装制限に変更や違反がないか。
- ☐　消火栓ボックスの前に物が置かれていないか。
- ☐　表示灯の破損又は球切れはないか。
- ☐　ポンプ室が物置代わりになっていないか。また、弁類に開閉表示があるか。

第3節

スプリンクラー設備（令第12条）

　スプリンクラー設備は、火災を自動的に感知、又は手動により散水消火する設備で、ヘッドから放水が開始されると、流水検知装置、自動警報装置により警報を発し、加圧送水装置を自動的に起動させ放水を行うものである。

　消防隊が送水する送水口を附置し、消火後、制御弁により放水を止める消火設備で次のように分類される。

```
閉鎖式 ─┬─ 湿式    流水検知装置の二次側からヘッドまでの配管内を常時加圧しておき、
        │          火災の熱によりヘッドが開放散水し、配管内の減圧により加圧送水装
        │          置を起動させる一般的な設備
        │
        ├─ 乾式    寒冷地など凍結のおそれのある場所に設置するもので、流水検知装置
        │          の二次側からヘッドまでの配管内に圧縮空気等を充填
        │
        └─ 予作動式  水損防止を目的とした場所で、感知器等の作動によりヘッドまで
                    通水させ、１分以内に放水させる設備
                      地震等において配管損傷時の誤放水を避けるため、湿式予作動弁
                    （真空ポンプ方式）なども開発されている。

開放式 ─ 舞台部又は特定施設に設置されるもので、開放型ヘッドを設け、感知器又は閉
        鎖型ヘッドの作動又は手動操作により、加圧送水装置を起動させ送水する設備
```

第1　設置基準

3号 12号		地上11階以上の防火対象物（13条区画を除く。） ・特定防火対象物（(1)項〜(4)項、(5)項イ、(6)項、(9)項イ、(16)項イ）**棟全体に設置** ・その他の防火対象物　**11階以上の階に設置**	
1号	イ	特定施設（延焼抑制構造を除く。）	(6)項イ(1)・(2)
	ロ		(6)項ロ(1)・(3)
	ハ		(6)項ロ(2)・(4)・(5) 介助がなければ避難できない者（規則第12条の３）を主として入所させるもの以外のものにあっては、延べ面積が275㎡以上のものに限る。（P.162別記参照）
9号			(16の２)項で(6)項イ(1)・(2)、(6)項ロの用途に供されるもの
4号		平屋建以外の特定防火対象物（13条区画を除く。）	(4)項 ┐ 床面積の合計3,000㎡以上 (6)項イ(1)〜(3) ┘
			その他（(1)項〜(3)項、(5)項イ、(6)項、(9)項イ）床面積の合計6,000㎡以上

11号	地階 無窓階 4階以上10階以下	(1)項、(3)項、(5)項イ、(6)項、(9)項イの階 ・地階、無窓階　　　　　　　　　　　床面積　1,000㎡以上 ・4階～10階（**13条区画を除く。**）床面積1,500㎡以上
		(2)項、(4)項の階　　　床面積1,000㎡以上
		(16)項イ（(1)項～(4)項、(5)項イ、(6)項、(9)項イ）の階 ・地階、無窓階　　　　　　　　　　　床面積1,000㎡以上 ・4階～10階（**13条区画を除く。**）床面積1,500㎡以上 ・(2)項、(4)項のある4階～10階　　　床面積1,000㎡以上
10号	**(16)項イ** **（13条区画を除く。）**	特定用途（(1)項～(4)項、(5)項イ、(6)項、(9)項イ）部分の床面積の合計3,000㎡以上で当該用途部分が存する階（階の床面積の大小に関係なく。）
2号	舞台部	・床面積500㎡以上（接続された大道具室、小道具室を含む。） ・地階、無窓階、4階以上の階にある舞台部　床面積300㎡以上
5号	ラック式倉庫　(14)項	天井の高さが10mを超え、かつ、延べ面積700㎡以上（天井がない場合は、屋根の下面）　　　　　（倍読み規定あり。）
8号	**指定可燃物** （可燃性液体類に係るものを除く。）	建築物、工作物で指定数量の1,000倍以上の貯蔵・取扱い（危令別表第四）
6号	**地下街**	延べ面積1,000㎡以上
7号	**準地下街**	延べ面積1,000㎡以上、かつ、特定用途（(1)～(4)項、(5)項イ、(6)項、(9)項イ）部分の床面積500㎡以上

※　特定施設で、基準面積1,000㎡未満のものには、特定施設水道連結型スプリンクラー設備とすることができる。

第2　スプリンクラー設備を設置することを要しない部分等

　スプリンクラー設備を設置する場合、防火区画、内装制限を行った区画は火災を区画内に閉じ込め、屋内消火栓設備等で消火することが期待できるため、設備の要否を判断する面積から除かれる場合と設備の設置を免除される場合及びヘッドの設置を省略できる場所（人命に危険が生じる場所又は消火の効果を期待できない場所等）を検討する。

　＜令第12条第1項＞

第1号、第9号で、火災発生時の延焼を抑制する機能を備える構造（延焼抑制構造）には、スプリンクラー設備の設置を要さない。
延焼抑制構造、特定施設水道連結型スプリンクラー設備等で基準面積とは、防火上有効な措置が講じられた部分（規則第13条の5の2）以外の床面積をいう。
　　基準面積＝延べ面積－防火上有効な措置が講じられた部分
　　※防火上有効な措置が講じられた部分は、延べ面積の2分の1を上限とする。

第3号、第12号の13条区画部分については、スプリンクラー設備の設置対象から除外する（(2)項、(4)項、(5)項ロ、(16)項イ（(2)項、(4)項、(5)項ロの用途を含むものに限る。）、地階、無窓階を除く。）。

> 第4号、第10号、第11号については、スプリンクラー設備の設置義務面積を算定する場合、13条区画部分を算入しない（⑵項、⑷項、地階、無窓階を除く。）。

> 地階、無窓階、⑸項ロに供される部分は、面積算定から除外されず、ヘッドの設置免除もない。⑸項ロは、用途の特性、他の要件を踏まえて設備の要否を判断するため、除外対象としていない。
> ＊220号特例による場合と、特定共同住宅等（平成19年4月1日施行）の場合がある。

1　延焼抑制構造（規則第12条の2）

スプリンクラー設備を設置することを要しない構造

⑴　基準面積1,000㎡未満のもの

⑹項イ⑴・⑵、⑹項ロ並びに⒃項イ、（16の2）項で⑹項イ⑴・⑵、⑹項ロの用途に供される部分

(ア)	準耐火構造の壁、床で区画
(イ)	室内（壁、天井（天井のない場合は、屋根））に面する部分（回り縁、窓台等を除く。）の仕上げ 　○地上に通ずる主たる廊下、その他の通路　　準不燃材料 　○その他の部分　　難燃材料 ※ただし、延べ面積が275㎡未満の施設のうち、入居者等の利用に供する居室（専ら施設の職員が使用するための事務室、会議室などを除く。）が避難階のみに存する防火対象物で、「⑶延べ面積が100㎡未満の小規模な施設(イ)」の要件を満たすものにあっては、ここで規定する内装制限を要しない。
(ウ)	区画（壁、床）の開口部　　面積合計8㎡以下（一の開口部面積4㎡以下）
(エ)	(ウ)の開口部の防火戸 　○防火戸（廊下と階段を区画する部分は防火シャッター可）で、随時開くことができる自動閉鎖装置付き 　○随時閉鎖することができ、煙感知器連動で閉鎖するもの 　○居室から地上に通ずる主たる廊下、階段その他の通路に設ける防火戸は、手で開けられる自動閉鎖式のくぐり戸付き
(オ)	区画部分の床面積　　100㎡以下で、すべての区画部分が3室以下

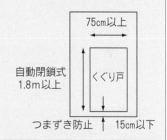

⑵　基準面積が1,000㎡以上のもの

⑹項イ⑴・⑵、⑹項ロ並びに⒃項イ、（16の2）項で⑹項イ⑴・⑵、⑹項ロの用途に供される部分

(ア)	耐火構造の壁、床で区画
(イ)	室内（壁、天井（天井のない場合は、屋根））に面する部分（回り縁、窓台等を除く。）の仕上げ 　○地上に通ずる主たる廊下、その他の通路　　準不燃材料 　○その他の部分　　難燃材料
(ウ)	区画（壁、床）の開口部　　面積合計8㎡以下（一の開口部面積4㎡以下）

	(エ) (ウ)の開口部の防火戸
	○ 特定防火設備の防火戸（廊下と階段を区画する部分は防火シャッター可）で、随時開くことができる自動閉鎖装置付き ○ 随時閉鎖することができ、煙感知器連動で閉鎖するもの ○ 居室から地上に通ずる主たる廊下、階段その他の通路に設ける防火戸は、手で開けられる自動閉鎖式のくぐり戸付き ○ 防火戸（防火シャッターを除く。） 　二方向避難の出入口以外の開口部で、直接外気に開放されている廊下、階段、通路に面し、面積合計が4㎡以内のもの
	(オ) 区画部分の床面積　200㎡以下

＊平屋建て延べ面積1,000㎡以上の既存防火対象物（(6)項ロ）の特例については、別記第3参照

(3)　延べ面積が100㎡未満の小規模な施設

(6)項イ(1)・(2)、(6)項ロのうち、入居者等の利用に供する居室が避難階のみに存するもので、次の(ア)又は(イ)のいずれかに定める構造を有するもの

	(ア) 内装不燃
	室内（壁、天井（天井のない場合は、屋根））に面する部分（回り縁、窓台等を除く。）の仕上げ ○ 地上に通ずる主たる廊下、その他の通路　準不燃材料 ○ その他の部分　難燃材料
	(イ) 避難が容易な構造を有する施設
	居室を壁、柱、床、天井（天井のない場合にあっては、屋根）で区画し、出入口に随時開くことができる自動閉鎖装置付きの戸を設けたもので、次の①から③までに適合し、入居者等（入居者、入所者、宿泊者）が避難に要する時間として告示で定める方法により計算した時間が、火災発生時に確保すべき避難時間を超えないもの（別記参照） ① 自動火災報知設備の感知器は、煙感知器であること（規則第23条第4項第1号ニに掲げる場所を除く。）。 ② 入居者等の利用に供する居室に、火災発生時に施設の関係者が屋内及び屋外から容易に開放することができる次の開口部を設けること。 　○ 道又は道に通ずる幅員1m以上の通路その他の空地に面したもの 　○ 幅、高さ、下端の床面からの高さその他の形状が、入居者等が内部から容易に避難することを妨げるものでないもの ③ 入居者等の利用に供する居室から2方向避難の経路を確保していること。 ※運用事項（平成26年消防予第118号） ○「壁及び天井等で区画」する場合に襖、障子、カーテン又はパーティション等により間仕切りされるものはこれにあたらない。 ○「屋内及び屋外から容易に開放することができる開口部」については、屋内から直接地上へ通ずる窓、扉その他の開口部で、屋外からの鍵の使用や自動火災報知設備との連動により解錠するもの等、破壊せずに解錠することを想定している。 ○ 入居者等が内部から容易に避難することを妨げるものでない開口部については、いわゆる「掃き出し窓」を想定しており、入居者の避難に際して器具を使用する場合などを勘案し、避難、救出が容易である大きさ、構造の開口部をいう。 ○「2方向避難経路」については、防火対象物の廊下や玄関、勝手口を経て屋外へ到達することができる経路と(イ)②により設けられた開口部を介して屋外へ到達することができる経路をいう。

根拠法令等	入居者等の避難に要する時間の算定方法等を定める件（平成26年消防庁告示第4号）

⑷　特定住戸部分（⒃項イで⑸項ロと⑹項ロ以外の用途がないもの）

　　共同住宅の住戸を⑹項ロの用途に供する施設で、⑹項ロの用途に供される部分のうち、延べ面積が275㎡未満のもの（⑴で定める区画を有するものを除く。）

㈠　特定住戸部分の各住戸を準耐火構造の壁、床で区画したもの
㈡　特定住戸部分の各住戸の主たる出入口が、直接外気に開放され、かつ、火災時に生ずる煙を有効に排出することができる廊下に面していること。 ※特定共同住宅等の構造類型を定める件（平成17年消防庁告示第3号）に定める廊下等をいう。
㈢　主たる出入口は、随時開くことができる自動閉鎖装置付防火戸
㈣　壁、天井（天井のない場合にあっては、屋根）の室内に面する部分（回り縁、窓台等を除く。）の仕上げ ○㈡の廊下に通ずる通路　　準不燃材料 ○その他の部分　　難燃材料
㈤　㈡の廊下に通ずる通路　（平成26年消防庁告示第4号） ①　居室から廊下に通ずる通路が、当該居室以外の居室を通過しないこと。 ②　居室の開口部のうち廊下に通ずる通路に面するものは、随時開くことができる自動閉鎖装置付きの戸（不燃材料）を設けたもの
㈥　居室、通路に煙感知器を設けたもの
㈦　特定住戸部分の各住戸の床面積が100㎡以下

2　13条区画（規則第13条）

　　スプリンクラー設備を設置することを要しない階の部分等

⑴　地上11階以上の特定防火対象物（令第12条第1項第3号）で除かれる部分は、次のいずれかに掲げる部分とする。

　ア　共同住宅に居住型福祉施設が設置されている⒃項イ

　　　⑸項ロ並びに⑹項ロ、ハ（有料老人ホーム、福祉ホーム、認知症高齢者グループホーム、障害者グループホーム・ケアホームに限る。）以外の用途が存しないもので、次の特定階を除く居住型福祉施設の部分を区画した10階以下の階

　　　○居住型福祉施設の床面積の合計が3,000㎡以上で、当該部分が存する階

　　　○地階・無窓階で、居住型福祉施設の床面積が1,000㎡以上の階

　　　○4階以上10階以下の階で、居住型福祉施設の床面積が1,500㎡以上の階

㈠　居室を準耐火構造の壁、床（3階以上の階は、耐火構造）で区画
㈡　壁、天井（天井がない場合は、屋根）の室内に面する部分（回り縁、窓台等を除く。）の仕上げ ○地上に通ずる主たる廊下、その他の通路　　準不燃材料 ○その他の部分　　難燃材料
㈢　区画（壁、床）の開口部　　面積合計8㎡以下（一の開口部面積4㎡以下）
㈣　㈢の開口部の防火戸 ○防火戸（廊下と階段を区画する部分は防火シャッター可）で、随時開くことができる自動閉鎖装置付き ○3階以上の階は、特定防火設備の防火戸

— 137 —

- 随時閉鎖することができ、煙感知器連動で閉鎖するもの
- 居室から地上に通ずる主たる廊下、階段その他の通路に設ける防火戸は、手で開けられる自動閉鎖式のくぐり戸付き
- 防火戸（防火シャッターを除く。）
 二方向避難の出入口以外の開口部で、直接外気に開放されている廊下、階段、通路に面し、面積合計が4㎡以内のもの

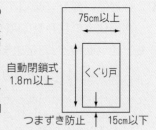

(オ) 区画部分は、床面積100㎡以下

イ 共同住宅に住戸利用施設が存する(16)項イ

(5)項ロに住戸利用施設（届出住宅(5)項イ、居住型福祉施設(6)項ロ・ハ）以外の用途が存しないもので、次の特定階を除き、各部分を区画した10階以下の階
- 住戸利用施設の床面積の合計が3,000㎡以上の防火対象物で、当該部分が存する階
- 地階・無窓階で、住戸利用施設の床面積が1,000㎡以上の階
- 4階以上10階以下の階で、住戸利用施設の床面積が1,500㎡以上の階

(ア) 居室（(5)項ロを含む。）を耐火構造の壁及び床で区画
(イ) 壁及び天井（天井のない場合は、屋根）の室内に面する部分（回り縁、窓台等を除く。）の仕上げ ○ 地上に通ずる主たる廊下、その他の通路　　準不燃材料 ○ その他の部分　　難燃材料
(ウ) 区画（壁、床）の開口部　　面積合計8㎡以下（一の開口部面積が4㎡以下）
(エ) (ウ)の開口部の防火戸 ○ 特定防火設備である防火戸（廊下と階段を区画する部分は防火シャッター可）で、随時開くことができる自動閉鎖装置付きのもの ○ 随時閉鎖することができ、煙感知器連動で閉鎖するもの ○ 居室から地上に通ずる主たる廊下、階段その他の通路に設ける防火戸は、直接手で開けられる自動閉鎖式のくぐり戸付き ○ 防火戸（防火シャッターを除く。） 　二方向避難の出入口以外の開口部で、直接外気に開放されている廊下、階段、通路に面し、面積合計が4㎡以内のもの
(オ) 住戸利用施設の各独立部分（構造上区分された数個の部分の各部分で独立して当該用途に供されることができるもの）の床面積がいずれも100㎡以下

居住型福祉施設が入った(16)項イ　　　住戸利用施設が入った(16)項イ

11階以上
10階以下

(5)項ロ
共同住宅

居住型福祉施設

(5)項イ

(6)項ロ　(5)項イ

空白部分は(5)項ロ

共同住宅に居住型福祉施設や住戸利用施設が存する場合は、(16)項イと判定され、11階建て以上の防火対象物は、全ての階にスプリンクラー設備を設置しなければならなくなるので、居住型福祉施設の部分が防火区画されている10階以下の階又は(5)項ロを含む住戸利用施設を区画することにより、特定階を除き10階以下の階にスプリンクラー設備の設置を免除する。

ウ　小規模特定用途複合防火対象物(16)項イ

10階以下の階で、次の特定施設（令第12条第1項第1号）以外の部分は、スプリンクラー設備の設置が免除される。

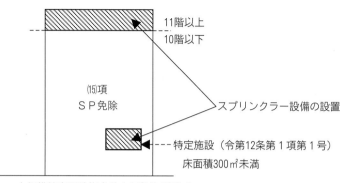

小規模特定用途複合防火対象物(16)項イ

- ○(6)項イ(1)・(2)の用途に供される部分
- ○(6)項ロ(1)・(3)の用途に供される部分
- ○(6)項ロ(2)・(4)・(5)の用途に供される部分（介助がなければ避難できない者（規則第12条の3）を主として入所させるもの以外のものにあっては、床面積が275㎡以上のものに限る。）

(2) 特定主要構造部を耐火構造とした防火対象物で耐火構造の壁・床で区画された部分
(2)項、(4)項、(5)項ロ、(16)項（(2)項、(4)項、(5)項ロの用途）、地階、無窓階を除く。

※　(2)項、(4)項にあっては、火災発生時の消火の困難性、避難の困難性等が高いことから除かれている。

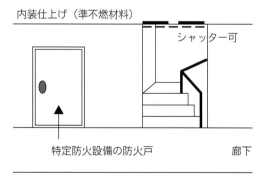

ア　耐火構造の壁、床で区画された部分

(ア)　内装不燃化（壁、天井（天井のない場合は、屋根）の室内に面する部分の仕上げ）
　○主たる廊下及びその他の通路　　準不燃材料
　○その他の部分　　難燃材料

(ｲ) 開口部の面積合計　壁、床の開口部の合計8㎡以下（一の開口部4㎡以下）
(ｳ) (ｲ)の開口部の防火戸 ○特定防火設備である防火戸（廊下と階段の区画は防火シャッター可）で、随時開くことができる自動閉鎖装置付き ○随時閉鎖することができ、煙感知器連動で閉鎖するもの ○居室から地上に通ずる主たる廊下、階段その他の通路に設ける防火戸は、直接手で開けられる自動閉鎖式のくぐり戸付き 　※小荷物専用昇降機の開口部が13条区画に面して設けられる場合は、特定防火設備の自動閉鎖式の防火戸とする（平成14年消防予第281号）。 ○防火戸（防火シャッターを除く。） 　二方向避難の出入口以外の開口部で、直接外気に開放されている廊下、階段、通路に面し、面積合計が4㎡以内のもの
(ｴ) 区画部分の床面積 　　10階以下の階　200㎡以下 　　11階以上の階　100㎡以下（建基令第112条第7項に合わせたもの）

イ　耐火構造の壁、床で区画された廊下

　　前記ア(ｱ)、(ｳ)に該当するもの

　○階段は、廊下に含まれない。

　○廊下と接続して一体となっているエレベーターホールは、廊下に含まれる（昭和48年消防予第140号、消防安第42号）。

第3　スプリンクラーヘッドを設けなくてもよい部分（規則第13条第3項）

階段、浴室、便所その他これらに類する場所 防火区画の有無は関係ない。 (2)項、(4)項、(16)項イ（(2)項、(4)項用途部分）、（16の2）項は、避難階段、特別避難階段に限る。
通信機器室、電子計算機器室、電子顕微鏡室その他これらに類するもの
エレベーターの機械室、機械換気設備の機械室その他これらに類するもの
発電機、変圧器その他電気設備が設置されている場所（調圧器、周波数変換器） 　ボイラー室も含まれる。→不活性ガス消火設備を指導
エレベーターの昇降路、リネンシュート、パイプダクト、その他これらに類するもの 　エスカレーターの昇降路は、これらに類する部分にみなされない（昭和48年消防予第140号・消防安第42号）。
直接外気に開放されている廊下その他外部の気流が流通する場所
手術室、分娩室、内視鏡検査室、人工血液透析室、人工血液透析室に付属する診察室・検査室・準備室、麻酔室、重症患者集中治療看護室、回復室、洗浄滅菌室、器材室、器材洗浄室、器材準備室、滅菌水製造室、無菌室、洗浄消毒室（蒸気を熱源とするものに限る。）、陣痛室、沐浴室、汚物室、霊安室、無響室、心電室、心音室、筋電室、脳波室、基礎代謝室、ガス分析室、肺機能検査室、胃カメラ室、超音波検査室、採液・採血室、天秤室、細菌検査室・培養室、血清検査室・保存室、血液保存に供する室、解剖室、医療機器を備えた診察室、理学療法室、特殊浴室、蘇生室、バイオクリン室（白血病、臓器移植、火傷等治療室）、新生児室、未熟児室、授乳室、調乳室、隔離室、観察室（未熟児の観察に限る。）、製剤部の無菌室、注射液製造室、消毒室（蒸気を熱源とするものに限る。）
レントゲン室等放射線源を使用し、貯蔵又は廃棄する室（不活性ガス消火設備を指導）、放射性同位元素に係る治療室・管理室・準備室・検査室・操作室・貯蔵庫 診断・検査関係の撮影室・透視室・操作室・暗室

心臓カテーテル室、Ｘ線テレビ室
⑴項、⑯項イ及び（16の３）項の⑴項用途部分 　固定式いす席部分の天井高８ｍ以上の場所（天井、上階の床、屋根の下面までの高さ）
基準面積1,000㎡未満の⑹項イ⑴・⑵、⑹項ロ、並びに⑯項イ、（16の２）項、（16の３）項 で⑹項イ⑴・⑵、⑹項ロの用途に供される部分 廊下（外気開放を除く。）、収納設備（床面積２㎡未満）、脱衣所その他これらに類する場所
⑯項イで⑽項の用途部分　　乗降場（コンコース）、階段、通路
（16の３）項の地下道の通行の用に供する部分
主要構造部を耐火構造とした13条区画の居室、廊下（地階、無窓階、⑸項ロを除く。） 　○11階建以上の⑵項、⑷項、⑯項イ（令第12条第１項第３号） 　○４階以上10階以下の⑵項、⑷項、⑯項イ（令第12条第１項第11号） 　○平屋建て以外の一定規模の特定防火対象物（令第12条第１項第４号） 　○⑯項イで特定用途部分がある階（令第12条第１項第10号） 　○11階建以上の⑯項ロ（令第12条第１項第12号） 区画面積の倍読み（規則第13条第３項第11号） 　11階建以上の⑯項イで特定主要構造部を耐火構造とした10階以下の階で、⑴項〜⑹項、 ⑼項イの用途に供される部分が存しない場合は、13条区画の区画面積200㎡以下を400㎡ 以下に緩和することができる（地階・無窓階、⑸項ロを除く。）。
10階建以下の⑯項イ（特定主要構造部が耐火構造で地階・無窓階を除く階） 　耐火構造の壁、床で区画した部分（⑺項、⑻項、⑼項ロ、⑽〜⑮項とその他の部分） 　・区画する壁、床の開口部合計８㎡以下（１箇所４㎡以下） 　・開口部は、自動閉鎖式特定防火設備の防火戸 　　　　　（規則第13条第２項第１号ハ） 　　ヘッドの設置不要 　　⑺項、⑻項、⑼項ロ、⑽〜⑮項

＊屋内消火栓設備の設置義務がある防火対象物で、スプリンクラーヘッドの設置を要しない部分は、屋内消火栓設備が必要となる（補助散水栓を設けることができる。）。

第4 代替設置（令第12条第3項）

　水噴霧消火設備、泡消火設備、不活性ガス消火設備、ハロゲン化物消火設備、粉末消火設備、パッケージ型自動消火設備の有効範囲内の部分にスプリンクラー設備を設置しないことができる。

第5 技術基準

1 スプリンクラーヘッドの体系

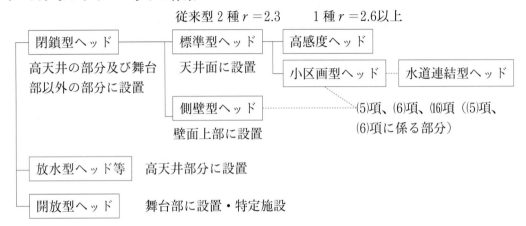

ヘッドの配置　○種別の異なるヘッドは、同一区画内で1種と2種を混在させてはならない。

　　　　　　　同一区画：防火区画又ははり、たれ壁（不燃性又は難燃性で0.6m以上）等で区画されている部分で、火災時にヘッドが同時開放すると想定される区画

2 特定施設水道連結型スプリンクラー設備（令第12条第2項第3号の2）

　水源として、水道の用に供する水管をスプリンクラー設備に連結したものであって、水量を貯留するための施設を有しないものをいう。

　水道連結型スプリンクラー設備の設置は、水道法第14条により、水道事業者への設置工事の申込み及び水道事業者から工事承認を受ける必要がある。

(1) 設置対象

　　特定施設（令第12条第1項第1号及び第9号）のうち、防火上有効な措置が講じられた部分（規則第13条の5の2）以外の床面積（基準面積）の合計が1,000㎡未満のものに限り、設置することができる（平成27年3月1日施行）。

(6)項イ(1)・(2)、(6)項ロ、(16の2)項で(6)項イ(1)・(2)、(6)項ロの用途に供されるもの	
基準面積1,000㎡未満	基準面積1,000㎡以上
特定施設水道連結型スプリンクラー設備	スプリンクラー設備

　＊防火対象物に(6)項イ及び(6)項ロの用途部分が併存する場合には、令第9条により、それぞれの用途部分を一の防火対象物とみなし、基準面積が1,000㎡未満であれば特定施設水道連結型スプリンクラー設備を設置することができる（平成27年消防予130号）。

(2) 防火上有効な措置が講じられた構造を有する部分（規則第13条の5の2）

　　次のいずれにも該当する部分（当該部分の床面積の合計は防火対象物の延べ面積の2分の1を上限とする。）

　ア　次のいずれかの室（規則第13条第3項第7号、第8号）

　　㋐　手術室、分娩室、内視鏡検査室、人工血液透析室、麻酔室、重症患者集中治療看護室その他これらに類する室

　　㋑　レントゲン室等放射線源を使用し、貯蔵し、又は廃棄する室

　イ　次のいずれかの防火措置が講じられた部分

　　㋐　準耐火構造の壁、床で区画され、かつ、開口部に防火戸を設けた部分

　　　　防火戸：随時開くことができる自動閉鎖式又は随時閉鎖することができ、煙感知器の作動と連動して閉鎖するもの

　　㋑　不燃材料で造られた壁、柱、床、天井（天井のない場合にあっては、屋根）で区画され、かつ、開口部に不燃材料で造られた戸を設けた部分であって、当該部分に隣接する部分（直接外気に開放されている廊下その他外気が流通する場所を除く。）の全てがスプリンクラー設備の有効範囲内に存するもの

　　　　不燃材料で造られた戸：随時開くことができる自動閉鎖付きに限る。

　【運用】（平成27年消防予第130号）

　①　開口部とは、配管等の貫通部（隙間を不燃材等で埋め戻したものに限る。）及び防火ダンパーが設けられたダクトの貫通部は含まない。

　②　当該部分に隣接する部分は、隣接する区域全域（例：隣接する廊下全域）を指すものではない。

　③　スプリンクラー設備の有効範囲内とは、隣接する部分に技術上の基準（規則第13条第3項各号を除く。）に準じて設置したスプリンクラー設備の有効範囲をいう。なお、技術上の基準により居室等に設けたスプリンクラー設備の有効範囲にある場合は、別途スプリンクラー設備を設ける必要はない。また、水噴霧消火設備等（移動式のものを除く。）の有効範囲内である場合も同様である。

　ウ　床面積が1,000㎡以上の地階若しくは無窓階又は床面積が1,500㎡以上の4階以上10階以下の階に存する部分でないこと。

　　（例）病院(6)項イ(1)　平屋建て　準耐火建築物　延べ面積1,600㎡

　　　　□：防火上有効な措置が講じられた構造を有する部分

内視鏡検査室	採血室	病室	病室	病室
器材準備室	心電室	WC	受付	
手術室	X線室	病室	診察室	待合
	麻酔室	病室	診察室	

　　　　防火上有効な措置が講じられた部分の床面積の合計が延べ面積の50％を超える場合にあっては、延べ面積の50％を上限とするので、例の場合は800㎡（1,600㎡の50％）となる。

— 143 —

（例1）防火上有効な措置が講じられた構造を有する部分が800㎡の場合

延べ面積（1,600㎡）−防火上有効な部分（800㎡）＝基準面積（800㎡）

基準面積が1,000㎡未満であることから、特定施設水道連結型スプリンクラー設備を設置することができる。

（例2）防火上有効な措置が講じられた構造を有する部分が500㎡の場合

延べ面積（1,600㎡）−防火上有効な部分（500㎡）＝基準面積（1,100㎡）

基準面積が1,000㎡以上であるから、スプリンクラー設備を設置する。

※医療機関の手術室等の部分は主として昼間に用いられ、夜間は施錠等により管理されているので、防火区画等による延焼防止措置等が講じられている場合は、基準面積に算入しない。

(3) 技術上の基準

(ア) スプリンクラーヘッド

○閉鎖型（小区画ヘッド）

水道連結型ヘッド（呼び8）：小区画ヘッドのうち、配管が水道の用に供する水管に連結されたスプリンクラー設備に使用されるヘッドをいう。

○開放型

(イ) 水源水量（小区画ヘッド、開放型ヘッド）

1.2㎥（壁、天井（天井がない場合は屋根）の屋内に面する部分（回り縁、窓台等を除く。）の仕上げを不燃材料、準不燃材料以外の材料でした場合は、ヘッドの設置個数（4以上の場合は4）×0.6㎥）以上

(ウ) 放水圧力・放水量（小区画ヘッド、開放型ヘッド）

最大放水区域のヘッド個数（4以上の場合は4）を同時使用した場合

① 放水圧力　0.02MPa（壁、天井（天井がない場合は屋根）の屋内に面する部分（回り縁、窓台等を除く。）の仕上げを不燃材料、準不燃材料以外の材料でした場合は、0.05MPa）以上

② 放水量　15 l /分（壁、天井（天井がない場合は屋根）の屋内に面する部分（回り縁、窓台等を除く。）の仕上げを不燃材料、準不燃材料以外の材料でした場合は、30 l /分）以上

※消防法令では、4個同時の開放を想定しており、これは共用室等において設置されるヘッド個数を4個としており、最大4個を同時開放した場合の合計放水量は、60 l /分（120 l /分）以上を確保する必要がある。

(エ) 技術基準の緩和（設置しないことができるもの）

○加圧送水装置（規定の放水圧力、放水量の性能を有する特定施設水道連結型スプリンクラー設備（規則第13条の6第3項））

○非常電源

○送水口（双口形）

○自動警報装置、呼水装置

○開放型　　試験装置、自動式起動装置

○閉鎖型　　流水検知装置、末端試験弁（放水圧力及び放水量を計算により求め、規定が満たされていることを確認できるもの）

○水源水量を貯留する施設（水槽）（平成21年消防予第131号）

　貯留施設を設けない水道直結式スプリンクラー設備については、給水装置に直結する範囲については、水道法の適用を受ける。

　水源（水道事業者の布設した配水管から分岐して設けられた給水管）からヘッドまでが配管系統になるが、配水管が水源であり、水道法施行規則第12条の３第２号に掲げる水道メーターが設置されている場合は、水源から水道メーターまでを除く。

　消防設備士が、給水管からヘッドまでの水理計算等を行い、最小動水圧等配水状況及び直結給水用増圧ポンプ設備の設置の可否等を調査する。正常な作動に必要な水圧、水量が満たされない場合は、配水管から分岐する給水管口径の増径、受水槽や増圧ポンプの設置、建築物内装の耐火性を向上させる等の措置を講じる。

【規定圧力等が得られない場合にポンプを設ける場合は、次による。】

（規則第14条第１項第11号の２）

① ポンプ吐出量

　閉鎖型小区画ヘッド　　算出ヘッド数×20 l /分以上（※）

　（※内装仕上げ材を不燃材料、準不燃材料以外でした場合は、35 l /分以上）

② ポンプ全揚程

　H（全揚程m）＝h_1（配管摩擦損失水頭m）＋h_2（落差m）＋２m（※）

　（※内装仕上げ材を不燃材料、準不燃材料以外でした場合は５m）

　定格全揚程の100%以上125%以下

| 根拠法令等 | 加圧送水装置の基準（平成９年消防庁告示第８号） |

○電動機又は内燃機関、制御盤、呼水装置、水温上昇防止用逃し配管、ポンプ性能試験装置、補助水槽で構成されるもの

| 根拠法令等 | 内燃機関駆動による加圧送水装置の構成及び性能の基準について（平成４年消防危第26号） |

○付属装置の起動用水圧開閉装置、フート弁の規定は適用しない。
○制御盤の呼水槽減水検出用入力端子は設けなくてもよい。

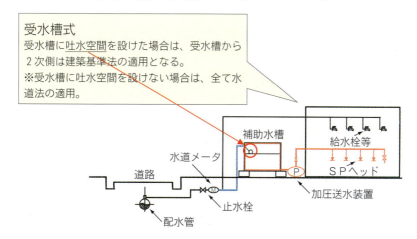

(ｴ) 配管、管継手及びバルブ類の基準（規則第14条第1項第10号ハ）（平成20年消防庁告示第27号）

　　○配管　規則第12条第1項第6号ニの規定に準じて設ける。

　　○管継手　規則第12条第1項第6号ホの規定に準じて設ける。

　　　　　　　合成樹脂製の管の接続に金属製の管継手を用いることができる。

　　○バルブ　規則第12条第1項第6号トの規定に準じて設ける。

　　　（ＪＩＳ適合配管等にライニング処理等を施したものは当該規格に適合する配管等として取り扱うことができる。）

　　○配管、管継手、バルブ類で火災時に熱を受けるおそれがある部分以外に設けるものは、水道法第16条に規定する基準によることができる（壁、天井の内装仕上げを難燃材料でしたものの裏面に設ける場合）。

（注）防火管理者等に対し、水道が断水した場合や水圧が低下した場合の対応を消防計画に定めるとともに、維持管理上必要な事項、設置工事者又は水道事業者への連絡先等を見やすいところに表示するよう指導すること。

根拠法令等　消防法施行令の一部を改正する政令等の運用について（平成21年消防予第131号）

3　特定施設（令第12条第1項第1号、第9号の防火対象物）

(1)　ヘッド（規則第13条の5）

防火対象物の部分	床面から天井面までの高さ	種　別
基準面積1,000㎡未満	3m未満	閉鎖型（小区画ヘッド）
	3m以上10m以下	閉鎖型（小区画ヘッド）又は開放型
基準面積1,000㎡以上	3m未満	閉鎖型（小区画ヘッド又は標準型ヘッド）
	3m以上10m以下	閉鎖型（小区画ヘッド若しくは標準型ヘッド）又は開放型
10mを超える部分		放水型ヘッド等

(2)　ヘッドは次により設置する。

　　○小区画型ヘッド　規則第13条の3第2項（第1号を除く。）の例による。

　　○開放型ヘッド　　天井に設け、水平距離1.7m以下

　　○標準型ヘッド　　規則第13条の2第4項第1号の例による。

　　　　　　　　　　　天井に設け、水平距離　耐火建築物2.3m以下

　　　　　　　　　　　　　　　　　　　　　　耐火建築物以外2.1m以下

　　　　　　　　　　　高感度型ヘッド　規則第13条の2第3項の式により求めた距離

　　○放水型ヘッド等　規則第13条の4第3項の例による。

(3)　水源水量等（規則第13条の6）

小区画ヘッド	ヘッドの設置個数×1㎡＝以上 地上10階以下（基準面積1,000㎡未満を除く。）8個 地上11階以上12個

― 146 ―

	放水圧力　0.1MPa以上、かつ、放水量　50ℓ/分以上
開放型ヘッド	最大放水区域のヘッド個数×1.6㎥＝以上 　第１号の防火対象物（基準面積1,000㎡未満を除く。）で地上10階以下 放水圧力　0.1MPa以上、かつ、放水量　80ℓ/分以上
標準型ヘッド	ヘッドの設置個数×1.6㎥＝以上 　地上10階以下10個（8個）、地上11階以上15個（12個） 　　　　　　　　　　　　　　　　　　　（　）内は高感度ヘッド 放水圧力　0.1MPa以上、かつ、放水量　80ℓ/分以上

＊ヘッドの設置個数が表の個数以上のときは表の個数を、表の個数に満たないときは、当該設置個数とする。

4　ホテル、共同住宅、病院、社会福祉施設等に設けるヘッド（規則第13条の3）（⑸項、⑹項、⑯項（⑸項、⑹項に係る部分））

⑴　小区画ヘッド（従来の住宅用ＳＰヘッド）

　　宿泊室、病室、談話室、娯楽室、居間、寝室、教養室、休憩室、面会室、休養室等

○天井の室内に面する部分に設置

○水平距離2.6m以下、かつ、防護面積13㎡以下（8畳約13㎡の天井に1個）

⑵　側壁型ヘッド　宿泊室等、廊下、通路、フロント、ロビー等

　　既存の遡及適用として認められたものであり、1種に限り設置することができる。

5　高天井部分に設けるヘッド（規則第13条の4）

　　床面からヘッド取付位置までの高さが高いと火災の熱がヘッドまで届かず、放水されないことがあるので、高天井部分に設ける場合は、放水型スプリンクラー設備を設置する。

可燃物が大量に存在し、消火困難と認められる部分 　○指定可燃物を取り扱う部分 　○⑷項の用途、⑯項イの⑷項部分（通路、階段及びこれらに類する部分を除く。） 　　天井高（床面から天井まで）6mを超える部分 　　火災荷重50kg/㎡相当（可燃物の量が多い。）
その他の部分 　○天井高10mを超える部分　火災荷重25kg/㎡相当（標準的な可燃物の量）

＜地下街・準地下街のヘッド＞

地下街	天井高6mを超える店舗、事務所等 天井高10mを超える地下道	放水型ヘッド等
	その他の部分（上記以下の高さ0.5m以上の天井裏）	標準型ヘッド（閉鎖型）
準地下街	床面から天井までの高さ6mを超える部分	放水型ヘッド等
	その他の部分（天井の室内に面する部分）	標準型ヘッド（閉鎖型）

(1) 既存防火対象物の取扱い
　　平成9年4月1日前において、次のいずれかによるものは令第32条を適用し、従前の例によることとして差し支えない。
　(ア) 高天井部分にＳＰヘッドが設置され、かつ、当該部分において火気の使用、多量の可燃物がないこと。
　(イ) (一財)日本消防設備安全センターの評価を受けた放水型ヘッドを令第32条により設置しているもの
　(ウ) 利用形態が火気の使用、多量の可燃物がないことにより、火災による危険が著しく低いため、令第32条適用によりＳＰヘッドの設置を免除しているもの

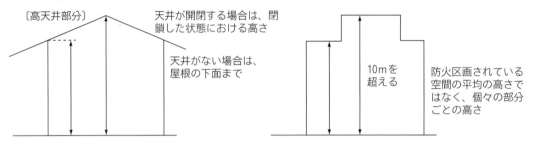

(2) 高天井に該当しないもの
　○階段、エスカレーター付近の小規模な吹き抜け部分（おおむね50㎡未満）
　○局所的な高さとなる部分
(3) 高天井のうち、ヘッドを設置しないことができる場合（令第32条）
　(ア) 体育館（主として競技に使用するもの）、ロビー、会議室、通路その他これらに類する部分（ダンスフロア、フロント、ホール）で、次のすべてに適合する部分
　　① 壁、天井の仕上げ　不燃材料又は準不燃材料
　　② 火気の使用がないこと（火気使用設備、器具、喫煙）。
　　③ 当該部分に多量の可燃物がないこと（家具、装飾品、展示物等）。
　　　余裕をもっている場合を除く。
　(イ) 床面積がおおむね50㎡未満である部分で、火気の使用、多量の可燃物がないこと。
(4) 放水型ヘッド等
　○火災の感知に連動し、自動放水するもの（防災センター等で火災を確認し、放水できる場合はこの限りでない。）
　○排水設備の設置（建築構造上、他の消防用設備等に支障がなく、避難上及び消火活動上支障がない場合を除く。）

根拠法令等	放水型ヘッド等を用いるスプリンクラー設備の設置及び維持に関する技術上の基準の細目（平成8年消防庁告示第6号） 放水型ヘッド等を用いるスプリンクラー設備の設置及び維持に関する技術上の基準の運用について（平成8年消防予第175号）

6 ラック式倉庫

＜平成7年11月埼玉県製缶工場火災により改正＞

「倉庫で床を設けずに棚、レール等を設け、エレベーター、リフト等の昇降機により収納物の搬送を行う装置を備えたもの」（昭和47年消防予第74号）

○天井（天井がない場合は、屋根の下面）の高さが10mを超え、かつ、延べ面積700㎡以上のラック式倉庫（⑭項）　倍読み規定あり

| 根拠法令等 | ラック式倉庫のラック等を設けた部分におけるスプリンクラーヘッドの設置に関する基準（平成10年消防庁告示第5号）
ラック式倉庫の防火安全対策ガイドラインについて（平成10年消防予第119号） |

○防護板A（旧集熱板）

　天井上部に設置されたスプリンクラーヘッドからの散水により、下部に設置された閉鎖型スプリンクラーヘッドが濡れ、熱感知が遅れるなどを防ぐために使用するもの

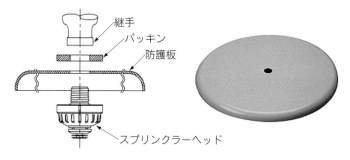

7 ヘッドの有効散水半径

水平距離　（　）内は高感度ヘッドのXの値

指定可燃物　指定数量の1,000倍以上	1.7m以下（0.75）
防火対象物（舞台部、ラック式倉庫、地下街、準地下街を除く。）	耐火建築物　2.3m以下（1） 耐火建築物以外　2.1m以下（0.9）
地下街	火気使用設備、器具の設置　1.7m以下（0.75） その他の部分　　　　　　　2.1m以下（0.9）
準地下街	火気使用設備、器具の設置　1.7m以下（0.75） 特定主要構造部 　耐火構造　2.3m以下（1） 　耐火構造以外　2.1m以下（0.9）
舞台（(1)項）	1.7m以下
ラック式倉庫	標準型ヘッド（2.3m以下　ヘッド呼び20） 　ラック部分　2.5m以下 　その他の部分　2.1m以下

【高感度型ヘッド】 （規則第13条の2）

　火災を早期に感知し、かつ、広範囲に散水できるスプリンクラーヘッド
　閉鎖型ヘッド（標準型ヘッド）　　1種 r＝2.6以上
　　　$R = Xr$　　R：ヘッドまでの水平距離（m）　X：区分に応じた値
　　　　　　　　r：有効散水半径

ヘッドの種類

　フラッシュ　　　マルチ型　　　フレーム　　　開放型　　　小区画型　　　側壁型

根拠法令等　閉鎖型スプリンクラーヘッドの技術上の規格を定める省令（昭和40年自治省令第2号）

○閉鎖型ヘッド設置場所の最高周囲温度

最高周囲温度	ヘッド標示温度	標示色
39℃未満	79℃未満	無又は黒
39℃以上64℃未満	79℃以上121℃未満	白
64℃以上106℃未満	121℃以上162℃未満	青
106℃以上150℃未満	162℃以上200℃未満	赤

　　　$ta = 0.9tm - 27.3$　省令第2条第6号により算出
　　　　ta：最高周囲温度　　tm：ヘッドの標示温度
　備考：標示温度は、メーカーによって異なるので範囲による標示をしており、ヘッドにメーカー個々の作動温度が標示されている。

○管径　水力計算をもとに決定
　　　　管径は、経験値によるもので法令上示されていない。

ヘッドの取り付け個数（スケジュール法）　放水量80ℓ/分の場合

管の呼び径(A)	25	32	40	50	65	80
同時開放ヘッド10まで	2(1)以下	3(2)以下	5(5)以下	20以下	―	―
同時開放ヘッド20まで					20以下	―
同時開放ヘッド30まで						40以下

・ヘッド個数1個でも枝管径は、25Aとする。
・枝管　片側5個を限度とする。勾配配管等でやむを得ず5個を超える場合は、片側8個を限度とし、許容数は表の（　）数とする。6個以上の場合は左右対称になるように設ける。

8　延焼のおそれのある部分の開口部（令第12条第2項第3号）

　10階以下の階で延焼のおそれのある部分の開口部及び11階以上の開口部には、上枠の長さ2.5m以下ごとにスプリンクラーヘッドを設置する。

　ただし、10階以下の開口部に防火戸又はドレンチャー設備を設けた場合は免除

　ドレンチャー設備は規則第15条第2項を参照

9　水源の水量等（令第12条第2項第4号、規則第13条の6）

　防火対象物の用途、構造、規模又はスプリンクラーヘッドの種別に応じて算出した量以上の水量を貯留する施設を設けること。

　水源水量は、定められた個数を同時放水した場合に20分間放水できる量

　ラック式倉庫は、30分（等級Ⅲ、Ⅳで水平遮へい板が設置されているものを除く。）

Q：**水源水量**（㎥）＝q：**放水量**（㎥）×N：**同時開放個数**

（例）　8個×1.6㎥＝12.8㎥　　　　1.6㎥は、ヘッド1個当たり80l×20分

　　　　ラック式　24個×3.42㎥＝82.08㎥　　　3.42㎥は、（114l×30分）

【標準型ヘッド同時開放個数】　同時開放個数は、過去の火災や実験結果から火災時にヘッドが放水する数とし、表の個数以上のときは同表の個数とし、表の個数に満たないときは当該設置個数とする。

区　　　分		同時開放個数	
⑷項、⒃項イ（⑷項の用途）	法第8条該当の百貨店に限る。	15	12（高感度）
その他のもの	地上10階以下	10	8（高感度）
	地上11階以上	15	12（高感度）
ラック式倉庫	等級　Ⅰ　Ⅱ　Ⅲ	30	24（1種）
	等級　Ⅳ	20	16（1種）
地下街・準地下街		15	12（高感度）
指定可燃物	指定数量1,000倍以上	20	16（1種）

【水源水量等】（特定施設を除く。）

標準型ヘッド	水　量	個数×1.6㎥	
		ラック式倉庫	等級Ⅲ、Ⅳ　個数×2.28㎥（水平遮へい板設置）
			その他　　　個数×3.42㎥
	性　能	算出個数を同時に使用した場合 　放水圧力　0.1MPa以上、かつ、放水量80l/分以上	
		ラック式倉庫 　放水圧力　0.1MPa以上、かつ、放水量114l/分以上	
小区画ヘッド	水　量	地上10階以下　8個×1㎥	
		地上11階以上　12個×1㎥	
	性　能	放水圧力　0.1MPa以上、かつ、放水量50l/分以上	

側壁型ヘッド	水　量	地上10階以下　　8個×1.6㎥	
		地上11階以上　　12個×1.6㎥	
	性　能	放水圧力　0.1MPa以上、かつ、放水量　80ℓ/分以上	
開放型ヘッド	水　量	舞台部が10階以下　最大放水区域のヘッド個数×1.6㎥	
		舞台部が11階以上　ヘッド設置個数が最も多い階の数×1.6㎥	
	性　能	放水圧力　0.1MPa以上、かつ、放水量　80ℓ/分以上	
放水型ヘッド	固定式	水　量	最大放水区域の全てのヘッドを同時に1分間当たりの放水量で20分間以上
		性　能	小型ヘッド　1分間の放水量÷5ℓ/㎡、かつ、散水量が1㎡当たり1.2ℓ/分以上
			大型ヘッド　1分間の放水量÷10ℓ/㎡、かつ、散水量1㎡当たり2.4ℓ/分以上
	可動式	水　量	1分間当たりの放水量が最大となる場合の放水量で20分間以上
		性　能	小型ヘッド　1㎡当たりの散水量5ℓ/分以上
			大型ヘッド　1㎡当たりの散水量10ℓ/分以上

※　小型ヘッド（指定可燃物貯蔵・取扱い部分以外）
　　大型ヘッド（指定可燃物貯蔵・取扱い部分）
　放水型ヘッド等を用いるスプリンクラー設備の設置及び維持に関する技術上の基準の細目（平成8年消防庁告示第6号）

＊標準型、側壁型の乾式又は予作動式の流水検知装置付きは、同時開放個数の1.5倍（小数点以下切上げ）
＊放水型とその他のSPヘッドを同時放水する可能性がある場合は、水源水量、ポンプ吐出量等を合算した量とする。
＊開放型は、2次側配管内容積を加算

10　補助散水栓　2号消火栓イとほぼ同じ。

(1)　消防用ホースの構造（規則第13条の6第4項第6号）
　○消防用保形ホースで、1人で操作することができるもの
　○延長及び格納の操作が容易にできるものとして消防庁長官が定める基準に適合するように収納されていること。
　○ホースの長さは、ホース接続口からの水平距離が15mの範囲内の階の各部分に有効に放水することができる長さとすること（スプリンクラーヘッドが設置されている部分にあっては、この限りでない。）。

(2)　同階の補助散水栓を同時使用の場合
　　ノズル先端　放水圧力0.25MPa以上1MPa以下、かつ、放水量60ℓ/分以上
　　（2個を超えるときは2個、隣接するホース接続口相互の水平距離が30mを超えるときは1個）

根拠法令等	屋内消火栓設備の屋内消火栓等の基準（平成25年消防庁告示第2号） 消防用ホースの技術上の規格を定める省令（平成25年総務省令第22号）

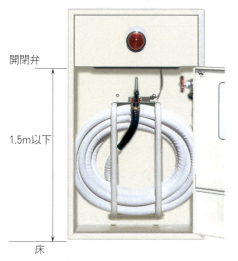

表示「消火用散水栓」

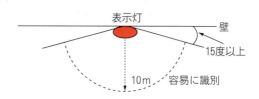

(3) 補助散水栓の開閉弁を天井に設ける場合
- 補助散水栓箱の直近の箇所には、取付け位置から10m離れたところで、かつ、床面からの高さが1.5mの位置から容易に識別できる赤色の灯火を設けること。
- 消防用ホースを降下させる装置の上部には、取付け面と15度以上の角度となる方向に沿って10m離れたところから容易に識別できる赤色の灯火を設けること。
- 天井に設置する簡易操作型放水用設備の降下装置には、降下装置である旨を、降下装置又はその周囲の見やすい箇所に容易に消えないように表示すること。
- 開閉弁は自動式とする。
- 消防用保形ホース（消防庁長官が定める基準により、ホースの延長、格納及びノズルの開閉が容易にできること。）

11 閉鎖型（標準型）ヘッドの基準細目

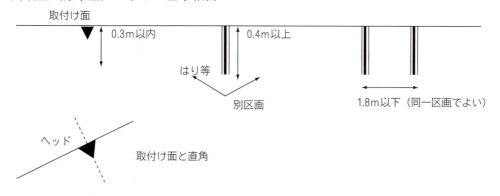

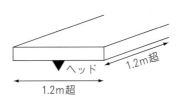

幅又は奥行が1.2mを超えるダクト、棚等は下面にヘッドを設ける。
併合的接続

> ※ 「又は」については、主として選択的接続機能「又は」の意味を持つものであるが、併合的接続機能「及び」の意味を持っている場合もあることに注意しなければならない。どのような場合に選択「又は」と併合「及び」の意味を持つかについては、特段の定めがあるわけではなく、法令の条文の趣旨から合理的に判断しなければならない。
> 　使用例として、法第4条第4項の「検査又は質問を行った場合」や法第12条の2第1項の「許可を取り消し、又は期間を定めてその使用の停止を命ずることができる。」などがある。

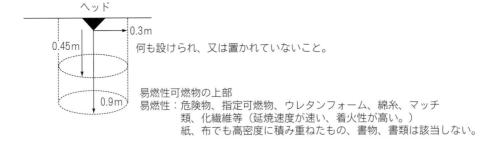

12　開放型ヘッドの基準細目

　舞台部のヘッドは、舞台部の天井又は小屋裏で室内に面する部分及びすのこ又は渡りの下面に設置する。ただし、すのこ、渡り上部に可燃物がないものは、天井、小屋裏の室内に面する部分にはヘッドを設けないことができる。また、社会福祉施設に設けるヘッドは、天井の室内に面する部分に設置する。なお、スプリンクラーヘッドは、水平距離2.6m以下、かつ、防護面積13㎡以下となるように設置する。

(1)　放水区域

　　一の舞台部又は居室につき4以下とし、2以上の放水区域を設けるときは、隣接す

る放水区域が重複すること。ただし、火災時に有効放水できるものは、居室の放水区域を5以上とすることができる。

(2) 一斉開放弁　手動式開放弁
　○放水区域ごとに設置
　○床面からの高さ0.8m以上1.5m以下
　○試験装置（舞台部）

> **根拠法令等**　一斉開放弁の技術上の規格を定める省令（昭和50年自治省令第19号）

13　制御弁

消火後、送水を停止させる弁
○床面からの高さ0.8m以上1.5m以下
○みだりに閉止できない措置（封印、封板）

開　放　型	放水区域ごとに設置
閉　鎖　型	各階ごとに設置
ラック式倉庫	配管の系統ごと
特定施設水道連結型	防火対象物又はその部分ごと

14　起動装置

自動式	開　放　型	自動火災報知設備の感知器 火災感知用ヘッド 圧力検知装置	加圧送水装置 一斉開放弁
		加圧送水装置を設けない特定施設水道連結型は一斉開放弁	
		防災センター等で総合操作盤等が設けられ、手動開放できるものはこの限りでない。	
	閉　鎖　型	自動火災報知設備の感知器 流水検知装置 起動用水圧開閉装置	加圧送水装置
手動式	直接操作	加圧送水装置、手動式開放弁	2以上の放水区域を有するもの
	遠隔操作	加圧送水装置、一斉開放弁	放水区域を選択できる構造
	加圧送水装置を設けない特定施設水道連結型は手動式開放弁又は一斉開放弁		

> **根拠法令等**　流水検知装置の技術上の規格を定める省令（昭和58年自治省令第2号）

(1) 圧力検知方式（起動用水圧開閉装置）

　ヘッドの作動、補助散水栓の放水等により常時加圧されている配管内の圧力が減圧したのを圧力スイッチが検知し、ポンプを自動起動させる。

　誤作動防止の目的で起動用圧力タンクを設け、圧力スイッチを取り付ける。

起動用圧力タンク（空気層）
配管内を加圧

(2) 流水検知方式（自動警報弁）

ヘッドの作動等により、配管内流水をアラーム弁が検知し、信号によりポンプを自動起動させる。

15 自動警報装置

放水により配管内を水が流れると警報弁が作動し、音響装置により警報を発する。
○自動火災報知設備により警報が発せられる場合は、音響装置を設けないことができる。

【発信部】　各階ごと（ラック式倉庫は配管の系統ごと）又は放水区域ごと
　　　流水検知装置　小区画ヘッドの流水検知装置……湿式
　　　　　　　　　　ラック式倉庫の流水検知装置……予作動式以外
　　　圧力検知装置（現在、基準が定められていない。）

　＊乾式、予作動式流水検知装置にあっては、二次側の圧力が設定値以下に低下した場合に自動的に警報を発する「減圧警報装置」を設ける。

【受信部】　防災センター等に表示装置、総合操作盤が設置されている場合は、この限りでない。

流水検知装置一次側（圧力計）	湿式	自動警報弁………加圧送水装置を作動（逆止弁構造）
		流水作動弁型
		パドル型流水検知器
	乾式予作動式	30秒以内に弁が開き、警報信号を発する。
		1分以内に放水

＊補助散水栓のみ設置されている階（塔屋、地階の機械室・電気室・ボイラー室等）にあっては、流水検知装置を設置しないことができる。

16 末端試験弁（閉鎖型）

標識は、直近の見やすい箇所に設ける。

配管の系統ごとに放水圧力が最も低くなると予想される配管部分に設ける。

流水検知装置の作動試験を行う（32A、40A程度）。

▲ 末端試験弁　　　▲ 制御弁　　　▲ 流水検知装置

▲ 流水検知装置（自動警報弁型）　　▲ 巻きだしフレキ（配管からヘッド）　　▲ 一斉開放弁の設置状況

＊大規模地震により被害が生じたスプリンクラー設備の配管（加圧送水装置の吸水管を除く。）、ヘッド、パッケージ型自動消火設備Ⅰ型の放出導管を適用範囲とする「スプリンクラー設備等の耐震措置に関するガイドライン」の策定について（平成30年消防予第361号）を参照

17 送水口

水量の不足等に備え、消防ポンプ自動車から送水できるもの

双口形　呼び65　（専用）　消防自動車が容易に接近できる位置

ホース接続口（送水圧力範囲を明示）

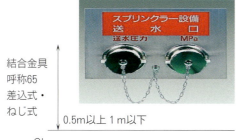

結合金具
呼称65
差込式・
ねじ式

0.5m以上 1 m以下

GL

根拠法令等	消防用ホースに使用する差込式又はねじ式の結合金具及び消防用吸管に使用するねじ式の結合金具の技術上の規格を定める省令（平成25年総務省令第23号） スプリンクラー設備等の送水口の基準（平成13年消防庁告示第37号）

18　加圧送水装置

点検に便利で、火災等の災害による被害を受けるおそれが少ない箇所に設置する。

ヘッドの放水圧力　　1 MPaを超えない措置

ポンプ　　　全揚程　H（m）＝　配管の摩擦損失＋落差＋10m

　　　　　　　吐出量　算出ヘッド数×90 l /分以上

　　　　　　　　　　　（小区画ヘッド60 l /分）

　　　　　　　　　　　（ラック式倉庫130 l /分）

　　（例）　8個の場合　　8個×90 l ＝720 l /分以上

根拠法令等	配管の摩擦損失計算の基準（平成20年消防庁告示第32号）

　　補助加圧装置：配管内の圧力保持及び配管の充水用として、ジョッキポンプ（吐出
　　　　　　　　　量20 l /分程度以下）を設置する。

　　　　　　　　　吐出管を加圧送水装置の吐出側逆止弁二次側配管に接続する。

　＊補助散水栓を設置する場合のポンプ全揚程は、補助散水栓のポンプ全揚程の計算（規則第12条第2項
　　第5号ロ）と上記全揚程のいずれか大きい方の値以上とする。

19　非常電源

容量30分以上（屋内消火栓設備に準じる。）

第6　パッケージ型自動消火設備（令第29条の4）

　特定施設（令第12条第1項第1号及び第9号）に原則として面積にかかわらずスプリンクラー設備の設置が義務付けられたことから、スプリンクラー設備に代えて設置することができるパッケージ型自動消火設備がⅠ型（従来の基準性能を有するパッケージ型自動消火設備）とⅡ型（小規模な施設に対応可能なパッケージ型自動消火設備）に定義された。

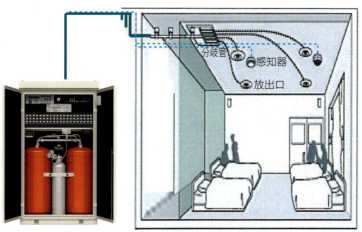

▲ パッケージ型自動消火設備Ⅰ型

▲ パッケージ型自動消火設備Ⅱ型

根拠法令等	パッケージ型自動消火設備の設置及び維持に関する技術上の基準を定める件（平成16年消防庁告示第13号） 必要とされる防火安全性能を有する消防の用に供する設備等に関する省令（平成16年総務省令第92号） 必要とされる防火安全性能を有する消防の用に供する設備等に関する省令第1条第2項の規定に基づくパッケージ型消火設備の設置及び維持に関する技術上の基準の一部を改正する件等の運用上の留意事項について（通知）（平成28年消防予第48号）

1　パッケージ型自動消火設備

	Ⅰ　型	Ⅱ　型
設置できる防火対象物	令第12条第1項第1号、第3号、第4号、第9号～第12号の防火対象物又はその部分（高天井部分（令第12条第2項第2号ロ）を除く。）	令第12条第1項第1号、第9号の防火対象物又はその部分
	(5)項、(6)項、(16)項の(5)項若しくは(6)項の用途部分で、延べ面積が10,000㎡以下	延べ面積が275㎡未満のもの（易燃性の可燃物が存し消火が困難と認められるものを除く。(＊1)）

消　火　性　能	第1消火試験（放出口を有しないパッケージ型自動消火設備）、第2消火試験	第1消火試験、第2消火試験、火災拡大抑制試験
放　射　性　能	充填消火薬剤の容量又は質量の85%以上	充填消火薬剤の容量又は質量の90%以上
	複数の放出口：放射された全消火薬剤の容量又は質量÷放出口の数＝90%以上110%以下	
放出導管の長さ	—	10m以下（＊2）
放出口の高さ（＊3）	2.4m以下	2.5m以下
	消火試験を感知部と連動させた状態で行った結果、上記高さを超える高さで消火性能が確認できた場合にあっては、当該高さ以下とする。	

（＊1）　易燃性の可燃物が存し消火が困難と認められるもの
　　　　　表面が合成皮革製のソファ等で、燃焼速度が特に速いものとして次のいずれにも該当するものが設置されている防火対象物又はその部分
　　　　　　○座面（正面幅がおおむね800㎜以上あるもの）及び背面からなるもの
　　　　　　○表面が合成皮革、クッション材が主にポリウレタンで構成されているもの
　　　　※　布団又はベッドが設置されている防火対象物又はその部分は、易燃性の可燃物が存し消火が困難と認められるものに該当しない。
（＊2）　消火薬剤貯蔵容器（蓄圧式貯蔵容器にあっては、消火薬剤及び加圧用ガス）から放出口までの放出導管の長さ
（＊3）　床面から放出口取付け面（放出口を取り付ける天井の室内に面する部分又は上階の床若しくは屋根の下面）までの高さをいい、Ⅱ型を設置する社会福祉施設（延べ面積275㎡未満）においては、居室の天井高が2.4mを超える施設が多数存在する実態を踏まえ2.5m以下に規定された。
　　　　※　Ⅱ型の電源に電池を使用する場合の電池交換は、消防設備士の資格を要しない。
　　　　※　既存の住宅用下方放出型自動消火装置等でⅡ型パッケージ型自動消火設備と同等の性能を有するものについては、Ⅱ型パッケージ型自動消火設備として取り扱って差し支えない。

2　設置基準

(1)　消火薬剤の量

次の表の防護面積に応じた消火薬剤の量以上とすること。

消火薬剤の種類 ＼ 防護面積	消火薬剤の貯蔵量（ℓ）				
	Ⅰ　　　型				Ⅱ　　　型
	13㎡	21㎡	34㎡	55㎡	13㎡
強化液	234	378	612	990	—
第1種機械泡	234	378	612	990	—
第2種機械泡	141	227	368	594	—
第1種浸潤剤等入り水	234	378	612	990	—
第2種浸潤剤等入り水	141	227	368	594	—
第3種浸潤剤等入り水	94	152	245	396	16

(2) 防護面積

　パッケージ型自動消火設備の放出口から放射される消火薬剤により火災の消火ができる防護区域の面積をいう。防護面積（2以上のパッケージ型自動消火設備を組み合わせて使用する場合にあっては、当該設備の防護面積の合計）が同時放射区域の面積以上であるものを設置する。

(3) 同時放射区域

　火災が発生した場合において、作動装置又は選択弁等に接続する一の放出導管に接続される、一定の区域に係る全ての放出口から同時に消火薬剤を放射し、防護すべき区域をいう。

　原則としてパッケージ型自動消火設備を設置しようとする防火対象物の壁、床、天井、戸（ふすま、障子その他これらに類するものを除く。）等で区画されている居室、倉庫等の部分ごとに設定し、居室等の面積が13㎡（約8畳）を超えている場合は、同時放射区域を2以上に分割して、設定することができる。この場合、それぞれの同時放射区域の面積は13㎡以上とし、火災を有効に感知し、かつ、消火できるように設ける。

立入検査チェックポイント

- ☐ ヘッドの未警戒や散水障害はないか。
- ☐ 補助散水栓の前に操作障害となる物が置いていないか。
- ☐ 制御弁の閉鎖はないか（2次側圧力計で確認）。
- ☐ 送水口の破損、変形、操作障害はないか。
- ☐ 末端試験弁、制御弁の標示は適正か。
- ☐ 増改築が行われた場合にヘッドにペンキが塗られていないか。
- ☐ ヘッドの損傷のおそれがある場所には、ガードが取り付けられているか。
- ☐ 特定施設水道連結型スプリンクラー設備を設置している防火対象物は、水道断水時の対応についての表示等をしているか。
- ☐ スプリンクラー設備の設置を要しない構造の内装材や特例認定後の条件変更がないか。

第5章　消防用設備等の技術基準（第3節　スプリンクラー設備）

〈別記〉

第1　特定施設のスプリンクラー設備

　小規模社会福祉施設にスプリンクラー設備を義務化させるに当たって、認知症高齢者グループホームは、収容物が一般住宅と同程度であること、各居室も一般住宅と同程度の面積を有すること等の特性を考慮し、費用負担を懸念する声から、一定の防火安全性が認められる範囲で、スプリンクラー設備に代えて水道の水圧により火災時に自動的に放水できる住宅用スプリンクラー設備を認めることとなった。

　また、特定施設水道連結型スプリンクラー設備を設置することができる小規模社会福祉施設の延べ面積を275㎡以上1,000㎡未満としたのは、総務省の2003年住宅・土地統計調査によると、一般住宅の98％は延べ面積250㎡未満であり、小規模だが一般住宅よりは広い施設を対象とするため250㎡を起算点に設定し、共用室や事務室、倉庫などの必要面積を考慮し、1割増しの275㎡としたものである。

　その後の火災事例を受けて、令第12条第1項第1号が改正され、⑹項イ⑴・⑵、⑹項ロに原則として延べ面積にかかわらずスプリンクラー設備の設置が義務付けられた。これに伴い、スプリンクラー設備の設置を要しない「火災発生時の延焼を抑制する機能を備える構造として総務省令で定める構造を有するもの」について、延べ面積275㎡未満の施設に係る規定が整備されたとともに、スプリンクラー設備の設置義務に係る要件である、「介助がなければ避難できない者」について、その具体的な内容が定められたほか、特定施設水道連結型スプリンクラー設備の設置対象となる施設の面積要件が見直された。

1　特定施設（令第12条第1項）
○1号イに掲げる防火対象物（延焼抑制構造を除く。）
　　延べ面積3,000㎡未満のもの又は平屋建てのもの

> ⑹項イ⑴　避難のために患者の介助が必要な病院（相当程度の患者の見守り体制を有するものを除く。）
> ⑹項イ⑵　避難のために患者の介助が必要な診療所

○4号に掲げる⑹項イ（13条区画を除く。）
　　⑹項イ⑴～⑶　平屋建て以外のもので延べ面積3,000㎡以上のもの
○9号に掲げる防火対象物

> （16の2）項（延べ面積1,000㎡以上を除く。）の部分で⑹項イ⑴・⑵又は⑹項ロの用途に供されるもの（延焼抑制構造を除く。）

○1号ロに掲げる防火対象物

― 162 ―

> (6)項ロ(1)
>
> ○ 老人短期入所施設、養護老人ホーム、特別養護老人ホーム、介護老人保健施設、老人短期入所事業を行う施設、認知症対応型老人共同生活援助事業を行う施設
>
> ○ 避難が困難な要介護者を主として入居させる軽費老人ホーム、有料老人ホーム
>
> ○ 避難が困難な要介護者を主として宿泊させる小規模多機能型居宅介護事業施設
>
> ○ その他これらに類するものとして総務省令で定めるもの
>
> (6)項ロ(3)乳児院

○ 1号ハに掲げる防火対象物

> (6)項ロ(2)救護施設、(4)障害児入所施設、(5)避難が困難な障害者等を主として入所させる障害者支援施設・短期入所等施設
>
> ＊介助がなければ避難できない者を主として入所させるものにあっては、面積にかかわらずスプリンクラー設備の設置が必要で、それ以外の施設にあっては、延べ面積が275㎡以上のものが対象となる。

2 介助がなければ避難できない者（規則第12条の3）

　「介助がなければ避難できない者」の判断基準は、有識者や障害者施設等の関係者、厚生労働省、国土交通省も参加した検討部会における議論・検討を反映したもので、障害支援区分だけでは判断できないため、認定調査項目を基準に判断する。

　乳児、幼児並びに(6)項ロ(2)、(4)、(5)の施設に入所する者（(6)項ロ(5)の施設に入所する者は、避難が困難な障害者に限る。）のうち次のいずれかに該当する者

○障害支援区分に係る市町村審査会による審査及び判定の基準等に関する命令（別表第1認定調査票）

認定調査項目		避難が困難な該当者
三の群	移乗	「支援が不要」又は「見守り等の支援が必要」に該当しない者
三の群	移動	「支援が不要」又は「見守り等の支援が必要」に該当しない者
六の群	危険の認識	「支援が不要」又は「部分的な支援が必要」に該当しない者
六の群	説明の理解	「理解できる」に該当しない者
八の群	多動・行動停止	「支援が不要」に該当しない者
八の群	不安定な行動	「支援が不要」に該当しない者

3 認定調査項目の確認

(1) 入居者又はその委任を受けた者が市町村へ開示請求し、消防機関が施設関係者に提出を求めることにより行う。

(2) 障害支援区分の設定がない障害児入所施設及び救護施設における「介助がなければ避難できない者」に該当するかどうかの判断については、次により取り扱う。

　ア　障害児入所施設

　　(ア)　認定調査項目に代わる判断基準

　　　　「学齢期以上で、介助なしで通学又は日中活動支援への参加等のための外出ができているかどうか」の判断基準により確認する。

　　(イ)　確認の流れ

　　　　都道府県により確認される事項のうち、各施設の介助がなければ避難できない児童数に関する情報を消防機関が施設関係者に確認することにより、スプリンクラー設備の設置義務を判断する。

　　　　なお、大都市特例により、指定都市及び児童相談所設置市においても、同様とする。

　　(ウ)　確認は、介助がなければ避難できない者が施設利用者の8割未満であることを証明するのに必要な人数の確認で足りる。

　イ　救護施設

　　(ア)　原則として、障害支援区分の認定を受け、認定調査項目により確認すること。

　　(イ)　(ア)によらない場合にあっては、都道府県により確認される事項のうち、各施設の介助がなければ避難できない者の人数に関する情報を消防機関が施設関係者に確認することにより、スプリンクラー設備の設置義務を判断する。

　　　　なお、大都市特例により、指定都市及び中核市においても、同様とする。

4　入居者等の避難に要する時間の算定方法等（平成26年消防庁告示第4号）

※設計図書や事業計画等により算出する。

　　入居者等の避難に要する時間＜火災発生時に確保すべき避難時間

(1) 入居者等の避難に要する時間の算定方法

　　次に掲げる時間を合算した時間を要するものとする。

　①　入居者等が避難を開始するまでに要する時間

　　　避難開始時間＝$\sqrt{\text{延べ面積}}$／30（分）

　②　入居者等の存する各居室に介助者が至るのに要する時間

　　　各居室からの避難経路上の移動距離を次により、介助者の移動速度で除して得た時間を合算

　　(ア)　階段上り　　54m／分

　　(イ)　階段下り　　72m／分

　　(ウ)　階段以外における移動　　120m／分

　③　介助用具が必要な入居者等が乗り換え等の準備に要する時間

介助用具等が必要な入居者等の数（2に満たない場合は2）に0.5（分）を乗じて得た時間を合算

④　入居者等を屋外まで介助して避難させるのに要する時間

各居室からの避難経路上の移動距離を介助された入居者等の移動速度（30m／分）で除して得た時間を合算

(2)　火災発生時に確保すべき避難時間の基準

次に掲げる各条件に応じた時間を確保する。

①　壁、天井（天井のない場合にあっては、屋根）の室内に面する部分（回り縁、窓台等を除く。）の仕上げ　難燃材料（③に掲げるものを除く。）　4分

②　次の式に該当する場合（③に掲げるものを除く。）　4分

居室の床面積×（床面から天井までの高さ－1.8m）≧200㎥

③　上記①及び②のいずれにも該当するもの　5分

④　上記①及び②のいずれにも該当しないもの　3分

(3)　次の手順により算定すること。

避難経路については、各居室がそれぞれ火災室となった場合を想定して算定する。

ア　算定上の介助者は1人として、施設内の全入居者等が避難に要する時間を算定するものであり、実際の職員数とは異なるものであっても差し支えない。

イ　介助者は、事務室、宿直室又は当直室等もっぱら施設の職員が使用することとされている居室のうち、最も滞在時間が長い居室を起点とした移動距離について算定すること。

ウ　介助者の移動距離については、イの居室内の最遠の部分を起点とし、起点からの経路にあっては最短経路とすること。また、入居者等を屋外まで介助して避難させた後、他の入居者等の居室へ至る経路のうち、屋外を移動する距離についても含むものであること。（別図参照）

エ　「介助用具」とは、車いすその他の避難の際にベッド等から移乗を要する用具をいう。

オ　居室から入居者等を介助して避難する移動距離については、避難経路となる当該居室の出入口又は規則第12条の2第2項第2号ロの開口部から最遠の部分を起点とし、起点からの経路にあっては最短経路とすること。（別図参照）

別図

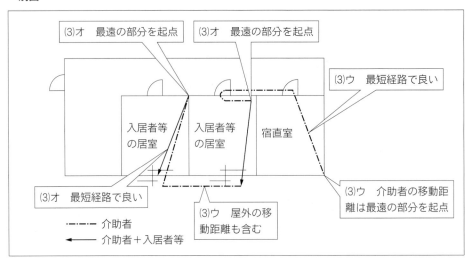

5 特定施設に一般住宅を含む場合の特例（平成27年消防予第349号）

特定施設（令第12条第1項第1号）の一部に住宅部分が存する場合で、次の(1)～(4)のすべての条件に該当する場合は、令第32条を適用し、住宅部分にスプリンクラー設備を設置することを要しない。

なお、次の条件に該当しない場合であっても、個々の防火対象物の状況に応じて、他の防火措置を講ずることにより、同等の防火安全性能を有していると認められるときは、同様に住宅部分にスプリンクラー設備を設置することを要しないこととすることも考えられる。

(1) 主要構造部が、準耐火構造であること。
(2) 防火対象物全体に、技術上の基準に従い消火器及び自動火災報知設備が設置され、押入れ等の収納設備を除く住宅部分の居室（規則第23条第4項第1号ニに掲げる場所を除く。）に煙感知器が設置されていること。
(3) 自動火災報知設備の感知器の作動と連動して起動する消防機関へ通報する火災報知設備が技術上の基準に従い設置されていること。
(4) 住宅部分（階段及び通路等の共有部分を除く。）の同一階及び上階に住宅部分以外の部分が存しないこと。ただし、住宅部分と非住宅部分が同一階の場合で、準耐火構造の壁、床で区画され、開口部に防火設備（自動閉鎖式又は煙感連動閉鎖式）が設置されている等、有効に防火措置がされていると認められる場合はこの限りでない。

※ 昭和50年消防予第41号、消防安第41号により、令別表第一の用途に供される部分の床面積が一般住宅の床面積より大きいものについては、全体を令別表対象物として取り扱うことになり、防火対象物全体にスプリンクラー設備等の設置を要する場合があるが、防火対象物の状況によっては、必ずしも住宅部分にスプリンクラー設備の設置を要しないことも想定されることから、令第32条の特例を適用する際の考え方として、前記条件を参考とする。

また、小規模社会福祉施設等（延べ面積275㎡未満の(6)項ロ）に対する消防用設備等の技術上の基準の特例の適用については、平成26年消防予第105号を参考とする。

第2 小規模社会福祉施設（275㎡以上1,000㎡未満）にスプリンクラー設備を設置しないことができる要件（平成19年消防予第231号）

1 夜間の避難介助のための介助者が確保されている施設

(1) 建物

平屋建て又は2階建て	
内装仕上げ（壁、天井）	不燃材料、準不燃材料、難燃材料

(2) 夜間における介助者1人当たりの要保護者数

従業者等　　　4人以内	老人（要介護3以上）、乳児、幼児、身体障害者等（障害程度区
近隣協力者　　3人以内	分4以上）、知的障害者等（障害程度区分4以上）

　　従業者等：夜勤職員、宿直職員、宿直ボランティア、住込み管理者など施設において
　　　　　　　入所者とともに起居する者
　　近隣協力者：施設に併設されている施設の職員、近隣住民、契約警備会社職員等で、
　　　　　　　　火災発生時に駆けつけて避難介助を行う者
　＊新規のものについては、事業計画等による入居者の見込み数により判断し、事業開始後に要保護者が増
　　加し継続的なものは改めて要件を判断する。
　　　　＜複数ユニットの小規模社会福祉施設＞
　　　　要保護者の数が最大となるユニットにおいて、介助者の数が確保されていること。

(ア) 建物

ユニット間の壁、床	耐火構造、準耐火構造
壁、床の開口部	常閉式又は自動閉鎖式の防火戸

(イ) 避難経路
　　　　各ユニットごとに、他のユニットを経由せず、地上までの避難経路を有している。

(3) 近隣協力者の要件

(ア) 居所から施設まで2分以内で駆けつけることができること。

(イ) 居所に施設の自動火災報知設備と連動して火災を覚知する装置を備えていること。

(ウ) 近隣協力者本人の同意、火災発生時の活動範囲、夜間不在時における代替介助者の確保方策、その他必要な事項を消防計画又は関連図書により明らかにされていること。

　＊近隣協力者は、一の事業所、世帯等から複数名を確保しても差し支えない。

2 各居室から屋外等に容易に至ることができる施設

(1) 建物

平屋建て又は2階建て	
内装仕上げ（壁、天井）	不燃材料、準不燃材料、難燃材料

— 167 —

(2)　すべての居室から地上又は一時避難場所への経路が、次のいずれかにより構造上確保されていること。

　㋐　扉又は掃出し窓を介して、地上又は一時避難場所へ直接出られるもの

　㋑　どの居室から出火した場合でも、火災室又は火災室の開口部（防火戸を除く。）前を通らずに、地上又は一時避難場所に至ることができるもの

(3)　一時避難場所の位置、構造

　　　外部からの救出を妨げるものでないこと（川や崖等に面していないこと、進入経路がふさがれていないものであること。）。

(4)　夜間の体制が夜勤者1名の2ユニットの施設

　　　夜勤者のほかに近隣協力者が1名以上確保されているもの

3　共同住宅の複数の部屋を使用し、使用面積が小規模社会福祉施設に該当するもの

(1)　小規模社会福祉施設の部屋の1区画の面積　　100㎡以下

内装仕上げ（壁、天井）	不燃材料、準不燃材料、難燃材料

(2)　小規模社会福祉施設の部分が3階以上の階

区画する壁、床	耐火構造
壁、床の開口部（屋外に面する窓等を除く。）	常閉式又は自動閉鎖式の防火戸

(3)　要保護者の数

　　　1区画当たり4人以下で、すべての要保護者が、自動火災報知設備のベルや呼びかけにより火災を覚知することができ、介助者の誘導に従って自立的に歩行避難できるもの

(4)　施設に従業者等が確保されているもの

4　その他の小規模社会福祉施設

○算定により求められた避難所要時間が避難限界時間を超えないものであること。

○火災室からの避難については、基準時間内に区画外へ退出することができるもの

(1)　避難所要時間

　　　「避難開始時間（自動火災報知設備の発報）」＋「移動時間」

　㋐　避難開始時間

　　　要保護者が避難行動を開始するまでに要する算定上の時間

　　　自動火災報知設備の作動時を起点とし、従業者等による火災の確認や要保護者への呼びかけ等を勘案し、次による。

　　　避難開始時間＝$\sqrt{延べ面積}$ /30（分）

　　　【避難前の状況】

　　　　　夜間　要保護者は各居室

　　　　　　　　従業者等は勤務室

— 168 —

　　　　近隣協力者は通常の居所（自宅等）

(イ)　移動時間

　　要保護者の移動に要する算定上の時間

　　　移動時間＝T₁＋T₂＋T₃

$$移動時間＝T_1＋T_2＋T_3$$

　　「介助者が要保護者の居室に到着するまでの時間(T₁)」＋「介助準備時間(T₂)」＋「要保護者の介助付き移動時間（T₃)」

　　　居室から地上までの距離によるが、直接地上に通ずる一次避難場所がある場合には、居室から当該場所までの距離により算定することができる。

　　　また、準耐火構造の防火対象物で竪穴区画が形成されている場合には、出火階及びその直上階の範囲において、上記例により地上又は下階に至ることを確認することで足りるものとする。

　　【移動経路】　それぞれの居室から避難限界時間に達していない部分を経由し、地上に至る最短の経路をとることを想定

　　＊避難経路及び介助者の進入経路は、火災室を経由することは原則的に認められない。

　　【要保護者】　自力避難ができないものとして想定（避難介助が必要）

　　　（原則）介助者（近隣協力者を含む。）１人で要保護者１人

　　　　　　　手つなぎで歩行誘導　介助者１人で要保護者２人

　　　　　　　ストレッチャー使用　介助者２人で要保護者１人

(ウ)　算定方法によることが適当でない場合には、避難訓練において実際に測定した所要時間を用いることができる。

(2)　避難限界時間

　　　「基準時間」＋「延長時間」

(ア)　基準時間

　　火災室が盛期火災に至る算定上の時間（自動火災報知設備の作動時を起点）

・居室のみを想定（階段、廊下については、火気・可燃物の管理を前提に火災の発生のおそれが少ないものとして扱う。）

＜基準時間の算定方法＞

算定項目			基準時間
共　　通			2分
加算条件	壁、天井の室内に面する部分の仕上げ	不燃材料	3分
		準不燃材料	2分
		難燃材料	1分
	寝具・布張り家具の防炎性能の確保		1分
	初期消火（屋内消火栓設備によるもの）		1分

(イ)　延長時間

　　盛期火災に至った火災室からの煙・熱の影響によって、他の居室や避難経路が危

険な状況となるまでの算定上の時間

＜基準時間の算定方法＞

算定項目		延長時間
火災室からの区画の形成	防火区画	3分
	不燃化区画　＊1	2分
	上記以外の区画　＊2	1分
当該室の床面積×（床面から天井までの高さ－1.8m）≧200㎥		1分

＊1　不燃化区画を形成する部分の条件は、次のとおりとすること。

(i)　壁・天井：室内に面する部分の仕上げが不燃材料又は準不燃材料でされているものであること。

(ii)　開口部：防火設備又は不燃材料若しくは準不燃材料で作られた戸を設けたものであること。

＊2　襖、障子等による仕切りは区画に含まれないものであること。

(ウ)　上記(2)(ア)及び(イ)にかかわらず、排煙設備が設置されている場合等については、建築基準法令の例等によることができるものとすること。

(3)　判断方法

(ア)　各居室がそれぞれ火災室となった場合を想定し、そのすべてにおいて避難所要時間が避難限界時間を超えないものであること。

(イ)　火災室からの避難については、基準時間内に当該区画外へ退出できるものであること。

第3　社会福祉施設のスプリンクラー設備の特例基準（平成20年消防予第314号）

既存社会福祉施設（(6)項ロ）で平屋建て延べ面積1,000㎡以上（令第32条）

1　次の場合は、特定施設水道連結型スプリンクラー設備とすることができる。

○延べ床面積1,000㎡ごとに防火区画されていること。

○区画ごとに直接屋外に通ずる避難口があること。

○次による介助者を確保すること。

延べ床面積/1,000＝介助者数（1未満切り捨て）

2　スプリンクラー設備の設置を免除できる場合

第2（平成19年消防予第231号）の次のいずれかに適合するもの

○1(2)及び(3)に該当

○2(2)、(3)、(4)に該当

○4に該当

第4節

屋外消火栓設備（令第19条）

　屋外消火栓設備は、建築物の1階、2階の火災又は隣接する建築物からの延焼拡大の火災に対応する消火設備で、地階、3階以上の階には適用されない。

第1　設置基準

(1)項～(15)項、(17)項、(18)項　　建築物の**1階、2階の床面積の合計**（地階を除く。）
　階数1のものは1階床面積、階数2以上のものは1階、2階の床面積の合計

耐　火　建　築　物	9,000㎡以上
準 耐 火 建 築 物	6,000㎡以上
その他の建築物	3,000㎡以上

※(15)項の畜舎等は原則、設置不要。ただし、保管庫部分の床面積の合計が3,000㎡を超えるものは設置（規則第32条の3第3項）

　渡り廊下が、耐火構造・準耐火構造以外の場合、建築物が耐火構造、準耐火構造であってもその他の構造として扱う。

> **根拠法令等**　予防業務上の疑義事項について（昭和55年消防予第244号）

　同一敷地内の建築物（耐火建築物、準耐火建築物を除く。）相互の外壁間の中心線から延焼曲線内にある建築物（(1)項～(15)項、(17)項、(18)項）は、1棟とみなす。

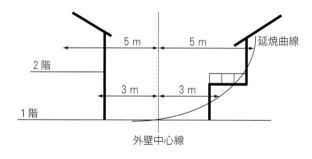

第2　屋外消火栓設備の代替

　スプリンクラー設備、水噴霧消火設備、泡消火設備、不活性ガス消火設備、ハロゲン化物消火設備、粉末消火設備、動力消防ポンプの有効範囲内の部分については屋外消火栓設備を設置しないことができる。

＊屋内消火栓設備は、初期消火目的のため屋外消火栓設備の代替として認められない。

第3　技術基準（令第19条第3項、規則第22条）

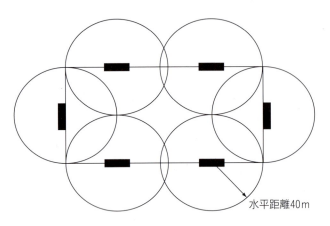

屋内消火栓設備の代替（1～2階）で設置する場合は、全体を包含させるか、未包含部分に屋内消火栓設備を設置する（デッドゾーンをなくす。）。

水平距離40m

建築物の各部分から一のホース接続口まで　水平距離40m以内
「1階部分の外壁又は柱（地上1m程度）」の位置で包含

水平距離（半径）	40m
水源（設置個数が2を超えるときは2）	7㎥×2
放水圧力（設置個数が2を超えるときは2）	0.25MPa以上、0.6MPa以下
放水量（設置個数が2を超えるときは2）	350ℓ/分以上
開閉弁の高さ	1.5m以下
立ち上り管	規則第12条第1項第6号に準じる
ホース（呼65又は50）の長さ	40mの範囲内の建築物各部分に有効に放水できる長さ

屋外消火栓箱　歩行距離5m以内（外壁の見やすい位置の場合は、この限りでない。）

避難通路等操作障害になる場所に設けない。

開閉器（レンチ）

キーハンドル

標識 消火栓
地：赤 文字：白
幅10cm以上、長さ30cm以上

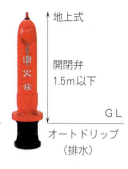
地上式
開閉弁 1.5m以下
ＧＬ
オートドリップ（排水）

地下式 開閉弁
ホース接続口0.3m以内　0.6m以内

表示灯
▲ 器具付消火栓箱

加圧送水装置　ノズル先端の放水圧力が、0.6MPaを超えない措置
ポンプ　吐出量　400 l /分×2
　　　　　　　　（設置個数が2を超えるときは2）
全揚程　H（m）＝h_1＋h_2＋h_3＋25m
　　h_1：消防用ホースの摩擦損失水頭（m）
　　　　平ホース65mm×350 l /分　40m≒1.6
　　h_2：配管の摩擦損失水頭（m）
　　h_3：落差（m）
ポンプ起動　直接又は遠隔操作（Ｐ型発信機を含む。）
非常電源　容量30分以上

根拠法令等	屋内消火栓設備の屋内消火栓等の基準（平成25年消防庁告示第2号） 消防用ホースの技術上の規格を定める省令（平成25年総務省令第22号） 消防用ホースに使用する差込式又はねじ式の結合金具及び消防用吸管に使用するねじ式の結合金具の技術上の規格を定める省令（平成25年総務省令第23号）

立入検査チェックポイント

- □　ポンプ室が物置代わりになっていないか。
- □　自衛消防隊員が訓練等により、器具の取扱いに精通しているか。
- □　弁類の開閉状況（表示）の確認
- □　表示灯の球切れはないか。
- □　器具の破損、撤去はないか。
- □　65mmホースを使用している場合、火災時消防隊のホースと混同しないように事業所名を記入しておく。

第5節
動力消防ポンプ（令第20条）

　動力消防ポンプは、消防ポンプ自動車と可搬ポンプに分けられる。

　屋内消火栓設備又は屋外消火栓設備を設置する防火対象物に設置義務があるが、屋外消火栓設備と同じく、1階、2階の火災又は隣接建築物からの火災に対応する消火設備のため、屋外消火栓設備の代替として工場等に設置するほか、代替消火設備の設置により免除されることが多い。

第1　設置基準

1　屋内消火栓設備（倍読み規定あり）の設置を要する防火対象物（(16の2)項を除く。）

(1)項　延べ面積500㎡以上		
(2)項～(10)項、(12)項、(14)項　延べ面積700㎡以上		
(11)項、(15)項　延べ面積1,000㎡以上		
指定可燃物（可燃性液体類を除く。）指定数量の750倍以上（建築物、工作物）		
無窓階（床面積）	(1)項　100㎡以上	
	(2)項～(10)項、(12)項、(14)項　150㎡以上	
	(11)項、(15)項　200㎡以上	

（代替設置）動力消防ポンプを設置しないことができる場合

屋外消火栓設備を設置したとき		
屋内消火栓設備の設置対象の1階、2階に	屋内消火栓設備 スプリンクラー設備 水噴霧消火設備 泡消火設備 不活性ガス消火設備 ハロゲン化物消火設備 粉末消火設備	を設置したとき

2　屋外消火栓設備の設置を要する防火対象物

(1)項～(15)項、(17)項、(18)項の建築物（地階を除く。）の1階、2階の床面積合計が	耐火建築物	9,000㎡以上
	準耐火建築物	6,000㎡以上

	その他の建築物　3,000㎡以上

＊同一敷地内の延焼曲線内にある(1)項～(15)項、(17)項、(18)項の建築物（耐火建築物、準耐火建築物を除く。）は、1棟とみなす。

（代替設置）**動力消防ポンプを設置しないことができる場合**

屋外消火栓設備を設置したとき		
屋外消火栓設備設置対象（1階、2階）に	スプリンクラー設備 水噴霧消火設備 泡消火設備 不活性ガス消火設備 ハロゲン化物消火設備 粉末消火設備	を設置したとき

第2　技術基準

1　規格放水量（自主表示）

屋内消火栓設備代替	0.2㎥/分以上　C－2級以上
屋外消火栓設備代替	0.4㎥/分以上　B－3級以上

2　水源

規格放水量で20分間放水できる量（20㎥以上となるときは20㎥）以上

規格放水量	水平距離（防火対象物各部分から水源まで）
0.5㎥/分以上	100m以下
0.4㎥/分以上0.5㎥/分未満	40m以下
0.4㎥/分未満	25m以下

ホースの長さ：水平距離の範囲内の防火対象物に有効に放水できる長さ

3　常置場所

消防ポンプ自動車・自動車牽引ポンプ	水源からの歩行距離1,000m以内
その他のもの	水源の直近

4　操作人員

取扱いに精通した者を少なくとも2名以上確保

▲可搬ポンプ　　　　　　　　　　　▲消防ポンプ自動車

消防ポンプ自動車の装備

乗降ステップ、機関部等の照明装置、自動車上部に探照灯、車体の前部又は後部にフックを設ける他、次の器具又は工具を備えること。

管そう、ノズル、吸管、吸管のちりよけかご、吸管ストレーナ、吸水口ストレーナ、消火栓用の媒介金具、消防用ホース、必要工具

5　動力消防ポンプの放水性能

級別	規格放水性能 規格放水圧力（MPa）	規格放水性能 規格放水量（㎥/分）	高圧放水性能 高圧放水圧力（MPa）	高圧放水性能 高圧放水量（㎥/分）
A－1	0.85	2.8以上	1.4（直列並列切替は1.7）	2.0（直列並列切替は1.4）以上
A－2	0.85	2.0以上	1.4（直列並列切替は1.7）	1.4（直列並列切替は1.0）以上
B－1	0.85	1.5以上	1.4	0.9以上
B－2	0.7	1.0以上	1.0	0.6以上
B－3	0.55	0.5以上	0.8	0.25以上
C－1	0.5	0.35以上	0.7	0.18以上
C－2	0.4	0.2以上	0.55	0.1以上

ポンプの効率　可搬消防ポンプにあっては55％以上

根拠法令等	動力消防ポンプの技術上の規格を定める省令（昭和61年自治省令第24号） 消防用吸管の技術上の規格を定める省令（昭和61年自治省令第25号） 消防用ホースに使用する差込式又はねじ式の結合金具及び消防用吸管に使用するねじ式の結合金具の技術上の規格を定める省令（平成25年総務省令第23号）

立入検査チェックポイント

- ☐ 水源水量が適正か確認
- ☐ 起動、真空、燃料状況を定期的に確認しているか。
- ☐ ホースや積載器具の破損又は撤去はないか。
- ☐ 従業者等は、定期的に訓練を通じ、取扱いに精通しているか。

第6節 配　管

配管の種類は、用途や製造方法、配管材質・材料の違いなどにより分類される。

管材 ┌鉄金属管 ┌鋼管
　　　│　　　　└鋳鉄管
　　　└非鉄金属管　銅及び銅合金継目無管、水道用硬質塩化ビニル管（VP）等

JIS（日本産業規格）　JWWA（日本水道協会規格）　WSP（日本水道鋼管協会規格）

管の呼び方　　A：mm　　B：インチ

配管用炭素鋼管　　管長1本　5.5m

　　GIP　　白管　亜鉛めっき　浸せき5回　　乾式は白管を使用
　　IP　　黒管　そのまま

黒管は通水テスト後、排水しても経年発錆しやすく、ヘッド等につまりの障害が起こりやすいので、表面を防食処理（剥離防止）した白管がメンテナンス上からも良い。

1　配管用鋼管の種類及び呼び径に対する製造方法

管の種類	呼び径	製造方法
配管用炭素鋼鋼管 SGP	15A～100A	鍛接鋼管
	125A～300A	電縫鋼管
圧力配管用炭素鋼鋼管 STPG	20A～300A	シームレス管
	15A～300A	

○300Aより大きい径のものは、消火設備にはほとんど使用されない。
○電縫鋼管は、水質・環境等により接合部分に溝状の腐食が発生することがあるため、耐溝状腐食電縫鋼管を使用することが望ましい。
○消火管の令8区画の貫通は認めていない。

(1) 配管の呼称・外径寸法

　　配管の外径寸法を「呼び径」というが、日本は米国の影響を受け、JIS配管とANSI配管では、同じ呼び径でも、若干外径サイズの異なるものがあり、呼び寸法が配管の内径又は外径をそのまま表現していない。

(2) 配管を構成する材料

　　管、管継手（エルボ、レジューサー等のフィッティング）、フランジ（鋼製管フランジや非金属製の塩ビ管フランジ等）、ボルト・ナット、ガスケット・パッキン・

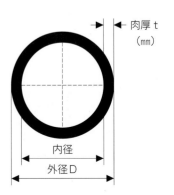

Ｏリング・ワッシャ等、バルブ・弁トラップ（スチームトラップ）、ストレーナ、エキスパンションジョイント（伸縮継手）、フレキシブルチューブ（フレキシブルホース）、ラプチャーディスク（破裂板）、その他の弁類などの部品がある。

2　水系消火設備の配管

屋内消火栓設備 スプリンクラー 設備 水噴霧消火設備 泡消火設備 屋外消火栓設備 （規則第12条）	配管	JIS G3442　水配管用亜鉛めっき鋼管　SGPW
		JIS G3448　一般配管用ステンレス鋼鋼管
		JIS G3452　配管用炭素鋼鋼管　SGP
		JIS G3454　圧力配管用炭素鋼鋼管　STPG
		JIS G3459　配管用ステンレス鋼鋼管　SUSDP
	管継手 フランジ	JIS B2220　鋼製管フランジ JIS B2239　鋳鉄製管フランジ
	フランジ以外	JIS B2301　ねじ込み式可鍛鋳鉄製管継手
		JIS B2302　ねじ込み式鋼管製管継手
		JIS B2308　ステンレス鋼製ねじ込み式管継手 　材料にG3214のうちSUS F304若しくはSUS F316を使用しているもの又はG5121のうちSCS13若しくはSCS14を用いるものに限る。
		JIS B2309　一般配管用ステンレス鋼製突合せ溶接式管継手 JIS B2311　一般配管用鋼製突合せ溶接式管継手 JIS B2312　配管用鋼製突合せ溶接式管継手 JIS B2313　配管用鋼板製突合せ溶接式管継手（材料にG3468を用いるものを除く。）
	管継手全般	上記のものと同等以上の強度、耐食性、耐熱性を有するものとして消防庁長官が定める基準に適合するもの
	バルブ類 （材質）	JIS G5101　炭素鋼鋳鋼品 JIS G5501　ねずみ鋳鉄品 JIS G5502　球状黒鉛鋳鉄品 JIS G5705　可鍛鋳鉄品（黒心可鍛鋳鉄品に限る。） JIS H5120　銅及び銅合金鋳物 JIS H5121　銅合金連続鋳造鋳物 上記のものと同等以上の強度、耐食性、耐熱性を有するものとして消防庁長官が定める基準に適合するもの
	（性能） 開閉弁 止水弁 逆止弁	JIS B2011　青銅弁 JIS B2031　ねずみ鋳鉄弁 JIS B2051　可鍛鋳鉄弁及びダクタイル鋳鉄弁 上記のものと同等以上の強度、耐食性、耐熱性を有するものとして消防庁長官が定める基準に適合するもの

連結散水設備 （規則第30条の3）	配管	屋内消火栓設備と同様
	管継手及びバルブ類（材質）	JIS G5101　炭素鋼鋳鋼品 JIS G5705　可鍛鋳鉄品（黒心可鍛鋳鉄品に限る。） 上記のものと同等以上の強度、耐食性、耐熱性を有するものとして消防庁長官が定める基準に適合するもの
連結送水管 （規則第31条）	配管	屋内消火栓設備と同様
	設計送水圧力が1MPaを超える場合	JIS G3448、G3454のうち呼び厚さでスケジュール40以上のもの JIS G3459のうち呼び厚さでスケジュール10以上のもの 上記のものと同等以上の強度、耐食性及び耐熱性を有する管
	管継手	屋内消火栓設備と同様
	設計送水圧力が1MPaを超える場合	フランジ継手 JIS B2239、B2220のうち呼び圧力16K以上のもの フランジ継手以外 JIS B2309に適合するもの JIS B2312、B2313（G3468を材料とするものを除く。）のうち呼び厚さでスケジュール40以上（材料にG3459を用いるものは、呼び厚さでスケジュール10以上）
	バルブ類	屋内消火栓設備と同様

> **根拠法令等**　金属製管継手及びバルブ類の基準（平成20年消防庁告示第31号）
> スプリンクラー設備等におけるループ配管の取扱いについて（平成18年消防予第103号）

3　**合成樹脂配管・管継手**（規則第12条第1項第6号ニ㈹、ホ㈹関係）

　　気密性、強度、耐食性、耐候性、耐熱性を有するものとして消防庁長官が定める基準に適合する合成樹脂の管及び管継手

　　水系（屋内消火栓設備、スプリンクラー設備、水噴霧消火設備、泡消火設備、屋外消火栓設備）

　　湿式、乾式、予作動式とも可能（連結散水管、連結送水管を除く。）。

> **根拠法令等**　合成樹脂製の管及び管継手の基準（平成13年消防庁告示第19号）
> 消防法施行令の一部を改正する政令等の施行について（平成13年消防予第102号）

4 令8区画及び共住区画を貫通する配管等に関する運用

令8区画（令第8条第1号）及び位置・構造告示（平成17年消防庁告示第2号）に規定する共住区画（特定共同住宅等の住戸等の床又は壁の区画）を貫通する配管等（配管及び貫通部）については、平成19年消防予第344号により運用してきたが、消防法施行令及び消防法施行規則の一部が改正され、令和6年4月1日に施行されたことに伴い、令和6年消防予第156号により、344号通知の一部が改正された。

(1)　平成19年消防予第344号別添により設置されているものにあっては、規則第5条の2第4号及び位置・構造告示に適合するものとして取り扱って差し支えないものであること。

(2)　共住区画を貫通する燃料供給配管のうち、次により設置されているものにあっては、位置・構造告示第3の第3号(4)に適合するものとして取り扱って差し支えないものであること。

ア　配管の用途は共同住宅の各住戸に設けられている燃焼機器に、灯油又は重油を供給するものであること。

イ　配管はJIS H3300（銅及び銅合金の継目無管）を含む。

ウ　配管を含む燃料供給施設は、「共同住宅等の燃料供給施設に関する運用上の指針について」（平成15年消防危第81号）に適合するものであること。

(3)　鋼管等を使用する範囲及び貫通処理

ア　貫通部及びその両側1m以上の範囲は鋼管等とすること。ただし、次に適合する場合は、貫通部から1m以内となる部分の排水管に衛生機器を接続して差し支えないこと。

○衛生機器の材質は、不燃材料であること。

○排水管と衛生機器の接続部に、塩化ビニル製の排水ソケット、ゴムパッキン等が用いられている場合には、これらは不燃材料の衛生機器と床材で覆われていること。

イ　配管と開口部とのすき間を不燃材料で埋め戻す。

㋐　セメントモルタルによる方法

㋑　ロックウールによる方法

(4)　可燃物への着火防止措置

配管等の表面から150mmの範囲に可燃物が存する場合には、配管表面に可燃物が接触したときに熱伝導により発火しないよう次の措置を講ずること。

ア　可燃物への接触防止措置

ロックウール保温材等による被覆をすること（接触しても発火するおそれがない場合は除く。）。

イ　給排水管の着火防止措置

○給排水管の内部が、常に充水されているもの

○可燃物が直接接触しないこと。また、配管等の表面から150mmの範囲内に存在する可燃物にあっては、構造上必要最小限のものであり、給排水管からの熱伝導

により容易に着火しないもの（木軸、合板等）であること。

(5) 鋼管等の種類

JIS G3442（水配管用亜鉛めっき鋼管）
JIS G3448（一般配管用ステンレス鋼鋼管）
JIS G3452（配管用炭素鋼鋼管）
JIS G3454（圧力配管用炭素鋼鋼管）
JIS G3459（配管用ステンレス鋼鋼管）
JIS G5525（排水用鋳鉄管）
日本水道協会規格（以下「JWWA」という。）K116（水道用硬質塩化ビニルライニング鋼管）
JWWAK132（水道用ポリエチレン粉体ライニング鋼管）
JWWAK140（水道用耐熱性硬質塩化ビニルライニング鋼管）
日本水道鋼管協会規格（以下「WSP」という。）011（フランジ付硬質塩化ビニルライニング鋼管）
WSP032（排水用ノンタールエポキシ塗装鋼管）
WSP039（フランジ付ポリエチレン粉体ライニング鋼管）
WSP042（排水用硬質塩化ビニルライニング鋼管）
WSP054（フランジ付耐熱性樹脂ライニング鋼管）

根拠法令等	特定共同住宅等の位置、構造及び設備を定める件（平成17年消防庁告示第2号） 令8区画及び共住区画を貫通する配管等に関する運用（平成19年消防予第344号） 令8区画及び共住区画を貫通する配管等に関する運用について（通知）の一部改正について（令和6年消防予第156号）

5 消火設備の配管工事の注意

○ スプリンクラー設備や泡消火設備等の配管工事を行った場合は、配管内に切りくず、バリ、スラグ等が残っていると目詰まりを起こすことになるので、配管工事を終了した時点でフラッシング（配管洗浄）を行う。

○ たん白質泡消火薬剤の原液配管には、亜鉛めっきを施した配管を使用してはならない。泡の特性にあった耐食性の材質を選定使用する。

○ 埋設配管は設置環境を調査し、防食措置を講じること。

○ 寒冷地においては配管の消火用水による凍結防止対策を講じること。

水噴霧消火設備等総説（令第13条）

通常の水系消火設備では、二次災害のおそれがある用途や水損防止を目的とする防火対象物又はその部分に設置する消火設備

防火対象物又はその部分	水噴霧	泡	不活性ガス	ハロゲン	粉末
⒀項ロ（飛行機又は回転翼航空機の格納庫） 屋上ヘリポート（回転翼航空機、垂直離着陸航空機）	－	○	－	－	○
防火対象物の道路　屋　上　床面積600㎡以上 　　　　　　　その他　床面積400㎡以上	○	○	○	－	○
自動車の修理、整備 　1階　床面積500㎡以上 　地階、2階以上の階　床面積200㎡以上	－	○	○	○	○
駐車場（同時に屋外へ出られるものを除く。） 　1階　　　　　　　　　　　床面積500㎡以上 　地階、2階以上の階　床面積200㎡以上 　屋上　　　　　　　　　　　床面積300㎡以上 　昇降機等の機械装置　　　10台以上	○	○	○	○	○
電気設備（発電機、変圧器等） 　床面積200㎡以上（周囲水平距離5m部分を含む。）	－	－	○	○	○
多量の火気使用場所（鍛造室、ボイラー室、乾燥室等） 　床面積200㎡以上（周囲水平距離5m部分を含む。）	－	－	○	○	○
通信機器室　床面積500㎡以上	－	－	○	○	○
指定可燃物　1,000倍以上					
綿花類、木毛、かんなくず、ぼろ・紙くず（動植物油がしみ込んでいる布、紙類を除く。）、糸類、わら類、再生資源燃料、合成樹脂類（不燃性、難燃性でないゴムに限る。）	○	○	○全域	－	－
ぼろ・紙くず（動植物油がしみ込んでいる布、紙類に限る。）、石炭、木炭類	○	○	－	－	－
可燃性固体類、可燃性液体類、合成樹脂類（不燃性、難燃性でないゴムを除く。）	○	○	○	○	○
木材加工品、木くず	○	○	○全域	○全域	－

— 183 —

代替設置　指定可燃物（可燃性液体類を除く。）を貯蔵・取り扱う建築物、工作物に
　　　　　スプリンクラー設備を設置した場合

1　道路

　道路と建築物とが一体をなすと認められる構造の道路の用に供される部分で、規則第31条の8に規定する道路に限る（道路法、土地区画整理法、旧住宅地造成事業に関する法律、都市計画法、都市再開発法、新都市基盤整備法、大都市地域における住宅及び住宅地の供給の促進に関する特別措置法、密集市街地における防災街区の整備の促進に関する法律、港湾法、道路運送法、道路運送車両法に規定する自動車の通行が可能な交通の用に供される道路）。

※　防火対象物の関係者等が使用する防火対象物内の通路、駐車場進入路等は含まない。

基準の特例（令第31条第2項第2号、規則第33条）

　道路の用に供される部分とその他の部分が開口部のない耐火構造の床、壁で区画されている場合又は防火対象物の道路の用に供される部分の開口部に接する外壁が、耐火構造のひさし、床、袖壁等により、延焼防止上有効な措置がとられている場合は、消防用設備等の基準の特例がある。

> **根拠法令等**　立体道路制度の改正に係る消防行政上の留意事項等について（通知）（平成26年消防消第165号、消防予第341号）
> 消防法施行令の一部を改正する政令及び消防法施行規則の一部を改正する省令の運用について（平成2年7月10日消防予第92号）

2　その他これらに類する電気設備

　リアクトル、電圧調整器、油入開閉器、油入コンデンサー、油入遮断器、計器用変成器等

　（除外）配電盤、分電盤、油類を使わず可燃性ガスを発生するおそれのないもの、容量が20kVA未満（同一の場所に2以上設置されている場合は、容量の合計）の電気設備

3　その他多量の火気使用場所

　金属溶解設備、給湯設備、温風暖房設備、厨房設備等で、最大消費熱量の合計350kW以上が令第13条に該当する。

【電気設備、ボイラー等設置部分に大型消火器の設置等ができる場合】（令第32条）

⑴　電気設備

　電気設備容量が1,000kVA未満、密封方式のOFケーブル油槽、認定品のキュービクル式電気設備又は冷却、絶縁のための油を用いず、可燃性ガスの発生のおそれがないものを設置する場合は、大型消火器を設置し特殊消火設備（不活性ガス消火設備、ハ

ロゲン化物消火設備、粉末消火設備）を省略することができる。
　電気設備を不燃区画室（特定主要構造部が耐火構造で、壁、天井の仕上げを不燃材料又は準不燃材料とし、出入口に自動閉鎖式又は煙感知器連動の防火戸を設置したもの）に設置し、火災時に自動的に電流を遮断できる場合は、特殊消火設備の移動式消火設備とすることができる。

(2)　多量の火気使用場所
　鍛造場、ボイラー室、乾燥室に設置する火気使用設備又は金属溶解設備、給湯設備、温風暖房設備、厨房設備等で最大消費熱量の合計が350kW未満の場合は、大型消火器を設置し、特殊消火設備の免除ができる。

＜床面積の算定方法＞
○ 設備の周囲水平距離5mで囲まれた部分の面積（5m未満の場合は不燃材料の壁まで）
○ 不燃区画室（壁、天井、床は下地を含め不燃材料又は耐火構造で、出入口は自動閉鎖式又は煙感知器連動の防火戸）の床面積

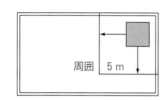
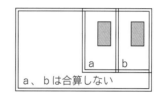

根拠法令等	電気設備が設置されている部分等における消火設備の取扱いについて（昭和51年消防予第37号） 消防法、同施行令及び同施行規則に関する執務資料について（昭和52年消防予第12号）

4　駐車場
　床面積は駐車場内の車路を含むが、駐車場に至る誘導路は含まれない。
○ 同時に屋外へ出られる構造とは、自動車が横一列又は二列に並び、それぞれの車両が同時に屋外に出ることができるもの
○ 立体駐車場　床面積1台当たり15㎡、面積算定は、壁芯による水平投影
○ 自走式駐車場

根拠法令等	1層2段及び2層3段の自走式自動車車庫に係る消防用設備等の設置の取扱いの一部改正について（平成8年消防予第217号） 多段式の自動車車庫に係る消防用設備等の設置について（平成18年消防予第110号） 多段式の自動車車庫に係る消防用設備等の設置についての一部改正について（平成21年消防予第129号）

5　自動車整備工場の床面積
　次の区画された部品庫、換気機械スペース、外部からの誘導路は除かれる。
○ 壁、床、天井等は下地、仕上とも不燃材料（線入りガラスを除く。）
○ 開口部は自動閉鎖式防火戸

6　水噴霧消火設備等のヘッド

　防護対象物（消火すべき対象物）の形状、構造、性質、数量又は取扱いの方法に応じ、標準放射量で火災を有効に消火するようにヘッドを設置する。

(1)　標準放射量（令第14条第1号、規則第32条）

　放射量又は放出量は、次の表の消火設備ヘッド（泡消火設備は、泡放出口）の区分に応じた量とする。

消火設備ヘッドの区分	放射量又は放出量
泡消火設備のフォーム・ウォーター・スプリンクラーヘッド	75ℓ/分
水噴霧消火設備、泡消火設備、不活性ガス消火設備、ハロゲン化物消火設備又は粉末消火設備のヘッド（フォーム・ウォーター・スプリンクラーヘッドを除く。）	ヘッドの設計圧力により放射し、又は放出する水噴霧、泡、不活性ガス消火剤、ハロゲン化物消火剤又は粉末消火剤の量

　設計圧力とは、そのヘッドを使用する場合に最も消火効果があるように設計された圧力をいい、不活性ガス消火設備又はハロゲン化物消火設備（ハロン2402又はFK15－1－12の消火剤を除く。）の噴射ヘッドの放射量又は放出量は、温度20℃におけるものをいう。

(2)　有効防護空間（規則第16条）

　防護対象物のすべての表面を水噴霧消火設備、泡消火設備、ハロゲン化物消火設備又は粉末消火設備のそれぞれのヘッドから放射する消火剤等によって有効に消火することができる空間をいう。

立入検査チェックポイント

- □　防護区画の構造不適、開口部の自動閉鎖装置の機能不良はないか。
- □　表示灯・標識の確認
- □　加圧送水装置の設置場所、水源水量、呼水槽等を確認
- □　貯蔵容器等の設置場所及び消火薬剤の不足がないか。
- □　ヘッドの未警戒、放射障害を確認
- □　弁類の開閉状況を確認（開閉表示）
- □　配管の破損はないか。
- □　非常電源の未設置又は自動切替に不良がないか。
- □　電源遮断がないか。また、開閉器の表示がされているかを確認
- □　音響警報装置の鳴動不良はないか。
- □　移動式にあっては、火災の際著しく煙が充満しない場所が条件であり、外気に開放されている部分が閉鎖されていないか。
- □　ホースリール等の破損、亀裂や操作障害はないか。
- □　消防用設備等の点検結果報告による点検結果に不良があった箇所の確認

第7節

水噴霧消火設備（令第14条）

　水噴霧消火設備は、放射される水滴が非常に小さいため燃焼物から熱を奪うこと、水蒸気の体積が大きいので空気中の酸素を遮断する窒息作用があることなどの効果がある。

　また、油火災や電気火災には、水による消火は不適であるが、油火災においては液面に不燃性の乳化作用（エマルジョン効果）を起こし、電気火災においても噴霧状の水なので絶縁性が高いため有効である。

　水噴霧消火設備の構成は、開放型スプリンクラー設備と同様で、開放型スプリンクラーヘッドに換えて噴霧ヘッドが設けられ、道路のトンネルや駐車場、指定可燃物を貯蔵・取り扱う場所などに設置されている。

【噴霧ヘッド】（水の流れを衝突させ、拡散することで噴霧状にする。）
- 一般的に使用されている噴霧ヘッドは、放射圧力0.17～0.69MPa、放射量が0.34MPaにおいて20～180 l /分が多い。
- 噴霧ヘッドのノズル口径が小さいものは、ノズルの目詰まり防止のため、放射区域ごとに一斉開放弁の一次側にストレーナを設ける。

1　指定可燃物を貯蔵、取り扱う防火対象物（規則第16条）

水源水量	床面積１㎡につき10 l /分×20分間以上 （床面積が50㎡を超えるときは50㎡で計算）
放射区域	一の一斉開放弁により同時に放射する区域。防護対象物が存する階ごとに設ける。

⑴　加圧送水装置（非常電源を附置）

　　ポンプの全揚程　H（m）＝h_1＋h_2＋h_3

　　　　h_1：設計圧力換算水頭（m）　h_2：配管の摩擦損失水頭（m）　h_3：落差（m）

　　　　吐出量　同時放射するすべてのヘッドから標準放射量で放射できる量以上

⑵　起動装置（規則第16条第３項第３号ホ）

　　　　　　　┌　自動火災報知設備の感知器の作動　　　┐
　　　┌自動式─┤　閉鎖型スプリンクラーヘッドの開放　├　加圧送水装置、一斉開放弁
　　　│　　　　└　火災感知用ヘッドの作動・開放　　　┘　の起動
　　　│
　　　│　　　　　ただし、防災センター等に自動火災報知設備の受信機が設けられ、
　　　　　　　又は総合操作盤が設けられており、火災時に手動式により、加圧送水装置及び一斉開放弁を起動させることができる場合はこの限りで

― 187 ―

```
              │       ┌ ない。
              │ 手動式 ┌ 直接操作 ┐ 加圧送水装置及び手動式開放弁の起動
              └       └ 遠隔操作 ┘ 加圧送水装置及び一斉開放弁の起動
                      2以上の放射区域を有する場合は、選択弁を設ける。
```

標識

**水噴霧消火設備
手動式起動装置**

10cm以上
地：赤　文字：白

30cm以上

(3)　一斉開放弁、制御弁（スプリンクラー設備に準じる。）

(4)　排水設備　　加圧送水装置の最大能力の水量を排水する大きさ及び勾配

2　高圧の電気機器（変圧器、電動機、受電設備等）

噴霧ヘッド、配管との間に電気絶縁を保つための空間を保つこと。

高　　　圧	電圧	直流750V超　7,000V以下　　交流600V超7,000V以下
特別高圧	電圧	7,000V超

3　防火対象物の道路、駐車場（規則第17条）

ヘッドの配置		道路の幅員又は車両の駐車位置を考慮して防護対象物を水噴霧により有効に包含し、車両周囲の床面火災を有効に消火できるように設置する。
水源水量	道　路	最大道路区画面積の床面積1㎡につき20ℓ/分×20分間以上
	駐車場	床面積1㎡につき20ℓ/分×20分間以上（床面積が50㎡を超える場合は50㎡とする。）

(1)　加圧送水装置

次に定める部分のすべての噴霧ヘッドを標準放射量で放射する水量のうち、いずれか多い水量を送水できるもの

ア　道路区画面積

道路の長さ10m以上で区分した場合の道路部分の面積のうち最大となる部分

イ 区画面積

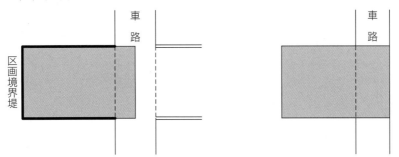

ウ 隣接する2つの道路区画面積又は区画面積を合計した面積の最大となるもの
(2) 排水設備（加圧送水装置の最大能力の容量を排水できる大きさ勾配）

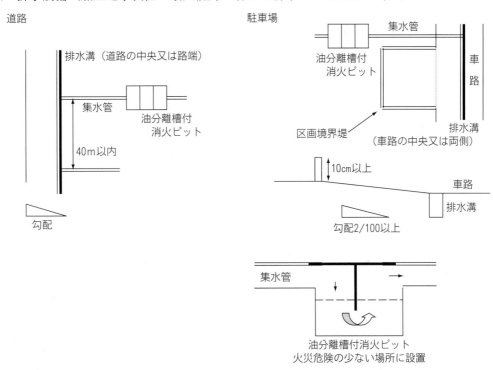

※放射区域、呼水装置、非常電源、配管、一斉開放弁、制御弁は、指定可燃物の項を準用する。

第8節 泡消火設備（令第15条）

　泡消火設備は、危険物火災に最大の効果を発揮する消火設備である。フォームヘッド等から泡消火薬剤を放射し、泡の皮膜による窒息効果と冷却効果により消火する設備で、化学泡と空気泡（機械泡）がある。

第1　分類

1　泡の膨張比

　発泡倍率（膨張比）＝発生した泡の体積／泡発生に要した泡水溶液の体積
　（例）泡水溶液200ccが、発泡して1,000ccになった場合の発泡倍率は5倍
（容量％）3％形（水97％に泡消火薬剤3％）、6％形（水94％に泡消火薬剤6％）

低発泡	膨張比5～20以下
高発泡	第1種（膨張比80以上250未満） 第2種（膨張比250以上500未満） 第3種（膨張比500以上1,000未満）

泡消火薬剤の引火点60℃以上

> **根拠法令等**　泡消火薬剤の技術上の規格を定める省令（昭和50年自治省令第26号）
> （水溶性液体用泡消火薬剤を除く。）

【泡消火設備の発泡倍率及び25％還元時間測定方法】
　泡消火設備の設置工事が完了した場合における試験は、「消防用設備等の試験基準の全部改正について（平成14年9月30日消防予第282号）」別添第5（泡消火設備）に掲げる試験区分及び項目に応じた試験方法及び合否の判定基準によること。」を参照のこと。

2　泡消火薬剤の種類

たん白泡消火薬剤	たん白質（一般に動物の蹄角粉）の水溶性加水分解物を主成分としたもので、タンク火災の消火に適している。 比重（20℃）1.10以上1.20以下
合成界面活性剤泡消火薬剤	合成界面活性剤を主成分とするもので、通常はアニオン界面活性剤を使用するものがほとんどで、石油や固体可燃物の火災に適している反面、封鎖能力が低いため、流出油火災に使用されることが多い。 比重（20℃）0.90以上1.20以下
水成膜泡消火薬剤	主としてフルオロカーボン基を有するフッ素系界面活性剤を添加したもので、石油類燃料の表面上に水成膜を形成する。 比重（20℃）1.00以上1.15以下
大容量泡放水砲用泡消火薬剤	大容量泡放水砲用泡消火薬剤の基準（平成18年消防庁告示第2号）

※　ＰＦＯＳを含有する泡消火薬剤の混合使用について（平成22年消防予第416号）
　　ＰＦＯＳ含有泡消火薬剤（第1節消火器具第4参照）については、現在残っている在庫が無くなった場合、点検や火災等により放出した際、同じ型式の泡消火薬剤の補充ができない可能性があるため、ＰＦＯＳ含有泡消火薬剤に異なる型式の泡消火薬剤を補充する場合の取扱いには、一般社団法人　日本消火装置工業会「泡消火設備における泡消火薬剤の混合使用について」（平成27年6月現在、令和3年6月一部修正）を参照。

第2　固定式

著しく煙が充満するおそれのある場所、道路（屋上は、この限りでない。）に設置

1　泡放出口

フォームヘッドの認定基準（昭和55年）運用

低発泡（膨張比20以下）	泡ヘッド	フォーム・ウォーター・スプリンクラーヘッド
		フォームヘッド
高発泡（膨張比80以上1,000未満）	高発泡用泡放出口	

▲フォームヘッド　　▲フォーム・ウォーター・スプリンクラーヘッド

2 低発泡

(1) 飛行機、回転翼航空機の格納庫、屋上ヘリポート、指定可燃物

【フォーム・ウォーター・スプリンクラーヘッドを設置】

天井又は小屋裏に床面積 8 ㎡に 1 個以上

（水源水量）

次のヘッドを同時開放した場合に標準放射量75 l /分×10分間

屋上ヘリポート	屋上部分の1/3以上の部分
(13)項ロ	床面積の1/3以上の部分
指定可燃物	床面積50㎡の部分

(2) 道路、自動車の修理、整備場、駐車場、指定可燃物

【フォームヘッドを設置】

天井又は小屋裏に床面積 9 ㎡に 1 個以上

（放射量）

防火対象物又はその部分	泡消火薬剤の種別	床面積 1 ㎡当たりの放射量
道路 自動車の修理、整備 駐車場	たん白泡消火薬剤	6.5 l /分
	合成界面活性剤泡消火薬剤	8.0 l /分
	水成膜泡消火薬剤	3.7 l /分
指定可燃物	種類に関係なく	6.5 l /分

（水源水量）　放射量×10分間

次のヘッドを同時開放した場合

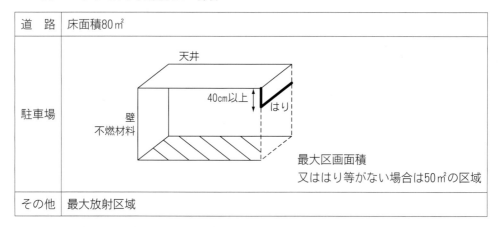

道　路	床面積80㎡
駐車場	最大区画面積 又ははり等がない場合は50㎡の区域
その他	最大放射区域

一の放射区域面積　道路　　80㎡以上160㎡以下
　　　　　　　　　その他　50㎡以上100㎡以下

（例）　フォームヘッドの標準放射量は、設置されたそれぞれのヘッドの設計圧力により放射する泡消火薬剤の量となっている。

標準放射量×算出ヘッド個数×10分＋配管内充水量

水成膜泡消火薬剤の場合　　標準放射量＝3.7 l /分×9㎡＝33.3 l /分

したがって、放射量35ℓ/分の数値（表中の数値は、設計上の最少放射率）による。また、水源水量は泡水溶液を作る量として放射量のほか、配管内を充水する量を加えた量が総量となる。

3　高発泡

　高発泡用泡放出口　停止装置（消火を確認した場合等）

(1)　全域放出方式

　　床面から高さ5mを超える場所に設ける高発泡用泡放出口は、全域放出方式とする。

防護区画	壁、柱、床、天井（天井のない場合ははり、屋根）	不燃材料
	開口部	防火戸又は不燃材料製の戸で自動閉鎖装置（泡水溶液が放出される直前に開口部を自動的に閉鎖）。ただし、外部に漏れる量以上の泡水溶液の量を追加できるものは、自動閉鎖装置を設けなくもよい。

【泡水溶液放出量】

冠泡体積1㎥につき

⑴3項口	第1種	2.0ℓ/分
	第2種	0.5ℓ/分
	第3種	0.29ℓ/分
自動車の修理、整備、駐車場	第1種	1.11ℓ/分
	第2種	0.28ℓ/分
	第3種	0.16ℓ/分
動植物油がしみ込んでいるぼろ、紙くず、可燃性固体類、可燃性液体類	第1種	1.25ℓ/分
	第2種	0.31ℓ/分
	第3種	0.18ℓ/分
指定可燃物（上記以外）	第1種	1.25ℓ/分

　　【冠泡体積】　　防護区画の床面から防護対象物の最高位＋0.5mまでの体積

　（水源水量）泡水溶液　自動閉鎖装置を設けない場合は、外部に漏れる量以上を追加

　　　　床面積が最大となる防護区画の冠泡体積
　　　　×1㎥当たりの泡水溶液の量

第1種	0.040㎥
第2種	0.013㎥
第3種	0.008㎥

【泡放出口】
  ○ 防護区画の床面積500㎡ごとに1個以上
  ○ 防護対象物の最高位より上部の位置
（泡を押し上げられるものは、防護対象物に応じた高さとすることができる。）

(2) 局所放出方式

　隣接する防護対象物が、延焼のおそれのある場合は一の防護対象物とする（防火区画がされている場合又は3m以上離れている場合以外）。

　防護面積　防護対象物の外周線で包囲した部分の面積

防護面積1㎡当たりの泡水溶液放射量

指定可燃物	3 l/分
その他	2 l/分

（水源水量）　床面積が最大となる放出区域
　泡水溶液　　防護面積1㎡当たりの放出量×20分間×防護面積

第3　基準の細目

1　起動装置

自動式	自動火災報知設備の感知器 閉鎖型スプリンクラーヘッド 火災感知用ヘッド	加圧送水装置 一斉開放弁 泡消火薬剤混合装置
手動式	直接操作 遠隔操作	加圧送水装置 手動式開放弁 泡消火薬剤混合装置

　防災センター等に自動火災報知設備の受信機、又は総合操作盤が設けられており、火災時に直ちに起動操作（加圧送水装置、一斉開放弁、泡消火薬剤混合装置）できる場合は手動式とすることができる。

- 手動式で2以上の放射区域を有するものは、放射区域を選択することができるものとすること。
- 自動警報装置は、規則第14条第1項第4号の例による。

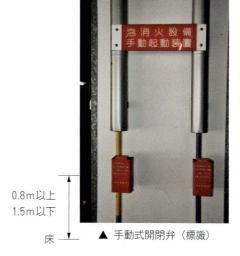

▲ 手動式開閉弁(標識)

2 加圧送水装置（非常電源を附置）

- ポンプの吐出量は、固定式の泡放出口の設計圧力又はノズルの放射圧力の許容範囲で泡水溶液を放出(放射)できる量とする。
- ポンプの全揚程 H (m) $=h_1+h_2+h_3+h_4$

　h_1：固定式泡放出口の設計圧力換算水頭又は移動式ノズル先端の放射圧力換算水頭（m）

　h_2：配管の摩擦損失水頭（m）

　h_3：落差（m）

　h_4：移動式　ホースの摩擦損失水頭（m）

第4　泡消火薬剤混合装置（規則第18条第4項第14号）

泡消火薬剤を水に混合させて泡水溶液を混合器（プロポーショナー）で作るもので、消防庁長官が定める基準に適合するものとされているが、現在のところ基準化されていない。現在、採用されている混合方式には次のものがある。

ポンプ・プロポーショナー方式

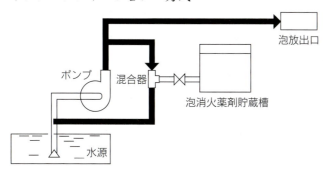

ポンプの吐出側と吸水側の間に混合器を取り付けたバイパス管を設けて流水し、泡消火薬剤を吸引し、ポンプの吸引側で指定濃度の泡水溶液を作成する方式

ライン・プロポーショナー方式

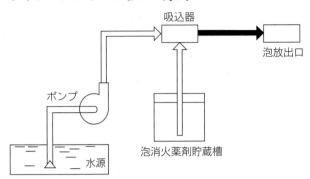

ポンプと泡放出口を連結する配管の途中に吸込器を設け、発生する負圧により泡消火薬剤を吸引し、指定濃度の泡水溶液を作成する方式

プレッシャー・プロポーショナー方式（圧入式）

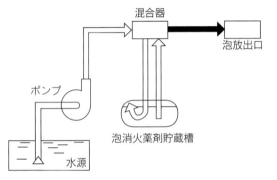

ポンプからの送水管の途中に混合器（ベンチュリー効果により流水中に泡消火薬剤を吸い込む比率混合器）と置換吸込器を接続して送水の一部を泡消火薬剤貯蔵槽に送り込み、泡消火薬剤の置換と吸い込み作用により指定濃度の泡水溶液を作る方式

※　ベンチュリー効果とは、配管の太さを絞ることなどで、配管内の流体の流速に変化をつけることにより圧力の高低を発生させるもの

プレッシャー・プロポーショナー方式（圧送式）

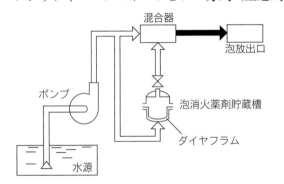

プレッシャー・サイド・プロポーショナー方式

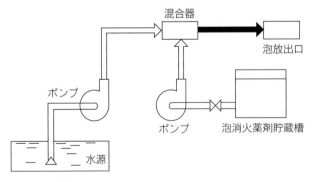

ポンプからの送水管の途中に混合器を設け、泡消火薬剤貯蔵槽から加圧送液装置で泡消火薬剤を圧入して、指定濃度の水溶液を作成する方式

サクション・プロポーショナー方式

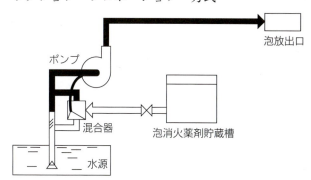

ポンプの給水側の配管の途中に設けられた混合器を通して、濃度調整弁によりその吸込み量を調節させて指定濃度の泡水溶液を作成する方式

第5　移動式

○消火薬剤　低発泡に限る。
○防護対象物の各部分から一のホース接続口までの水平距離　15m以下
○消防用ホースの長さ：15mの範囲内に有効に放射できる長さ

| 根拠法令等 | 消防用ホースの技術上の規格を定める省令（平成25年総務省令第22号）
屋内消火栓設備の屋内消火栓等の基準（平成25年消防庁告示第2号） |

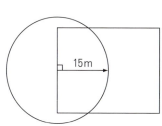

表示
「移動式泡消火設備」

泡放射用器具格納箱はホース接続口から3m以内

▲ 移動式泡消火設備

▲ 泡ノズル

（水源水量）泡水溶液
2個のノズルを同時使用した場合（ホース接続口が1個の場合は1個）

道路、自動車の修理・整備、駐車場	ノズル1個当たり　100ℓ/分×15分間
その他	ノズル1個当たり　200ℓ/分×15分間

第6 特定駐車場用泡消火設備（令第29条の4）

　駐車場に設置されている泡消火設備は、主に固定式の泡消火設備で、火災時に放射区域内すべてのフォームヘッドから一斉に泡を放射し、消火するものである。従来の泡消火設備に代えて特定駐車場に設置することができる特定駐車場用泡消火設備は、泡水溶液ヘッドから火災が発生した部分にのみ泡水溶液を放射し、消火する設備である。

1　用語の意義

(1)　特定駐車場

　　防火対象物で、駐車の用に供される部分が次に掲げるもの

ア　平面式特定駐車場
駐車場の存する階（屋上部分を含み、駐車するすべての車両が同時に屋外に出ることができる構造の階を除く。）の駐車場の床面積が次のもの 　　1階　床面積500㎡以上 　　2階以上の階　床面積200㎡以上 　　地階　床面積200㎡以上 　　屋上部分　床面積300㎡以上で、床面から天井までの高さが10m以下の部分
イ　機械式特定駐車場
昇降機等の機械装置により車両を駐車させる構造で、車両の収容台数が10以上のうち、床面から天井までの高さが10m以下のもの

(2)　特定駐車場用泡消火設備

　　特定駐車場における火災の発生を感知し、自動的に泡水溶液（泡消火薬剤と水との混合液）を圧力により放射して火災の拡大を初期に抑制するための設備をいう。

(3)　流水検知装置

　　流水検知装置の技術上の規格を定める省令の規定に適合する流水検知装置をいう。

(4)　有効感知範囲

　　消防庁長官が定める試験方法において閉鎖型泡水溶液ヘッド、感知継手、火災感知用ヘッド及び閉鎖型スプリンクラーヘッドが火災の発生を有効に感知することができる範囲として確認された範囲をいう。

(5)　有効放射範囲

　　消防庁長官が定める試験方法において閉鎖型泡水溶液ヘッド、開放型泡水溶液ヘッド及び泡ヘッドから放射する泡水溶液によって有効に消火することができる範囲として確認された範囲をいう。

(6)　有効警戒範囲

　　(4)、(5)に規定する設備の有効感知範囲及び有効放射範囲が重複する範囲をいう。

2 特定駐車場用泡消火設備の種類

○ 単純型平面式泡消火設備

○ 感知継手開放ヘッド併用型平面式泡消火設備

○ 感知継手泡ヘッド併用型平面式泡消火設備

○ 一斉開放弁開放ヘッド併用型平面式泡消火設備

○ 一斉開放弁泡ヘッド併用型平面式泡消火設備

○ 機械式泡消火設備

根拠法令等	特定駐車場における必要とされる防火安全性能を有する消防の用に供する設備等に関する省令（平成26年総務省令第23号） 特定駐車場用泡消火設備の設置及び維持に関する技術上の基準（平成26年消防庁告示第5号） 特定駐車場における必要とされる防火安全性能を有する消防の用に供する設備等に関する省令等の運用等について（通知）（平成26年消防予第501号）

第9節
不活性ガス消火設備（令第16条）

　オゾン層保護の観点から、ハロン消火剤に代わる消火剤として新ガス（イナートガス（窒素、IG－55、IG－541））が開発され、ガス系消火設備のうち、現在までに有効性が確認され一定の設置実績があるものを基準化し、二酸化炭素消火設備と統合して設備名も不活性ガス消火設備に変更された。酸素濃度を低下させることにより消火する設備で消火効果が高く、汚損が少ないので駐車場、通信機器室、ボイラー室等に多数設置されている。なお、全域放出方式の二酸化炭素消火設備に係る死亡事故が相次いで発生したことを踏まえ、事故の再発防止のため、二酸化炭素消火設備に係る技術上の基準等について見直しがされた。

　危険物製造所等の不活性ガス消火設備については、製造所等の不活性ガス消火設備の技術上の基準の細目を定める告示（平成23年総務省告示第557号）が令和5年総務省告示第128号により改正され、「製造所等における二酸化炭素消火設備の設置に係るガイドライン」が示された（令和5年消防危第65号）。

第1　分類

```
　　　　　　　┌ 全域放出方式　防護区画（居室等）に固定された配管、噴射ヘッドから不
　　　　　　　│　　　　　　　　活性ガスを放射し、酸素濃度を下げて消火する方式
─固定式─┤
　　　　　　　└ 局所放出方式　防護区画を形成する開口部が大きく閉鎖できない場合や火
　　　　　　　　　　　　　　　　気使用場所が限定される場所に設置する方式で、固定され
　　　　　　　　　　　　　　　　た配管、噴射ヘッドから防護対象物に直接、不活性ガスを
　　　　　　　　　　　　　　　　放射し消火する方式
　　　　　　　※全域放出方式又は局所放出方式は、非常電源を附置
─移動式　ホース及びノズルを人が操作して、防護対象物に直接噴射し、消火を行うも
　　　　　の
```

　※常時人がいない部分以外の部分には、全域放出又は局所放出の不活性ガス消火設備を設けてはならない。

1 不活性ガス消火設備の設置

不活性ガス消火設備の部分ごとの放出方式・消火剤の種類

凡例 ○設置可 ×設置不可

防火対象物又はその部分 / 消火剤			全 域		局 所	移 動
			二酸化炭素	イナートガス	二酸化炭素	二酸化炭素
常時人がいない部分以外の部分			×	×	×	○
	道路の用に供する部分	屋上部分	×	×	×	○
		その他の部分	×	×	×	×
常時人がいない部分	防護区画の面積が1,000㎡以上又は体積が3,000㎡以上のもの		○	×		
	その他のもの	自動車の修理又は整備の用に供される部分	○	○	○	○
		駐車の用に供される部分	○	○	×	×
		多量の火気を使用する部分	○	×	○	○
		発電機室等 ガスタービン発電機が設置	○	×	○	○
		発電機室等 その他のもの	○	○	○	○
		通信機器室	○	○	×	×
		指定可燃物を貯蔵し、取り扱う部分 — 綿花類、木毛及びかんなくず、ぼろ及び紙くず（動植物油がしみ込んでいる布又は紙及びこれらの製品を除く。）、糸類、わら類又は合成樹脂類（不燃性又は難燃性でないゴム製品、ゴム半製品、原料ゴム及びゴムくずに限る。）に係るもの 木材加工品及び木くずに係るもの	○	×	×	×
		指定可燃物を貯蔵し、取り扱う部分 — 可燃性固体類、可燃性液体類又は合成樹脂類（不燃性又は難燃性でないゴム製品、ゴム半製品、原料ゴム及びゴムくずを除く。）に係るもの	○	×	○	○

2 不活性ガスの種類

消火剤	設計消火剤濃度	許容濃度
窒素（N）	40.3%以上	52.3%以下
IG－55 $N50:A,50$	37.9%以上	43%以下
IG－541 $N52:A,40:CO_2 8$	37.6%以上	43%以下
二酸化炭素（CO_2）	34%以上	——

※「ＩＧ」は、イナートガス（不活性ガス）の略語で、数値が窒素、アルゴン、二酸化炭素の比率を示している。

(1) イナートガス（窒素、IG－55、IG－541）

イナートガスは、酸素濃度を低下させて消火することから消火剤濃度を高い状態に維持する必要があるため、全域放出方式に限定され、消火剤放射前に防護区画の開口部を自動で閉鎖する装置が必要である。また、防護区画内の圧力上昇を防止するための措置を講じるとともに、人命安全の観点より、常時人がいない部分に設置する。

圧縮性ガス（容器内で気体）20℃で１気圧換算
防護区画　貯蔵量の９/10以上を１分以内に放射……自動起動（直ちに放出弁を開く。） 消火剤放射前に閉鎖できる自動閉鎖装置 防護区画出入口等に消火剤放射表示灯を設ける。
遅延なし（防護区画形成に要する最低限の時間を除く。）
防護区画開口部に対する消火剤量の補正等は行わない。
圧力上昇防止（避圧口）　消火剤放出時の室内圧力の上昇により、防護区画の壁等が破壊しないように、レリーフダンパーを設け、圧力を屋外の安全な場所に逃がす。 　　　避圧口（開口部）の面積算定方法 　　　$A = K \times Q / \sqrt{(P - \Delta P)}$ 　　　　　A：避圧口面積（cm²） 　　　　　K：消火剤による定数 　　　　　Q：噴射ヘッドからの最大流量（m³/分又はkg/s） 　　　　　P：防護区画の許容圧力（パスカル） 　　　　　ΔP：ダクトの損失（パスカル）

(2) イナートガスの設置

法令で規定されている部分以外の部分に新ガス系消火設備を設置すること全てが否定されるものではなく、消火剤の消火特性、安全性に鑑み、防火対象物の実情に応じ、日本消防設備安全センター・危険物保安技術協会の「ガス系消火設備評価委員会」による評価に基づき、支障がない場合にあっては、令第32条、危令第23条による特例により設置することができる。

第2 固定式

1 全域放出方式

駐車場・通信機器室で常時人がいない部分には、全域放出方式を設ける。

(1) 防護区画　不燃材料（壁、柱、床、天井（天井のない場合ははり、屋根））で区画

開 口 部	二酸化炭素
	○ 階段室、非常用EVの乗降ロビー等に面しないこと。 ○ 自動閉鎖装置　　（防火戸又は不燃材料の戸で、放射前に閉鎖する装置） 　　　　　　　　　　　　消火剤の流出・保安上の危険防止（人命危険がないこと。） ○ 自動閉鎖装置を設けないことができる場合 　● 外部に漏れる量以上の消火剤を追加できる場合 　● 開口部の面積 　　　通信機器室・指定可燃物　囲壁面積の1%以下 　　　その他　防護区画の体積（㎥）　　　　　　小さい方の10%以下 　　　　　　　囲壁面積
	＊　囲壁面積：防護区画の壁、床、天井（又は屋根）の面積 　　　　　　　　　　8.5㎥ならば8.5㎡という意味 （図：階高の2/3以下の開口部、床）
換気装置	○ 消火剤放出前に停止（制御盤からの無電圧信号）
○ 防護区画内に作業員が入るときは手動に切替え	
○ 制御盤の設置（起動、停止等の制御を行う。）	
○ 防護区画に隣接する部分に開口部がある場合（平成 9 年消防予第62号） 　　　保安装置　　　放出表示・音響装置・消火剤を安全な場所に排出する装置 　※火災以外に、誤って防護区画内に二酸化炭素消火剤を放出した場合に二酸化炭素 　　が有する毒性により生命に危険を与えることがある。人的事故を防止するため、 　　防護区画に隣接する部分等の避難経路や音響警報等の安全対策が必要である。	

根拠法令等	二酸化炭素消火設備の設置に係るガイドラインの策定について（通知）（令和 4 年消防予第573号） 製造所等の不活性ガス消火設備の技術上の基準の細目を定める告示の一部改正に伴う二酸化炭素消火設備の設置に係る安全対策等について（通知）（令和 5 年消防危第65号） ハロゲン化物消火設備・機器の使用抑制等について（平成 3 年消防危第88号・消防予第161号）第 3 に定める安全対策 不活性ガス消火設備等の制御盤の基準（平成13年消防庁告示第38号） 二酸化炭素消火設備の安全対策に係る制御盤等の技術基準について（通知）（平成 4 年消防危第11号・消防予第22号）

(2) 保安措置
　ア　二酸化炭素消火設備
　　㈇　起動装置の放出用スイッチ、引き栓等の作動から貯蔵容器の容器弁又は放出弁の開放までの時間が20秒以上となる遅延装置を設けること。
　　㈈　手動起動装置には20秒以内に消火剤が放出しない措置を講じること。
　　㈉　集合管（集合管に選択弁を設置する場合は、貯蔵容器と選択弁の間に限る。）又は操作管（起動用ガス容器と貯蔵容器の間に限る。）に閉止弁（令和4年消防庁告示第8号）を設けること。

▲閉止弁（集合管）

▲閉止弁（操作管）

　　㈊　防護区画の出入口等の見やすい箇所に消火剤が放出された旨を表示する表示灯を設けること。

大きさ：縦8cm以上
　　　　横28cm以上
地色：白色
文字色：赤色（消灯時は白色）

　　　復帰は手動による。
　　　　点灯、点滅　　選択弁の下流側　圧力スイッチ　消火剤で作動
　　㈋　二酸化炭素貯蔵容器設置場所及び防護区画の出入口等の見やすい箇所に、次の事項並びに下図〈標識の例〉を表示した標識を設けること。
　　　○二酸化炭素が人体に危害を及ぼすおそれがあること。
　　　○消火剤が放射された場合は、当該場所に立ち入ってはならないこと。ただし、消火剤が排出されたことを確認した場合は、この限りでない。

大 き さ	：縦30cm以上 　横30cm以上
地　　色	：白色
人	：黒色
煙	：黄色
文　　字	：「CO₂」及び「二酸化炭素 CARBON DIOXIDE」は黒色、「危険」及び「DANGER」は黄色とする。
シンボル	：地色は黄色、枠は黒色、感嘆符は黒色とする。

▲〈標識の例〉日本産業規格Ａ8312（2021）の図Ａ．1の標識

この室は、
二酸化炭素消火設備が設置されています。
消火ガスを吸い込むと死傷のおそれがあります。
消火ガスが放出された場合は入室しないこと。
室に入る場合は、消火ガスが滞留していないことを確認すること。

大 き さ	：縦20cm以上 　横30cm以上
地　　色	：黄色
文字色	：黒色

○防護区画に隣接する部分の出入口外側の見やすい箇所には、次の注意銘板を設けること。あわせて、前図〈標識の例〉を設けることが望ましい。

危険
ここは、隣室に設置された二酸化炭素消火設備の消火ガスが流入するおそれがあり、吸い込むと死傷のおそれがあります。
消火ガスが放出された場合は、退避すること。
近づく場合は、消火ガスが滞留していないことを確認すること。

大 き さ	：縦20cm以上 　横30cm以上
地　　色	：黄色
文字色	：黒色

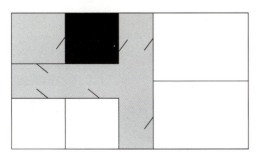

■：防護区画
■：防護区画に隣接する部分

▲防護区画に隣接する部分の様式図

○ 防護区画内の見やすい箇所には、保安上の注意事項を表示した次の注意銘板を設けること。あわせて、前図〈標識の例〉を設けることが望ましい。

> **危険**
> ここには、二酸化炭素消火設備が設置されています。
> 消火ガスを吸い込むと死傷のおそれがあります。
> 消火ガスを放出する前に退避指令の放送を行います。
> 放送の指示に従い室外へ退避すること。

大きさ：縦27cm以上
　　　　横48cm以上
地　色：黄色
文字色：黒色

※　消防庁ホームページから標識の電子データをダウンロードできる。
　　https://www.fdma.go.jp/mission/prevention/nisannkatannso/anzentaisaku.html

---

全域放出方式の二酸化炭素消火設備の維持に関する技術上の基準（規則第19条の2）

規則第19条に定めるもののほか、次のとおりとする。
(1) 閉止弁の維持
　ア　工事、整備、点検その他の特別の事情により防護区画内に人が立ち入る場合は、閉止された状態であること。
　イ　防護区画内に人が立ち入る以外の場合は、開放された状態であること。
(2) 自動手動切替え装置は、工事、整備、点検その他の特別の事情により防護区画内に人が立ち入る場合は、手動状態に維持すること。
(3) 消火剤が放射された場合は、防護区画内の消火剤が排出されるまでの間、当該防護区画内に人が立ち入らないように維持すること。
(4) 制御盤の付近に設備の構造並びに工事、整備及び点検時においてとるべき措置の具体的内容及び手順を定めた図書を備えておくこと。

イ　イナートガスを放射するもの
　　防護区画の出入口等の見やすい箇所に消火剤が放出された旨を表示する表示灯を設けること。
(3) 噴射ヘッド　防護区画の全域に均一に噴射

放射圧力

二酸化炭素	高圧式（常温貯蔵）　1.4MPa以上
	低圧式（−20℃以上−18℃以下で自動冷凍機での貯蔵）　0.9MPa以上
新ガス	1.9MPa以上

| 根拠法令等 | 不活性ガス消火設備の噴射ヘッドの基準（平成7年消防庁告示第7号） |

▲噴射ヘッドの設置状況

(4) 消火剤量

防火対象物又はその部分		防護区画の体積1m³当たりの消火剤の量		自動閉鎖装置を設けない場合の開口部1m²当たりの加算量	放射時間（以内）
二酸化炭素	通信機器室	1.2kg		10kg	3.5分
	指定可燃物※1 綿花類等※2	2.7kg		20kg	7分
	木材加工品、木くず	2.0kg		15kg	
	合成樹脂類（不燃性、難燃性のゴム類）	0.75kg		5kg	
	上記以外　防護区画の体積	1m³当たり	最低量		1分
	50m³未満	1.0kg		5kg	
	50m³以上150m³未満	0.9kg	50kg		
	150m³以上1,500m³未満	0.8kg	135kg		
	1,500m³以上	0.75kg	1,200kg		
イナートガス	窒素	0.516以上0.740以下（m³・20℃・1気圧）		—	消火剤量の9/10以上を1分
	IG−55	0.477以上0.562以下（m³・20℃・1気圧）		—	
	IG−541	0.472以上0.562以下（m³・20℃・1気圧）		—	

※1　指定可燃物（可燃性固体類、可燃性液体類を除く。）
※2　綿花類、木毛、かんなくず、ぼろ、紙くず（動植物油がしみこんでいる布、紙等を除く。）、糸類、わら類、再生資源燃料、合成樹脂類（不燃性、難燃性でないゴム類に限る。）に係るもの

2　局所放出方式

○消火剤は二酸化炭素とする。
○噴射ヘッド　30秒以内に消火剤量を放射
○防護対象物の周囲に壁がない場合又は天井が高いような場合等は防護対象物を直接ガ

スで覆う。
(1) 消火剤量
　(ア) 面積方式
　　○オイルピットなど燃焼面が一で、飛散のおそれがないもの
　　○可燃性固体類、可燃性液体類を上面開放容器に貯蔵する場合

局所放出による消火は、液体消火のみ有効であり、消火剤貯蔵容器等から貯蔵量すべてが液体で放出されるわけではなく、高圧式で約70％、低圧式で約90％が液体で放出されるので、付加係数を高圧式1.4倍、低圧式1.1倍として、消火剤量を決定する。

　(イ) 体積方式

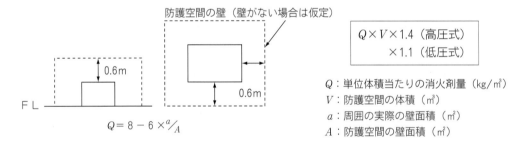

防護空間の体積による方法で、面積を基準としているが算出上の考え方は立体的な防護対象物で、その形状等が複雑なため表面積の計算が困難である場合に、ある仮定の条件を設け、防護対象物そのものを0.6mの消火剤層で囲む部分を仮想防護空間としてその体積と単位当たりの消火剤量により、消火剤量を求める。

3　全域、局所方式の基準の細目
(1) 貯蔵容器
　○充てん

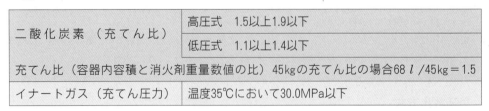

○点検に便利で、火災の延焼や衝撃のおそれの少ない箇所又は有効な保護措置
○防護区画を通ることなく出入できる防護区画以外に設置
○温度40℃以下で変化の少ない場所

- 直射日光、雨水にかからない場所
- 安全装置
- 表示　消火剤量、消火剤の種類（CO$_2$を除く。）、製造年、製造者名
- 高圧式貯蔵容器（CO$_2$を常温貯蔵）、新ガス容器には、容器弁を設置
- 低圧式貯蔵容器（CO$_2$を－20℃以上－18℃以下で保存）

　　　液面計、圧力計、圧力警報装置、自動冷凍機、破壊板、放出弁

(2) 選択弁（常時閉止）

　2以上の防護区画、防護対象物が貯蔵容器を共有する場合、それぞれに選択弁を防護区画以外の場所に設置（表示）。

(3) 安全装置又は破壊板（配管の破裂防止）

　貯蔵容器からヘッドまでの間に選択弁を設ける場合、容器と選択弁の間に安全装置又は破壊板を設ける。

（弁が常時閉で加圧すると破裂する危険がある。）

選択弁　　起動用ガス容器　　　安全装置又は破壊板　　　　　　　容器弁

2以上の防護区画、防護対象物がある場合の消火剤の量……最大なる量以上

根拠法令等	不活性ガス消火設備等の容器弁、安全装置及び破壊板の基準（昭和51年消防庁告示第9号） 不活性ガス消火設備等の放出弁の基準（平成7年消防庁告示第1号） 不活性ガス消火設備等の選択弁の基準（平成7年消防庁告示第2号）

(4) 起動用ガス容器

　　全域放出方式の二酸化炭素消火設備には、起動用ガス容器を設けること。

　　ガス容器　24.5MPa以上の圧力に耐えるもの

　　内容積1 l 以上（CO$_2$は0.6kg以上、かつ、充てん比1.5以上）

　　安全装置　　容器弁

(5) 起動装置
- 二酸化炭素消火設備
  - 手動式とすること。ただし、常時人のいない防火対象物その他手動式によることが不適当な場所に設けるものにあっては、自動式とすることができる。
  - 全域放出方式の二酸化炭素消火設備は、消火剤の放射を停止する旨の信号を制御盤へ発信するための緊急停止装置を設けること（当該装置は、消火剤の放射開始までの間に操作することで消火剤の放射を停止するものであり、消火剤放射開始後に消火剤の放射を停止するものではない。）。
- イナートガスは、自動式とすること。

ア　手動式起動装置
- 防護区画外で内部を見とおすことができ、出入口付近等操作者が退避できる箇所に設置
- 防護区画、防護対象物ごとに設ける。
- 表示　不活性ガス消火設備の起動装置である旨（消火剤の種類）、防護区画の名称、取扱い方法、保安上の注意事項等

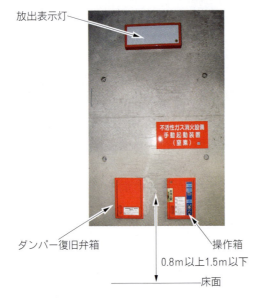

放出表示灯

注意銘盤

注意　ここには
不活性ガス（窒素）消火設備を設けています。
消火ガスを放出する前に退避指令の放送を行います。放送の指示に従い室外へ退避して下さい。

27cm以上
48cm以上
地：黄色　　文字：黒

放出用スイッチ（引き栓等）
- 音響警報装置の起動後でなければ操作できないもの
- 電気使用…電源表示灯

ダンパー復旧弁箱　　操作箱
0.8m以上1.5m以下
床面

イ　自動式起動装置

○自動火災報知設備の感知器の作動と連動して起動 ○全域放出方式の二酸化炭素消火設備に設ける起動装置は、二以上の火災信号により起動（一の火災信号は自動火災報知設備の感知器から制御盤に、他の火災信号は消火設備専用感知器から制御盤に入る方式、消火設備専用として設ける複数の感知器から複数の火災信号が制御盤に入る方式等）
○自動手動切替え装置　　容易に操作できる位置　　取扱い方法表示 　　　　　　　　　　　　表示灯（自動・手動）切替え……かぎ等
○イナートガス 　放出用スイッチ、引き栓等の作動により直ちに貯蔵容器弁又は放出弁を開放

(6)　音響警報装置

○起動装置と連動し、ボックスを開くと鳴る。

○消火剤放射前に遮断されないこと。

○防護区画、防護対象物にいる者に有効報知

○全域放出方式に設ける音響警報装置は音声によること。ただし、常時人のいない防火対象物にあっては、この限りでない。
なお、常時人のいない防火対象物であっても、二酸化炭素消火設備に自動式の起動装置を設けた場合の音響警報装置は音声によること。

根拠法令等　不活性ガス消火設備等の音響警報装置の基準（平成７年消防庁告示第３号）

(7)　排出措置

放出された消火剤を安全な場所へ排出する措置

自然換気又は機械換気どちらでもよい。

└→階高の2/３以下にある開口部が床面積の1/10以上（CO_2は空気より重い。）
区画外から容易に開放でき著しく局部的滞留を起こさない配置

(8)　配管（専用）

			配管	管継手
二酸化炭素	鋼管JIS G3454のSTPG370（＊１）	高圧式	呼び厚さスケジュール80以上	16.5MPa以上の耐圧（＊２）
		低圧式	呼び厚さスケジュール40以上	3.75MPa以上の耐圧（＊２）
	銅管JIS H3300タフピッチ銅又は同等以上の強度を有するもの	高圧式	16.5MPa以上の耐圧	
		低圧式	3.75MPa以上の耐圧	
イナートガス（＊３）	鋼管JIS G3454のSTPG370	呼び厚さスケジュール80以上（＊１）		
	銅管JIS H3300のタフピッチ銅又は同等以上の強度を有するもの	16.5MPa以上の耐圧		
	配管に選択弁等を設置	貯蔵容器から選択弁又は開閉弁までの部分は40℃における内部圧力に耐える鋼管（亜鉛メッキ等の防食処理）又は銅管		

＊１　又は亜鉛メッキ等の防食処理を施した同等以上の強度を有するもの

＊２　適切な防食処理

＊３　厚力調整装置の２次側配管にあっては、40℃における最高調整圧力に耐える鋼管（亜鉛メッキ等の防食処理）又は銅管を用いることができる。

○落差50m以下（配管の最低位置から最高位置までの垂直距離）

第3　移動式（規則第19条第6項）

消火剤は二酸化炭素　道路は屋上部分に限る。
- ホース接続口から水平距離15mで防護対象物を包含
    ホースの長さ：15mの範囲内の防護対象物に有効に放射できる長さ
- ノズル　温度20℃で60kg/分以上の消火剤を放射
- 消火剤量　一のノズルにつき90kg以上
- 設置場所　火災のとき煙が著しく充満するおそれのある場所以外に設置
    （常時外気に開放されている場所又は容易に開放できる開口部を有する場所）
- 貯蔵容器の容器弁、放出弁を手動開放

| 根拠法令等 | 移動式の不活性ガス消火設備等のホース、ノズル、ノズル開放弁及びホースリールの基準（昭和51年消防庁告示第2号） |

第10節

ハロゲン化物消火設備（令第17条）

　ハロンについてはオゾン層保護のため、1985年「オゾン層の保護のためのウィーン条約」が、さらに1987年に「オゾン層を破壊する物質に関するモントリオール議定書」が採択され、日本では「特定物質の規制等によるオゾン層の保護に関する法律」が公布され、1994年1月1日以降は生産全廃となった。しかし、クリティカルユース（必要不可欠用途）における場所では、ハロンによる消火設備をリサイクルにより使用できることになっており、NPO法人消防環境ネットワークが管理している。

　クリティカルユースの判断は「ハロン消火剤を用いるハロゲン化物消火設備・機器の使用抑制等について」（平成13年消防予第155号・消防危第61号）によるが、従来のハロン1211及び2402の新設は認められない。また、ハロン1301においても局所放出方式、移動式の新設は認められないことから、今後のハロゲン化物消火設備を新設する場合は、全域放出方式のみとなる。

第1　分類

不活性ガス消火設備と同様

```
          ┌全域放出方式
  ┌固定式─┤
  │       └局所放出方式
  │       ※全域放出方式又は局所放出方式は、非常電源を附置
  └移動式
```

1　ハロゲン化物消火設備の設置

⑴　ハロゲン化物消火設備の部分ごとの放出方式・消火剤の種類

凡例　〇設置可　×設置不可

消火剤 防火対象物又はその部分	全　　域				局所	移動
	ハロン			HFC FK	ハロン	ハロン
	2402	1211	1301			
常時人がいない部分以外の部分	×	×	〇	×	〇	〇
防護区画の面積が1,000㎡以上 　又は体積が3,000㎥以上のもの	×	×	〇	×		
自動車の修理又は整備の用に供される部分	×	×	〇	〇	〇	〇

— 213 —

常時人がいない部分	その他のもの	駐車の用に供される部分		×	×	○	○	×	×
		多量の火気を使用する部分		×	×	○	×	○	○
		発電機室等	ガスタービン発電機が設置	×	×	○	×	○	○
			その他のもの	×	×	○	○	○	○
		通信機器室		×	×	○	○	×	×
		指定可燃物を貯蔵し、取り扱う部分	可燃性固体類又は可燃性液体類に係るもの	○	○	○	×	○	○
			木工加工品及び木くずに係るもの 合成樹脂類（不燃性又は難燃性でないゴム製品、ゴム半製品、原料ゴム及びゴムくずを除く。）に係るもの	×	○	○	×	×	×

　人が存する部分は、基本的にはガス系消火設備を用いないことが望ましいことから、水系の消火設備（水噴霧消火設備・泡消火設備を含む。）が適さない場合に限り、ハロン消火剤を用いることができる。また、人がいない部分は、基本的にガス系消火設備を用いることが可能であることから、水系消火設備及びハロン消火剤以外のガス系消火設備が適さない場合に限り、ハロン消火剤を用いることができる。

ア　人が存する部分
　(ア)　不特定の者が出入りするおそれのある部分
　　　不特定の者が出入りする用途部分や施錠管理等が行われていない部分
　(イ)　特定の者が常時介在する部分又は頻繁に出入りする部分
　　　居室や人が作業を行うための部分等又はおおむね1日に2時間以上人が頻繁に出入りする部分
イ　水系の消火設備が適さない場合
　　電気火災、散水障害等により水系消火剤が不適である場合、消火剤による水損、汚染の拡大の被害が大きい場合、機器等に早期復旧の必要性がある場合又は防護対象部分が小規模であるため、消火設備の設置コストが非常に大きくなる場合等
ウ　ハロン以外のガス系消火設備が適さない部分
　(ア)　消火剤が放出された場合の被害が大きい。
　　　汚損、破損（他のガス系消火剤による冷却、高圧、消火時間による影響等）、汚染の拡大（原子力施設等の特殊用途に用いる施設等で室内を負圧で管理している場所に対し、必要ガス量が多いこと等）
　(イ)　機器等に早期復旧の必要性がある場合（放出後の進入の困難性等）
(2)　クリティカルユースの判断を行った場合の使用用途の種類

使用用途の種類		用途例
	通信機室等	通信機械室、無線機室、電話交換室、磁気ディスク室、電算機室、サーバ室、信号機器室、テレックス室、電話局切替室、通信機調整室、データプリント室、補機開閉室、電気室（重要インフラの通信機器室等に付属するもの）
	放送室等	ＴＶ中継室、リモートセンター、スタジオ、照明制御室、音響機器室、調整室、モニター室、放送機材室

通信機関係等	制御室等	電力制御室、操作室、制御室、管制室、防災センター、動力計器室
	発電機室等	発電機室、変圧器、冷凍庫、冷蔵庫、電池室、配電盤室、電源室
	ケーブル室等	共同溝、局内マンホール、地下ピット、ＥＰＳ
	フィルム保管庫	フィルム保管庫、調光室、中継台、ＶＴＲ室、テープ室、映写室、テープ保管庫
	危険物施設の計器室等	危険物施設の計器室
歴史的遺産等	美術品展示室等	重要文化財、美術品保管庫、展覧室、展示室
その他	加工・作業室等	輪転機が存する印刷室
危険物関係	貯蔵所等	危険物製造所（危険物製造作業室に限る。）、危険物製造所（左記を除く。）、屋内貯蔵所（防護区画内に人が入って作業するものに限る。）、屋内貯蔵所（左記を除く。）、燃料室、油庫
	塗装等取扱所	充填室、塗料保管庫、切削油回収室、塗装室、塗料等調合室
	危険物消費等取扱所	ボイラー室、焼却炉、燃料ポンプ室、燃料小出室、詰替作業室、暖房機械室、蒸気タービン室、ガスタービン室、鋳造場、乾燥室、洗浄作業室、エンジンテスト室
	油圧装置取扱所	油圧調整室
	タンク本体	タンク本体、屋内タンク貯蔵所、屋内タンク室、地下タンクピット、集中給油設備、製造所タンク、インクタンク、オイルタンク
	浮屋根式タンク	浮屋根式タンクの浮屋根シール部分
	ＬＰガス付臭室	都市ガス、ＬＰＧの付臭室
駐車場	自動車等修理場	自動車修理場、自動車研究室、格納庫
	駐車場等	自走式駐車場、機械式駐車場（防護区画内に人が乗り入れるものに限る。）、機械式駐車場（左記を除く。）、スロープ、車路
その他	機械室等	エレベーター機械室、空調機械室、受水槽ポンプ室
	厨房室等	フライヤー室、厨房室
	加工、作業室等	光学系組立室、漆工室、金工室、発送室、梱包室、印刷室、トレーサー室、工作機械室、製造設備、溶接ライン、エッチングルーム、裁断室
	研究試験室等	試験室、技師室、研究室、開発室、分析室、実験室、計測室、細菌室、電波暗室、病理室、洗浄室、放射線室
	倉庫等	倉庫、梱包倉庫、収納室、保冷室、トランクルーム、紙庫、廃棄物庫
	書庫等	書庫、資料室、文書庫、図書室、カルテ室
	貴重品等	金庫室、宝石・毛皮・貴金属販売室
	その他	事務室、応接室、会議室、食堂、飲食店

※網掛け部分は、クリティカルユースに係るもの。

　平成26年消防予第466号、消防危第261号により用途例の細分化がされた。

第2　固定式

1　全域放出方式

　駐車場、通信機器室、指定可燃物（可燃性固体類、可燃性液体類を除く。）には、全域放出方式を設けること。

(1)　噴射ヘッド
　　○消火剤の量を30秒以内に放射
　　○ハロン2402の噴射ヘッド……霧状放射
　　○放射圧力

ハロン2402　（ジブロモテトラフルオロエタン）	0.1MPa以上
ハロン1211　（ブロモクロロジフルオロメタン）	0.2MPa以上
ハロン1301　（ブロモトリフルオロメタン）	0.9MPa以上

(2)　保安措置

遅延装置	20秒以上（ハロン1301は設けないことができる。）
手動起動装置	20秒以内に消火剤が放出しない措置
放出表示灯	防護区画の出入口等見やすい箇所（スイッチは選択弁の下流側）

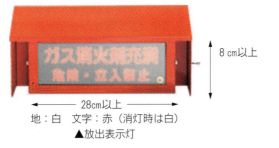
▲放出表示灯

▲手動起動装置

　　○制御板の設置（起動、停止等の制御を行う。）

> **根拠法令等**　不活性ガス消火設備等の制御盤の基準（平成13年消防庁告示第38号）

(3)　貯蔵容器等の消火剤の量（算出された量以上）

防火対象物又はその部分		消火剤の種別	防護区画の体積1㎥当たりの消火剤	開口部の面積1㎥当たりの消火剤（加算）
自動車の修理・整備場、駐車場、電気設備、火気使用部分、通信機器室		ハロン1301	0.32kg	2.4kg
指定可燃物	可燃性固体類 可燃性液体類	ハロン2402 ハロン1211 ハロン1301	0.4kg 0.36kg 0.32kg	3.0kg 2.7kg 2.4kg
	木材加工品、木くず	ハロン1211 ハロン1301	0.6kg 0.52kg	4.5kg 3.9kg
	合成樹脂類（不燃性又は難燃性でないゴム製品、半製品、原料、くずを除く。）	ハロン1211 ハロン1301	0.36kg 0.32kg	2.7kg 2.4kg

※開口部に自動閉鎖装置を設けない場合は、開口部の面積により、消火剤を加算する。
※自動閉鎖装置及び自動閉鎖装置を設けないことができる場合は、不活性ガス消火設備の例による。

2 ハロン代替消火剤

　ハロン消火剤の代替として開発されたガス系消火設備のうち、現在までに有効性が確認され、一定の設置実績のあるものが基準化された。しかし、ハイドロフルオロカーボンのHFC－23（トリフルオロメタン）、HFC－227ea（ヘプタフルオロプロパン）を用いるものは消火の際に発生するフッ化水素の量が多いことから、人命安全上、常時人がいない部分に設置することとされた。

　その後、HFC消火剤についても地球温暖化係数（ＧＷＰ値）が高いことから、より環境負荷の少ないハロン代替消火剤として「FK－5－1－12」（ドデカフルオロ－2－メチルペンタン－3－オン）が米国で開発され、全域放出方式の消火剤としてISO等で規格が定められており、法第17条第3項として国内でも設置されるようになり、これらの状況を踏まえハロゲン化物消火設備の消火剤とした。

⑴　噴射ヘッド

　　○FK－5－1－12の噴射ヘッド……霧状に放射

　　○全域放出方式……消火剤の放射時間は、消火剤の量を10秒以内に放射

⑵　ハロン代替消火剤

消火剤	設計消火濃度	許容濃度	貯蔵容器充てん比	蓄圧式貯蔵容器等（MPa）※	ヘッド放射圧力
HFC－23	16.1%以上	24%以下	1.2以上1.5以下		0.9MPa以上
HFC－227ea	7%以上	9%以下	0.9以上1.6以下	2.5又は4.2	0.3MPa以上
FK－5－1－12	5.8%以上	10%以下	0.7以上1.6以下	2.5又は4.2	0.3MPa以上

※蓄圧式貯蔵容器等は20℃において、窒素ガスで加圧したもの

防護区画の体積1㎥当たりの消火剤の量（kg）

HFC－23	0.52以上0.80以下
HFC－227ea	0.55以上0.72以下
FK－5－1－12	0.84以上1.46以下

○避圧口の設置（規則第20条第4項第16号の2）

　防護区画内に放射したときの圧力による建物の損壊防止措置

　FK－5－1－12に係る避圧口の面積算定方法は、当面、以下による。

$$A = 580 \cdot Q / \sqrt{(P - \Delta P)}$$

　　A：避圧口面積（㎠）

　　Q：噴射ヘッドからの最大流量（kg/sec）

　　P：防護区画の許容圧力（Pa）

　　ΔP：ダクトの損失（Pa）

　※避圧口を外部に面して設ける場合は、必要に応じて外気風圧等の影響を考慮した設計を行うことが望ましい。

○防護区画の開口部に消火剤放射前に閉鎖できる自動閉鎖装置の設置

○防護区画の出入口等に放出表示灯を設ける。

○FK－5－1－12の防護区画は、消火剤が有効拡散するように、過度の温度低下を防止する措置を講じる。

3 局所放出方式

(1) 噴射ヘッド　消火剤の量を30秒以内に放射（噴射ヘッド、放射圧力は全域放出方式の例による。）

(2) 消火剤の量（算出された量以上）

　㋐　面積方式

　　可燃性固体類、可燃性液体類を上面開放容器に貯蔵、その他燃焼面が一面限定かつ、可燃物が飛散するおそれがない場合

消火剤の種別	防護対象物の表面積　1㎡当たり
ハロン2402	8.8kg × 1.1
ハロン1211	7.6kg × 1.1
ハロン1301	6.8kg × 1.25

　㋑　体積方式

$Q = X - Y \times a/A$

Q：単位体積当たりの消火剤量（kg/㎥）
a：防護対象物周囲の壁面積合計（㎡）
A：防護空間の壁の面積（壁がない場合は仮定）（㎡）

$Q×$防護空間体積

消火剤の種別	Xの値	Yの値
ハロン2402	5.2	3.9
ハロン1211	4.4	3.3
ハロン1301	4.0	3.0

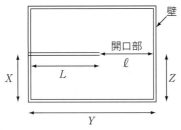

$A = X + Y + Z + L + \ell$

$X、Y、Z、L$は実際の壁

根拠法令等　不活性ガス消火設備等の噴射ヘッドの基準（平成7年消防庁告示第7号）

4 全域、局所放出方式の基準の細目（規則第20条第4項）

○ 換気装置、排出措置、起動装置は、不活性ガス消火設備の例による。
○ 2以上の防護区画、防護対象物がある場合の消火剤の量……最大の量以上
○ 貯蔵容器等からヘッドまでの間に選択弁等を設けるものは安全装置又は破壊板を設ける。

根拠法令等　不活性ガス消火設備等の選択弁の基準（平成7年消防庁告示第2号）
不活性ガス消火設備等の容器弁、安全装置及び破壊板の基準（昭和51年消防庁告示第9号）

(1) 貯蔵容器等

| ハロン2402 | 液体　タンク（SUS）　加圧式（放出弁）　1MPa未満　高圧ガス規制外 |

ハロン1211 ハロン1301	液化ガス（高圧ガス）	容器 貯蔵タンク

○ 表示

　充てん消火剤量、消火剤の種類、最高使用圧力（加圧式）、製造年、製造者名

○ 充てん比

ハロン2402	加圧式　0.51以上0.67以下　蓄圧式　0.67以上2.75以下
ハロン1211	0.7以上　1.4以下
ハロン1301	0.9以上　1.6以下

○ 蓄圧式（窒素ガスで加圧）　内圧力　1 MPa以上……容器弁

20℃で

ハロン1211	1.1MPa　又は　2.5MPa
ハロン1301	2.5MPa　又は　4.2MPa

(2)　加圧式　　圧力調整装置　2 MPa以下に調整

○ 加圧用ガス容器のガス圧（10MPaから15MPa）を容器、タンクに送る前に減圧

○ 加圧用ガス容器（窒素ガス）　安全装置、容器弁

(3)　配管　（専用）落差50m以下　　　　鋼管、銅管

　　　　　　　亜鉛メッキ等による防食処理を施したもの

(4)　音響警報装置　音声（ハロン1301の全域放出方式は音声としないことができる。）

(5)　注意銘板

ここには
ハロゲン化物（　　　　）消火設備を設け
ています。消火剤を放出する前に退避指令
の放送を行います。放送の指示に従い室外
へ退避してください。

27cm以上

48cm以上

地：黄
文字：黒

第3　移動式（規則第20条第5項）

○ ホース接続口から水平距離20m以下で防護対象物を包含

種　類	一のノズル放射量／分（温度20℃）	消火剤量
ハロン2402	45kg以上	50kg以上
ハロン1211	40kg以上	45kg以上
ハロン1301	35kg以上	

　　ホースの長さ：20mの範囲内の防護対象物に有効に放射できる長さ

○ 設置場所　火災のとき煙が著しく充満するおそれのある場所以外に設置

　（常時外気に開放されている場所又は容易に開放できる開口部を有する場所）

○ 赤色の灯火、標識を設けること。

根拠法令等	移動式の不活性ガス消火設備等のホース、ノズル、ノズル開閉弁及びホース リールの基準（昭和51年消防庁告示第2号）

第11節 粉末消火設備（令第18条）

粉末消火設備は、抑制効果（負触媒効果）により消火する設備で、消火剤と放出用圧力を混合させるため、メンテナンスバルブ、配管、排出装置、クリーニング装置等が必要である。

第1　分類

不活性ガス消火設備と同様

```
┌固定式┬全域放出方式
│      └局所放出方式
│         ※全域放出方式又は局所放出方式は、非常電源を附置
└移動式
```

1　消火剤の種類

第1種粉末	炭酸水素ナトリウム		BC
第2種粉末	炭酸水素カリウム		BC
第3種粉末	りん酸塩類等	**駐車場、道路**	ABC
第4種粉末	炭酸水素カリウムと尿素の反応物		BC

A：普通火災　B：油火災　C：電気火災

第2　固定式

道路に設けてはならない。

1　全域放出方式
(1)　噴射ヘッド　放射圧力　0.1MPa以上　消火剤の量を30秒以内に放射
　　不活性ガス消火設備の例による（規則第19条第2項第1号）。
(2)　消火剤の量

▲粉末噴射ヘッド

消火剤の種別	防護区画1㎥当たりの消火剤の量	自動閉鎖装置を設けない場合 開口部1㎡当たりの消火剤を加算
第1種粉末	0.6kg	4.5kg
第2種粉末 第3種粉末	0.36kg	2.7kg
第4種粉末	0.24kg	1.8kg

> **根拠法令等** 不活性ガス消火設備等の噴射ヘッドの基準（平成7年消防庁告示第7号）

(3) 保安措置
 ○ 遅延装置（20秒以上）
 ○ 表示灯

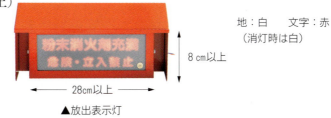

地：白　文字：赤
（消灯時は白）

8 cm以上
28cm以上
▲放出表示灯

 ○ 音響装置

> **根拠法令等** 不活性ガス消火設備等の放出弁の基準（平成7年消防庁告示第1号）
> 不活性ガス消火設備等の音響警報装置の基準（平成7年消防庁告示第3号）

2　局所放出方式

(1) 噴射ヘッド　消火剤の量を30秒以内に放射

不活性ガス消火設備の例による（規則第19条第3項第1号、第2号）。

(2) 消火剤の量

 (ｱ) 面積方式

可燃性固体類、可燃性液体類（オイルピット、オイルセラータンク）
その他火災の燃焼面が一面限定、かつ、可燃物が飛散しない場合

第1種粉末	防護対象物表面積1㎡当たり	8.8kg	×	1.1
第2種粉末 第3種粉末	〃	5.2kg	×	1.1
第4種粉末	〃	3.6kg	×	1.1

付加係数1.1は、放射終了近くの消火剤量の減少に伴う有効放射量の低下等を勘案
駐車場は、床面積1㎡当たりとする。

 (ｲ) 体積方式

Q×防護空間の体積×1.1

通信機器室は、算出消火剤の70％以上とすることができる。

$Q \times$ 防護空間体積 $\times 0.7$

$Q = X - Y \times {}^a\!/_A$

Q：単位体積当たりの消火剤の量（kg/m³）
a：防護対象物周囲の実際の壁面積合計（m²）
A：防護空間の壁面積（ない場合は仮定）（m²）

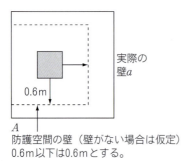

消火剤の種別	Xの値	Yの値
第1種粉末	5.2	3.9
第2種粉末 第3種粉末	3.2	2.4
第4種粉末	2.0	1.5

実際の壁 a
0.6 m
A 防護空間の壁（壁がない場合は仮定）
0.6 m以下は0.6 mとする。

3 全域放出方式、局所放出方式の細目（規則第21条第4項）
規則第19条第5項第3号、第4号イ(ロ)、(ハ)の例による。

(1) 貯蔵容器等……安全装置

（表示）　消火剤の量、消火剤の種類、最高使用圧力（加圧式）、製造者名、製造年月

貯蔵タンク	JIS B8270又は同等のもの（内圧1MPa未満）
貯蔵容器 （高圧ガス）	蓄圧式（内圧1MPa以上）容器弁 加圧式　放出弁

(2) 充てん比　貯蔵容器、貯蔵タンクの内容積の数値と消火剤重量の数値の比

第1種粉末	0.85以上1.45以下
第2種、第3種粉末	1.05以上1.75以下
第4種粉末	1.50以上2.50以下

(3) 設置場所
　○防護区画以外の場所
　○40℃以下で変化の少ない場所
　○直射日光、雨水のかかるおそれの少ない場所
　○クリーニング装置　　加圧用ガス（CO_2）
　　　　　　　　　　　　蓄圧用ガス（N_2、CO_2）

消火剤と加圧ガスが混合され、配管内を流れていくが、放出弁を閉止した場合に配管内の残留ガスを排出させる装置

　○貯蔵容器等　排出装置（残留ガスを排出）

▲貯蔵容器

(4) 加圧用ガス容器……安全装置、容器弁
　　貯蔵容器の直近に設置、かつ、確実に接続

| 加圧用ガス | N₂（窒素ガス）又はCO₂（二酸化炭素ガス） |
| 蓄圧用ガス | |

▲加圧用ガス容器

ガス容量

消火剤1kgにつき35℃で大気圧換算（1㎥当たり0kg）したもの	加圧用N₂	体積40ℓ以上
	蓄圧用N₂	10ℓ＋クリーニング量
CO₂（加圧、蓄圧とも）		消火剤1kgにつき20g＋クリーニング量

○クリーニング用ガスは別容器に貯蔵（配管の腐食防止）

(5) 配管　専用　落差50m以下（鋼管、銅管）
　　トーナメント（配管）形式
　○消火剤と加圧用・蓄圧用ガスが分離し、消火剤が残留しない構造とする。
　○比重の違いで粉体が滞留する。
　○分岐するとき、容器側の配管屈曲部から管径の20倍以上をとる（分離しない措置を講じた場合を除く。）。

(6) 加圧式
　○圧力調整器（加圧用ガスを貯蔵タンクに送る前に2.5MPa以下に減圧調整）
　○定圧作動装置（貯蔵容器等ごと）
　　起動装置の作動後、貯蔵容器等の圧力が設定圧力になったとき放出弁を開放

> **根拠法令等**　粉末消火設備の定圧作動装置の基準（平成7年消防庁告示第4号）

　低い圧力で放出してしまうと、加圧ガスが放出され、消火剤が有効放射されない。

(7) 蓄圧式　指示圧力計（使用圧力の範囲を緑色で表示）

(8) 選択弁
　○2以上の防護区画、防護対象物が設けられている場合に放射区域ごとに設ける弁
　○貯蔵容器等からヘッドまでの間に選択弁を設ける場合、貯蔵容器等と選択弁等の間に安全装置又は破壊板を設ける。

> **根拠法令等**　不活性ガス消火設備等の選択弁の基準（平成7年消防庁告示第2号）
> 不活性ガス消火設備等の容器弁、安全装置及び破壊板の基準（昭和51年消防庁告示第9号）

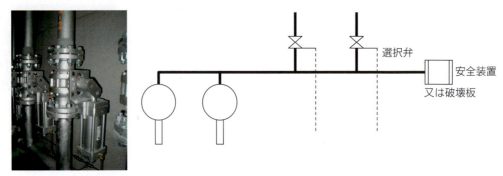

▲選択弁

2以上の防護区画、防護対象物がある場合の消火剤の量は計算量のうち最大の量以上とする。

(9) 起動装置 　{ 手動式（原則）
　　　　　　　　自動式

標識　地：赤　文字：白

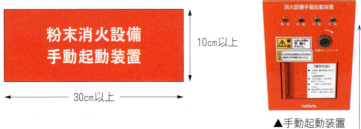

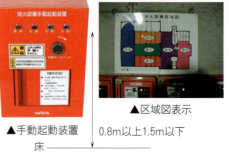

▲手動起動装置
▲区域図表示
床　0.8m以上1.5m以下

(10) 起動用ガス容器

内容積	0.27 l 以上
ガス量	145g以上
充てん比	1.5以上

第3　移動式（規則第21条第5項）

火災のとき、煙が著しく充満するおそれのある場所以外に限り、設けることができる。（火災の際、煙が有効に排除でき、かつ、安全に消火活動できる場所）

(1) 水平距離　　ホース接続口から15m以下で防護対象物を包含
　　　　ホースの長さ：15mの範囲内の防護対象物に有効に放射できる長さ

(2) 消火剤

消火剤の種別	一のノズル放射量	消火剤の量
第1種粉末	45kg/分	50kg
第2種・第3種粉末	27kg/分	30kg
第4種粉末	18kg/分	20kg

道路（屋上に限る。）に供する部分は第3種粉末

▲移動式粉末消火設備

(3) 標識

10cm以上
30cm以上

地：赤
文字：白

根拠法令等	移動式の不活性ガス消火設備等のホース、ノズル、ノズル開閉弁及びホースリールの基準（昭和51年消防庁告示第2号）

第12節　自動火災報知設備（令第21条）

　自動火災報知設備は、火災による煙、熱又は炎により火災を早期に発見し、防火対象物の関係者等に報知し、避難行動又は初期消火を有効に実施するための警報設備である。
　近年発生した火災を受けて、カラオケボックス等、旅館・ホテル、有床診療所、社会福祉施設等の防火対象物には、面積にかかわらず自動火災報知設備の設置が義務付けられた。これにより、新たに義務付けられる小規模な施設に「特定小規模施設用自動火災報知設備」を、共同住宅に居住型福祉施設が設置された⒃項イの防火対象物には「複合型居住用自動火災報知設備」を設置することができる。

第1　設置基準

⑵項二、⑸項イ、⑹項イ⑴～⑶、⑹項ロ、⒀項ロ、⒄項	全部
⑹項ハ（※利用者を入居させ、又は宿泊させるものに限る。）	
（16の２）項の部分で⑵項二、⑸項イ、⑹項イ⑴～⑶、⑹項ロの用途に供されるもの	
（16の２）項の部分で⑹項ハ（※利用者を入居させ、又は宿泊させるものに限る。）の用途に供されるもの	
⑼項イ	延べ面積200㎡以上
⑴項、⑵項イ・ロ・ハ、⑶項、⑷項、⑹項イ⑷、⑹項二、⒃項イ、（16の２）項	延べ面積300㎡以上
⑹項ハ（※利用者を入居させ、又は宿泊させるものを除く。）	
⑸項ロ、⑺項、⑻項、⑼項ロ、⑽項、⑿項、⒀項イ、⒁項	延べ面積500㎡以上
（16の３）項（特定用途部分）⑴項～⑷項、⑸項イ、⑹項、⑼項イ	延べ面積500㎡以上、かつ、特定用途部分の床面積合計300㎡以上
⑾項、⒂項	延べ面積1,000㎡以上
特定一階段等防火対象物	全部
指定可燃物（建築物、工作物での貯蔵・取扱い）	指定数量の500倍以上
⑵項イ・ロ・ハ、⑶項、⒃項イ（⑵項、⑶項の用途部分）の地階、無窓階（上記を除く。）	床面積100㎡以上
その他の地階、無窓階又は３階以上の階	床面積300㎡以上
防火対象物の道路の用に供される部分	屋上　床面積600㎡以上
	その他　床面積400㎡以上
駐車場部分の存する階（車両が同時に屋外に出られるものを除く。）	地階、２階以上の階で床面積200㎡以上
その他の防火対象物	11階以上の階
通信機器室	床面積500㎡以上

※　「利用者を入居させ、又は宿泊させるもの」とは、夜間において利用者が就寝を伴う用途で、入院や入所を含む。なお、利用者に対して日中に行っている役務（治療や保育等）が夜間を通して行われるのみで宿泊を伴わないものについては、原則として該当しない。

【⒂項の畜舎等】原則、自動火災報知設備の設置は不要。ただし、畜産経営に関する簡易な執務又は作業に供される部分及び保管庫の用に供する部分の床面積の合計が1,000㎡以上（無窓階300㎡以上）となる場合、又は保管庫の用に供する部分の床面積の合計が3,000㎡を超える場合は設置が必要となる。なお、地区音響装置は、専ら家畜の飼養に供する部分（当該部分に面する通路部分を含む。）を除く各部分から水平距離25m以下となるように設置する（規則第32条の３）。

— 227 —

【令第32条】令第21条第1項第1号に掲げる防火対象物のうち、(5)項イ、(6)項イ、(6)項ハ（利用者を入居、宿泊させるもの）で、次のア～ウまでのすべてに適合するものにあっては、自動火災報知設備を設置しないことを認めて差し支えない。

ア　延べ面積が300㎡未満

イ　改正令の施行の際（平成27年4月1日）に特定小規模施設における必要とされる防火安全性能を有する消防の用に供する設備等に関する省令第3条第2項第2号イ及びロに規定する部分すべてに、住宅用防災警報器（連動型、かつ、煙式（規則第23条第4項第1号ニに掲げる場所を除く。））が設置されているもの

ウ　現に設置されている住宅用防災警報器は、交換期限（自動試験機能付きのものについては、機能の異常の表示がされるまでの期間と製造年から10年間のいずれか短い期間とする。）を超えていないもの

根拠法令等	文化財関係建造物に対する自動火災報知設備の設置に関する消防法令の運用基準について（昭和44年消防予第237号） 1層2段及び2層3段の自走式自動車車庫に係る消防用設備等の設置の取扱いの一部改正について（平成8年消防予第217号）

次の有効範囲内は、自動火災報知設備を設置しないことができるが、特定防火対象物、階段、傾斜路、天井高15m以上、廊下、ＥＶ昇降路等、(2)項ニの個室、地階、無窓階、11階以上の階は除かれる（令第21条第3項）。

スプリンクラー設備
水噴霧消火設備　　　閉鎖型スプリンクラーヘッドを設置した場合
泡消火設備　　　　　（標示温度75℃以下で種別が1種のもの）

(規則第23条第3項)

第2　技術基準

1　警戒区域（火災発生区域を他と区別して識別できる最小単位の区域）

○ 面積600㎡以下　一辺の長さ50m以下（光電式分離型感知器は100m以下）

○ 主要出入口から内部を見とおせるもの　面積1,000㎡以下（体育館、講堂等）

○ 警戒区域は2以上の階にわたらない。ただし、警戒区域の面積が500㎡以下である場合は2の階にわたることができる（いずれかの階に階段があること。）。

○ 小屋裏や天井裏は階でないので天井下と合計した面積が600㎡以下の場合は、同一警戒区域とすることができる（点検口を設置）。

○ 煙感知器を設ける階段、傾斜路、EV昇降路、リネンシュート等の竪穴区画は、各階の居室、廊下等と別の警戒区域とする。

○ 水平距離が50m以下の竪穴区画は同一警戒区域にすることができる。屋上の昇降機塔、装飾塔等も範囲内であれば同一警戒区域に含めることができる。なお、竪穴区画の頂

部が他の竪穴区画と３階層以上異なっている場合は、それぞれ別の警戒区域とする。
○階段の警戒区域は、垂直距離45ｍ以下ごとに一の警戒区域とする。また、地上部分と地下部分は原則として別の警戒区域とするが、地階が１階のみの場合は地上部分と同一の警戒区域とすることができる。

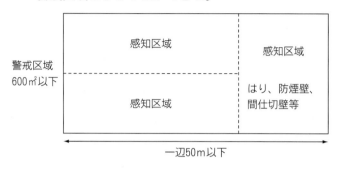
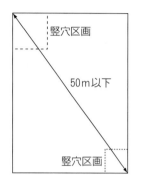

【警戒区域番号のとり方】
　警戒区域の番号は原則として下階より上階へ、また、受信機に近い場所から遠い場所へと順に付す。なお、階段、ＥＶシャフト、ダクト等竪穴区画は、各階の居室等の番号を付けた後に付けること。

2　感知区域（感知器によって火災の発生を有効に感知できる区域）

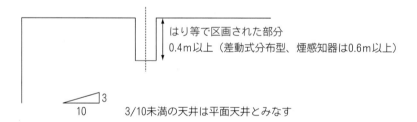

3　感知器の設置
　天井、壁の屋内に面する部分又は天井裏（天井がない場合は屋根、壁の屋内に面する部分）に火災を有効に感知、点検、維持ができる場所に設置する。
○特定防火対象物及び(15)項の地階、無窓階、11階以上の部分で規則第23条第４項第１号により煙感知器、熱煙感知器、炎感知器を設けないところは、規則別表第１の２の３により適応する感知器を設置する（規則第23条第６項第１号）。

次の部分以外に感知器を設置	規則第23条第4項第1号			規則別表第1の2の3			
	感知器	煙熱煙	炎	差動 スポット 1種2種	差動分布 1種2種	定温 特種1種	補償 1種2種
感知器取付け面20m以上（炎感知器を除く。）	×		―				
外気の流通する場所（上屋等）	×						
天井裏0.5m未満（天井と上階の床）	×						
小規模特定用途複合防火対象物の部分	×						
じんあい、微粉、水蒸気が滞留する場所		×					
腐食性ガスが発生する場所		×	×		○	●＊	
正常時煙が滞留する場所（厨房等）		×	×			●	
著しく高温となる場所		×	×			○	
排気ガスが多量に滞留する場所		×					
煙が多量に流入するおそれのある場所		×	×	○	○	●	○
結露が発生する場所		×	×		○	●防水	
水蒸気が多量に滞留する場所			×		○2種	●防水	
火を使用する設備で火炎が露出する場所			×				
感知器の機能に支障を及ぼすおそれのある場所		×	×				

○適応感知器　●公称作動温度75℃以下　＊耐酸性、耐アルカリ

○じんあいの発生（集じんダクト）
○著しく高温となる場所（鋳造室、乾燥室、殺菌室、ボイラー室等）
○排気ガスが多量に滞留する場所（発電機室、駐車場、格納庫等）
○外気の流通する場所

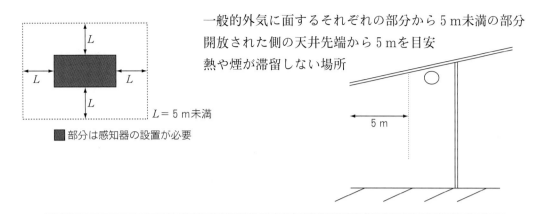

一般的外気に面するそれぞれの部分から５ｍ未満の部分
開放された側の天井先端から５ｍを目安
熱や煙が滞留しない場所

根拠法令等 消防用設備等の設置に関する疑義について（昭和54年消防予第228号）

○ 小規模特定用途複合防火対象物（指定可燃物貯蔵取扱所を除く。）の部分（準地下街、地階、無窓階、３階以上の階、道路、駐車場、11階以上の階、通信機器室の部分を除く。）

ア　感知器を設けなくてもよい部分
　(ア)　令別表第一の用途以外の用途部分
　(イ)　令別表第一各項（⒀項ロ、⒃項～⒇項を除く。）の用途部分で、⑹項ロ等以外の部分

イ　感知器を設けなくてもよい部分の床面積
　その用途に供される部分の床面積が小規模特定用途複合防火対象物において最も大きいものである場合にあっては、当該用途部分と⑹項ロ等の床面積の合計が500㎡未満（⑾項、⒂項は、1,000㎡未満）であるもの
　※⑹項ロ等とは、⑵項ニ、⑸項イ、⑹項イ⑴～⑶、⑹項ロ、⑹項ハ（利用者を入居させ、又は宿泊させるものに限る。）をいう。

ウ　感知器等（感知器、地区音響装置、発信機）を設けなくてもよい部分
　小規模特定用途複合防火対象物の部分のうち、令第21条第１項第４号及び第６号に該当しない⑹項ロ等以外の部分

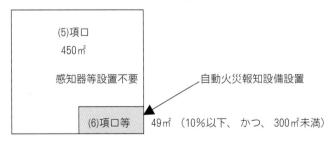

小規模特定用途複合防火対象物⒃項イ

(1) 感知器の設置免除
　(ア)　次の場所は、感知器を設けないことができる。
　　○特定主要構造部を耐火構造とした建築物の天井裏
　　○天井裏で天井と上階の床との間が0.5m未満の場所

○ 便所、浴室等（便所でコンセント等が使用されている場合は、行政指導により設置を指導する場合もある。）

　※行政指導とは、行政機関がその任務又は所掌事務の範囲内において一定の行政目的を実現するため特定の者に一定の作為又は不作為を求める指導、勧告、助言その他の行為であって処分に該当しないものをいう（行政手続法第2条第6号）。

(イ) 令第32条特例によるもの

> **根拠法令等** 消防法施行令第32条の特例基準等について（昭和38年自消丙予発第59号）

○ 不燃材料で造られた防火対象物又はその部分で、出火源となる設備や物件が電動機等にして出火のおそれが著しく少なく、延焼拡大のおそれがないと認められるもの
- 倉庫、搭屋部分等で不燃性の物件のみを収納するもの
- 浄水場、汚水処理場等で、内部の設備が水管、貯水池、貯水槽のみ
- プール、スケートリンク（滑走部分）
- 抄紙工場、清涼飲料等の工場で、洗びん、充てん場部分
- 不燃性金属、石材等の加工工場で可燃性のものを収納又は取り扱わないもの

○ 次に該当する場所
- 金庫室で、開口部に特定防火設備の防火戸又は同等以上のものを設けたもの
- 恒温室、冷蔵室等で火災を早期に感知することができる自動温度調節装置のあるもの
- 耐火構造とした建築物又は準耐火建築物の天井裏、小屋裏等で不燃材料の壁、天井及び床で区画されている部分
- ⑿項イで常時作業し、かつ、火災の発生を容易に覚知し、報知できる部分
- パイプシャフト、エレベーターシャフト等で、特定主要構造部を耐火構造としたもの
- 押入れ等は構造により、感知器の一部又は全部を省略することができる。

凡例　○感知器設置　×感知器設置不要

① 押入れ等の壁面及び天井面の材料

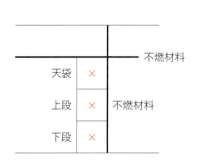
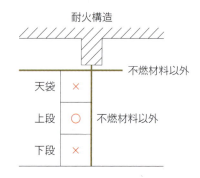

② 天井裏に感知器がある場合

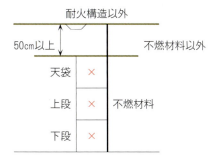
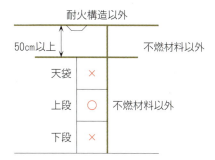

③ 天井裏に感知器がない場合

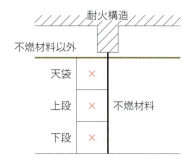

④ 天井裏が50cm未満の場合

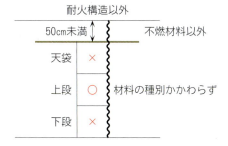

(2) 高さによる感知器の種類（規則第23条第4項第2号）

取付面の高さ	感知器の種類
4m未満	差動式スポット型、差動式分布型、補償式スポット型、定温式、イオン化式スポット型、光電式スポット型
4m以上8m未満	差動式スポット型、差動式分布型、補償式スポット型、定温式（特種、1種）、イオン化式スポット型（1種、2種）、光電式スポット型（1種、2種）
8m以上15m未満	差動式分布型、イオン化式スポット型（1種、2種）、光電式スポット型（1種、2種）
15m以上20m未満	イオン化式スポット型（1種）、光電式スポット型（1種）

差動式分布型3種・定温式スポット型2種は、消火設備と連動する場合に限り使用できる。

感知器＼高さ	4m未満	4m以上 8m未満	8m以上 15m未満	15m以上 20m未満	20m以上
光電式分離型　1種	○	○	○	○	―
2種	○	○	○	―	―
炎感知器スポット型	○	○	○	○	○

【平均高の出し方】

　平均の高さ（h）は、棟高H_1（最頂部）と軒高H_2（最低部）の中間となり、平均の高さに適応する感知器を設置する。

$$(h) = \frac{(H_1+H_2)}{2}$$

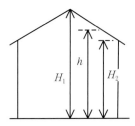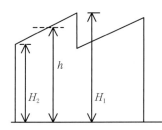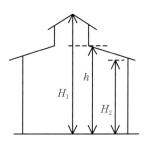

(3)　設置場所の適応性（規則第23条第5項、第6項）

設置場所＼適応感知器	煙	熱煙	炎
階段、傾斜路	○	―	―
廊下、通路（(1)項～(6)項、(9)項、(12)項、(15)項、(16)項イ、(16の2)項、(16の3)項） (2)項ニ（(16)項イ、(16の2)項、(16の3)項の(2)項ニの用途部分）の個室	○	○	―
ＥＶ昇降路、リネンシュート、パイプダクト、排気ダクト、ダストシュート等　垂直方向堅穴（水平断面積約1㎡以上）	○	―	―
天井の高さ　15m以上20m未満	○	―	○
天井の高さ　20m以上	―	―	○
地階、無窓階、11階以上の部分（特定防火対象物、(15)項）	○	○	○
地階、無窓階、11階以上の階（(5)項ロ、(7)項、(8)項、(9)項ロ、(10)項～(14)項、(16)項ロ、(17)項）	1、2、3種 ○	○	○
	差動式、補償式（1種、2種） 定温式（特種、1種（公称作動温度75℃以下に限る。））		
前記以外の場所（1階から10階までの無窓階でない階）	使用場所に適応する感知器		

○補償式スポット型感知器は公称定温点、定温式の性能を有する感知器の公称作動温度（2以上の公称作動温度を有する場合は最も低い公称作動温度）は、設置場所の正常時における最高周囲温度より、20℃以上高いものを設置する。

○設置場所の環境状態で非火災報又は感知の遅れがあるときは、自動火災報知設備の感知器の設置に関する選択基準について（平成3年消防予第240号）による。

(4) 感知面積（規則第23条第4項第3号）

必要個数＝$\dfrac{感知区域の床面積}{感知器1個の感知面積}$ （小数点以下切り上げ）

(5) 熱式スポット型感知器（差動式、定温式、補償式、熱複合式）

感知面積 （床面積㎡）

取付け面の高さ	特定主要構造部	差動式・補償式			定温式		
^^^	^^^	1種	2種		特種	1種	2種
4m未満	耐火構造	90	70		70	60	20
^^^	その他	50	40		40	30	15
4m以上8m未満	耐火構造	45	35		35	30	
^^^	その他	30	25		25	15	

※多信号感知器にあっては、種別に応じて定める最も大きい床面積

○差動式スポット型感知器

　火災発生時の一局所の急激な温度上昇により感知器内の空気が膨張して、ダイアフラム（金属）を押し上げて発報する。緩やかな温度上昇ではリーク孔から空気を逃がし誤報を防止するが、リーク孔がほこりなどで目詰まりすると、誤作動の原因となる。

○定温式スポット型感知器

　温度を感知して一定の温度（公称作動温度60℃～150℃）になると熱膨張率の異なる2枚の金属板を貼り合わせた「バイメタル」が温度変化で曲がる性質を利用して発報する。
　押入れなどで布団等が燃える無炎燃焼の場合は、徐々に温度変化するため差動式だと温度差を感知できず発報しない可能性がある。
　また、台所や洗面所では湿気でリーク孔が塞がる影響があり、急激な温度変化も起こりやすいため定温式スポット型感知器を設置する。

○補償式スポット型感知器

　補償式スポット型感知器は、差動式スポット型感知器の性能と定温式スポット型感知器の性能を併せもっている。感知部の周囲の温度の上昇率が一定の率以上になったとき又は感知部の周囲の温度が一定以上の温度になったときに1つの火災信号を発信する。

【感知器の取付け】

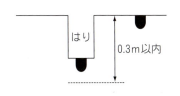

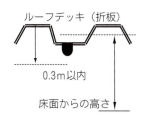

(6) 空気管式（差動式分布型）（規則第23条第4項第4号）

　　差動式分布型感知器は、広範囲の熱効果の累積により感知部周囲の温度の上昇率が一定以上になったときに火災信号を発信するもので、空気管（肉厚0.3mm以上、外径1.94mm以上）式は、感知部内の空気が膨張し検出部のダイアフラム（金属）が押し上げられ接点を閉じ発報する。

　　　　　最小露出　感知区域ごと　**20m以上**　　　最大接続長　一の検出部　**100m以下**
　　　　　　　20mに満たない場合は、2重巻き又はコイル巻きにする。

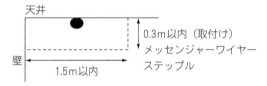

検出部（空気管式）

【空気管の相互間隔】

　　相対する空気管の相互間隔は、特定主要構造部を耐火構造とした防火対象物又はその部分にあっては9m以下、その他の構造にあっては6m以下となるように設ける。

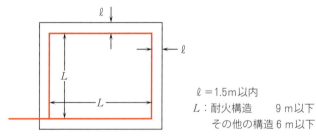

ℓ ＝1.5m以内
L：耐火構造　　9m以下
　　その他の構造 6m以下

① 一辺省略

壁面に沿う一辺を省略することができる。

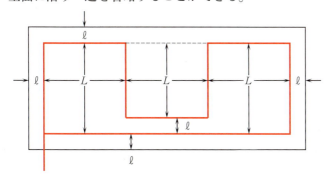

② 二辺省略

空気管の短い方の相互距離（L_1）を6（5）m以下とした場合は、他の相互距離（L_2）は9（6）m以上とすることができる。

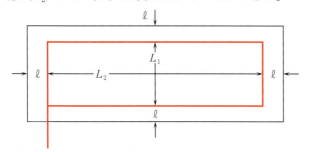

③ 一辺省略と二辺省略の組合せ

※ 熱感知器には、ほかに熱電対式（熱起電力）、熱半導体式（熱半導体素子）、定温式感知線型があるが、使用例は少ない。

(7) 煙感知器（光電式分離型を除く。）（規則第23条第4項第7号）

感知面積（廊下、通路、階段、傾斜路を除く。）床面積㎡

取付け面の高さ	1種・2種	3種
4m未満	150㎡	50㎡
4m以上20m未満	75㎡	

※多信号感知器にあっては、種別に応じて定める最も大きい床面積

○光電式スポット型感知器

一局所の煙の濃度が一定以上になったときに発光素子から常時発光されている光が煙に当たって散乱光し、受光素子の受光量の変化により作動する。

作動表示装置
防虫網・円孔板等

○イオン化式スポット型感知器

一局所の煙によるイオン電流の変化により作動するもので、火災が発生した場合に煙は外部イオン室に入り、煙の粒子とイオン電流が結合してイオン電流が減少し、内部イオン室と外部イオン室の平衡化が破られ電圧の変化により作動する。

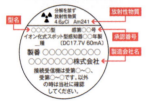

イオン化式感知器には放射線物質である「アメリシウム241」をイオン室に封入している。

平成16年に「放射性同位元素等の規制に関する法律」が改正され、イオン化式感知器は放射性同位元素装備機器に該当することになり、イオン化式感知器を廃棄する者は、その処理を製造会社等（許可届出使用者又は許可廃棄業者）へ委託することが義務付けられた。

○多信号式感知器（異なる2以上の火災信号を発信するもので、火災の報知（光電式2種）と防火設備の連動用信号（光電式3種）の性能を併せ持った感知器）

【感知器の取り付け】

天井が低い居室（おおむね2.5m未満）
狭い居室（おおむね40㎡未満） ｝入口付近に設置

天井付近に吸気口のある居室は、吸気口付近に設けること。

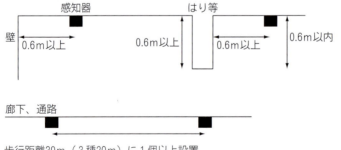

歩行距離30m（3種20m）に1個以上設置
10m以下の廊下、通路、又は廊下、通路から階段までの歩行距離が10m以下は設置しないことができる（昭和44年消防予第249号）。

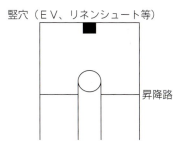
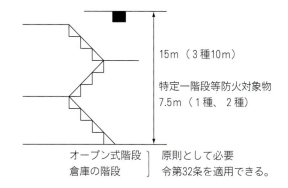

【特定一階段等防火対象物】（小規模特定用途複合防火対象物を除く。）

階段室等に設置する煙感知器の設置間隔は、5階層×3m（1階層分）で垂直距離15mごとに1個以上とされていたが、火災の初期では火災の煙が数センチしか浮動しないので、半分の7.5mとし、3種の煙感知器は感知の遅れが懸念されるため設置できない。

(8) 光電式分離型（規則第23条第4項第7号の3）

広範囲の煙の累積により送光部から発せられる光（光軸）に火災による煙が当たった場合に受光部で受ける光の量が減少（減光方式）することにより火災信号を発信する。

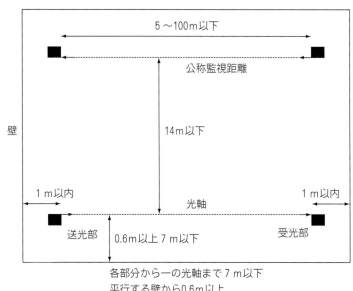
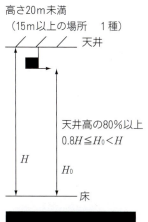

▲光電分離型

(9) 炎感知器（規則第23条第4項第7号の4、第7号の5）

炎から放出される紫外線や赤外線の変化が一定量以上になった時に火災感知を行う感知器で、危険物施設や高天井を有するアトリウムなどに特に有効な感知器である。

道路用以外（屋内型、屋外型）
　文化財建造物の軒下、物品販売場等の荷捌き場、トラックヤード等の上屋下部等で、雨水のかかるおそれがないものは屋内型で可

> **根拠法令等** 自動火災報知設備の炎感知器の設置に係る技術上の基準の運用について（通知）（平成3年消防予第128号）

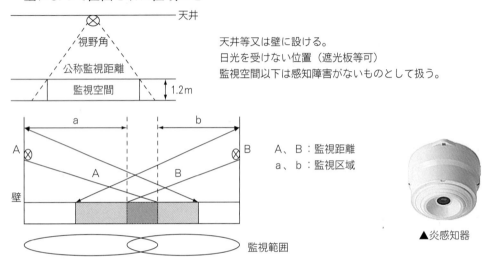

　道路用○道路の側壁、路端上部（監視員通路がある場合は通路面）から1m以上1.5m以下に設置する。
　　　　○道路の各部分から感知器までの距離（監視距離）が、公称監視距離の範囲内に設ける。ただし、設置個数が1のときは、2個設置する。

⑽　複合式スポット型感知器（規則第23条第4項第7号の2）
　　一の感知器内の性能の異なる複数の感知要素を有するもの

高さ	感知区域（はり等）	天井面等から	感知面積
煙1種　20m未満	煙　0.6m以上	煙　0.6m以内	煙2種（耐火4m未満）150㎡
熱　8m未満	熱　0.4m以上	熱　0.3m以内	熱　特種　　　　　　35㎡

＊　◯の数値を適用

⑾　アナログ式（規則第23条第7項）
　　温度、煙濃度の値を報知するとともに、注意表示・火災表示等の多段階の火災の程度に関する表示を行うもの（アドレス機能付：情報信号を中継器、受信機で火災判断を行う機能）

注意表示	早期火災発見のために管理者に異常の発生を知らせる。
火災表示	消防法上定められた火災信号としての処理を行う（地区音響鳴動等）。
連動報	さらに火災の度合いが進行した段階として、防排煙機器の自動制御を行う。

根拠法令等	アナログ式自動火災報知設備の運用について（通知）（平成 5 年消防予第187号）

4 受信機（規則第24条第 2 号）

受信機	主音響 （デシベル）	表示 保持	回線制限	予備 電源	火災灯	地区 表示灯	地区 音響
P型 1 級（複数） R型	85	○	なし	○	○	○	○
P型 1 級（ 1 回線）	85	○	1 回線	○	×	×	○
P型 2 級（複数）	85	○	5 回線以下	○	×	○	○
P型 2 級（ 1 回線）	85	○	1 回線	×	×	×	×
P型 3 級	70	×	1 回線	×	×	×	×

P型（Proprietary）占有・独占（公衆M型と区別）

R型（Record）記録

＊ガス漏れ警報設備と自動火災報知設備の組合せは、GP型　GR型

○ P型 1 級（ 1 回線）、P型 2 級、P型 3 級、GP型 1 級（ 1 回線）、GP型 2 級、GP型 3 級受信機は、一の防火対象物（令第21条第 1 項第10、11、13号は当該階）に 2 台までとする。

○ P型 2 級（ 1 回線）、GP型 2 級（ 1 回線）の受信機は、延べ面積350㎡以下（令第21条第 1 項第10、11、13号は当該階の床面積）の防火対象物に設置

○ P型 3 級、GP型 3 級受信機は、延べ面積150㎡以下（令第21条第 1 項第10号は当該階の床面積）の防火対象物に設置

⑴ 火災表示　 5 秒以内

⑵ 蓄積式　火災信号の継続を一定時間確認した後、感知器の作動を再確認し火災警報を発する機能で、煙感知器による非火災報の軽減となり、現在では受信機に蓄積機能を持つものが主流となっている。蓄積時間は 5 秒を超え60秒以内とし、発信機からの信号を検出したときは蓄積機能を自動的に解除すること。

○ 警戒区域ごとに感知器の公称蓄積時間、中継器、受信機の蓄積時間の合計は60秒を超えないこと。

○ 煙感知器以外の感知器設置 ⟶ 中継器、受信機の蓄積時間20秒を超えない。

○ 一の警戒区域に蓄積型（感知器、中継器）を設ける場合の受信機は、当該警戒区域において 2 信号式機能を有しないこと。

⑶ 警戒区域一覧図を備える（総合操作盤が設置されている場合は、この限りでない。）。アナログ式にあっては、中継器、受信機の付近に表示温度等設定一覧図を備える。

⑷ 常時人がいる場所に設置（防災センター等）

― 241 ―

(5) 2以上の受信機は、相互通話（副受信機を除く。）ができること。
　　地区ベルをいずれの受信機からも鳴動させることができるもの
(6) 特定一階段等防火対象物及び(2)項ニの用途がある防火対象物の受信機は、再鳴動付受信機とすること。
　　再鳴動付とは、火災時に地区音響を一時停止した場合でも、一定時間経過後又は再度火災信号を受信した場合に停止を解除して再鳴動させる機能をいう。

【執務資料　平成22年3月31日】
　　放送設備を規則第25条の2に定めるところにより設置し、自動火災報知設備の作動と連動して警報を発する場合は、地区音響停止スイッチを操作しても警報を停止できないことから、地区音響停止スイッチが設けられていないものとみなし、再鳴動機能を要さないこととすることができる。

(7) 主（副）音響装置の音圧、音色（地区音響装置、非常警報設備において同じ。）
　(ア) 次の場所に主（副）音響装置を設ける場合は、他の警報音又は騒音と明らかに区別して聞き取れる措置を講じること。
　　○ダンスホール、ディスコ、ライブハウス、コンサートホール等で室内の音響が大きいため、他の音響が聞き取りにくい場所
　　○カラオケボックス等で、壁、防音設備等により室外の音響が聞き取りにくい場所
　(イ) 他の警報音又は騒音と明らかに区別して聞き取れる措置とは、任意の場所で65dB以上の音圧があること。ただし、暗騒音が65dB以上ある場合は、次による。
　　○警報音の音圧を当該場所の暗騒音よりも6dB以上強くなるように確保する。
　　○自動火災報知設備連動により、警報音以外の音を自動停止させるか、常時人がいる場所に受信機又は火災表示盤等を設置し、警報装置が鳴動した場合に手動で警報音以外の音を停止できるもの

(8) 受信機の位置

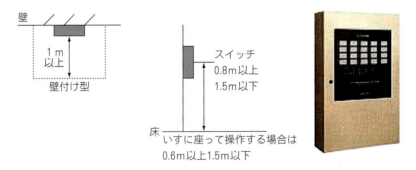

○前面は1m以上、背面に扉のあるものは、点検等に必要な空間を確保する。
○周囲は、試験及び操作上支障となる障害物がなく、適当な空間を確保する。
○自立型は、地震等により倒れないよう床面又は壁面に堅固に設置する。

根拠法令等　受信機に係る技術上の規格を定める省令（昭和56年自治省令第19号）

5　中継器（規則第23条第9項）

感知器、発信機からの信号を受けて、受信機に発信し、又は消火設備、排煙設備その他の防災設備に制御信号を発信するもの

○受信機から感知器に至る配線の導通確認ができないものは、回線ごとに受信機と感知器の間に中継器を設けること。

○点検に便利で、防火上有効な措置を講じた箇所に設ける。

根拠法令等　中継器に係る技術上の規格を定める省令（昭和56年自治省令第18号）

6　発信機（規則第24条第8号の2）

火災信号を受信機に手動で発信する。　　表示灯（発信機の直近）

防滴性の有無により、屋内型と屋外型があり、次のように分類される。

- P型　1級（押しボタンスイッチ、確認ランプ、電話連絡用ジャック）
- 　　　2級（押しボタンスイッチ）
- T型　送受話器により、火災信号を発信と同時に通話ができるもの

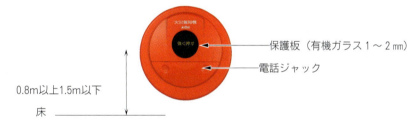

各階ごとに歩行距離50m以下（小規模特定用途複合防火対象物の感知器等を設けなくてもよい部分を除く。）　ホールの入口、階段の付近、廊下、消火栓箱直近等

根拠法令等　火災報知設備の感知器及び発信機に係る技術上の規格を定める省令（昭和56年自治省令第17号）

7　地区音響装置（規則第24条第5号、第5号の2）

受信機の地区音響鳴動装置から発せられた信号により、ベル・ブザー等の音響を発するもので、地区ベル・非常ベルという名称でも呼ばれており、屋内消火栓設備が設置されている場合は、消火栓箱と一体として併設されているもの、又はスピーカー等の音声により火災の発生を報知するもの。

（P型2級1回線、P型3級、GP型2級1回線、GP型3級受信機の警戒区域又は非常放送設備を設置した場合を除く。）

○感知器と連動して作動（階段、傾斜路を除く。小規模特定用途複合防火対象物の感知器等を設けなくてもよい部分を除く。）

○各階ごとに水平距離25m以下（小規模特定用途複合防火対象物の感知器等を設けなく

てもよい部分を除く。）

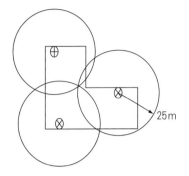

音圧　1m離れて90デシベル以上の音圧が得られるように設けること。なお、音声を発するものにあっては、92デシベル以上の音圧であること。

○ 2以上の受信機がある場合はいずれの受信機からも鳴動できること。
○ ダンスホール、カラオケボックス等で室内又は室外の音響が聞き取りにくい場所に設ける場合は、他の警報音又は騒音と明らかに区別して聞き取れる措置を講じること。
○ ⑵項ニ及び⒃項イ、（16の2）項、（16の3）項の⑵項ニの用途部分において、遊興のためにヘッドホン、イヤホン等を利用させる個室において警報音が確実に聞き取れる措置がされていること。（例：個室ごとに地区ベルを設置、カットリレー等により警報音以外の音響を停止させる等）（規則第24条第5号、第5号の2、第25条の2第2項第1号イ）

カットリレーの定義（平成15年消防予第170号）
「自動火災報知設備、非常警報設備の地区音響装置等の作動と連動して、地区音響装置等の音以外の音が自動的に停止するものであること。」

カットリレーには、非常放送設備から制御部に24Vが常時供給されており、接点はメイク（DC24Vの無電圧A接点）状態になっているが、自動火災報知設備からの火災信号により、メイク接点の電圧が0Vとなり接点が開き、AC100Vを遮断し、非常放送以外の音響装置への電源供給を停止させる制御を行う。

　カットリレーコンセントは一般的な15Aコンセントよりも電源容量が小さく、8A～10A程度で、使用するワット数がカットリレー本体に表記されており、それ以上の電源容量をもつ放送設備を接続することはできない。電源容量を超える放送設備を接続すると、接点の融着や異常発熱などが発生し、カットリレーから発火したり、緊急時に正常に動作しないといった問題が発生するおそれがある。

(1) 鳴動方式（小規模特定用途複合防火対象物の感知器等を設けなくてもよい部分を除く。）

音声警報を発するものは、次のどちらかに該当

一斉鳴動	地区音響装置を感知器又は発信機の作動と連動して一斉に鳴動させる方式
区分鳴動	地上5階以上で延べ面積が3,000㎡を超える防火対象物又はその部分 出火階ごとにより、次の階に限って警報を発することができること。 　(ｱ)　2階以上の階にあっては、出火階と直上階 　(ｲ)　1階の場合は、出火階、その直上階及び地階 　(ｳ)　地階の場合は、出火階、その直上階及びその他の地階

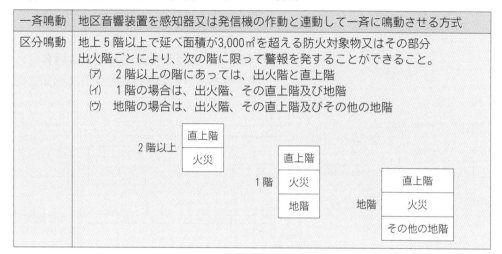

　区分鳴動方式の場合は、原則として階段、傾斜路、エレベーター昇降路又はパイプダクト等に設置した感知器の作動と連動して、地区音響装置を鳴動させないこと（昭和48年消防予第140号・消防安第42号）。

(2) 逐次鳴動（平成9年7月1日施行）

　一定時間（最大10分）経過後又は新たな信号（他の警戒区域からの火災信号、発信機及び火災の発生を確認した旨の信号）を受信した場合、全区域に警報を発する。

（注）　一定時間とは、出火階、その直上階からの避難時間、スプリンクラー設備の有無や建物構造等を考慮した数分とし、避難の遅れを防止するため、全館鳴動に移行する。

> **根拠法令等**　地区音響装置の基準を定める告示（平成9年消防庁告示第9号）

(3) 無線式地区音響装置

　受信機との間を無線により発信し、又は受信する地区音響装置

○無線設備　小電力セキュリティシステムの無線局
　（無線設備規則（昭和25年電波監理委員会規則第18号）第49条の17）

認証を受けた無線設備の表示

○電源に電池を用いる場合
　電池交換が容易に行え、電池電圧が地区音響装置を有効に作動できる電圧の下限値となった時、受信機にその旨を自動的に発信するもの

8　配線（規則第24条第１号）
　　L：表示線
　　C：共通線　common（コモン）　　共通線１本につき７警戒区域以下（受信機から遠い順から）
　　　　　　　　　　　　　　　　　　　R型、GR型受信機に接続される固有信号を有する感知器、中継器が接続される感知器回路にあってはこの限りでない。

　　BC：ベル共通線
　　B：ベル線
　　T：電話線、確認（応答線）

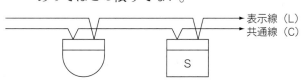

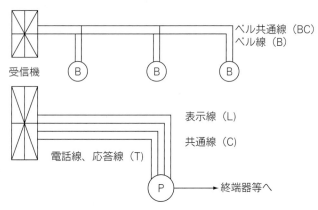

配線の記入方法

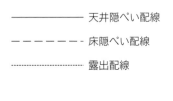

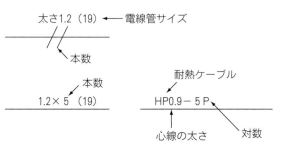

送り配線とすること（断線した場合、受信機が自動警報を発するものはこの限りでない。）。

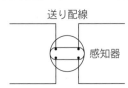

次の接続は禁止（配線が外れても導通している。）

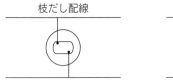
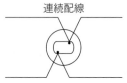

配線図記号例

◯	差動式スポット型感知器　2種	⊠	受信機
◯	定温式スポット型感知器　1種	▭	中継器
◯	定温式スポット型感知器　1種 防水型	Ⓟ	P型発信機
◯	定温式スポット型感知器　特種	◐	表示灯
—	差動式分布型感知器（空気管式）	Ⓑ	警報ベル
⋈	差動式分布型感知器の検出部	Ω	終端抵抗器
S	煙感知器　2種	▭	機器収容箱（屋内消火栓箱組込み）
△	炎感知器	▭	機器収容箱

(1)　常時開路式

信号回路の導通試験のため、配線の末端に発信機、押しボタン、終端器（10kΩ程度）のいずれかを設置

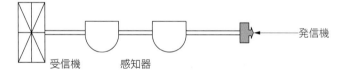

(2)　絶縁抵抗　AC250Vメガー

電源回路	対地電圧150V以下　0.1MΩ以上
	対地電圧150V超　0.2MΩ以上
感知器回路、附属装置回路　一の警戒区域ごと対地間、配線相互間　0.1MΩ以上	

他の電線と同一管、同一ダクトに入れない（60V以下の弱電流回路を除く。）。
強力な回路近くに配線すると誘導電流が発生し、誤報を生ずる。

(3)　配線の種類等

　(ア)　屋内外電線

　　ビニルコード（JIS C 3306）、600Vビニル絶縁電線（JIS C 3307）、600Vビニル絶縁ビニルシースケーブル（JIS C 3342）、600V耐熱性ポリエチレン絶縁電線（JCS 3416）等又はこれと同等以上の性能を有するもの

　(イ)　耐火電線及び耐火保護の方法

　　○600V二種ビニル絶縁電線（HIV）等及び同等以上の耐熱性を有するもの
　　　●耐火構造とした壁、床等に埋設する場合

　　　　　金属管、二種可とう電線管（埋設する深さ10mm以上）
　　　　　合成樹脂管（埋設する深さ20mm以上）
　　　　●耐火構造とした主要構造部に埋設することが困難な場合
　　　　　金属管、二種可とう電線管工事とし、厚さ15mm以上のガラスウール、ロックウール、けいそう土、モルタル等で保護する。
　　　○耐火電線（「耐火電線の基準」平成9年消防庁告示第10号）、ＭＩケーブルの端末、接続部を各電線ごとに耐火保護を行った場合は、露出配線とすることができる。
　(ウ)　耐熱電線
　　　○600Ｖ二種ビニル絶縁電線（HIV）等及び同等以上の耐熱性を有するもの
　　　　金属管工事、第二種可とう電線管工事、金属ダクト工事、不燃性ダクトに敷設するケーブル工事による。
　　　○耐熱電線（「耐熱電線の基準」平成9年消防庁告示第11号）、耐火電線、ＭＩケーブル、耐熱光ファイバーケーブルの端末、接続部を各電線ごとに耐熱保護を行った場合は、露出配線とすることができる。
　(エ)　表示
　　　　製造者又は証票、製造年、耐火（熱）電線である旨、高難燃ノンハロゲン（NH）一般社団法人電線総合技術センターにより、表面に表示が付される。
　　　（例）トウロクニンテイキカン　JCT　ニンテイ　FP　XXX　JCMAタイカＸＸＸ

【配線例】

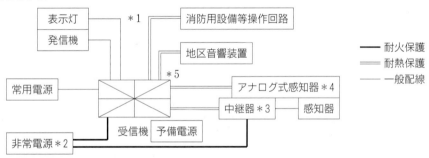

　＊1　発信機を他の消防用設備等の起動装置と兼用する場合、発信機直近の表示灯回路は非常電源付の耐熱配線とすること。
　＊2　受信機及び中継器の非常電源回路は、受信機及び中継器に予備電源を有する場合は、一般配線とすることができる。
　＊3　受信機（中継器）の予備電源容量が、中継器の予備電源を併せ持たない場合は、耐火配線とすること。
　＊4　アナログ式感知器、R型（多信号、アドレス感知器）は、受信機（中継器）から感知器までを耐熱配線とすること。
　＊5　無線による場合を除く。

　(オ)　床面積50,000㎡以上の倉庫（平成31年4月1日施行）
　　　　大規模な倉庫においては、可燃物量が大きいこと等から、防火シャッターが適切に閉鎖しなかった場合、火災の範囲が拡大するおそれがあり、倉庫の防火区画に用いる防火設備について、アナログ式感知器を設ける場合の配線は、次の①又は②のいずれかの措置を講じること。ただし、スプリンクラー設備等の自動式消火設備を設置した部分については、この限りでない。

① 電線の端子部分の耐熱性の強化
　　加熱によるショートのおそれがある感知器の端子部分に、マイカ素材の耐火テープを巻いて耐熱性を強化するか、その他の短絡を防止する措置を講じる。
② 短絡の影響を局限化する措置
　　ショートした部分を電気的に切り離し、その影響が床面積3,000㎡以内の防火区画された部分以外の部分に及ばないように断路器その他これに類するものを設ける。
　　※断路器その他これに類するものには、自動火災報知設備におけるショートサーキットアイソレーター（ＳＣＩ）等、短絡部を切り離すことで、短絡の影響が設備全体に及ぶことを防止する機能を有する機器が該当する。

根拠法令等	防火区画に用いる防火設備等の構造方法を定める件（昭和48年建設省告示第2563号） 防火区画に用いる防火設備等の構造方法を定める件の一部を改正する件の施行について（平成30年国住指第4750号）

9　無線式感知器等（規則第24条第1号の2）

火災信号を無線により発信し、又は受信する感知器、中継器、受信機、地区音響装置、発信機を設ける場合は、次によること。
㋐　感知器等の間において確実に信号を発し、又は受信することができる位置に設けること。
㋑　受信機において感知器等から発信される信号を受信できることを確認するための措置を講じていること。

10　電源（規則第24条第3号）

○蓄電池、交流低圧屋内幹線から他の配線を分岐させないでとること。ただし、感知器等の電源に電池を用いる場合で電池電圧が感知器等を有効作動できる電圧下限値となった旨を受信機において確認するための措置が講じられているときは、この限りでない。
○非常電源専用受電設備を設置した場合は、常用電源を省略できる。

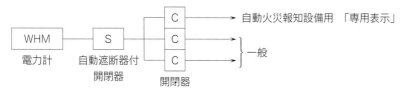

11　非常電源（令第21条第2項第4号、規則第24条第4号）

常用電源が停電した時の措置　容量10分以上

延べ面積1,000㎡以上の特定防火対象物	蓄電池設備（直交変換装置を有する蓄電池設備を除く。）
その他の防火対象物	非常電源専用受電設備又は蓄電池設備

予備電源（密閉型蓄電池）　常用電源が故障又は容量不足の時に自動切換え
- 受信機は予備電源を内蔵しており、予備電源の容量が非常電源として要求される容量以上であれば、令第32条により非常電源を省略することができ、一般的に非常電源が省略されている。逆に非常電源の容量が十分であっても予備電源は省略することができない。これは受信機が検定対象であり、性能、構造等が確保されているからで、予備電源容量については、受信機に係る技術上の規格を定める省令で規定されている。
- 常用電源が正常に供給され、非常電源、予備電源の電圧、容量が適正に維持されていること。
- 電源に電池を用いる場合（規則第24条第3号ただし書）で、電池電圧が感知器等を有効作動できる電圧下限値となった旨を受信機に168時間以上発信した後、感知器等を10分間以上有効に作動できるときは、電池を非常電源とする。

第3　特定小規模施設用自動火災報知設備（令第29条の4）

令第21条の自動火災報知設備に代えて用いることができる設備等

延べ面積300㎡未満	延べ面積300㎡以上
特定小規模施設用自動火災報知設備	自動火災報知設備
	小規模特定用途複合防火対象物（特定小規模施設用自動火災報知設備）

特定小規模施設（特定一階段等防火対象物（規則第23条第4項第7号ヘ）以外のもの）
　ア　延べ面積が300㎡未満の次の防火対象物
　　- (2)項ニ、(5)項イ、(6)項イ(1)・(2)・(3)、(6)項ロ、(13)項ロ、(17)項
　　- (6)項ハ（利用者を入居させ、又は宿泊させるものに限る。）
　　- (9)項イに掲げる防火対象物で、延べ面積が200㎡以上のもの
　　- 令第21条第1項第7号、9号、10号若しくは13号に掲げる防火対象物又はその部分
　イ　(16)項イで、上記の用途に供される部分が存するもの（延べ面積300㎡以上のものにあっては、小規模特定用途複合防火対象物であって、アの用途に供される部分及び感知器等を設けることを要しない部分のみで構成され、これら以外の部分が存しないもの）

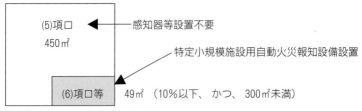

小規模特定用途複合防火対象物(16)項イ

ウ　共同住宅に(5)項イが入居した(16)項イ
　　　　延べ面積300㎡以上500㎡未満のもので、(5)項イ、ロ以外の用途が存せず、(5)項イの床面積が300㎡未満のもの
(1)　警戒区域
　　令第21条第2項第1号、第2号の例による。
　　全ての感知器を火災の発生した警戒区域を特定することができる連動型警報機能付感知器とする場合は、警戒区域を2以上とすることができる。
(2)　感知器の設置
　　屋内に面する部分（天井がない場合は、屋根又は壁の屋内に面する部分）
　　○居室及び床面積が2㎡以上の収納室（床面積が30㎡以下のものに限る。）の天井又は壁に設置
　　○倉庫、機械室その他これらに類する室
　　○(2)項ニ、特定小規模施設ウ特定一階段等防火対象物、警戒区域が2以上の防火対象物の内部に設置されている次の場所
　　　階段、傾斜路、廊下、通路、エレベーターの昇降路、リネンシュート、パイプダクトその他これらに類するもの
(3)　消防庁長官が定める技術上の基準

> **根拠法令等**　特定小規模施設用自動火災報知設備の設置及び維持に関する技術上の基準（平成20年消防庁告示第25号）

【警報機能付感知器】
　　火災の発生を感知した場合に火災信号を発信する感知器で、火災警報を発する機能を有するもの

【連動型警報機能付感知器】（以下「連動型感知器」という。）
　　警報機能付感知器で、火災の発生を感知した場合に火災信号を他の感知器に発信する機能及び他の感知器からの火災信号を受信した場合に火災警報を発する機能を有するもの

> **根拠法令等**　火災報知設備の感知器及び発信機に係る技術上の規格を定める省令（昭和56年自治省令第17号）の一部改正（平成20年総務省令第158号）

次のいずれかに該当する連動型感知器は、特定小規模施設用自動火災報知設備以外には使用できない。（規則第23条第4項第7号の6）

○火災信号を発信する端子以外から電力を供給されるもの（電池式を除く。）で、電力供給が停止した場合、その旨の信号を発信することができないもの

○電源に電池を用いるもので、電池電圧が下限値となった時、その旨を自動的に受信機に発信することができないもの

○感知器等規格省令第21条の2（防水型を除く。）滴下試験又は第22条第1項各号の腐食試験を行わなかったもの

根拠法令等	特定小規模施設における必要とされる防火安全性能を有する消防の用に供する設備等に関する省令（平成20年総務省令第156号） 無線式自動火災報知設備及び特定小規模施設用自動火災報知設備の運用について（平成21年消防予第119号）

第4　複合型居住施設用自動火災報知設備（令第29条の4）

　令第21条の自動火災報知設備に代えて用いることができる設備等

　複合型居住施設における火災の発生を感知し、報知するための設備で令第21条第2項、規則第23条～第24条の2までの規定の例による。

【複合型居住施設】

　共同住宅に居住型福祉施設が設置された⒃項イで、延べ面積500㎡未満、かつ、⑸項ロ並びに⑹項ロ、ハ（有料老人ホーム、福祉ホーム、認知症高齢者グループホーム、障害者グループホーム・ケアホームに限る。）以外の用途が存しないもので、特定一階段等防火対象物を除くもの

○居住型福祉施設（⑹項ロ、ハの部分）の床面積の合計が300㎡未満の複合型居住施設は、特定小規模施設用自動火災報知設備を設置することができる。

⑹項ロ、ハの床面積合計300㎡未満	延べ面積500㎡未満
特定小規模施設用自動火災報知設備	複合型居住施設用自動火災報知設備

○共同住宅等の部分に感知器を設けないことができる場合

　受信機を設置した居住型福祉施設及び令第21条第1項第11号～第14号（地階、無窓階、3階以上の階で床面積300㎡以上のもの、道路、駐車場、11階以上の階）以外の部分で、次に該当する場合は感知器を設置しないことができる。

㈠　福祉施設等の居室を準耐火構造の壁、床（3階以上の階は、耐火構造）で区画
㈡　福祉施設等の壁、天井（天井がない場合は、屋根）の室内に面する部分（回り縁、窓台等を除く。）の仕上げ 　○地上に通ずる主たる廊下、その他の通路　　準不燃材料 　○その他の部分　　難燃材料

― 252 ―

（ウ）　区画（壁、床）の開口部　　面積合計 8 ㎡以下（一の開口部面積 4 ㎡以下）

（エ）　（ウ）の開口部の防火戸
- 防火戸（廊下と階段を区画する部分は防火シャッター可）で、随時開くことができる自動閉鎖装置付き
- 福祉施設等が 3 階以上の階は、特定防火設備の防火戸
- 随時閉鎖することができ、煙感知器連動で閉鎖するもの
- 居室から地上に通ずる主たる廊下、階段その他の通路に設ける防火戸は、手で開けられる自動閉鎖式のくぐり戸付き
- 防火戸（防火シャッターを除く。）
  二方向避難の出入口以外の開口部で、直接外気に開放されている廊下、階段、通路に面し、面積合計が 4 ㎡以内のもの

（オ）　福祉施設等の主たる出入口
　直接外気に開放され、複合型居住施設の火災時に煙を有効に排出できる廊下、階段、通路に面していること。
＊特定共同住宅等の構造類型を定める件（平成17年消防庁告示第 3 号）第 4 ⑷又は⑸に定めるもので避難階において出入口が直接地上に通じている通路等が挙げられる。

延べ面積500㎡未満

⑸項ロ　共同住宅
　感知器のみ免除

居住型福祉施設
⑹項ロ、ハ

複合型居住施設

共同住宅に居住型福祉施設が入居し⒃項イと判定された複合型居住施設には、複合型居住施設用自動火災報知設備を設置することができ、また、居住型福祉施設の床面積の合計が300㎡未満の場合は、特定小規模施設用自動火災報知設備とすることができる。

　なお、居住型福祉施設に一定の区画をし、受信機を設けた場合は共同住宅部分の感知器の設置を免除することができる。

根拠法令等　複合型居住施設における必要とされる防火安全性能を有する消防の用に供する設備等に関する省令（平成22年総務省令第 7 号）

立 入 検 査 チ ェ ッ ク ポ イ ン ト

- □　増改築、間仕切変更による未警戒がないか。
- □　改装等により、感知器にペンキが塗られていないか。
- □　発信機、受信機の前に操作障害になる物はないか。
- □　受信機のそばに警戒区域一覧図（アナログ式は、表示温度等設定一覧図）は備えてあるか。
- □　電源又は音響装置のスイッチが遮断されていないか。
- □　型式承認の失効はないか。

第13節

ガス漏れ火災警報設備（令第21条の2）

　昭和55年8月静岡市ゴールデン街ガス爆発火災により、昭和56年1月に新設された。
　平成19年6月東京都渋谷区の温泉汲み上げ施設で天然ガスの爆発火災が発生したことにより、改正された。燃料用ガスの燃焼機器等及び温泉採取設備が存する場合にあっては、これらの双方にガス漏れ火災警報設備の設置が必要となる。

　【対象ガス等】（規則第24条の2の2）

> **燃料用ガス**（液化石油ガスを一般消費者に販売する事業を除く。（液化石油ガスの保安の
> 　　　　　　確保及び取引の適正化に関する法律第2条第3項））
> ※都市ガスを指し、ガス燃焼機器が設置されているもの、及び燃焼機器を接続するだけで
> 　使用可能な状態にガス栓が設置されているもの
>
> **建築物、工作物の内部に温泉井戸、ガス分離設備及び排出口とこれらの間の配管**（温泉法
> 施行規則第6条の3第3項第5号イ）**が設置されているもの**
> ※可燃性天然ガスが滞留するおそれがない場所（温泉採取設備が設けられた室が2面以上
> 　開放されているもの）に設けられるものを除く。
> ※ガス分離設備については、貯湯タンクなど一定量のガスを分離しているものを含む。
>
> **可燃性ガス**が自然発生するおそれがあるとして消防長又は消防署長が指定したもの
> ※天然ガスやメタン発酵により発生した可燃性ガスが継続して発生するおそれのある防火
> 　対象物の部分で爆発限界に達するおそれのある場合

第1　設置基準

(16の2)項　地下街	延べ面積1,000㎡以上
(16の3)項　準地下街	延べ面積1,000㎡以上、かつ、特定用途（(1)項〜(4)項、(5)項イ、(6)項、(9)項イ）の床面積500㎡以上
令別表第一で有人の建築物、工作物内部に温泉採取設備が設置されているもの	温泉源から温泉の採取を業とする者が可燃性天然ガスの濃度が災害防止措置を必要としない基準（環境省令）を超えないことを都道府県知事の確認を受けて設置する温泉採取設備は除かれる。（注1）
特定用途（(1)項〜(4)項、(5)項イ、(6)項、(9)項イ）の地階	床面積1,000㎡以上
⒃項イの地階	床面積1,000㎡以上、かつ、特定用途（(1)項〜(4)項、(5)項イ、(6)項、(9)項イ）の床面積500㎡以上

— 254 —

（注1）都道府県知事の確認を受けた温泉採取設備の場所とは、次の場所をいう（平成20年消防予第200号）。

　　㋐　温泉法施行規則第6条の6第1項の規定により、環境大臣が定めるメタン濃度（平成20年環境省告示第58号）であるもの

　　㋑　温泉法施行規則第6条の6第2項の規定により、温泉付随ガスの気泡が目視できず、近隣にあり、かつ、地質構造、泉質、深度その他の状況からみて温泉付随ガスの性状が類似していると認められる温泉採取場所におけるメタン濃度が、環境大臣が定めるメタン濃度（平成20年環境省告示第58号）であるもの

第2　技術基準

1　**警戒区域**（令第21条の2第2項、規則第24条の2の2第4項、第5項）

　　ガス漏れの発生した区域を識別できる最小単位の区域

　　　面積600㎡以下、一辺50m以下で2以上の階にわたらないこと。

　　　ただし、①警戒区域500㎡以下で、かつ、2の階にわたる場合

　　　　　　　②警戒区域1,000㎡以下で、かつ、ガス漏れ表示灯を通路中央から見通せる場合は、この限りでない。

　○通路、地下道に面する室、店舗等を一の警戒区域に含まれるよう設定する。

　○燃焼器等の設置されていない室、店舗等（通路、地下道を含む。）の面積も警戒区域に含める。

2　**検知器**

　○検知濃度　爆発下限界の1/4以上（温泉採取設備1/10）のときに確実に作動し、1/200以下のときに作動しないこと。

　○爆発下限界の1/10以上の濃度のガスにさらされているときは、継続して作動すること。

　○信号を発するガス濃度に接したときに60秒以内に信号（警報）を発すること。

| 半導体式　SnO_2（酸化スズ） |
| 接触燃焼式　白金線 |
| 気体熱伝導度式　SnO_2、白金線 |

3　**検知器を設けてはならない場所**（規則第24条の2の3第1項第1号）

　○出入口付近で外部の気流が頻繁に流通する場所

　○換気口の空気吹き出し口から1.5m以内

　○ガス燃焼機器の廃ガスに触れやすい場所

　○有効検知できない場所

— 255 —

4　ガス検知出力信号

有電圧出力方式	監視時DC 6 V　　検知時DC12V
無電圧接点方式	接点が閉じる。

5　検知器の設置（規則第24条の2の3第1項第1号）
　（ガス比重1未満）

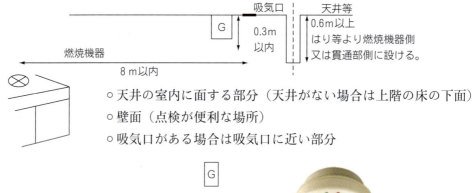

○天井の室内に面する部分（天井がない場合は上階の床の下面）
○壁面（点検が便利な場所）
○吸気口がある場合は吸気口に近い部分

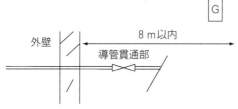

▲検知器（天井式）

（ガス比重1以上）都市ガス6A　比重1.24

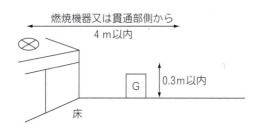

▲検知器（壁式）

【長官指定部分】
　温泉採取設備設置の建築物、工作物の燃焼器は、消防庁長官が定めるもの（平成20年消防庁告示第8号）に限る。
　　○(1)項〜(4)項、(5)項イ、(6)項、(9)項イの地階で床面積1,000㎡以上のものに存する燃焼器
　　○(16)項イの地階で床面積1,000㎡以上、かつ、(1)項〜(4)項、(5)項イ、(6)項、(9)項イの用途部分の床面積が500㎡以上のものに存する燃焼器
　　　（注）準用する場合は、「ものに存する燃焼器」を「もの」に読み替える。
【温泉採取設備】
　温泉採取設備が存する場合に設置が義務付けられたガス漏れ火災警報設備は、ガス漏れ検知器及び指示装置で構成されたものに警報装置を付加したもので、受信機の設置は

要しない。

　温泉採取設備が存する場所は、ガス発生のコントロールが難しいため、濃度をモニターして迅速に対応する必要があることや、日常的にガスの接触が考えられるため耐久性が要求されること等から高圧ガス施設で用いられる工業用のガス漏れ検知警報装置を想定し、基準化された。

- ガス漏れ検知器　温泉採取設備の周囲10mに1個以上を有効検知できる場所に設ける（ガス比重が1未満の場合ではり等が0.6m以上突出している場合は、温泉採取設備側に設ける。）。
- ガス濃度指示装置　防災センター等常時人がいる場所に設ける（指示計は指示された値を校正することができること。）。

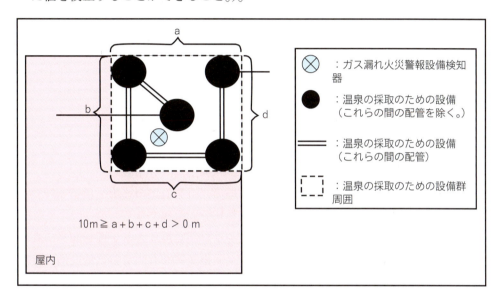

6　警報方式

即時警報型	設定値直後
警報遅延型	設定値以後20秒〜60秒
反限時警報型	設定濃度が高いほど時間が短い

7　受信機（規則第24条の2の3第1項第3号、第8号、規則第24条の2の4第3号）

　　＊　温泉採取設備に検知器を設ける場合は、受信機を設けないことができる。

　回路導通試験　　（5回線以下のもの及び検知器の電源の停止を受信機で確認できるものを除く。）

　標準遅延時間　　ガス漏れ信号を受信して表示をするま

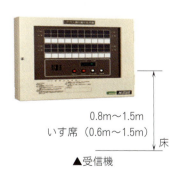

0.8m〜1.5m
いす席（0.6m〜1.5m）　床
▲受信機

での標準的な時間

受信開始から60秒以内

故障表示装置

同時受信　2回線からガス漏れ信号を同時受信した場合表示

○貫通部検知器の警戒区域は、他の検知器の警戒区域と区別して表示する。

○主音響装置の音圧、音色は、他の警報音、騒音と明らかに区別して聞き取れること。

○常時人がいる場所に設置

○警戒区域一覧図（総合操作盤が設置されている場合は、この限りでない。）

○2以上の受信機…相互通話

次の事態で受信機はガス漏れ表示をしないこと。

○配線の一線に地絡を生じたとき。

○開閉器の開閉で電流変化を生じたとき。

○振動、衝撃を生じたとき。

8　**電源**（規則第24条の2の3第1項第6号、第7号）

DC24V　蓄電池型（大部分）

AC100V　交流低圧屋内幹線

常用電源　　他の配線を分岐させないこと。　開閉器（専用表示）

非常電源　蓄電池（直交変換装置を有しない。）（令第21条の2第2項第4号）

○2回線を10分間作動させ、同時に他の回線を10分間監視できるもの

○2回線を1分間作動させ、同時に他の回線を1分間監視できる予備電源又は直交変換
装置を有しない蓄電池を設ける場合は、直交変換装置を有する蓄電池設備、自家発電
設備、燃料電池設備とすることができる。

9　**警報装置**（規則第24条の2の3第1項第4号）

(1)　音声警報装置

　(ア)　音圧、音色は、他の警報音、騒音と明らかに区別して聞き取れること。

　(イ)　スピーカーは、各階ごとに水平距離25m以下

　(ウ)　地下街、準地下街、特定防火対象物の地階、温泉採取設備の長官指定部分

　　　○2以上の受信機を設けるときは、いずれの場所からも作動させることができるこ
と。

　　　○非常放送設備の有効範囲内は、音声警報装置を設けないことができる。

　(エ)　温泉採取設備設置建築物、工作物で長官指定部分がないもの又は長官指定部分が
あり、長官指定部分を除く部分に設けるもの

　　　○常時人がいない場所、非常放送設備、警報機能付き検知器、検知区域警報装置の
有効範囲内の部分には、音声警報装置を設けないことができる。

(2)　ガス漏れ表示灯（通路にいる防火対象物の関係者に警報する装置）

　　○一の警戒区域が一の室の場合設置しないことができる。

○検知器設置の室が通路に面する場合は、通路に面する出入口付近に設置する。
○前方3mで点灯を確認できること。
(3) 検知区域警報装置
前方1m離れて70デシベル以上（警報機能付検知器の設置、機械室等人がいない場所、貫通部には設けないことができる。）

10　中継器（規則第24条の2の3第1項第2号）
受信機から検知器までの配線の導通試験ができないものは、回線ごとに設置（回線数5以下を除く。）

11　配線（規則第24条の2の3第1項第5号）
1回線1検知器を除き、送り配線とする。　末端に終端器
絶縁抵抗
○電源回路と大地間、配線相互　　150V以下　　0.1MΩ以上
　　　　　　　　　　　　　　　　150V超える　0.2MΩ以上
○検知器回路と大地間、配線相互　警戒区域ごとに0.1MΩ以上
次の回路方式を用いないこと。
○接地電極に常時直流電流を流す回路方式
○共用回路（信号伝達に影響を及ぼさないものを除く。）

▲中継器

| 根拠法令等 | ガス漏れ検知器並びに液化石油ガスを検知対象とするガス漏れ火災警報設備に使用する中継器及び受信機の基準（昭和56年消防庁告示第2号） |

立入検査チェックポイント

□　開閉器表示はあるか。
□　受信機：電源遮断はないか。設置場所：操作障害はないか。
□　警戒区域一覧図は備えてあるか。
□　検知器の未警戒はないか。取付け位置は適正か。
□　ガス漏れ表示灯の位置、点灯状況は適正か。

第14節 漏電火災警報器（令第22条）

　漏電火災警報器は、電圧600Ｖ以下の警戒電路の漏洩電流を検出し、防火対象物の関係者に報知する設備で、変流器及び受信機で構成されたものをいう。

　設置対象となる防火構造は、防水紙（フェルト）の上にラス（鉄網）を貼り、モルタルによる仕上げをしたもので、壁、床、天井の下地等を不燃材料、準不燃材料以外の材料で造った建築物であり、貫通配線から漏れた電流によりメタルラスが発熱し火災になるおそれがある。

　現在、２級の漏電火災警報器は存在しないことから、１級と２級の区分等の見直しが行われ、検定制度において、検定対象機械器具等から自主表示対象機械器具等に変更された。

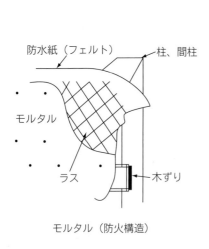

モルタル（防火構造）

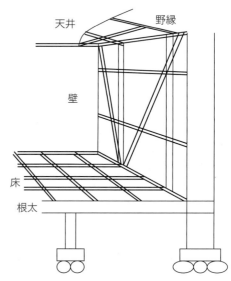

第1　設置基準

　【対象構造】　次の壁、床、天井を有する構造の防火対象物

間柱若しくは下地を不燃材料、準不燃材料以外の材料で造った鉄網入りの壁
根太若しくは下地を不燃材料、準不燃材料以外の材料で造った鉄網入りの床
天井野縁若しくは下地を不燃材料、準不燃材料以外の材料で造った鉄網入りの天井

　　　野縁：天井を構成するための骨組み材

⒄項	すべて
⑸項、⑼項	延べ面積150㎡以上

(1)項〜(4)項、(6)項、(12)項、(16の2)項	延べ面積300㎡以上
(7)項、(8)項、(10)項、(11)項	延べ面積500㎡以上
(14)項、(15)項	延べ面積1,000㎡以上
(16)項イ	延べ面積500㎡以上、かつ、特定用途（(1)項〜(4)項、(5)項イ、(6)項、(9)項イ）の床面積300㎡以上

又は

最大契約電流容量（契約種別が異なる場合は最大契約）50Aを超えるもの
　(1)項〜(6)項、(15)項、(16)項

第2　漏電火災警報器の設置を省略できる場合

○ラスモルタル内に電気配線がされていないもの
○ラスモルタルが建物の一部で地絡電流が流れないと認められるもの
○電気配線が金属管等で施工されているもので、接地線と大地の電気抵抗がD種接地工事で100Ω以下、C種接地工事で10Ω以下のもの
○(7)項、(14)項で契約電流10A以下のもの

第3　技術基準（規則第24条の3）

漏電火災警報器　電圧600Ｖ以下の警戒電路の漏洩電流を検出

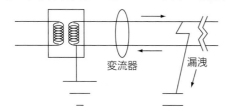

漏洩により磁束が変流器に生じる。

屋内電気配線に係る火災を有効に感知するように設置

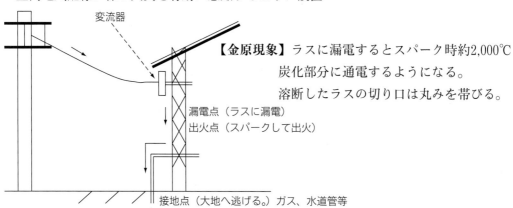

【金原現象】ラスに漏電するとスパーク時約2,000℃
炭化部分に通電するようになる。
溶断したラスの切り口は丸みを帯びる。

電圧/100Ｖ＝A
（又は200Ｖ）

○ 検出漏洩電流設定値は、誤報が生じないように警戒電路の状態に応ずる適正な値とすること。 100mA～400mA（B種接地線400mA～800mA）
○ 可燃性蒸気、可燃性粉じん等が滞留するおそれのある場所に漏電火災警報器を設ける場合にあっては、その作動と連動して電流の遮断を行う装置をこれらの場所以外の安全な場所に設けること。

1　変流器

警戒電路の漏洩電流を自動的に検出し、これを受信機に送信するもので、屋内型と屋外型に分けられる。

⑴　警戒電路の定格電流以上の電流値（B種接地線に設けるものにあっては、接地線に流れることが予想される電流以上の電流値）を有するものを設ける。

⑵　建築物に電気を供給する屋外の電路（建築構造上屋外の電路に設けることが困難な場合にあっては、電路の引込口に近接した屋内の電路）又はB種接地線で、変流器の点検が容易な位置に堅固に取り付ける。

○ 貫通孔に貫通する警戒電路の電線数（単相2線式は2線、単相3線式及び3層3線式は3線）を全部貫通させる。

接地工事の種類（電気設備技術基準解釈）

接地工事の種類	従前の名称	接地抵抗値
A種接地工事	第1種接地工事	10Ω以下
B種接地工事	第2種接地工事	変圧器の高圧側又は特別高圧の電路の1線地絡電流のアンペア数で150（特例を除く。）を除した値に等しいΩ数以下
C種接地工事	特別第3種接地工事	10Ω以下
D種接地工事	第3種接地工事	100Ω以下

＊警戒電路に漏電が生じた場合、変流器に起電力（漏洩電流により磁束が作用し、この磁束により巻線に微小な電圧が発生すること。）が誘起される。

▲変流器の設置状況

変流器の仕組み：環状鉄心（パーマロイ系コア又はフェライト系コア等）に巻線（コイル銅線）約1,000ターンを均一に巻きつけることにより、警戒電路の漏洩電流を検出する。その原理は、電磁誘導（電気と磁気とが相互に伴って作用すること。）を利用。また、変流器の外側は、ポリエステル及びフェーノール等で成型されている。

— 262 —

2 音響装置
(1) 防災センター等人がいる場所に設ける。
(2) 音圧及び音色は、他の警報音又は騒音と区別して聞き取ることができること。
   ○ 定格電圧の90％の電圧で音響を発する。
   ○ 定格電圧における音圧は、無響室で定位置（音響装置を受信機内に取り付けるものにあってはその状態における位置）に取り付けられた音響装置の中心から１ｍ離れた点で70dB以上
   ○ 警報音を断続するものにあっては、休止時間は２秒以下で、鳴動時間は休止時間以上
   ○ 充電部と非充電部との間の絶縁抵抗は、直流500Ｖの絶縁抵抗計で測定した値が５ＭΩ以上
   ○ 定格電圧で８時間連続鳴動させた場合、前記の機能を有し、かつ、構造に異常を生じないもの

3 受信部
   変流器から送信された信号を受信して、漏洩電流の発生を関係者に報知するもの
   集合型受信機：２以上の変流器と組み合わせて使用する受信機で、一組の電源装置、音響装置等で構成されたものをいう。
   漏電表示灯：周囲の明るさが300ルクスの状態において、前方３ｍ離れた地点で点灯していることを明確に識別できるもの
   漏電表示：赤色の表示及び音響信号により漏電を自動的に表示するもの
   屋内の点検容易な場所（雨水防護措置をしたものは屋外設置可能）
   操作電源　　電流制限器（ブレーカー）又は主開閉器
   一次側の専用回路を分岐し、開閉器（専用表示）を設置
   公称作動電流値　200mA以下（漏洩電流の値は製造者が表示）
   ＊漏洩電流の大きさが200mA以下で警報を発する。

 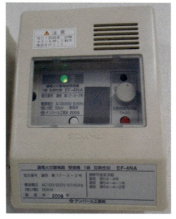

▲受信機

根拠法令等	漏電火災警報器に係る技術上の規格を定める省令（平成25年総務省令第24号） 漏電火災警報器の設置基準の細目について（昭和61年消防予第30号）

漏電遮断器を設置しても、漏電火災警報器の設置は免除できない。

漏電火災警報器　200mAの漏電を１秒以内で検知し、警報を発する。

　　　　　　　　変流器を引込線に設置

漏電遮断器　　　30mAの漏電を0.1秒で遮断　室内配線

　　　　　　　警報を発しない。

立 入 検 査 チ ェ ッ ク ポ イ ン ト

- ☐ 電路の変更工事による未警戒電路がないか。
- ☐ 電源遮断はないか。受信機の電源表示灯により確認をする。
- ☐ 音響装置の位置は、常時人がいる場所に設けてあるか。

第15節

消防機関へ通報する火災報知設備（令第23条）

　消防機関へ火災が発生した旨を通報する火災報知設備は、MM式（M型発信機及びM型受信機）と火災通報装置があるが、旅館、ホテル、病院、社会福祉施設等を除き、電話が設置されている場合は、常時消防機関へ通報することができるので設置を免除している。また、避難のために患者の介助が必要な病院、有床診療所や避難が困難な高齢者及び障害者等が入所する社会福祉施設等の火災通報装置は、自動火災報知設備の感知器の作動と連動して、起動することが義務付けられたほか、近年、ＩＰ電話回線が普及していることにより、ＩＰ電話回線を使用する場合等の火災通報装置に係る技術上の基準が定められた。

第1　設置基準

⑹項イ⑴～⑶、⑹項ロ、（16の２）項、（16の３）項	全部
⑴項、⑵項、⑷項、⑸項イ、⑹項イ⑷、⑹項ハ・ニ、⑿項、⒄項	延べ面積500㎡以上
⑶項、⑸項ロ、⑺項～⑾項、⒀項～⒂項	延べ面積1,000㎡以上

第2　設置を要さないもの（令第23条第１項ただし書、第３項、規則第25条第１項）

消防機関から著しく離れた場所約10km以上
＊M型発信機（防火対象物）からM型受信機（消防署）へ通報する設備の受信に必要な電流（78mA以上100mA以下）を確保できないこと及び設置者の経済負担が多いことから設置免除としている。
○消防機関が存する建築物内の次の防火対象物 　⑹項イ⑴・⑵並びに⒃項イ、（16の２）項、（16の３）項で⑹項イ⑴・⑵の用途に供される部分が存するもの 　＊上記用途は、消防機関が存する建築物内にあるものを除き、消防機関からの距離が500ｍ以内であっても消防機関へ通報する火災報知設備を設置する。 ○上記以外の防火対象物で消防機関からの歩行距離が500ｍ以下である場所 　＊短時間で消防機関へ駆けつけ通報できることから設置しないことができる。
電話を設置したとき（⑸項イ、⑹項イ⑴～⑷、⑹項ロ・ハを除く。） ＊携帯電話は、常時防火対象物にあるとは限らず、また、電池切れ等もあることから認められない。

第3　技術基準

○**MM式**（記録式・地区灯式・表示装置式）　現在ほとんど製造されていない。
　M型発信機（防火対象物）……M型受信機（消防署）

— 265 —

○ **火災通報装置**　⑸項イ、⑹項イ・ロ・ハ

　　火災が発生した場合において、手動起動装置を操作すること又は自動火災報知設備の感知器の作動と連動することにより、電話回線を使用して消防機関を呼び出し、蓄積音声情報により通報するとともに、通話を行うことができる装置をいう。

○ **特定火災通報装置**

　　⑹項イ⑴～⑶、⑹項ロで、延べ面積500㎡未満のものに設置する火災通報装置で、特定火災通報装置スピーカー及びマイクを用いて、送受話器を取り上げることなく通話ができる機能（ハンズフリー通話機能）を有するもの

　　根拠法令等　火災通報装置の基準（平成8年消防庁告示第1号）

▲本体　　　　　　　　　▲専用子機　　　　　　　▲特定火災通報装置

1　**火災通報装置**（規則第25条第2項第1号、第3項）

　　設置場所　防災センター等人の常時いる場所

⑴　火災通報装置は、消防庁長官が定めるもので、火災通報装置の機能に支障を生ずるおそれのない電話回線を使用すること。

　　○アナログ電話回線のほか、「050」から始まるIP電話回線のうち消防機関において通報者の位置情報を取得できるIP電話回線が該当

⑵　火災通報装置の電話回線への接続について、必要に応じてモデム等を媒介することにより電話回線を適切に使用することができ、かつ、一般電話機やFAX等、同一の電話回線に接続する他の機器等が行う通信の影響により火災通報装置の機能に支障を生ずるおそれのない位置に接続すること。

⑶　電源は、蓄電池又は交流低圧屋内幹線から直接とること。ただし、特定火災通報装置の電源が、分電盤との間に開閉器（スイッチ）が設けられていない配線からとられており、かつ、配線の接続部が、振動又は衝撃により容易に緩まないように措置されている場合は、この限りでない。

　　○配線の接続部とは、常用電源が供給される配線（回線終端装置等は、予備電源に係る配線を含む。）のコンセント部分を含む全ての脱着可能な接続部をいう。

⑷　電源の開閉器及び配線の接続部（配線と火災通報装置との接続部を除く。）には、

— 266 —

火災通報装置用のものである旨の表示をすること。

　　　○表示方法は、ビニールテープに火災通報装置用又は火災通報装置回線終端装置等である旨を記載し、接続部等に貼り付ける方法等

⑸　ＩＰ電話回線（インターネットプロトコルを用いて音声伝送を行う電話回線）を使用する場合

　ア　停電時に備え、予備電源が設けられた回線終端装置等（モデム、ＯＮＵ等）を介して使用すること。

　　　○予備電源には、市販の無停電電源装置（ＵＰＳ）を使用することが考えられる。

　イ　予備電源は、密閉型蓄電池とし、常用電源が停電した場合に待機状態を60分間継続した後において、10分間以上ＩＰ電話回線を使用するために必要な機能を維持することができる容量を有すること。

　ウ　回線終端装置等の常用電源をコンセント等からとる場合には、分電盤との間の配線に開閉器（スイッチ）を設けず、かつ、当該配線の接続部が容易に緩まないような措置を講ずること。

　エ　回線終端装置等について、常用電源に係る配線の接続部及び分電盤の開閉器には、火災通報装置に係る回線終端装置等用のものである旨を表示する。

2　自動火災報知設備との連動（規則第25条第3項第4号）

　　次の防火対象物に設置する火災通報装置は、自動火災報知設備の感知器の作動と連動して起動すること。ただし、自動火災報知設備の受信機及び火災通報装置が防災センター（常時人がいるものに限る。）に設置されるものにあっては、この限りでない。

(6)項イ(1)・(2)、(6)項ロ
(16)項イ、(16の2)項、(16の3)項で(6)項イ(1)・(2)、(6)項ロの用途に供される部分が存するもの

　○火災通報装置以外の消防機関へ通報する火災報知設備にあっても同様とする。

　　※「防災センター」とは、総合操作盤その他これに類する設備により防火対象物の消防用設備等の監視、操作等を行う場所であって、常時人による監視等が行われており、確実な通報体制が確保されているものをいう。

　　　なお、防災センターに類するもので、同等の通報体制が講じられていると認められるものにあっては、令第32条を適用し、「防災センター」と取り扱って差し支えない。

⑴　火災通報装置を自動火災報知設備と連動させる場合の留意事項（平成8年消防予第164号、平成26年消防予第118号）

　　※平成8年消防予第164号 別添2「火災通報装置を自動火災報知設備と連動させる場合の留意事項」に基づき設置されたものは、新基準に適合しているものと認めて差し支えない。

　ア　自動火災報知設備は、十分な非火災報対策が講じられていること。

　　　次のいずれかにより非火災報対策を講じることが望ましい。

　　㋐　蓄積式の感知器、中継器又は受信機の設置

　　㋑　二信号式の受信機の設置

(ウ)　蓄積付加装置の設置
　　　(エ)　設置場所の環境状態に適応する感知器の設置
　イ　自動火災報知設備と連動する火災通報装置の機能
　　(ア)　自動火災報知設備からの火災信号を受信した場合において自動的に作動し、消防機関への通報を自動的に開始すること。
　　　【起動方法】
　　　　○感知器からの火災信号、中継器からの火災表示信号、発信機からの火災信号等と連動起動するもの
　　　　○(16)項イで、(6)項ロが存するものは、防火対象物全体の火災信号からの連動を原則とする。なお、(6)項ロと他の用途が明確に区分されており、(6)項ロ部分の火災信号からの連動とすることで早期の通報体制に支障がないと認められるものは、令第32条を適用し、当該部分からの連動として差し支えない。
　　(イ)　自動火災報知設備と連動し火災情報を通報中に手動起動装置が操作された場合には、直ちに、又は、自動火災報知設備と連動して行われる一区切りの火災情報の通報が終了した後に、手動起動装置の操作による火災情報を通報できるものであること。
　　(ウ)　自動火災報知設備の作動と連動して自動的に作動した場合にあっては、基本周波数の異なる2つの周期的複合波をつなぎ合わせた（ピン、ポーン）を2回反復したものとする。この場合における基本周波数は、おおむね次のとおりとすること。
　　　　　　　第1音　f1＝1,056Hz　　第2音　f2＝880Hz
　　　　ただし、f1とf2の音程の比（f1／f2）は、6／5とすること。
　ウ　自動火災報知設備と連動させる場合にあっては、連動停止スイッチを介して、次により接続させること。
　　(ア)　受信機の連動停止スイッチを使用する場合、又は連動停止スイッチを新たに設ける場合は、次によること。
　　　　○連動停止スイッチは、専用のものとする。
　　　　　※消防用設備等の点検等の際に適切に火災通報装置への移報停止及び復旧ができる機能を有しており、かつ、連動停止スイッチの付近に火災通報装置及びその他の設備等と接続されている旨が表示されているものについて、専用のものとしないこととして差し支えない。ただし、当該スイッチを用いて連動を停止する際には、火災通報装置をはじめ、それに接続されている設備等の全ての連動が停止することとなるので留意する必要があること。
　　　　○連動を停止した場合は、連動が停止中である旨の表示灯が点灯又は点滅すること。
　　(イ)　連動停止スイッチを新たに設ける場合

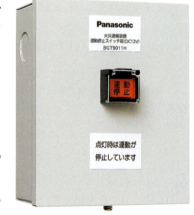

▲火災通報装置連動停止スイッチ箱

○ 連動停止スイッチを受信機直近に別箱で設置する場合の電源は、受信機から供給されていること。

　＊特定小規模施設用自動火災報知設備のうち受信機を設けないもの等受信機から電源供給ができない場合にあっては、火災通報装置から供給することで差し支えない。

○ 連動停止スイッチを設ける場合の配線例については、次図（平成8年消防予第22号通知別添）を参照

　別　添

　　図　火災通報装置を設置する場合の例

　　a　分界点を通信コネクタ以外の方式とする場合

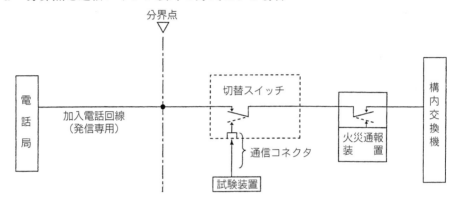

　　b　分界点を通信コネクタとする場合

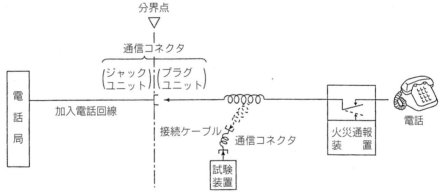

注1　☐の部分にあっては、火災通報装置に内蔵されているものもある。
注2　通信コネクタの内　↑は、プラグユニットを┤は、ジャックユニットを示す。

○ 既設の受信機の内部に連動停止スイッチを組み込む場合は、自動火災報知設備に精通した甲種の消防設備士が行うこと。

　※連動に係る配線工事は、甲種第4類の消防設備士が行うこと。

エ　その他
　(ｱ)　誤操作による出動を防止するため、従業員等に対して自動火災報知設備及び消防機関へ通報する火災報知設備の取扱いについて習熟させておくこと。
　(ｲ)　非火災報又は誤作動と判明したときは、直ちに消防機関にその旨を通報すること。

㈡　自衛消防訓練等を実施する場合は、連動停止スイッチ箱等を操作し、非連動として、自動火災報知設備が作動したことを知らせるメッセージが送信できない状態にした後、実施すること。

根拠法令等	電話回線を利用する通報装置の設置・維持管理に係る留意事項について（平成8年消防予第180号・消防救第199号） 消防機関へ通報する火災報知設備の取扱いについて（通知）（平成8年消防予第22号） 火災通報装置の設置に係る指導・留意事項について（通知）（平成8年消防予第164号） 火災通報装置のＩＳＤＮ回線への接続等の取扱いについて（平成12年消防予第266号） 消防法施行令の一部を改正する政令等の運用について（通知）（平成27年消防予第130号） 消防法施行規則の一部を改正する省令及び火災通報装置の基準の一部を改正する件の運用上の留意事項について（通知）（平成28年消防予第240号）

任意設置の場合は、火災通報装置設置届出書を指導する。

立 入 検 査 チ ェ ッ ク ポ イ ン ト

☐　設置場所の周囲に操作上の障害はないか。

☐　破損や変形等はないか。

☐　電源開閉器等の「火災通報装置用」の表示又は回線終端装置等の常用電源配線の接続部及び分電盤の開閉器の「火災通報装置に係る回線終端装置等用」の表示を確認する。

☐　自動火災報知設備と連動されている場合に連動停止スイッチが停止状態になっていないこと。

第16節

非常警報器具・非常警報設備 (令第24条)

　非常警報器具・非常警報設備は、火災の発生を全区域に報知することを目的としており、収容人員の多い場合は、パニック防止のため音響を発する放送設備を義務付けている。

第1　設置基準

1　非常警報器具

警鐘、手動式サイレン、携帯用拡声器、ゴング、ブザー等

(4)項、(6)項ロ、ハ、ニ、(9)項ロ、(12)項	収容人員20人以上50人未満

　自動火災報知設備又は非常警報設備の有効範囲内は、この限りでない。

2　非常警報設備

非常ベル、自動式サイレン、放送設備

(5)項イ、(6)項イ、(9)項イ	収容人員20人以上
上記以外の(1)項~(17)項	収容人員50人以上
地階、無窓階	収容人員20人以上

　自動火災報知設備の有効範囲内は、この限りでない。

　(16)項は令第9条の適用がないため、全体を一の防火対象物として規制される。(88頁参照)

根拠法令等　非常警報設備の基準（昭和48年消防庁告示第6号）

［**非常ベルと放送設備**］又は［**自動式サイレンと放送設備**］の設置

（16の2）項、（16の3）項	全部
前記を除く防火対象物	地上11階以上、地階3階以上
(16)項イ	収容人員500人以上
(1)項~(4)項、(5)項イ、(6)項、(9)項イ	収容人員300人以上
(5)項ロ、(7)項、(8)項	収容人員800人以上

　自動火災報知設備又は非常ベル・自動式サイレンと同等以上の音響を発する装置を付加した放送設備の有効範囲内は、非常ベル、自動式サイレンを設置しないことができる。

— 271 —

第2　設置を省略できる場合（令第31条第2項、令第32条）

○ ⒂項の畜舎等は、原則、非常警報設備の設置は不要。ただし、畜産経営に関する簡易な執務又は作業に供される部分及び保管庫の用に供する部分の収容人員50人以上（無窓階は20人以上）の場合は設置が必要となる。なお、地区音響装置は、専ら家畜の飼養に供する部分（当該部分に面する通路部分を含む。）を除く各部分から水平距離25m以下となるように設置する（規則第32条の3）。

○ 建物の構造、規模により、非常警報器具を設置することにより、火災の発生を有効、かつ、速やかに報知できる場合、非常警報設備を省略することができる（昭和45年消防予第226号）。

○ 小規模な防火対象物で、非常警報設備の音響装置を設けなくても火災の警報を有効に行えるもの（昭和44年消防予第249号）

○ 利用者が特定されている集会所で農村地域における町、大字（地区）単位の消防用設備等に関する規定は⒂項に準じる（項の判定、防火管理等は⑴項ロ）（昭和48年消防安第22号）。

第3　技術基準

○ 全区域に火災の発生を有効、かつ、速やかに報知できるよう設置
○ 多数の者の目に触れ、速やかに操作できる箇所に設置

1　鳴動方式（規則第25条の2）
　　一斉鳴動　感知器又は発信機の作動と連動し、地区音響装置を一斉に鳴動
　　区分鳴動　地上5階以上で延べ面積3,000㎡を超えるもの（自動火災報知設備参照）
　　逐次鳴動　一定時間（最大10分）経過後又は新たな信号（他の警戒区域からの火災信号、発信機及び火災の発生を確認した旨の信号）を受信した場合、全区域に警報を発する。

2　音響装置（規則第25条の2第2項第1号）
　　非常ベル、自動式サイレン
　　○各階ごとに、その階の各部分から一の音響装置まで水平距離25m以下

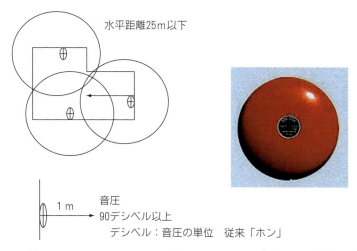

○ ダンスホール、カラオケボックス等で、室内又は室外の音響が聞き取りにくい場所に設ける場合は、他の警報音、騒音と明らかに区別して聞き取れる措置を講じること。

○ (2)項ニ及び(16)項イ、(16の2)項、(16の3)項の(2)項ニの用途部分において、遊興のためにヘッドホン、イヤホン等を利用させる個室において警報音が確実に聞き取れる措置がされていること。

3 非常警報設備の起動装置（規則第25条の2第2項第2号の2）

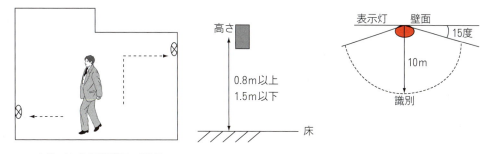

4 放送設備（規則第25条の2第2項第3号）

イ、ロ	仕様規定
ハ	性能規定（スピーカーの音響パワーレベルに応じた設置方法） (イ) 計算により求めた音圧レベルが、放送区域の床面からの高さ1mの箇所において75デシベル以上となるよう設置 (ロ) 放送区域の残響時間が3秒以上となるときは、放送区域の床面から1mの箇所から一のスピーカーまでの距離が算定式により求めた数値以下となるように設置 (ハ) 階段、傾斜路に設置する場合

○ 放送設備は、区分鳴動から全館鳴動への逐次鳴動とすること。

音声警報の内容は、シグナルの後、次のようなメッセージ（例）である。
- 感知器発報時の放送（女声）
「ただいま○階の火災感知器が作動しました。係員が確認しておりますので、次の放送にご注意ください。」
- 非火災時の放送（女声）
「さきほどの火災感知器の作動は、確認の結果、異常ありませんでした。ご安心ください。」
- 火災時の放送（男声）
「火事です。火事です。○階で火災が発生しました。落ち着いて避難してください。」

○ 外国人に配慮したメッセージ
外国人が多数利用する防火対象物では、日本語の後に原則として英語のメッセージ（放送の1単位を感知器発報及び非火災報は60秒、火災にあっては90秒を目安）を付加する。ただし、実態等に応じて、4か国語以内で中国語や韓国語その他の外国語を英語に代えて、又は、日本語と英語の後に付加しても差し支えない。

○ 自動火災報知設備の地区音響装置を設けないことができる（規則第24条第5号）。

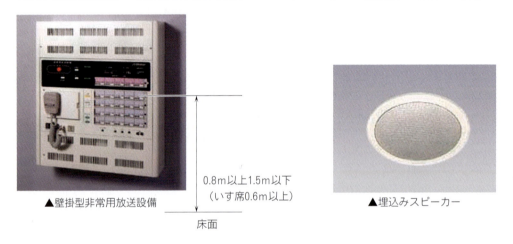

▲壁掛型非常用放送設備　　　　▲埋込みスピーカー

0.8m以上1.5m以下
（いす席0.6m以上）
床面

(1) スピーカーの音圧

L級	92デシベル以上
M級	87デシベル以上92デシベル未満
S級	84デシベル以上87デシベル未満

1m離れて92デシベル
スピーカー

1Wの入力電圧を加え、スピーカーから1m離れた位置の音圧

○ ダンスホール、カラオケボックス等で、室内又は室外の音響が聞き取りにくい場所に設ける場合は、他の警報音、騒音と明らかに区別して聞き取れる措置を講じる。

○ (2)項ニ及び(16)項イ、（16の2）項、（16の3）項の(2)項ニの用途部分において、遊興のためにヘッドホン、イヤホン等を利用させる個室において警報音が確実に聞き取れる措置がされていること。

(2) スピーカーの設置
階段、傾斜路以外の場所

放送区域	スピーカーの種類
100㎡を超える	L級
50㎡を超え100㎡以下	L級又はM級
50㎡以下	L級、M級又はS級

- アッテネータ（音量調整器）を設ける場合は、3線式配線とすること。
- 業務放送やBGM等と共用するものは、火災の際非常警報以外の放送をカットリレー等で遮断できるものであること（地震予報等に係る短時間の放送で火災報知を妨げないものを除く。この間に火災信号を受信した場合は、放送終了後、直ちに非常警報の放送を行うものとする。）。
- 火災により一の階の配線が短絡又は断線した場合でも他の階への報知に支障がないように複数回線化等により設けること。

(3) 放送区域

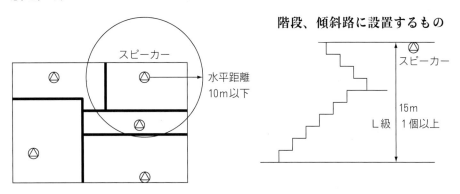

(4) 小規模放送区域

スピーカーの省略

隣接のスピーカーからの水平距離8m以下で包含される部分

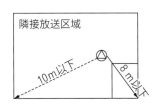

	面積
居室及び廊下、その他の通路	6㎡以下
その他の部分	30㎡以下

居室例：居間、寝室、台所、食堂、書斎、応接間、事務室、売場、会議室、作業室、病室、診療室、宿泊室、観覧席、調理室、客室、控室など

> **根拠法令等** 放送設備の設置に係る技術上の基準の運用について（通知）（平成6年消防予第22号）

放送区域：防火対象物の2以上の階にわたらず、かつ、床、壁又は戸（障子、ふすま、

カーテン、つい立て、すだれ、格子戸等を除く。)で区画された部分
- 間仕切り壁は、音の伝達に十分な開口部があるものを除き、固定式か移動式にかかわらず、壁として取り扱う。
- 通常開口している移動式の壁又は戸であっても、閉鎖して使用可能なものは区画として扱う。
- (5)項ロについては令第32条を適用して、住戸部分は住戸内の戸等の設置にかかわらず、各住戸（メゾネット型住戸等の2以上の階にまたがるものについては各階ごとの部分）を一の放送区域として取り扱う。

(5) 放送設備の起動装置

11階以上の階
地下3階以下の階 } 防災センター等と通話できる
(16の2)項、(16の3)項 通話装置又は非常電話

▲非常電話

(6) 非常電源（令第24条第4項第3号、規則第25条の2第2項第5号）
容量は、10分間以上

延べ面積1,000㎡以上の特定防火対象物	蓄電池設備（直交変換装置を有するものを除く。）
その他の防火対象物	非常電源専用受電設備又は蓄電池設備

立入検査チェックポイント

- □ 電源遮断がないか、開閉器専用表示の確認
- □ 起動装置の設置位置は適正か。また、表示灯の球切れや視認障害はないか。
- □ 非常電源未設置や電圧不足はないか。
- □ 放送設備につき、放送区域の変更やスピーカーの破損、脱落はないか。

第17節
避難器具（令第25条）

避難器具は、火災時に階段が使用できない場合に使用するものであり、避難階段等から適当な距離を取ることが必要である。

第1　設置基準

避難階、11階以上の階は不要（2階から10階、地階、無窓階に設置）
階を単位とし、階の収容人員による（収容人員の算定　規則第1条の3）。

(6)項 2階以上の階・地階	収容人員	20人以上の階（下の階に(1)項～(4)項、(9)項、(12)項イ、(13)項イ、(14)項、(15)項があるときは収容人員10人以上）
	設置個数	収容人員100人又は端数ごとに1個
(5)項 2階以上の階・地階	収容人員	30人以上の階（下の階に(1)項～(4)項、(9)項、(12)項イ、(13)項イ、(14)項、(15)項があるときは収容人員10人以上）
	設置個数	収容人員100人又は端数ごとに1個
(1)項～(4)項、(7)項～(11)項 2階以上の階・地階 （特定主要構造部を耐火構造とした2階を除く。）	収容人員	50人以上の階
	設置個数	収容人員200人又は端数ごとに1個
(12)項、(15)項 3階以上の階・地階	収容人員	3階以上の無窓階又は地階100人以上 3階以上の普通階　　　　150人以上
	設置個数	収容人員300人又は端数ごとに1個
上記以外の防火対象物で直通階段が1つしかないもの＊	収容人員	3階以上の階10人以上（2階に(2)項、(3)項又は(16)項イの(2)項、(3)項の用途があるものは2階以上の階）
	設置個数	収容人員100人又は端数ごとに1個

＊避難上有効な開口部を有しない壁で区画されている部分がある場合は、その区画された部分ごとに、
　地上に直通する階段の個数を算出するものであること。

避難上有効な開口部：直径1mの円が内接できる開口部
　　　　　　　　　　　　又は幅が75cm以上、高さ1.2m以上の開口部
開口部の条件：床面から開口部下端までの高さ15cm以内（つまずき防止）
　　　　　　　　　格子等容易に避難することを妨げない構造
　　　　　　　　　開口のため常時良好な状態に維持すること。
収容人員の算定について：階全体の収容人員で判断するものであり、当該区画された部分ごとに収容人員を算定するものではないこと。

— 277 —

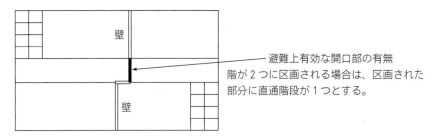

○ 区画された部分のいずれかに避難器具を設置すればよいものであるが、規定の趣旨からも、できる限り区画された部分ごとに均等に避難器具を設置することが望ましい。

1 避難器具設置個数の収容人員の倍読み（規則第26条第1項）
　　特定主要構造部を耐火構造とし、直通階段が避難階段又は特別避難階段で2以上設けられている場合、避難器具設置個数の収容人員を倍読みできる。
　　「100人」を「200人」に、「200人」を「400人」に、「300人」を「600人」に
避難器具の設置個数について　（収容人員100人又は端数ごとに1個の場合）
　　100人以下のときは、1個以上
　　100人を超えるときは、1個に100人までを増すごとに1個を加えた個数以上
　　　（例）　180人の場合　　100人：1個＋80人：1個＝2個以上

2 避難器具の適応性

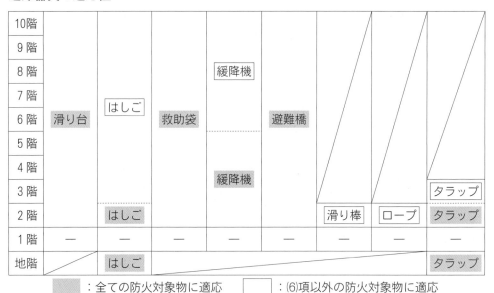

3 避難器具の減免（規則第26条）
　(1)　避難階段、特別避難階段を設置した場合
　　　　屋内避難階段（排煙上有効な開口部があるもの）（建基令第123条第1項）
　　　　屋外避難階段（建基令第123条第2項）
　　　　特別避難階段（建基令第123条第3項）

【屋内避難階段】　排煙上有効な開口部があるもの

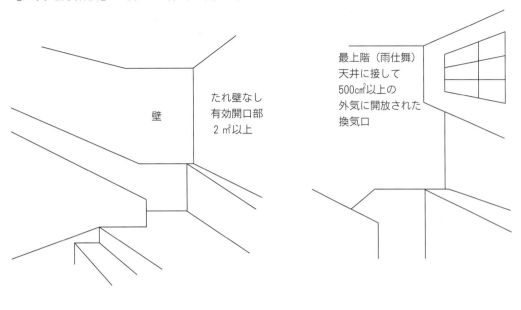

根拠法令等	消防法施行規則第4条の2の3並びに第26条第2項、第5項第3号ハ及び第7項第3号の規定に基づき、屋内避難階段等の部分を定める件（平成14年消防庁告示第7号） 防火設備の構造方法を定める件（平成12年建設省告示第1360号）

避難器具必要数－階段数＝避難器具設置個数（1未満はいらない。）

(2) 耐火構造の防火対象物の間に渡り廊下を設けた場合

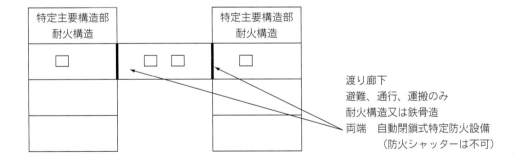

避難器具必要数－（渡り廊下×2）＝設置個数（1未満はいらない。）

(3) 屋上広場に避難橋を設置した場合

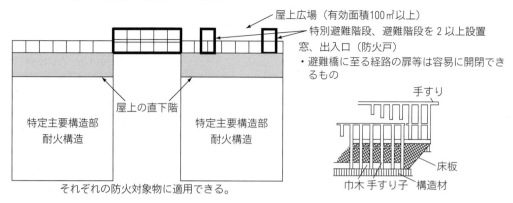

屋上の直下階の避難器具必要数－（避難橋×2）＝設置個数（1未満はいらない。）

(4) 避難器具の設置を要しない階

防火対象物の階が次に該当する場合は、避難器具を設置しないことができる。

○(1)項〜(8)項
　イ　特定主要構造部　耐火構造
　ロ　開口部に防火戸を設ける耐火構造（壁、床）で区画
　ハ　区画内収容人員―――避難器具設置対象人員未満
　ニ　内装不燃化（壁、天井を準不燃材料）　又は　スプリンクラー設備設置
　ホ　直通階段が　避難階段　又は　特別避難階段
　ヘ　避難上有効なバルコニーの設置　又は　二方向避難

○(9)項〜(11)項
　イ　特定主要構造部　耐火構造
　ニ　内装不燃化（壁、天井を準不燃材料）　又は　スプリンクラー設備設置
　ホ　直通階段が　避難階段　又は　特別避難階段
　ヘ　避難上有効なバルコニーの設置　又は　二方向避難

○(12)項、(15)項
　イ　特定主要構造部　耐火構造
　ホ　直通階段が　避難階段　又は　特別避難階段
　ヘ　避難上有効なバルコニーの設置　又は　二方向避難

○避難上有効なバルコニー等に階段、避難設備・器具を設置したもの
　イ　特定主要構造部　耐火構造
　ロ　居室の外気に面する部分に避難上有効なバルコニー等が設けられ、かつ、地上に通ずる階段、避難設備・器具又は他の建築物に通ずる避難設備・器具が設けられていること。　(5)項、(6)項はバルコニー、階段に限る。

○居室、住戸から直通階段へ直接通じているもの
　イ　特定主要構造部　耐火構造
　ロ　特定防火設備の防火戸（防火シャッターを除く。）

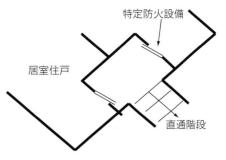

- ○ 自動閉鎖装置付又は煙感知器連動で閉鎖し、自動閉鎖するくぐり戸付き（幅75cm以上、高さ1.8m以上、床からの高さ15cm以下）
- ハ 直通階段（建基令第123条（第1項第6号、第2項第2号、第3項第10号を除く。））
  特別避難階段、屋外避難階段、屋内避難階段（排煙上有効な開口部があるもの）（平成14年消防庁告示第7号）
- ニ 収容人員30人未満

(5) 小規模特定用途複合防火対象物

　小規模特定用途複合防火対象物に存する(6)項、(5)項の階が次のア～ウ（当該階が2階で(2)項、(3)項の用途が存しない場合はア、ウ）に該当するときは、当該階に避難器具を設置しないことができる。

- ア 下階に(1)項～(2)項ハ、(3)項、(4)項、(9)項、(12)項イ、(13)項イ、(14)項、(15)項の用途部分が存しないこと。
- イ 当該階（避難上有効な開口部（規則第4条の2の2第1項）を有しない壁で区画されている部分が存する場合にあっては、その区画された部分）から避難階又は地上に直通する階段が2以上設けられていること。
- ウ 収容人員は、(6)項の階20人未満、(5)項の階30人未満であること。

(6) 屋上の直下階の設置免除

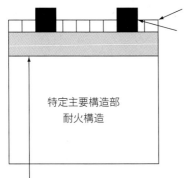

屋上広場の面積　1,500㎡以上
屋上へ通ずる2以上の避難階段、特別避難階段
　屋上広場に面する窓、出入口に防火戸を設置
避難階、地上への直通階段又は避難設備・器具
　特別避難階段
　屋外避難階段
　屋内避難階段（排煙上有効な開口部を有するもの）

屋上の直下階不要（(2)項、(3)項、(7)項～(12)項、(15)項）
(1)項、(4)項は適用できない。

第2　避難器具の設置（令第25条第2項）

(1) 避難時容易に接近でき、避難階段等から適当な距離にあり、器具の使用について安全な構造を有する開口部に設置すること。

(2) 避難器具は、開口部に常時取り付けておくか、又は必要に応じ速やかに取り付けることができるような状態にしておくこと。

| 根拠法令等 | 避難器具の基準（昭和53年消防庁告示第１号）
避難器具の設置及び維持に関する技術上の基準の細目（平成８年消防庁告示第２号）
緩降機の技術上の規格を定める省令（平成６年自治省令第２号） |

○ 設置場所は、使用方法の確認、避難器具の操作等が安全、かつ、円滑に行うことができる明るさが確保された場所に設置する。
○ 避難器具の種類、設置場所等に応じた格納箱等に収納すること。
○ 地階に避難はしご又は避難用タラップを設置する場合は、不燃材料、網入りガラス等で区画された避難上支障のない広さの避難器具専用室を設け、非常照明を設置し、入口に自動閉鎖式の防火戸（高さ1.8m以上、幅0.75m以上）を設ける。

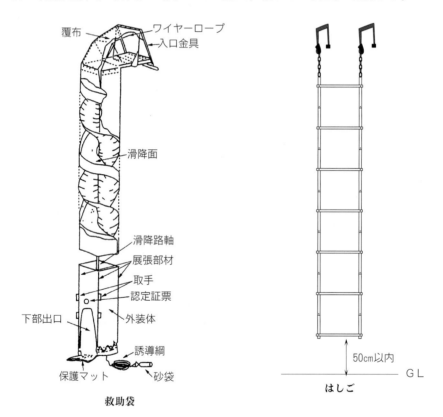

滑り台
　　鉄筋コンクリート製又は鉄製等
　　取付け　堅固（ボルト締め、埋め込み、溶接等）
　　安全な降下速度
　　転落防止措置　手すりの高さ　60cm以上

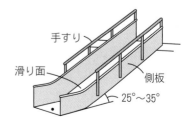

滑り棒　外径35㎜〜60㎜円柱状
避難ロープ　太さ　φ12㎜以上
　　　　　　長さ　取付け位置から降着面まで

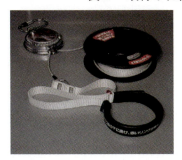

緩降機　自重により連続的交互に降下
　　　　調整器（遊星歯車式、歯車式）
　　ロープ　綿金剛打
　　ベルト　幅5㎝以上
　　　　　　長さ160㎝以上180㎝以下

避難器具の操作面積・必要開口部

	操作面積	開口部
救助袋 （避難ハッチに格納したものを除く。）	（器具の設置部分を含む。） 器具　1.5m以上 2.25㎡以上 1.5m以上 操作に支障がない範囲で形状を変えられ、面積2.25㎡以上	0.6m以上 0.6m以上 入口金具を容易に操作できる大きさで、救助袋の展張状態を確認できるもの
避難はしご（避難ハッチに格納したものを除く。） 緩降機 救助袋（避難ハッチに格納したもの） 避難ロープ 滑り棒	（器具の設置面積を除く。） 0.6m以上　0.5㎡以上 0.6m以上	0.8m以上　又は　1m以上 0.5m以上　　　0.45m以上 ○ 開口部を床面に設けるものは、直径0.5m以上の円が内接できるもの
滑り台	必要な広さ	0.8m以上 滑り台の最大幅以上
避難用タラップ 避難橋	必要な広さ	1.8m以上 最大幅以上

降下空間・避難空地

	降下空間		避難空地
救助袋	垂直式	1m / 0.3m	0.3m以上 / 1 m
	斜降式	25° 1m 1m 袋の幅 35° H L（m） 25° 35° $L=H×0.2$ 1m 1m	2.5m / 1 m 1 m
緩降機		0.5m取付け金具中心環 15〜30cm	0.15〜0.3m 0.5m
避難はしご（避難器具用ハッチに格納したものを除く。）	20cm以上 20cm以上 20cm以上 10cm以上 65cm以上	中心から 20cm	0.2m以上 0.2m以上 0.1m以上 0.65m以上
避難用タラップ 避難橋	踏面から2m以上	最大幅以上	避難上支障のない広さ
滑り台	0.2m以上 0.2m以上 1m以上 滑り面		1.5m以上 0.5m以上 0.5m以上

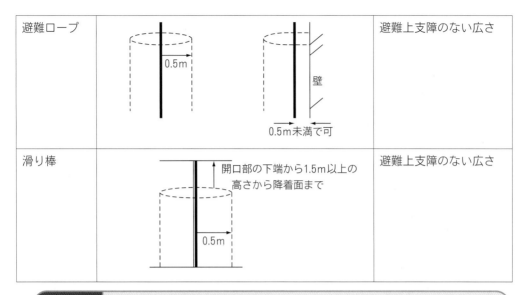

| 根拠法令等 | 避難器具の設置及び維持に関する技術上の基準の細目を定める告示の施行について（平成8年消防予第66号） |

第3 技術基準（規則第27条）

1 開口部の位置

避難器具（滑り棒、避難ロープ、避難用タラップ、避難橋を除く。）を設置する開口部は、相互に同一垂直線上にない位置に設ける。支障のないものは、この限りでない。

2 避難はしご

使用の際、突子が防火対象物の壁面に接しない場合は、ハッチ用つり下げはしごとする。

| 根拠法令等 | 金属製避難はしごの技術上の規格を定める省令（昭和40年自治省令第3号） |

(1) 4階以上の階に固定はしごを設ける場合（規則第27条第1項第4号ホ）

　㋐ 金属製

　㋑ 落下防止の措置を講じたものは、安全かつ容易に避難できるバルコニー等に設けないことができる。

　㋒ 避難上及び安全上支障のないものは、直下階の降下口と相互に同一線上になる位置に設けられる。

(2) 4階以上の階につり下げ式はしごを設ける場合（規則第27条第1項第5号ニ）
　(ア) 金属製
　(イ) 安全かつ容易に避難できる構造のバルコニー等に設け、取付け具は避難用ハッチとする（落下防止の措置が講じられているものを除く。）。
　(ウ) 降下口は、直下階の降下口と相互に同一垂直線上にない位置に設ける（避難上及び安全上支障のないものを除く。）。

降下口の大きさ　直径50cm以上の円が内接する大きさ

▲ハッチ付きつり下げはしご

3　特定一階段等防火対象物又はその部分に設ける避難器具（規則第27条第1項第1号）
　※　小規模特定用途複合防火対象物を除く。
＜簡単な操作で避難可能な避難器具の設置＞
　次の(1)〜(3)のいずれかに適合するもの
(1)　安全かつ容易に避難できる構造のバルコニー等に設けるもの
　　おおむね2㎡以上の床面積を有し、かつ、手すりその他の転落防止のための措置を講じたバルコニーその他これらに準じるもの（昭和48年消防予第87号第6、3(1)イ）
(2)　常時、容易かつ確実に使用できる状態で設置されているもの
　○緩降機等を常時、組み立てられた状態で設置する。
　○常時、使用できる状態で避難器具を設置する（固定式タラップ、滑り台等）。
(3)　一動作（開口部を開口する動作及び保安装置を解除する動作を除く。）で容易かつ確実に使用できるもの
(4)　設置場所等の表示（規則第27条第1項第3号）
　○避難器具を設置し又は格納する場所の出入口上部又は直近

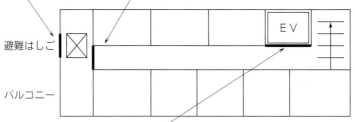

「**避難器具の位置を示す標識**」容易に識別できればこれ以外の方法も可

「**標識**」避難器具である旨及び使用方法

「**避難器具設置等場所を明示した標識**」平面図に避難器具設置等場所及びその経路を明示。大きさ、材質を問わない。

○ 避難器具等の設置場所がある階のエレベーターホール又は階段室（附室がある場合は当該附室）の出入口付近の見やすい箇所

立入検査チェックポイント

- ☐ 標識の確認
- ☐ 用途、階数に応じた器具であるか。
- ☐ 器具の撤去又は失効はないか。
- ☐ 降下空間、開口部に避難の障害となるものがないか。
- ☐ 斜降式救助袋の下部支持装置を固定する固定環箱の表面に設置階の表示があるか。また、箱内部に水が溜まっていないか、砂に埋もれていないかを確認する。

第18節
誘導灯・誘導標識（令第26条）

　誘導灯・誘導標識は、居室からの出口、避難階段の出入口及び屋外への出口又は廊下通路の曲がり角等に設置し、常に避難口の存在を認識させる学習効果を高め、火災時に避難方向を明示するものである。

第1　設置基準

(1)　避難口誘導灯、通路誘導灯

(1)項～(4)項、(5)項イ、(6)項、(9)項、(16)項イ、（16の2）項、（16の3）項	
地階、無窓階、11階以上の部分	(5)項ロ、(7)項、(8)項、(10)項～(15)項、(16)項ロ

(2)　客席誘導灯

(1)項、（(16)項イ、（16の2）項の(1)項部分）	客席部分

(3)　誘導標識

(1)項～(16)項

第2　設置を要しない場合（令第26条第1項ただし書、規則第28条の2）

(1)　避難口誘導灯

　○(1)項～(16)項

　　居室の各部分から避難口を容易に見とおし、識別できる階

避難階（無窓階を除く。）　直接地上に通ずる出入口までの歩行距離　20m以下
その他の階（地階、無窓階を除く。）　直通階段の出入口までの歩行距離　10m以下

※居室とは、居住、執務、作業、集会、娯楽その他これらに類する目的で継続使用する室（建基法第2条第4号）

— 288 —

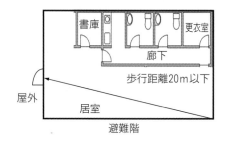
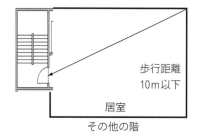

○ (1)項

避難階(床面積500㎡以下、かつ、客席の床面積150㎡以下のもの)で次に該当するもの

(ア)	客席避難口　客席に直接面する避難口を2以上有すること。
(イ)	客席の各部分から避難口を容易に見とおし、識別でき、客席各部分から避難口までの歩行距離20m以下
(ウ)	すべての客席避難口に、火災時避難口を識別できる照明装置(自動火災報知設備の感知器により点灯し、かつ、手動でも点灯することができるもので、非常電源が附置されているもの)が設けられていること。

※劇場等の場合、誘導灯を設置し消灯する場合(規則第28条の3第4項)と上記要件により、誘導灯の設置を免除する場合がある。この基準の避難階は、無窓階も含まれる。

○ (1)項〜(16)項の避難階にある居室で次に該当するもの

避難口誘導灯を高輝度蓄光式誘導標識で代替

(ア)	主として当該居室に存する者が利用する直接地上へ通ずる避難口を有するもの
(イ)	室内の各部分から避難口を容易に見とおし、かつ、識別でき、室内の各部分から避難口までの歩行距離30m以下 ＊居室の最遠から避難口までの歩行距離が15m以上となる場合の蓄光式誘導標識の表示面の縦寸法の大きさは次による値を目安とする。 　$D \leq 150 \times h$　　D：避難口から居室の最遠までの歩行距離(m) 　　　　　　　　　　h：蓄光式誘導標識の表示面の縦寸法(m)
(ウ)	高輝度蓄光式誘導標識が、避難口の上部又は直近に設けられ、採光又は照明により照度のための蓄光が確保され、視認障害となる広告物等を設けないこと。

○ 共同住宅に居住型福祉施設が設置されている(16)項イ

(5)項ロ並びに(6)項ロ、ハ(有料老人ホーム、福祉ホーム、認知症高齢者グループホーム、障害者グループホーム・ケアホームに限る。)以外の用途が存しないもので、10階以下の階で、区画をした居住型福祉施設のある階以外の階(地階、無窓階、11階以上の階を除く。)

(ア)	居室を準耐火構造の壁、床(3階以上の階は、耐火構造)で区画
(イ)	壁、天井(天井のない場合は、屋根)の室内に面する部分(回り縁、窓台等を除く。)の仕上げ 　○地上に通ずる主たる廊下、その他の通路　　準不燃材料 　○その他の部分　　難燃材料

(ウ)	区画（壁、床）の開口部　　面積合計8㎡以下（一の開口部面積4㎡以下）
(エ)	(ウ)の開口部の防火戸 ○防火戸（廊下と階段を区画する部分は防火シャッター可）で、随時開くことができる自動閉鎖装置付き ○3階以上の階は、特定防火設備の防火戸 ○随時閉鎖することができ、煙感知器連動で閉鎖するもの ○居室から地上に通ずる主たる廊下、階段その他の通路に設ける防火戸は、手で開けられる自動閉鎖式のくぐり戸付き ○防火戸（防火シャッターを除く。） 　二方向避難の出入口以外の開口部で、直接外気に開放されている廊下、階段、通路に面し、面積合計が4㎡以内のもの
(オ)	福祉施設の主たる出入口 直接外気に開放され、火災時に煙を有効に排出できる廊下、階段、通路に面していること。 ※特定共同住宅等の構造類型を定める件（平成17年消防庁告示第3号）第4(4)又は(5)に定めるもの、避難階において出入口が直接地上に通じている通路等が挙げられる。

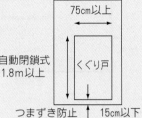

○共同住宅に住戸利用施設が存する(16)項イ

(5)項ロに住戸利用施設（届出住宅(5)項イ、居住型福祉施設(6)項ロ・ハ）以外の用途が存しないもので、10階以下で、区画をした住戸利用施設がある階以外の階（地階、無窓階、11階以上の階を除く。）

(ア)	居室（(5)項ロを含む。）を耐火構造の壁及び床で区画
(イ)	壁及び天井（天井のない場合は、屋根）の室内に面する部分（回り縁、窓台等を除く。）の仕上げ ○地上に通ずる主たる廊下、その他の通路　　準不燃材料 ○その他の部分　　難燃材料
(ウ)	区画（壁、床）の開口部　　面積合計8㎡以下（一の開口部面積4㎡以下）
(エ)	(ウ)の開口部の防火戸 ○特定防火設備である防火戸（廊下と階段を区画する部分は防火シャッター可）で、随時開くことができる自動閉鎖装置付きのもの ○随時閉鎖することができ、煙感知器連動で閉鎖するもの ○居室から地上に通ずる主たる廊下、階段その他の通路に設ける防火戸は、直接手で開けられる自動閉鎖式のくぐり戸付き ○防火戸（防火シャッターを除く。） 　二方向避難の出入口以外の開口部で、直接外気に開放されている廊下、階段、通路に面し、面積合計が4㎡以内のもの
(オ)	住戸利用施設の主たる出入口が、直接外気に開放され、火災時に生ずる煙を有効に排出できる廊下、階段その他の通路に面していること。

居住型福祉施設が入った⒃項イ　　　住戸利用施設が入った⒃項イ

共同住宅に居住型福祉施設や住戸利用施設が存する場合は、⒃項イと判定され、11階建て以上の防火対象物は、全ての階に誘導灯を設置しなければならなくなるので、10階以下の階で、区画された居住型福祉施設の存する階以外の階又は⑸項ロを含む住戸利用施設を区画することで、住戸利用施設が存する階を除き誘導灯を免除する（地階、無窓階を除く。）。

○ 小規模特定用途複合防火対象物⒃項イ

小規模特定用途複合防火対象物の地階、無窓階、11階以上の階を除く部分は、誘導灯、通路誘導灯の設置が免除される。

※ 特定用途と⑼項ロからなる小規模特定用途複合防火対象物は、全体に誘導灯の設置が必要である（規則第28条の２第１項第５号、第２項第４号括弧書き）。

小規模特定用途複合防火対象物⒃項イ

＊ ⑹項ロ等とは、⑵項ニ、⑸項イ、⑹項イ⑴〜⑶、⑹項ロ、⑹項ハ（利用者を入居させ、又は宿泊させるものに限る。）をいう。

(2)　通路誘導灯

　○ ⑴項〜⒃項

居室の各部分から避難口又は避難口誘導灯を容易に見とおし、識別できる階

避難階（無窓階を除く。）	直接地上に通ずる出入口	歩行距離　40m以下
その他の階（地階、無窓階を除く。）	直通階段の出入口	歩行距離　30m以下

避難階にある居室で、次に該当するもの

(ア) 主として当該居室に存する者が利用する直接地上へ通ずる避難口を有するもの
(イ) 室内の各部分から避難口又は避難口誘導灯若しくは蓄光式誘導標識を容易に見とおし、かつ、識別でき、室内の各部分から避難口までの歩行距離30m以下

○ 共同住宅に居住型福祉施設、住戸利用施設が存する⒃項イ並びに小規模特定用途複合防火対象物は、避難口誘導灯の場合と同じ

(3) 階段、傾斜路

(1)項～(16の3)項	非常用の照明装置（建基令第126条の4第1項）が設けられているもの

階段又は傾斜路に非常用の照明装置により、避難上必要な照度が確保されるとともに避難の方向の確認（当該階の表示等）ができる場合には、通路誘導灯の設置を要しない（平成11年消防予第245号）。

○ 地階にある乗降場（平成11年消防庁告示第2号）に通ずる階段、傾斜路、直通階段（通路誘導灯を補完する蓄光式誘導標識が設けられたものを除く。）に60分間以上作動の非常用の照明装置が設けられているもの

(4) 誘導標識

○ 誘導灯の有効範囲内は、誘導標識を設置しないことができる。

○ 居室の各部分から避難口を容易に見とおし、識別できる階

(1)項～⒃項	歩行距離30m以下

○ (1)項

避難階（床面積500㎡以下、かつ、客席の床面積150㎡以下のもの）で次に該当するもの

(ア) 客席避難口 客席に直接面する避難口を2以上有すること。
(イ) 客席の各部分から避難口を容易に見とおし、識別でき、客席各部分から避難口までの歩行距離30m以下
(ウ) すべての客席避難口に、火災時避難口を識別できる照明装置（自動火災報知設備の感知器により点灯し、かつ、手動でも点灯することができるもので、非常電源が附置されているもの）が設けられていること。

○ (1)項～⒃項の避難階にある居室で次に該当するもの

(ア) 主として当該居室に存する者が利用する直接地上へ通ずる避難口を有するもの
(イ) 室内の各部分から避難口又は避難口誘導灯若しくは蓄光式誘導標識を容易に見とおし、かつ、識別でき、室内の各部分から避難口までの歩行距離30m以下

▲避難口誘導灯　　▲高輝度誘導灯　　▲通路誘導灯

表示面の形状は正方形又は縦寸法を短辺とする長方形

| 根拠法令等 | 誘導灯及び誘導標識の基準（平成11年消防庁告示第2号） |

(5) ⒂項の畜舎等（令第31条第2項）

無窓階でなければ誘導灯、誘導標識の設置は不要。ただし、無窓階であっても避難口（屋内から直接地上に通ずる出入口）を有し、かつ、室内の各部分から避難口を容易に見とおし、識別でき、各部分から避難口までの歩行距離が30m以下（常時人が立ち入らない部分を除く。）で、二方向避難が可能な場合は設置不要。避難口誘導灯を不要とする場合は蓄光式誘導標識を設置（規則第32条の3）。

(6) 古民家施設等（令第32条）

「歴史的資源を活用した観光まちづくりタスクフォース」において、古民家等を飲食店、物販店、宿泊施設等に活用した魅力ある観光まちづくりを推進する方策等について検討が行われ、一般住宅の戸建て家屋で、⑴項～⒂項、⒃項に該当する防火対象物の誘導灯・誘導標識については、「一般住宅を宿泊施設や飲食店等に活用する場合における消防用設備等に係る消防法令の技術上の基準の特例の適用について（通知）」（平成29年消防予第71号）に適合する場合は特例を適用して差し支えない。

第3　技術基準（規則第28条の3）

1　誘導灯

(1)　A級又はB級の設置（規則第28条の3第4項第3号）

（誘目性）気づきやすさ

⑽項、(16の2)項、(16の3)項	
⑴項～⑷項、⑼項イの階	床面積1,000㎡以上
⒃項イの階（⑴項～⑷項、⑼項イの部分が存する階）	床面積1,000㎡以上

避難口誘導灯　表示面の明るさ20カンデラ以上又は点滅機能付き

通路誘導灯（階段、傾斜路を除く。）　表示面の明るさ25カンデラ以上

ただし、廊下通路誘導灯で当該誘導灯を有効範囲内の各部分から容易に識別できるものは、この限りでない（C級でも可）。

(2)　大きさ、明るさ

避難口誘導灯、通路誘導灯（階段、傾斜路を除く。）

区　　分		表示面の縦寸法（m）	表示面の明るさ（カンデラ）
避難口誘導灯	A級	0.4以上	50以上
	B級	0.2以上0.4未満	10以上
	C級	0.1以上0.2未満	1.5以上
通路誘導灯	A級	0.4以上	60以上
	B級	0.2以上0.4未満	13以上
	C級	0.1以上0.2未満	5以上

　　表示面の明るさは、常用電源で点灯しているときの表示面の平均輝度と表示面の面積の積をいう。

(3)　有効範囲

　　避難口誘導灯、通路誘導灯（階段、傾斜路を除く。）

(ア)　有効範囲は、次のいずれかの距離以下とする。

①　次の表の距離

避難口誘導灯	A級	避難方向のシンボルなし	歩行距離	60m
		避難方向のシンボルあり	〃	40m
	B級	避難方向のシンボルなし	〃	30m
		避難方向のシンボルあり	〃	20m
	C級		〃	15m
通路誘導灯	A級		〃	20m
	B級		〃	15m
	C級		〃	10m

②　算出した距離

$D=kh$　　　　D：歩行距離（m）

　　　　　　　h：誘導灯の表示面の縦寸法（m）

　　　　　　　k：下記表の値

避難口誘導灯	避難方向の矢印なし	150
	避難方向の矢印あり	100
通路誘導灯		50

　　ただし、当該誘導灯を容易に見とおしできない場合又は識別できない場合は、当該誘導灯までの歩行距離10m以下とする。

（例）　避難口誘導灯　　　　　　　　　　　　　　　　（例）　通路誘導灯

　　　A級シンボルなし　　　B級シンボルあり　　　　　　A級

　　　表示面縦寸法：0.5m　　表示面縦寸法：0.3m　　　　表示面縦寸法：0.5m

　　　　150×0.5＝75m　　　100×0.3＝30m　　　　　　50×0.5＝25m

— 294 —

2 避難口誘導灯（避難口である旨を表示した緑色の灯火）
　　各階ごと（階段、傾斜路を除く。）
(1) 設置場所
　　　避難口の上部又はその直近の避難上有効な箇所
　㋐　屋内から直接地上へ通ずる出入口（附室がある場合は、当該附室の出入口）
　㋑　直通階段の出入口（附室がある場合は、当該附室の出入口）
　㋒　㋐又は㋑に掲げる避難口に通ずる廊下又は通路に通ずる出入口
　【設置を要しない居室の要件】
　　　室内の各部分から出入口を容易に見通し、かつ、識別できるもので床面積100㎡以下（主として関係者、雇用者（当該防火対象物で勤務する者に限る。）が使用するものは400㎡以下）であるもの（平成11年消防庁告示第2号）
　㋓　㋐又は㋑に掲げる避難口に通ずる廊下又は通路に設ける防火戸で直接手で開くことができるもの（くぐり戸付き防火シャッターを含む。）がある場所
　　　（自動火災報知設備の感知器連動で閉鎖する防火戸に誘導標識が設けられ、標識を識別できる非常用照明装置が設けられている場合を除く。）

　㋐　最終避難口　　　　　　　　　　　㋑　直通階段の出入口

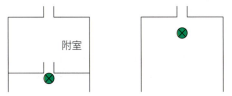
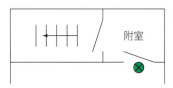

　※「最終避難口」とは、屋内から直接地上へ通ずる出入口（附室が設けられている場合にあっては、当該附室の出入口）をいう。
　※「直通階段の出入口」とは、地上に通ずる直通階段（傾斜路を含む。）の階段室及びその附室の出入口をいう。

　㋒　室内からの出入口

　㋓　防火戸、防火シャッターのくぐり戸

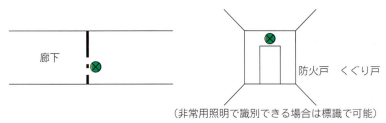

（非常用照明で識別できる場合は標識で可能）

3 通路誘導灯（避難の方向を明示した緑色の灯火）
　　各階ごと　廊下、通路（階段、傾斜路を除く。）
　㋐　曲がり角

㈡　避難口誘導灯㈠㈡の有効範囲内の箇所
  ㈢　その他、廊下又は通路の各部分（避難口誘導灯の有効範囲内の部分を除く。）を通路誘導灯の有効範囲内に包含するために必要な箇所
  ㈣　(2)項ニ及び⒃項イ、（16の2）項、（16の3）項の(2)項ニの用途部分
  　　狭い通路で短時間のうち煙が滞留し、視界が効かなくなるような部分は、通路誘導灯を床面又はその直近（床面から1m以下）の避難上有効な箇所に設ける。
  　　ただし、通路誘導灯が上部に設けられている場合に通路誘導灯を補完する高輝度蓄光式誘導標識を歩行距離7.5m以下及び曲がり角の床面又はその直近に設置し、照度が採光、照明により蓄光され、視認障害となるものを設けていない場合や光を発する帯状の標示等を設ける場合は、この限りでない。この場合、通路誘導灯を補完する蓄光式誘導標識が設けられていても、通路誘導灯を免除することはできない。
  　①　階段の通路誘導灯

踏面、表面、踊り場の中心線の照度1ルクス以上

  　②　床面に設ける通路誘導灯
  　　　荷重により破壊されない強度を有すること。
  　③　(2)項ニの設置（通路誘導灯又は高輝度蓄光式誘導標識）

蓄光式誘導標識

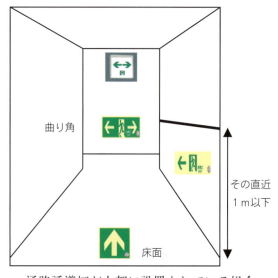

通路誘導灯が上部に設置されている場合

4 客席誘導灯

客席内通路の床面における水平面で0.2ルクス以上

5 **誘導灯を消灯できる場合**（規則第28条の3第4項）

避難口誘導灯、通路誘導灯（階段、傾斜路を除く。）は、常時点灯していること。

ただし、当該防火対象物が無人である場合

又は次の場所

イ 外光により避難口又は避難の方向が識別できる場所

ロ 利用形態により特に暗さが必要な場所

ハ 主として当該防火対象物の関係者及び関係者に雇用されている者の使用する場所（非特定防火対象物の用途に限る。）

自動火災報知設備の感知器連動により点灯し、かつ、当該場所の利用形態に応じて点灯する場合は、消灯することができる。

6 **点滅機能・音声誘導機能**

| 避難口誘導灯設置場所の(ア)(イ)以外の誘導灯には設けてはならない。 |
| 自動火災報知設備の感知器連動で起動すること。 |
| 避難口から避難する方向にある感知器が作動した場合、当該誘導灯の点滅、音声は停止すること。 |

点滅機能を規則第28条の3第4項第3号により設ける場合以外は、点滅機能・音声誘導機能の付加は任意であるが、次の防火対象物又は部分に設置することが望ましい。

○(6)項ロ・ハの防火対象物のうち視力、聴力の弱い者が使用する避難経路

○(4)項、(5)項イ、(6)項イ、(16の2)項等不特定多数の者が出入する防火対象物で雑踏、照明・看板等により誘導灯の視認性が低下するおそれのある部分

○点滅・音声誘導により避難誘導する必要性が高いと認められる部分

7 **誘導灯の設置・維持**

○通行の障害にならないように設置

○誘導灯の周囲に灯火、広告物、掲示板等紛らわしい又は遮るものを設けない。

緑色は誤認、赤色は視認に悪影響を及ぼす。

○雨水のかかるおそれ、湿気の滞留するおそれのある場所 → 防水構造

8 **電源**

蓄電池又は交流低圧屋内幹線から他の配線を分岐せずにとる（専用表示）。

【非常電源】 蓄電池20分以上（直交変換装置を有しないもの）

大規模地震の際に、安全に屋外等へ避難を行う大規模・高層防火対象物や地下の駅舎等は移動距離が長くなることから、60分以上（20分を超える部分は、直交変換装置を有する蓄電池設備、自家発電設備又は燃料

電池設備を含む。）とする（規則第28条の3第4項第10号）。

○大規模・高層建築物の防火対象物（平成11年消防庁告示第2号）

(1)項～(16)項	イ　延べ面積50,000㎡以上
	ロ　地上15階以上、かつ、延べ面積30,000㎡以上
(16の2)項	延べ面積1,000㎡以上
(10)項、(16)項の(10)項部分	乗降場が地階にあり、消防長又は消防署長が避難上必要があると認めて指定したもの ※避難上の観点から、「複数の線が乗り入れている駅」、「3層以上の構造の駅」を重点とすることが望ましい。

○誘導灯（60分容量）設置場所

地上及び直通階段への避難口、地上への避難口に通ずる廊下及び通路、地階の乗降場及びこれに通ずる階段、傾斜路、通路並びに直通階段（蓄光式誘導標識が設けられた部分の通路誘導灯を除く。）

○建基令第126条の4第1項により非常用照明装置が階段等に設置されている場合は、階段通路誘導灯の設置免除規定があるが、大規模・高層建築物の防火対象物の地階にある乗降場に通ずる階段、傾斜路、直通階段に設ける非常用照明装置の予備電源容量は60分間作動できる容量以上とする。ただし、告示で定める蓄光式誘導標識が設けられている防火対象物又はその部分の非常用照明装置の予備電源は30分間作動できる容量以上で足りる（平成23年消防予第231号、消防危第122号）。

○通路誘導灯を補完するために設けられる蓄光式誘導標識

光を発する帯状の標示等により避難安全性が確保されている場合、又は高輝度蓄光式誘導標識が歩行距離7.5m以下及び曲がり角の床面、その直近に設置されている防火対象物又はその部分

【光を発する帯状の標示等】 ISO 16069、2004等

通路の床面や壁面に避難する方向に沿ってライン状に標示を行うもの、階段等の踏面に端部位置を示すもの、その他避難口の外周やドアノブ、階段等の手すりをマーキングする標示、階段始点用の階段シンボル標示等が想定される。

9　配線

口出線と屋内配線は直接接続

10　誘導標識

避難口である旨又は避難の方向を明示した緑色の標識

(1)　設置場所（蓄光式誘導標識を除く。）（規則第28条の3第5項）

○各階ごとに（避難口、階段を除く。）廊下、通路の各部分から一の誘導標識までの歩行距離7.5m以下

○曲がり角

○多数の者の目に触れやすく、かつ、採光が識別上十分な箇所

○誘導標識の周囲に灯火、広告物、掲示板等紛らわしい又は遮るものを設けない。

大きさ

正方形　　　　　　又は　　縦寸法を短辺とする長方形

一辺12cm以上

短辺が10cm以上、かつ、面積が300cm²以上

(2) 電気エネルギーにより光を発する誘導標識（蓄光式誘導標識を含む。）

自動火災報知設備の例により電源及び電気工作物に係る法令の規定により配線を設ける。

(3) 蓄光式誘導標識（規則第28条の2第1項第3号ハ）

通常光を当てている状態で蓄光し、暗くなると燐光等により光を発する誘導標識

(ア) 蛍光ランプ（D65）により照度200ルクスの外光を20分間照射し、その後20分間経過した後における照射後表示面（平均輝度：mcd／m²）により、次のように分けられる。

　○中輝度蓄光式誘導標識

　　24mcd／m²以上100mcd／m²未満

　○高輝度蓄光式誘導標識

　　100mcd／m²以上

　※ＬＥＤ照明器具は、可視光領域での照度が同レベルであっても紫外線強度は蛍光灯よりも小さいのが一般的で、注意を要する。

(イ) 性能を保持するために必要な照度

　　一般的　照明が消灯してから20分経過後の平均輝度100mcd／m²以上

　　歩行距離がおおむね15m以上　20分経過後の平均輝度300mcd／m²以上

　　通路誘導灯を補完するもの　60分経過後の平均輝度75mcd／m²以上

(ウ) 廊下、通路に設置する高輝度蓄光式誘導標識

短辺
8.5cm以上

面積217cm²以上

長辺25.5cm以上

根拠条文等	誘導灯及び誘導標識に係る設置・維持ガイドラインについて（平成11年消防予第245号） 消防法施行規則等の一部を改正する省令等の公布について（通知）（平成21年消防予第408号） 蓄光式誘導標識に係る運用について（通知）（平成22年消防予第177号）

立 入 検 査 チ ェ ッ ク ポ イ ン ト

☐ 広告物、室内装飾等による視認障害はないか。

☐ 増改築、間仕切変更等により、器種や位置が不適になっていないか。
誘導灯、誘導標識は遡及適用の対象だが、旧基準から新基準に切替える場合には、階単位で新基準又は旧基準への適合性を確保することとして差し支えない（平成11年消防予第246号）。

☐ 電源の専用回線の表示を確認。非常電源の切替による点灯を確認

☐ 光源のちらつき、不点灯、変形、損傷の有無を確認

第19節 消防用水（令第27条）

　消防用水は、大規模建築物の敷地又は高さにより、公設消防隊が使用する目的で消防水利の設置を義務付けたもので、人工水利（貯水槽等）と自然水利（池、河川等）がある。

第1 設置基準

大規模建築物　(1)項～(15)項、(17)項、(18)項 　敷地面積　20,000㎡以上、かつ、床面積が 　　　　　　　　（1階、2階の床面積の合計）	耐火建築物　15,000㎡以上
	準耐火建築物　10,000㎡以上
	その他の建築物　5,000㎡以上
高層建築物　高さ31mを超え、かつ、延べ面積25,000㎡以上（地階を除く。）	

【同一敷地内に2以上の建築物（(1)項～(15)項、(17)項、(18)項）がある場合で、それらの建築物が延焼のおそれのある部分を有する場合（高層建築物を除く。）】

　1階、2階の床面積の合計÷除数＝商の和が1以上の場合1棟とみなす。

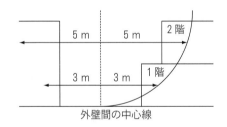

除数 ｛耐火建築物　15,000㎡　準耐火建築物　10,000㎡　その他の建築物　5,000㎡

（例）　耐火建築物1階、2階の床面積12,000㎡と準耐火建築物1階、2階の床面積3,500㎡の2棟が延焼曲線内にある場合
　　　　12,000÷15,000＝0.8　　3,500÷10,000＝0.35　　0.8＋0.35＝1.15（設置該当）

※屋外消火栓設備と異なり、消防用水の使用は消防隊が火災の最盛期に使用することから、耐火建築物、準耐火建築物であっても延焼危険を見込み1棟として扱う。

【(15)項の畜舎等】設置基準による（規則第32条の3）。
① 木造以外の平屋建てで、高さが16m以下の畜舎等（保管庫部分の床面積の合計が3,000㎡を超える畜舎等を除く。）は、1階及び2階の床面積の合計が10,000㎡以上のものに設置する。

※令第27条中、準耐火建築物とあるのは、「準耐火建築物又は延焼のおそれが少ないものとして消防庁長官が定める構造を有する建築物」と読み替える。

② 2以上の畜舎等が渡り廊下等で接続されている場合において、延焼防止上支障のない場合は、別の建物とみなす（延焼防止上支障のないものの基準については、令和4年消防庁告示第2号第3、5による。）。

第2　技術基準

1　有効水量

1個当たり20㎥以上（流水の場合は0.8㎥/分以上）

地盤面下の消防用水は、地盤面の高さから4.5m以内の水量をいう。

大規模建築物	耐火建築物	1階2階の床面積÷7,500㎡＝A×20㎥
	準耐火建築物	1階2階の床面積÷5,000㎡＝A×20㎥
	その他の建築物	1階2階の床面積÷2,500㎡＝A×20㎥
高層建築物	延べ面積÷12,500㎡＝A×20㎥	

A：1未満切り上げ

（例）　⒂項（事務所）耐火建築物　延べ面積30,000㎡

　　　　高さ33m、敷地面積21,000㎡、1階2階の床面積合計5,000㎡

　　　　　　30,000÷12,500＝2.4（1未満切り上げ）

　　　　　　3×20㎥＝60㎥

防火地域、準防火地域内の防火対象物で、消防用水の設置が必要なものは、耐火建築物とされており、消防用水の有効水量が計算により、80㎥を超える場合は80㎥とすることで足りる（昭和39年自消乙予第9号）。

○冷暖房用水、雑用水を取水できる場合は利用できる。

○屋外消火栓の位置が連結送水管の送水口から100m以内にある場合は、屋外消火栓1個につき、20㎥として換算できる。

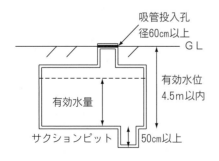
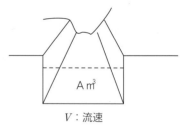

V：流速

流水0.8㎥/分を20㎥に換算

$A㎡×Vm/分≧0.8㎥/分$

＊自治体により、吸管投入孔が設けられない場合に採水口、配管を設置する場合や地盤面下4.5mを超える部分の水利を加圧送水装置、配管、採水口により吸水する場合又は地盤面より高い部分に設けた高架水槽から配管、採水口により供給することで、消防用水として運用している。

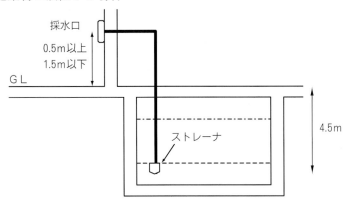

2　設置位置
　○取水口は、消防車の部署位置から２m以内
　○建築物の各部分から一の消防用水までの水平距離100m以下

【法第17条以外の消防水利】
　　○公設の消防水利（法第20条）
　　○宅地開発（都市計画法第33条第１項第２号）市町村の土地開発事業指導要綱等
　　○指定消防水利　池、泉水、井戸等（法第21条）　水利権

立入検査チェックポイント

☐　水利の位置（建築物から100m以下）の確認
☐　消防ポンプ自動車の部署位置（２m以内）の確認及び吸管投入口の破損、変形はないか。
☐　有効水量があるか。不足の場合原因を確認し、改善させる。
☐　自然水利は、通年取水可能か。

第20節 排煙設備（令第28条）

排煙設備は、火災が発生した場合に建物内部の煙を屋外に排出し、避難する人の安全を確保し、又は消防隊の活動を支援するための設備で、自然排煙、機械排煙及び加圧排煙がある。

第1 設置基準

地下街、舞台部、地階、無窓階

(16の2)項	延べ面積1,000㎡以上
(1)項	舞台部床面積500㎡以上
(2)項、(4)項、(10)項、(13)項	地階 無窓階	床面積1,000㎡以上

第2 設置をしないことができる部分 （令第28条第3項、規則第29条）

排煙上有効な窓等の開口部が常時外気に開放されているもの（自然排煙） 　直接外気に開放されている部分（規則第30条第1号イ～ハ） 　開口部の面積合計（規則第30条第6号ロ）
令第13条第1項の用途に応じた特殊消火設備が設置されている部分（移動式を除く。） 　（主として関係者及び雇用者の使用に供する部分に限る。）
消防隊の消火活動上支障がないものとして告示で定める部分**未制定**

第3 技術基準 （規則第30条）

1 排煙口と給気口の位置

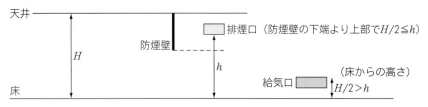

— 304 —

2 排煙口
- 防煙区画（床面積500㎡以下）ごとに1以上
　間仕切壁、防煙壁（天井面から50cm以上下方に突出した不燃材料の垂れ壁等）で区画された部分。ただし、加圧排煙は、この限りでない。
　（(16の2)項で延べ面積1,000㎡以上は天井面から80cm、床面積300㎡）
- 防煙区画の各部分から排煙口までの水平距離30m以下
- 天井又は壁に設置
- 直接外気に接する排煙口の開口部面積合計

消火活動拠点	2㎡（特別避難階段の附室と非常用エレベーターの乗降ロビーの兼用3㎡）
その他	防煙区画の床面積/50

3 給気口
消火活動拠点（消防隊の消火活動の拠点となる防煙区画）ごとに1以上
設置場所　特別避難階段の附室、非常用エレベーターの乗降ロビー等の床又は壁
　{ 機械給気
　 自然給気

面積1㎡（附室と非常用エレベーターの乗降ロビーを兼用するものは1.5㎡）以上
＊消火活動拠点の排煙口、給気口に接続する風道には、自動閉鎖式ダンパーを設けない。

4 起動装置
一の防煙区画ごと
- 手動式

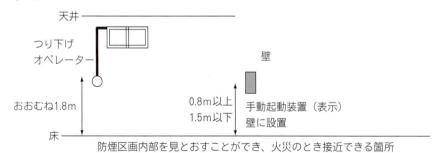

▲手動起動装置

○自動式　自動火災報知設備の感知器連動、閉鎖式スプリンクラーのヘッド開放等
　　　　　自動、手動切替え装置を防災センター等に設けること。

風道、排煙口………煙の熱等により機能障害を生じない材料（不燃材料）で造る。
　　耐火構造の壁・床を貫通する場所｜防火ダンパー　外部から容易に開閉でき、
　　延焼防止上必要な箇所　　　　　｜　　　　　　　　280℃以上で閉鎖する自動閉鎖
　　　　　　　　　　　　　　　　　　　　　　　　　　装置

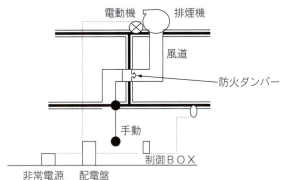

▲機械排煙の排煙口

5　排煙機の性能

消火活動拠点	240㎥/分（特別避難階段の附室と非常用エレベーターの乗降ロビーの兼用360㎥/分）
その他	(16の2)項　　300㎥/分（＊600㎥/分）
	(1)項、(2)項、(4)項、(10)項、(13)項　大なる方 { 120㎥/分 / 防煙区画面積×1㎥/分（＊2㎥）

＊一の排煙機が2以上の防煙区画に接続されている場合

▲排煙機

6　非常電源（令第28条第2項、規則第30条）
　　容量は、30分以上（屋内消火栓設備に準じる。）

＜建築基準法の排煙設備との差異＞

● 建築基準法では、一定の区画・内装制限を行った部分に係るものは、設置免除
　消防法では、地階、無窓階において免除対象外

● 建築基準法では、排煙機又は給気機と接続していない煙突状の風道も認められる。
　消防法では、消火活動上必要な風量を担保するため、風道の接続が必要

● 消防法では、消火活動拠点についての自動閉鎖装置付ダンパーの設置を禁止している。

● その他、消防法上消防用設備等の要件を補足（排煙機等の被災防止、風道等への耐震
　措置等）

第4　加圧防排煙設備（令第29条の4）

　排煙設備に代えて用いることができる加圧防排煙設備は、消防隊の活動を支援するために、火災が発生した場合に生ずる煙を有効に排除し、給気により加圧することにより、活動拠点となる室への煙の侵入を防ぐことができる設備で、排煙口、給気口、給気機等で構成される。

1　対象防火対象物

(4)項	地階・無窓階	床面積1,000㎡以上
⒀項イ（昇降機械装置構造を除く。）		

○ 特定主要構造部が耐火構造であること。

○ 竪穴区画とその他の部分が準耐火構造の床、壁又は防火設備で区画
　竪穴区画：吹抜け部分、階段部分、昇降機の昇降路部分、ダクトスペース等
　その他の部分：直接外気に開放されている廊下、バルコニー、その他これらに類する
　　　　　　　　部分を除く。

○ 次の消火設備が設置されていること。
　● スプリンクラー設備、水噴霧消火設備
　● 移動式を除く泡消火設備、不活性ガス消火設備、ハロゲン化物消火設備、粉末消火設備

2　用語の意義

⑴　加圧式消火活動拠点
　　避難階段の階段室と連絡する室、特別避難階段の付室等で、給気により加圧し、火災によって発生する熱や煙の影響を受けないよう措置されたもの

⑵　隣接室
　　加圧式消火活動拠点と連絡する室のうち階段室以外のもの

⑶　遮煙開口部
　　加圧式消火活動拠点と隣接室を連絡する開口部

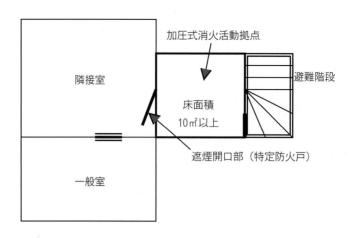

3 技術基準
　煙に接する部分は、煙の熱及び成分により機能に支障を生ずるおそれのない材料で造ること。
(1) 排煙口（規則第30条第1号（イを除く。）によるほか、次による。）
　次の㋐～㋒までの場所以外の防煙区画（間仕切壁又は天井面から30cm以上下方に突出した不燃材料の垂れ壁等）ごとに1以上を設ける。
　㋐　次に掲げる部分で床面積が500㎡以下のもの
　　○加圧式消火活動拠点
　　○階段、廊下、通路その他これらに類する場所
　　○浴室、便所その他これらに類する場所
　　○エレベーターの機械室、機械換気設備の機械室その他これらに類する室
　　○エレベーターの昇降路、リネンシュート、パイプダクトその他これらに類するもの
　㋑　準耐火構造の壁、床で区画された床面積100㎡以下の室で、壁、天井（天井がない場合は、屋根）の内装（回り縁、窓台その他これらに類する部分を除く。）仕上げを準不燃材料でし、開口部に防火戸を設けたもの
　㋒　各部分から隣接する排煙室に設置された一の排煙口までの水平距離が30m以下、床面積100㎡以下の室で、壁（排煙室に面する部分を除く。）及び床が準耐火構造、及び排煙室に面する開口部以外の開口部に防火戸を設けたもの
　　＊防火戸は、随時開くことができる自動閉鎖装置付、常時閉鎖状態又は随時閉鎖することができ、かつ、煙感知器連動で閉鎖するもの
　　① 起動装置
　　　排煙機により排煙する防煙区画は、排煙口の開放に伴い、排煙機が自動的に作動すること。
　　　○手動起動装置（規則第30条第4号イの規定の例による。）
　　　　一の防災センター等（常時人がいる防災センター、中央管理室、守衛所等）及び一の防煙区画ごとに設け、操作部直近の見やすい箇所に「排煙口の手動起

動装置」である旨及び使用方法を表示する。
- 自動起動装置（規則第30条第4号ロ(イ)の規定の例による。）
  自動火災報知設備の感知器、閉鎖型スプリンクラーヘッド、火災感知用ヘッドの作動若しくは開放と連動し排煙口が開放するもの
② 排煙用風道（規則第30条第3号（ホ(ニ)を除く。）を準用）
- 排煙上及び保安上必要な強度、容量、気密性を有し、排煙機に接続されていること。
- 自動閉鎖装置を設けたダンパーを設置しないこと。ただし、次の場合はこの限りでない。
  - 自動閉鎖装置を設けたダンパーが設置されていない風道に接続された排煙口を有する防煙区画の当該排煙口以外の排煙口に接続されているもの
  - 直接外気に接する排煙口を有する防煙区画に設置された排煙口に接続するもの
③ 排煙性能
- 排煙機（規則第30条第5号の例による。）の性能は、防煙区画の床面積の区分に応じ、次の性能であること。

防煙区画の床面積	排出性能
250㎡未満	防煙区画の床面積×1㎥／分の空気
250㎡以上750㎡未満	250㎥／分の空気
750㎡以上	防煙区画の床面積×1／3㎥／分の空気

- 直接外気に排煙する防煙区画の排煙口の面積合計は、防煙区画の床面積の区分に応じ、次により計算した面積以上であること。

防煙区画の床面積	面積（㎡）
500㎡未満	$A \div 100\sqrt{H}$
500㎡以上750㎡未満	$5 \div \sqrt{H}$
750㎡以上	$A \div 150\sqrt{H}$

A：当該防煙区画の床面積（㎡）　　　H：排煙口の開口高さ（m）

(2) 加圧式消火活動拠点
- (ア) 階ごとに、階の各部分から一の遮煙開口部までの水平距離50m以下
- (イ) 床面積10㎡以上で、消火活動上支障がない形状
- (ウ) 外周のうち一の防火区画に接する部分の長さが、外周の1／2以下
- (エ) 避難、通行、運搬以外の用途に供しない。
- (オ) 火災時予測上昇温度等の計算による措置をした耐火構造の床、壁で区画する。

(3) 給気口（規則第30条第2号ニの例による。）
- (ア) 加圧式消火活動拠点ごとに1以上設け、給気用の風道に接続されていること。
- (イ) 手動起動装置（規則第30条第4号イの規定の例による。）

⑷　空気逃がし口

　㋐　給気口の開放により、開放するように設置

　㋑　隣接室又は一般室に設ける。

根拠法令等	排煙設備に代えて用いることができる必要とされる防火安全性能を有する消防の用に供する設備等に関する省令（平成21年総務省令第88号） 加圧防排煙設備の設置及び維持に関する技術上の基準（平成21年消防庁告示第16号） 排煙設備に代えて用いることができる必要とされる防火安全性能を有する消防の用に供する設備等に関する省令等の公布について（通知）（平成21年消防予第380号）

立 入 検 査 チ ェ ッ ク ポ イ ン ト

☐　建築基準法の避難安全検証又は高さ31m以下の部分で100㎡以内ごとに防煙区画をしたものは排煙設備の免除規定があるが、消防用設備等（令第28条第1項）の設置該当の場合は排煙設備の設置が必要になる。

☐　手動開閉装置は、棚等による操作障害がないか。

☐　改装等により、排煙口にペンキが塗られ開閉障害がないか。

☐　加圧防排煙設備は、基準に適合しているか。

第21節

連結散水設備（令第28条の2）

　連結散水設備は、地下街や建物の地階で火災が発生すると煙が充満し、消防活動が困難となることから、地上から消防ポンプ自動車で送水し、天井等に設置した散水ヘッドから放水する設備である。

第1　設置基準

(1)項～(15)項、(17)項	地階の床面積の合計700㎡以上 （特定防火対象物1,000㎡以上の地階はスプリンクラー設備）
(16の2)項	延べ面積700㎡以上

第2　設置を要しない部分

1　代替設置（有効範囲内）

⑴　スプリンクラー設備（送水口を附置したもの）、水噴霧消火設備、泡消火設備、不活性ガス消火設備、ハロゲン化物消火設備、粉末消火設備（令第28条の2第3項）

⑵　連結送水管を設置し、かつ、排煙設備を設置した部分又は排煙設備の設置を要しない部分（令第28条の2第4項、規則第30条の2の2）

2　特例による設置免除（令第32条）（昭和50年消防安第65号）

○特定主要構造部を耐火構造とした外周（外壁）が2面以上及び周上の2分の1以上がドライエリア等の外気に開放され、次の条件すべてを満足させるもの

　ア　ドライエリア等に面し大型開口部（1ｍの円が内接）2以上

　イ　開口部が面するドライエリア等の幅　壁から2.5ｍ以上（消火に支障がない場合は、この限りでない。）

　ウ　ドライエリア等へ降りられる傾斜路又は階段等を設置

　エ　ドライエリア等の面する壁の長さ30ｍを超えるものは、2以上の傾斜路等の設置

○(10)項で特定主要構造部を耐火構造とし、かつ、天井、壁の室内に面する部分の仕上げが不燃材料で造られた可燃物のないプラットホーム、コンコース等で連結送水管を設置してあるもの

○直接外気に開放されている廊下その他外気が流通する場所

— 311 —

3 散水ヘッド不要の部分（規則第30条の2）
- 特定主要構造部が耐火構造の防火対象物
  - 50㎡以下の防火区画（耐火構造の壁・床、自動閉鎖式の防火戸）
  - 耐火構造の壁・床、自動閉鎖式の特定防火設備の防火戸で区画された部分
  機械室（エレベーター、換気設備、ポンプ、冷凍機室等）、金庫室、レントゲン室、通信機器室、電子計算機器室等
- 浴室、便所、化粧室、洗濯場、脱衣所等
- 電気設備（発動機、変圧器、蓄電池等）の設置場所
- エレベーター昇降路、リネンシュート、パイプダクト等
  階段は区画（防火戸のある場合）

第3 技術基準（規則第30条の3）

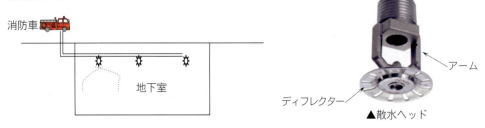

▲散水ヘッド

| 根拠法令等 | 開放型散水ヘッドの基準（昭和48年消防庁告示第7号） |

放水量　0.5MPaにおける全放水量169～194 l /分

1 散水ヘッドの設置

　　┌天井の室内に面する部分
　　└天井裏………設置免除　┌天井仕上げ材（不燃材料、準不燃材料、難燃材料）
　　　　　　　　　　　　　　└天井裏の高さ　0.5m未満

一の送水区域に開放型散水ヘッド、閉鎖型散水ヘッド又は閉鎖型スプリンクラー（SP）ヘッドのいずれか一の種類とすること。

開放型散水ヘッド（乾式）閉鎖型散水ヘッド	送水区域	ヘッド10個まで
	水損防止	各送水区域ごとに送水口を設ける。 選択弁を用いて送水区域を選択
	（送水区域ごとに防火区画）送水口と系統図を設ける。	
SPヘッド（閉鎖型）	送水区域　ヘッド20個まで	

＊閉鎖型散水ヘッドは、現在製品化されていない（規格未制定。）。また、閉鎖型ＳＰヘッドは、耐火性能が低く消防隊が放水するまでの間に火災の熱でヘッドが溶解するおそれがあるため、高架水槽等により配管内を充水させる湿式が望ましい。

散水ヘッドの配管（一の送水区域のヘッド取付け個数）　耐食措置、耐熱性

管の呼び	
32mm	ヘッド　1個
40mm	2個
50mm	3個
65mm	4～5個
80mm	6～10個

閉鎖型ＳＰヘッドは左記の2倍
（管末に排水弁兼試験弁を設ける。）

【開放型・閉鎖型散水ヘッド】

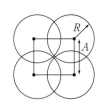

水平距離　3.7m

半径　$R=3.7$m
間隔　$A=5.2$m
ヘッド1個当たりの面積
　（$5.2×5.2=27.04$㎡）
ヘッド10個で270㎡

【閉鎖型ＳＰヘッド（高感度以外に限る。）】

水平距離2種　耐火以外2.1m
　　　　　　　耐火2.3m
（耐火構造の場合）
半径　$R=2.3$m
間隔　$A=3.25$m
ヘッド1個当たりの面積
　（$3.25×3.25=10.56$㎡）

ヘッド取付面の高さが2.1m以下の部分は、散水ヘッドの散水分布に応じた距離とすることができる。

2　送水口

消防自動車が容易に接近できる位置
双口形（一の送水区域の散水ヘッドが4以下は、単口とすることができる。）
　　ホース接続口————立管の数以上

| 根拠法令等 | スプリンクラー設備等の送水口の基準（平成13年消防庁告示第37号） |

選択弁を設ける場合は送水口付近に設ける。

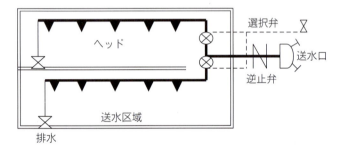

立入検査チェックポイント

☐ 送水口に容易に接近し送水できるか。
☐ 送水口に変形、破損又は操作障害はないか。
☐ 系統図の破損や不鮮明はないか。
☐ 増改築等によるヘッドの未警戒はないか。

第22節 連結送水管（令第29条）

　連結送水管は、中高層建築物や地下街等消火活動が困難な防火対象物において、あらかじめ設置した送水管の送水口に消防ポンプ自動車から送水し、放水口からホース延長し、消火活動を行うことを目的とした設備である。

第1　設置基準

対　　象	一の放水口までの水平距離
令別表第一の建築物（地階を除く。） 　階数が7以上 　階数が5以上で延べ面積6,000㎡以上	3階以上の階　50m
(16の2)項　延べ面積1,000㎡以上	地階　50m
(18)項　50m以上のアーケード	25m
道路の用に供される部分の防火対象物	25m

【連結送水管の構成例】

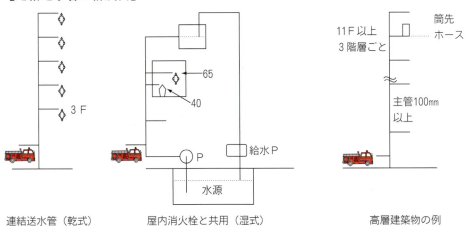

連結送水管（乾式）　　屋内消火栓と共用（湿式）　　高層建築物の例

第2　技術基準（令第29条第2項、規則第31条）

1　送水口

　　双口形（消防ポンプ自動車が容易に接近できる位置）
　　　　　　ホース接続口―――――立管の数以上
　　　　　　　　　　　　　結合金具：差込式・ねじ式（呼称65）

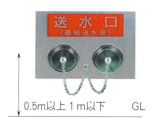

保護キャップ、逆止弁

0.5m以上1m以下　　GL

相離れた位置に2以上の放水口─────送水口は立管ごとに設ける（棟ごと）（昭和48年消防予第140号・消防安第42号）。

根拠法令等	消防用ホースに使用する差込式又はねじ式の結合金具及び消防用吸管に使用するねじ式の結合金具の技術上の規格を定める省令（平成25年総務省令第23号） 屋内消火栓設備の屋内消火栓等の基準（平成25年消防庁告示第2号） スプリンクラー設備等の送水口の基準を定める件（平成13年消防庁告示第37号）

2　放水口

標識
呼称65

0.5m以上1m以下
床面

開閉弁　呼称65：操作力250N
単口形（11階以上の階は双口形）
  ○階段室、非常用エレベーターの乗降ロビーその他これらに類する場所で消防隊が有効に消火活動を行うことができる位置
  ○フォグガン等の結合金具は、消防長（署長）が指定する呼称とする。

ホース通過孔　　防火戸：一辺が15cm以上　20cm以下
　　　　　　　　壁面：一辺がおおむね30cm

3　主管の内径

内径100mm以上（11階以上　配管125A　設計送水圧力1.5MPa以下100A）

【主管内径の特例】（規則第30条の4第1項）

　主管の内径は消防隊の消火活動において、呼称65のホースで棒状放水が行われることを前提に定められているが、近年、水損防止の観点から高圧・小水量の放水用器具（フォグガン等）の使用が一般的になっていることから、フォグガン等の定格放水量（200ℓ/分）のみを使用する防火対象物として、消防長又は消防署長が、位置、構造及び設備の状況、使用状況から判断して指定した場合、主管の内径が水力計算により算出された管径以上とすることができる。

4　配管

○専用（性能に支障を生じない場合は、この限りでない。）1号消火栓と共用可能

- ○スプリンクラー設備と兼用はできない。
- ○耐圧力は、設計送水圧力の1.5倍以上（加圧送水装置吐出側の耐圧力は、加圧送水装置の締切圧力の1.5倍以上）
- ○設計送水圧力が1MPa（フォグガン等を使用する場合は、指定圧力）を超える場合は、圧力配管仕様とする。

5　設計送水圧力

　ノズル先端における放水圧力が0.6MPa（フォグガン等を使用する防火対象物として、圧力を消防長又は消防署長が指定した場合は指定圧力）以上となるように送水した場合の送水口における圧力をいう。

　平成2年12月1日（平成2年自治省令第17号）から0.35MPaから0.6MPaに、それ以前は設計送水圧力の法令上の規定がなく、点検時は消防検査（法第17条の3の2）時の送水圧力による。また、消防ポンプ自動車の送水能力により、自治体によっては設計送水圧力の上限を1.6MPaに規定しているところもある。

（例1）　放水圧力が1MPa　消防長が指定する場合
　　　　設計送水圧力＝摩擦損失水頭計算＋背圧＋1MPa

【フォグガンを使用するものとして計算】
- ○1線当たり　200l/分
- ○各階　2線使用とする。
- ○最大流量　4口　800l/分とする。
- ○主管の放水量は、最上階から1階層分は400l/分とし、以下の階は800l/分とする。
- ○ホースは、100m当たりの換算水頭を12mとする（50mに満たない場合は6mとする。）。
- ○放水量　1MPa　200l/分×口数（最大で800l/分）

（例2）　放水圧力が0.6MPa（放水圧力を指定せず0.6MPaの場合）
　　　　設計送水圧力＝摩擦損失水頭計算＋背圧＋0.6MPa

【フォグガン以外のノズルを使用する場合】
- ○1線当たり　600l/分
- ○各階　2線使用とする。
- ○最大流量　4口　2,400l/分とする。
- ○主管の放水量は、最上階から1階層分は1,200l/分とし、以下の階は2,400l/分とする。
- ○ホースは、100m当たりの換算水頭を8mとする（50mに満たない場合は4mとする。）。

$$P = P_N + H + FL$$

　　　P_N：放水圧力　　H：背圧　　FL：摩擦損失

- ○放水量　0.6MPa×4口で、2,400l/分

(例3) ノズル先端において、0.6MPa以上
立管ごとに800 l /分（放水口が双口形の場合は、1,600 l /分）

第3　11階以上の建築物（令第29条第2項第4号、規則第31条第6号）

1　地上11階以上の建築物
(1)　消防隊の消火活動を容易にするため、一つの直通階段について11階以上の階数3以内ごとに放水用器具を格納した箱を放水口に附置する。

放水口箱
11階以上の階
放水口は双口形

ホース格納箱

放水用器具

歩行距離5m以内

　○放水用器具は、20mホース4本以上、筒先2本以上とし、屋内消火栓設備の屋内消火栓等の基準（平成25年消防庁告示第2号）に適合するもの
　　●放水口：連結送水管のホース接続口、開閉弁及びこれらを接続する管路をいう。
(2)　消防隊の活用状況を勘案し非常用エレベーターが設置されており、放水用器具が搬送容易なものとして消防長又は消防署長が認めるものは、放水用器具の設置を省略できる（規則第30条の4第2項）。

2　地上11階以上で高さ70mを超える建築物
　○湿式
　○加圧送水装置　非常電源2時間以上
　○ポンプ吐出量
　　隣接する2の階の放水口合計数（3を超えるときは3）×800 l /分（フォグガン等使用防火対象物は、水力計算に用いた量）以上
　○立管ごとに加圧送水装置を設ける場合
　　それぞれ1,600 l /分（フォグガン等使用防火対象物は、水力計算に用いた量×2）以上
　○ポンプの全揚程　H（m）＝$h_1+h_2+h_3+h_4$
　　h_1：消防用ホースの摩擦損失水頭（m）
　　h_2：配管の摩擦損失水頭（m）
　　h_3：落差（m）
　　h_4：ノズルの先端における放水時の水頭　60（消防長（消防署長）が指定する場合は、

当該指定水頭）（m）

○起動装置　直接起動できるもので、かつ、送水口の直近又は中央管理室で遠隔操作

立 入 検 査 チ ェ ッ ク ポ イ ン ト

☐　送水口及び放水口の変形、破損はないか。また、操作障害はないか。

☐　11階以上のホース格納箱のホース、ノズルの撤去はないか。

☐　送水口、放水口の標識（消防章）を確認

☐　設置後10年経過の連結送水管は、耐圧性能試験を実施しているか。

第23節 非常コンセント設備（令第29条の２）

非常コンセント設備は、消防活動の困難性が高い高層建築物の11階以上の階や地下街において、電気を動力とする救助資機材や照明器具の電源として使用する設備である。

第1 設置基準

＜各部分から一の非常コンセントまでの水平距離＞

令別表第一の建築物　階数11以上（地階を除く。）	11階以上の階　50m
（16の２）項　延べ面積1,000㎡以上	地階　50m

第2 技術基準（令第29条の２第２項、規則第31条の２）

1 設置位置

　　　階ごと
　　　階段室、非常用エレベーターの乗降ロビー等
　　　消防隊が有効に消火活動を行うことができる位置

必要電源　単相交流100V　　15A以上

非常電源　容量は、30分以上（屋内消火栓設備に準じる。）

電源からの回路は各階において2以上とする（コンセントの数が1個のときは1回路）。
回路に設けるコンセントは10個以下

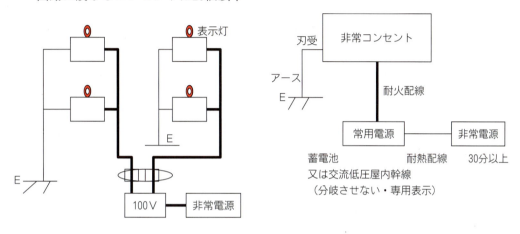

立 入 検 査 チ ェ ッ ク ポ イ ン ト

☐ 保護箱の周囲に使用上の障害はないか。また、扉等の変形、破損はないか。
☐ プラグ受け及び脱落防止フックは、堅固に固定されているか。
☐ 表示灯は正常に点灯しているか。

参考：昭和61年12月以前は、三相200Vのプラグ受けを設けることとされていたが、公設消防隊の使用器具に三相200Vがほとんどないことから、三相200Vは廃止された。

第24節 無線通信補助設備（令第29条の3）

　無線通信補助設備は、消防救急無線の電波が届きにくい地下街に設置が義務付けられるほか、地下鉄や長大トンネル等で自主的に設置され、防災センター等に消防専用の無線端子を設けて消防隊の無線機等を接続し、無線連絡ができる設備である。

第1　設置基準

　　地下街（(16の2)項）　　延べ面積1,000㎡以上

第2　技術基準

　消防救急無線は、150MHz帯のアナログ式から260MHz帯へ移行しデジタル化が行われた。これにより、150MHz帯を使用しない消防本部においては、防火対象物に設置された無線通信補助設備が使用できないことから、消防長又は消防署長が指定する周波数帯とする旨の規定がなされた。

1　設置位置（令第29条の3第2項）
　○点検に便利で、かつ、火災等の被害を受けるおそれが少ないように設けること。
　○地下街における消防隊相互の無線連絡が容易に行われるように設けること。

2　基準の細目（規則第31条の2の2）

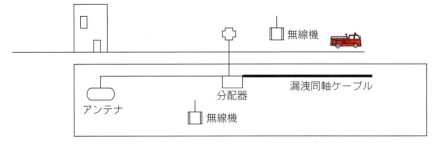

(1) 漏洩同軸ケーブル等（漏洩同軸ケーブル、漏洩同軸ケーブルとこれに接続する空中線又は同軸ケーブルとこれに接続する空中線）
　○漏洩同軸ケーブル等は、消防隊相互の無線連絡が容易に行われるものとして消防長又は消防署長が指定する周波数帯における電波の伝送又は輻射に適するものとする。

○アンテナは、指向性が少ないので広場等に適す。

○漏洩同軸ケーブル（公称インピーダンス50Ω）は、電波を輻射するので廊下のような細長い場所に適す。

○漏洩同軸ケーブル等は、難燃性、かつ、耐熱性を有するものとする。

(2) 分配器等（分配器、混合器、分波器等）

分配器等は、挿入損失の少ないものとし、漏洩同軸ケーブル等及び分配器等の接続部には防水上適切な措置を講ずる。

(3) 増幅器

○電源（蓄電池又は交流低圧屋内幹線）

○非常電源　無線通信補助設備を30分間以上作動できる容量

(4) 端子（無線機を接続する端子）

○地上で消防隊が有効に活動できる場所（防災センター等）に設置

○JIS C 5411のC01形コネクターに適合するもの

○床面又は地盤面からの高さ0.8m以上1.5m以下の位置に設置

○保護箱

● 表面を赤色とし、「無線機接続端子」と表示

● 保護箱内には、可とう性のある接続用同軸ケーブルを 2 m以上収容

(5) 無線の共用

警察の無線通信その他の用途と共用する場合は、消防隊の無線連絡に支障がない措置を講じること。

立 入 検 査 チ ェ ッ ク ポ イ ン ト

□　使用上の支障がないか。

□　表示「消防隊専用接続端子」、「最大許容入力」、「使用周波数帯」、「注意事項」を確認

□　接続端子の変形、損傷、腐食等はないか。

□　無反射抵抗器又は保護キャップはあるか。

第25節

非常電源

1 非常電源の種類と容量（規則第12条第1項第4号、第24条第4号、第24条の2の3第1項第7号、第28条の3第4項第10号）

非常電源 消防用設備等	非常電源専用 受電設備 （注1）	自家発電設備 マイクロガス タービンを含 む。（注6）	蓄電池設備 （注7）	燃料電池設備	容量 （以上）
屋内消火栓設備	○	○	○	○	30分
スプリンクラー設備	○	○	○	○	30分
水噴霧消火設備	○	○	○	○	30分
泡消火設備	○	○	○	○	30分
屋外消火栓設備	○	○	○	○	30分
排煙設備	○	○	○	○	30分
非常コンセント設備	○	○	○	○	30分
連結送水管	○	○	○	○	2時間
不活性ガス消火設備	─	○	○	○	1時間
ハロゲン化物消火設備	─	○	○	○	1時間
粉末消火設備	─	○	○	○	1時間
自動火災報知設備	○	─	○（注2）	─	10分
非常警報設備	○	─	○（注2）	─	10分
無線通信補助設備	○	─	○	─	30分
ガス漏れ火災警報設備	─	○（注4）	○（注3）・（注4）	○（注4）	10分
誘導灯	─	─	○（注5）・（注8）	─	20分

（注1） 延べ面積1,000㎡以上の特定防火対象物（小規模特定用途複合防火対象を除く。）には認められない。

（注2） 延べ面積1,000㎡以上の特定防火対象物は蓄電池設備（直交変換装置を有するものを除く。）、その他の防火対象物は非常電源専用受電設備又は蓄電池設備によること。

（注3） 直交変換装置を有しない蓄電池で、2回線を10分間有効に作動させ、同時にその他の回線を10分間監視状態にできる容量以上

（注4） 2回線を1分間有効に作動させ、同時にその他の回線を1分間監視状態にできる

— 324 —

容量以上の予備電源又は直交変換装置を有しない蓄電池設備を設ける場合は、自家発電設備、直交変換装置を有する蓄電池設備又は燃料電池設備によることができる。

(注5) 直交変換装置を有しない蓄電池設備
(注6) マイクロガスタービンは、蓄電池設備を有しているものに限る。
(注7) ナトリウム・硫黄電池、レドックスフロー電池は、蓄電池設備に該当し、警報設備、無線通信補助設備には使用できない。
(注8) 大規模・高層建築物の防火対象物の誘導灯
　　　60分（20分を超える部分は、直交変換装置を有する蓄電池設備、自家発電設備又は燃料電池設備を含む。）第18節　誘導灯・誘導標識を参照
* 連結送水管にあっては、加圧送水装置を設置した場合、また、無線通信補助設備は増幅器を附置した場合に非常電源が必要になる。

2　非常電源専用受電設備

(1) 点検に便利で、かつ、火災等の被害を受けるおそれが少ない箇所に設けること。
(2) 他の電気回路の開閉器又は遮断器によって遮断されないこと。
(3) 開閉器に専用表示

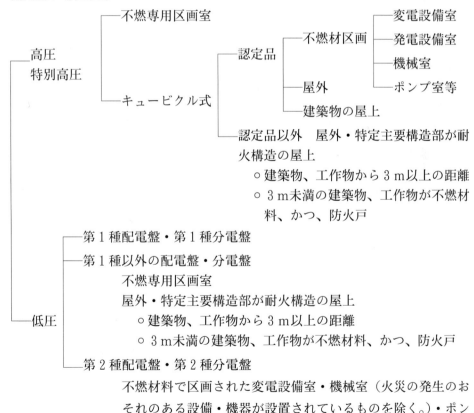

　(ア)　キュービクル式非常電源専用受電設備
　　　○前面に1m以上の幅の空地

○他のキュービクル式以外の自家発電設備、蓄電池設備から1m以上離す。

○屋外に設ける場合は、建築物、工作物から1m以上離す。

(イ) キュービクル式以外の非常電源専用受電設備

○操作面の前面に1m以上の幅の空地（操作面が相互に面する場合は、1.2m）

> **根拠法令等** キュービクル式非常電源専用受電設備の基準（昭和50年消防庁告示第7号）
> 配電盤及び分電盤の基準（昭和56年消防庁告示第10号）

3 自家発電設備

非常電源専用受電設備の(1)から(3)、高圧、特別高圧の設置及びキュービクル式非常電源専用受電設備の空地の例によるほか、次による。

(1) 常用電源が停電してから電圧確立及び投入まで（手動投入の場合は、操作時間を除く。）40秒以内に自動的に非常電源に切り替えられること。

(2) キュービクル式以外の自家発電設備

(ア) 自家発電装置（発電機と原動機を連結したもの）周囲に0.6m以上の幅の空地

(イ) 燃料タンクと原動機との間隔（間に不燃材料の防火上有効な遮へい物を設けた場合を除く。）

○予熱方式 2m以上

○その他 0.6m以上

(ウ) 操作盤（運転制御装置、保護装置、励磁装置等を収納）は、鋼板製の箱に収納し、前面に1m以上の幅の空地（自家発電装置に組み込まれたものを除く。）

> **根拠法令等** 自家発電設備の基準（昭和48年消防庁告示第1号）
> 消防用設備等の非常電源として用いる自家発電設備の出力の算定について（通知）（昭和63年消防予第100号）
> 消防用設備等の非常電源として用いる自家発電設備の出力算定の一部改正について（通知）（平成27年消防予第127号）

4 蓄電池設備

蓄電池は、鉛蓄電池（自動車用以外のもの）、アルカリ蓄電池、リチウムイオン蓄電池、ナトリウム・硫黄電池、レドックスフロー電池がある。

非常電源専用受電設備の(1)から(3)、高圧、特別高圧の設置及びキュービクル式非常電源専用受電設備の空地の例によるほか、次による。

(1) 常用電源が停電したときは、自動的に非常電源に切り替えられること。

(ア) 直交変換装置を有する蓄電池設備は、常用電源が停電してから40秒以内に電圧確立及び投入を行うこと。

(イ) その他の蓄電池設備は、停電した直後に電圧確立及び投入を行うこと。

(2) 直交変換装置を有しない蓄電池設備は、常用電源が復旧したときは、自動的に常用電源に切り替えられるもの

※直交変換装置とは、充電装置及び逆変換装置（直流を交流に変換するインバーター等）を有する装置をいい、直交変換装置を有する蓄電池設備（ナトリウム・硫黄電池設備及びレドックスフロー電池設備）は、常用電源として使用する場合もあることから、非常電源から常用電源への自動切り替えを不要とし、直交変換装置を有しない蓄電池設備については、自動切り替えを必要とする。

(3) キュービクル式以外の蓄電池設備

(ア) 設置する室の壁から0.1m以上離す。

(イ) 同一の室に2以上の蓄電池設備を設置する場合

○ 相互間0.6m（架台等により高さが1.6mを超える場合は、1m）以上離す。

(ウ) 水が浸入し、又は浸透するおそれがない場所に設置

(エ) 蓄電池設備を設置する室には、屋外に通ずる換気設備を設置

(オ) 充電装置と蓄電池を同一の室に設ける場合は、充電装置を鋼製の箱に収納し、前面に1m以上の幅の空地

> **根拠法令等** 蓄電池設備の基準（昭和48年消防庁告示第2号）

5 燃料電池設備

非常電源専用受電設備の(1)から(3)、高圧、特別高圧の設置及びキュービクル式非常電源専用受電設備の空地の例によるほか、次による。

(1) 常用電源が停電してから電圧確立及び投入まで40秒以内に自動的に非常電源に切り替えられること。

(2) キュービクル式であること。

> **根拠法令等** 燃料電池設備の基準（平成18年消防庁告示第8号）

6 配線

(1) 配線は、電気工作物に係る法令の規定によるほか、他の回路による障害を受けることのないような措置を講じる。

(ア) 600V二種ビニル絶縁電線又は同等以上の耐熱性を有する電線を使用する。

(イ) 電線は、耐火構造の主要構造部に埋設するか、同等以上の耐熱効果のある方法により保護する。ただし、MIケーブル又は消防庁長官が定める基準による電線を使用する場合は、この限りでない。

> **根拠法令等** 耐火電線の基準（平成9年消防庁告示第10号）

(ウ) 開閉器、過電流保護器その他配線機器は、耐熱効果のある方法で保護する。

(2) 操作回路、標示灯火の回路の配線は、電気工作物に係る法令の規定によるほか、次による。

(ア) 600V二種ビニル絶縁電線又は同等以上の耐熱性を有する電線を使用する。

(イ) 金属管工事、可とう電線管工事、金属ダクト工事、ケーブル工事（不燃性ダクト

に敷設するものに限る。）により設置する。ただし、消防庁長官が定める基準による電線を使用する場合は、この限りでない。

根拠法令等 耐熱電線の基準（平成 9 年消防庁告示第11号）

第26節

総合操作盤 （規則第12条第1項第8号）

　総合操作盤は、設備の監視、操作等を集中的に行うことができ、かつ、消防庁長官が定める基準に適合するものを防災センター、中央管理室、守衛室その他これらに類する場所（常時人がいる場所）に設けること。

　　　　防災センター：総合操作盤その他これに類する設備により、防火対象物の消防用設備等又は特殊消防用設備等その他これらに類する防災のための設備を管理する場所をいう。

　　　　中央管理室：非常用エレベーター設置の建築物又は床面積の合計1,000㎡を超える地下街の空気調和設備の制御、作動状態の監視を中央管理方式で行う場所をいう（建基令第20条の2第2号）。

【対象設備】

屋内消火栓設備　スプリンクラー設備　水噴霧消火設備　泡消火設備　不活性ガス消火設備　ハロゲン化物消火設備　粉末消火設備　屋外消火栓設備　自動火災報知設備　ガス漏れ火災警報設備　非常警報設備　誘導灯　排煙設備　連結散水設備　連結送水管　非常コンセント設備　無線通信補助設備

【規模】

(1)　令別表第一(1)項〜(16)項の防火対象物

　①　延べ面積50,000㎡以上の防火対象物

　②　地階を除く階数15以上、かつ、延べ面積30,000㎡以上の防火対象物

(2)　延べ面積1,000㎡以上の地下街（(16の2)項）

(3)　消防長又は消防署長が火災予防上必要があると認めて定めるもの

　①　地階を除く階数11以上、かつ、延べ面積10,000㎡以上の防火対象物

　②　地階を除く階数5以上、かつ、延べ面積20,000㎡以上の特定防火対象物

　③　地階の床面積合計が5,000㎡以上の防火対象物

根拠法令等	総合操作盤の基準を定める件（平成16年消防庁告示第7号） 総合操作盤の設置方法を定める件（平成16年消防庁告示第8号） 消防法施行規則の一部を改正する省令等の施行について（平成16年消防予第86号）

— 329 —

1 目的

　高層の建築物や大規模な建築物等の場合、さまざまな消防用設備等や防災設備等（防排煙設備、非常用エレベーター等）及び一般設備等（電力設備、給排水設備、空気調和設備等）が設置され、また、その監視や防護対象となる部分も広範囲に及ぶことになる。よって、個々の消防用設備等が設置されている場所だけでは、発災時において有効な対応策が十分に得られないことが考えられる。そのため、各設備の迅速、かつ、的確な操作等を行うことができるように、一定規模以上の防火対象物に設置されている消防用設備等について、その監視並びに操作等を集中的に行うための総合操作盤を設けることとされている。

2 構成

　総合操作盤（消防用設備等又は特殊消防用設備等の監視、操作等を行うために必要な機能を有する設備）は、自動火災報知設備の受信機の機能を有し、複数の消防用設備等、防災設備等及び一般設備等の監視、操作等と防災CPU及び防災CRT表示装置等が一体として機能するもので、表示部、警報部、操作部、制御部、記録部及び附属設備で構成される。

▲防災センター

▲防災監視盤

立入検査チェックポイント

☐　火災、地震等の発災時に適切な状況判断と自衛消防隊及び在館者に対し、必要な指示、避難誘導を行い、駆けつけ方法による火災確認、初期消火等を行える実効ある体制が確保されているか。

☐　監視対象物の火災発生時の計画に役割分担、代表指揮権、防災監視場所が無人になった場合の管理体制等が定められているか。

第6章 特定共同住宅等
（令第29条の4）

　共同住宅は個人住居の集合体で、昭和50年消防予第49号通知及び昭和61年消防予第170号通知により、建築構造上の要件等を満たすことにより消防用設備等の設置について特例が適用され、運用されてきたが、特例基準でも死者が発生し、プライバシー等により住戸内への点検が困難なことから、火災の早期発見、早期避難等の観点から特例基準の見直しが行われ、平成7年消防予第220号通知により、49号、170号通知は廃止され、平成8年10月1日から220号特例として適用されてきた。

　しかし、特例による消防長等の判断と責任において防火対象物ごとに規制を緩和する仕組みは、行政手続に係る透明性の確保や、消防本部ごとの運用基準が異なる可能性があることなどの点で、課題を有していた。

　以上を背景として、消防用設備等に性能規定が導入され、令第29条の4により「通常用いられる消防用設備等」に代えて、総務省令で定めるところにより消防長等が「通常用いられる消防用設備等」と同等以上の防火安全性能を有すると認める「消防の用に供する設備等」を用いることができることになり、平成19年4月1日から220号特例を踏襲した特定共同住宅等として、220号特例は廃止された。

　また、住戸利用施設（居住型福祉施設、届出住宅）が特定共同住宅等に入居し、⑸項ロから⒃項イとなった場合にスプリンクラー設備等の設置が必要となることから、これらの施設における消防用設備等の設置基準を合理化する等の整備が行われた。

第1　特定共同住宅等（令第29条の4を用いることができる共同住宅等）

　　火災の発生又は延焼のおそれが少ないものとして、消防庁長官が定める基準に適合するもの

　　＜40号省令（※）を適用することができる防火対象物＞

(5)項ロ	共同住宅
(16)項イ	共同住宅に住戸利用施設（(5)項イ、(6)項ロ、ハ（有料老人ホーム、福祉ホーム、認知症高齢者グループホーム、障害者グループホーム・ケアホームに限る。））以外の用途が存しないもの ○(5)項ロの床面積の合計が防火対象物の延べ面積の1／2以上 ○住戸利用施設の用途に供する各独立部分の床面積がいずれも100㎡以下

※特定共同住宅等における必要とされる防火安全性能を有する消防の用に供する設備等に関する省令（平成17年総務省令第40号。以下この章において「40号省令」という。）

　　各独立部分：構造上区分された数個の部分の各部分で独立して当該用途に供されることができるものをいう。

○特定主要構造部が耐火構造、共用部分の屋内に面する壁、天井の仕上げが準不燃材料
　共用部分：廊下、階段、エントランスホール、エレベーターホール、駐車場等の住戸等以外の部分で居住者が共用する部分をいい、部屋の形態を有さないエントランスホール内の談話スペースも該当する。

○(16)項で、令8区画された(5)項ロも含まれる。

○(5)項ロの独立した用途に供される部分（昭和50年消防予第41号、消防安第41号記1(2)みなし従属）に該当する部分については、住戸とみなし、床面積150㎡以内ごとに防火区画した場合、適用して差し支えない（令8区画に該当しなくも可能）。

　＊　特定共同住宅等に該当しない共同住宅は、通常用いられる消防用設備等を設置する。

(1)　特定共同住宅等の種類

二方向避難型特定共同住宅等
開放型特定共同住宅等
二方向避難・開放型特定共同住宅等
その他の特定共同住宅等

(2)　特定共同住宅等に設置する消防用設備等

　　特定共同住宅等に設置する消防用設備等については次の1～3に基づき、種類と階数により初期拡大抑制性能、避難安全支援性能、消防活動支援性能について、「通常用いられる消防用設備等」に代えて、「必要とされる防火安全性能を有する消防の用に供する設備等」を設置することができる。

　＊各欄ごとに防火安全性能を評価しており、消火器のみ住宅用消火器にするように個々の設備ごとに適用することはできない。

— 332 —

＊5階建ての共同住宅で階数が10以下の「必要とされる防火安全性能を有する消防の用に供する設備等」
を設置することは可能

＊「及び」は両方の設備を、「又は」はいずれかの設備を設置する。

(3) 次表にない消防用設備等の設置

　令第13条第1項に該当する場合は、同条第1項の表下欄の水噴霧消火設備等のいずれかを設置する。

1　初期拡大抑制性能（火災の拡大を初期に抑制する性能）

(1) 特定共同住宅等（住戸利用施設を除く。）

特定共同住宅等の種類		通常用いられる消防用設備等	必要とされる防火安全性能を有する消防の用に供する設備等
構造類型	階数		
二方向避難型特定共同住宅等	地階を除く階数が5以下のもの	○消火器具 ○屋内消火栓設備（※1） ○スプリンクラー設備 ○自動火災報知設備 ○屋外消火栓設備 ○動力消防ポンプ設備	○住宅用消火器及び消火器具 ○共同住宅用スプリンクラー設備 ○「共同住宅用自動火災報知設備」又は「住戸用自動火災報知設備及び共同住宅用非常警報設備」
	地階を除く階数が10以下のもの	○消火器具 ○屋内消火栓設備（※1） ○スプリンクラー設備 ○自動火災報知設備 ○屋外消火栓設備 ○動力消防ポンプ設備	○住宅用消火器及び消火器具 ○共同住宅用スプリンクラー設備 ○共同住宅用自動火災報知設備
	地階を除く階数が11以上のもの	○消火器具 ○屋内消火栓設備（※2） ○スプリンクラー設備 ○自動火災報知設備 ○屋外消火栓設備 ○動力消防ポンプ設備	○住宅用消火器及び消火器具 ○共同住宅用スプリンクラー設備 ○共同住宅用自動火災報知設備
開放型特定共同住宅等	地階を除く階数が5以下のもの	○消火器具 ○屋内消火栓設備 ○スプリンクラー設備 ○自動火災報知設備 ○屋外消火栓設備 ○動力消防ポンプ設備	○住宅用消火器及び消火器具 ○共同住宅用スプリンクラー設備 ○「共同住宅用自動火災報知設備」又は「住戸用自動火災報知設備及び共同住宅用非常警報設備」
	地階を除く階数が6以上のもの	○消火器具 ○屋内消火栓設備 ○スプリンクラー設備 ○自動火災報知設備 ○屋外消火栓設備 ○動力消防ポンプ設備	○住宅用消火器及び消火器具 ○共同住宅用スプリンクラー設備 ○共同住宅用自動火災報知設備

第6章

特定共同住宅等

二方向避難・開放型特定共同住宅等	地階を除く階数が10以下のもの	○消火器具 ○屋内消火栓設備 ○スプリンクラー設備 ○自動火災報知設備 ○屋外消火栓設備 ○動力消防ポンプ設備	○住宅用消火器及び消火器具 ○共同住宅用スプリンクラー設備 ○「共同住宅用自動火災報知設備」又は「住戸用自動火災報知設備及び共同住宅用非常警報設備」
	地階を除く階数が11以上のもの	○消火器具 ○屋内消火栓設備 ○スプリンクラー設備 ○自動火災報知設備 ○屋外消火栓設備 ○動力消防ポンプ設備	○住宅用消火器及び消火器具 ○共同住宅用スプリンクラー設備 ○共同住宅用自動火災報知設備
その他の特定共同住宅等	地階を除く階数が10以下のもの	○消火器具 ○屋内消火栓設備（※1） ○スプリンクラー設備 ○自動火災報知設備 ○屋外消火栓設備 ○動力消防ポンプ設備	○住宅用消火器及び消火器具 ○共同住宅用スプリンクラー設備 ○共同住宅用自動火災報知設備
	地階を除く階数が11以上のもの	○消火器具 ○屋内消火栓設備（※2） ○スプリンクラー設備 ○自動火災報知設備 ○屋外消火栓設備 ○動力消防ポンプ設備	○住宅用消火器及び消火器具 ○共同住宅用スプリンクラー設備 ○共同住宅用自動火災報知設備

(2) 住戸利用施設

特定共同住宅等の種類		通常用いられる消防用設備等	必要とされる防火安全性能を有する消防の用に供する設備等
構造類型	階数		
二方向避難型特定共同住宅等	地階を除く階数が5以下のもの	○屋内消火栓設備（※2） ○スプリンクラー設備 ○自動火災報知設備 ○屋外消火栓設備 ○動力消防ポンプ設備	○共同住宅用スプリンクラー設備 ○「共同住宅用自動火災報知設備」又は「住戸用自動火災報知設備及び共同住宅用非常警報設備」
	地階を除く階数が10以下のもの	○屋内消火栓設備（※2） ○スプリンクラー設備 ○自動火災報知設備 ○屋外消火栓設備 ○動力消防ポンプ設備	○共同住宅用スプリンクラー設備 ○共同住宅用自動火災報知設備
	地階を除く階数が11以上のもの	○屋内消火栓設備（※2） ○スプリンクラー設備 ○自動火災報知設備 ○屋外消火栓設備 ○動力消防ポンプ設備	○共同住宅用スプリンクラー設備 ○共同住宅用自動火災報知設備

開放型特定共同住宅等	地階を除く階数が5以下のもの	○ 屋内消火栓設備（※2） ○ スプリンクラー設備 ○ 自動火災報知設備 ○ 屋外消火栓設備 ○ 動力消防ポンプ設備	○ 共同住宅用スプリンクラー設備 ○ 「共同住宅用自動火災報知設備」又は「住戸用自動火災報知設備及び共同住宅用非常警報設備」
	地階を除く階数が10以下のもの	○ 屋内消火栓設備（※2） ○ スプリンクラー設備 ○ 自動火災報知設備 ○ 屋外消火栓設備 ○ 動力消防ポンプ設備	○ 共同住宅用スプリンクラー設備 ○ 共同住宅用自動火災報知設備
	地階を除く階数が11以上のもの	○ 屋内消火栓設備（※2） ○ スプリンクラー設備 ○ 自動火災報知設備 ○ 屋外消火栓設備 ○ 動力消防ポンプ設備	○ 共同住宅用スプリンクラー設備 ○ 共同住宅用自動火災報知設備
二方向避難・開放型特定共同住宅等	地階を除く階数が10以下のもの	○ 屋内消火栓設備（※2） ○ スプリンクラー設備 ○ 自動火災報知設備 ○ 屋外消火栓設備 ○ 動力消防ポンプ設備	○ 共同住宅用スプリンクラー設備 ○ 「共同住宅用自動火災報知設備」又は「住戸用自動火災報知設備及び共同住宅用非常警報設備」
	地階を除く階数が11以上のもの	○ 屋内消火栓設備（※2） ○ スプリンクラー設備 ○ 自動火災報知設備 ○ 屋外消火栓設備 ○ 動力消防ポンプ設備	○ 共同住宅用スプリンクラー設備 ○ 共同住宅用自動火災報知設備
その他の特定共同住宅等	地階を除く階数が10以下のもの	○ 屋内消火栓設備（※2） ○ スプリンクラー設備 ○ 自動火災報知設備 ○ 屋外消火栓設備 ○ 動力消防ポンプ設備	○ 共同住宅用スプリンクラー設備 ○ 共同住宅用自動火災報知設備
	地階を除く階数が11以上のもの	○ 屋内消火栓設備（※2） ○ スプリンクラー設備 ○ 自動火災報知設備 ○ 屋外消火栓設備 ○ 動力消防ポンプ設備	○ 共同住宅用スプリンクラー設備 ○ 共同住宅用自動火災報知設備

（※1）40号省令第3条第3項第2号イ(ロ)、(ハ)の階、部分に設置

（※2）40号省令第3条第3項第2号イの階、部分に設置

【40号省令第3条第3項第2号イ】

(イ) 特定共同住宅等の11階以上の階及び10階以下の階に存する特定住戸利用施設

(ロ) 住戸利用施設の床面積の合計が3,000㎡以上の特定共同住宅等で、住戸利用施

設部分が存する階（(イ)を除く。）

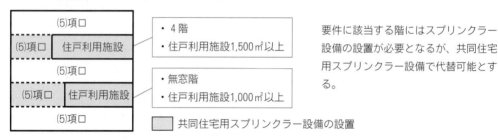

　(ハ)　住戸利用施設の床面積の合計が3,000㎡未満の特定共同住宅等で、住戸利用施設が存する階の当該部分の床面積が、地階又は無窓階にあっては1,000㎡以上、4階以上10階以下の階にあっては1,500㎡以上のもの（(イ)を除く。）

ア　共同住宅用スプリンクラー設備を設置しないことができる場合
　　○二方向避難・開放型特定共同住宅等（40号省令第3条第3項第2号イの部分に限り、特定住戸利用施設を除く。）
　　○開放型特定共同住宅等（40号省令第3条第3項第2号イの部分のうち、14階以下のものに限り、特定住戸利用施設を除く。）
　　住居、共用室、管理人室の**壁及び天井**（天井がない場合は、上階の床又は屋根）の室内に面する部分（回り縁、窓台等を除く。）の**仕上げを準不燃材料**とし、かつ、共用室と共用室以外の特定共同住宅等の部分（開放型廊下又は開放型階段に面する部分を除く。）を**区画する壁**に設けられる**開口部**（開口部の面積合計8㎡以下で、かつ、一の開口部面積4㎡以下）に**特定防火設備の防火戸**が設けられているとき。
　　便所、浴室、4㎡未満の収納室、廊下等は、内装制限の対象とならない。
　　共用室：居住者の集会、遊戯等の用に供する部屋をいい、キッズルーム、カラオ
　　　　　　ケルーム、シアタールームなども共用室に該当する。
　　○10階以下の階に存する特定住戸利用施設に特定施設水道連結型スプリンクラー設備を設置したとき

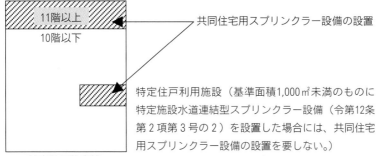

【特定住戸利用施設】
　住戸利用施設のうち、次に掲げる部分で延焼抑制構造（規則第12条の2第1項又は第3項）を有するもの以外のもの
○(6)項ロ(1)の用途に供される部分
○(6)項ロ(5)の用途に供される部分（介助がなければ避難できない者（規則第12条の3）を主として入所させるもの以外のものにあっては、延べ面積が275㎡以上のものに限る。）

イ　共同住宅用自動火災報知設備・住戸用自動火災報知設備を設置しないことができる場合
　　住戸、共用室、管理人室（住戸利用施設にあるものを除く。）に共同住宅用スプリンクラー設備を設置したとき（有効範囲内）。

＊共同住宅用スプリンクラー設備、共同住宅用自動火災報知設備、住戸用自動火災報知設備又は複合型居住施設用自動火災報知設備を設置したときは、住宅用火災警報器等（市町村条例）を設置しないことができる。

(3)　住宅用消火器及び消火器具

住宅用消火器	住戸 共用室 管理人室	ごとに設置
消火器具	共用部分 倉庫 機械室等	○各部分から歩行距離20ｍ以下 ○廊下、階段室等のうち、住宅用消火器が設置された住戸、共用室又は管理人室に面する部分は、消火器を設置しないことができる。

　　令第10条第2項、規則第6条～第9条（第6条第6項を除く。）、第11条
　　住宅用消火器：消火器の技術上の規格を定める省令（昭和39年自治省令第27号）
　　　　第1条の2第2号

(4)　共同住宅用スプリンクラー設備
　　共同住宅用スプリンクラー設備は、40号省令第3条第3項第2号イに掲げる階又は部分に設置すること。
　　　　ヘッド　　住居、共用室、管理人室の居室、収納室（面積4㎡以上）
　　　　　　　　天井の室内に面する部分
　　　　　　　　規則第13条の2第4項第1号（イただし書、ホ、トを除く。）

規則第14条第1項第7号

閉鎖型　小区画ヘッド1種　水平距離2.6m以下、かつ、防護面積13㎡以下

水源水量　4㎡以上

性能　　　4個同時で　放水圧力0.1MPa以上、かつ、放水量50ℓ/分以上

非常電源　規則第14条第1項第6号の2

送水口　　単口形又は双口形　　規則第14条第1項第6号

> **根拠法令等** 共同住宅用スプリンクラー設備の設置及び維持に関する技術上の基準（平成18年消防庁告示第17号）

⑸　共同住宅用自動火災報知設備

　ア　特定共同住宅等における火災時に「火災の拡大を初期に抑制する性能」及び「安全に避難することを支援する性能」を有する設備で、受信機、感知器、戸外表示器等で構成され、自動試験機能又は遠隔試験機能を有することにより、住戸内に設けられた感知器の機能の異常が外部から確認できるもの

　イ　住戸利用施設（⑹項ロ、ハの部分に限る。）に設ける共同住宅用自動火災報知設備は、住戸利用施設で発生した火災を、関係者等（住戸利用施設の所有者又は管理者及び勤務している者）に、自動的、かつ、有効に報知できる装置を設ける。

　　次のようなものが想定され、住戸用自動火災報知設備において同じ。

○住棟受信機が設置されている場合にあっては、住戸利用施設において火災が発生した際、関係者等が存する階の音声警報装置等が鳴動するよう鳴動範囲の設定を行う。

○住戸利用施設部分の感知器、住戸用受信機又は住棟受信機の作動と連動して起動する緊急通報装置等の連絡先として、関係者等がいる場所を登録する。

【警戒区域】

○2以上の階にわたらないこと。ただし、防火安全上支障がないものとして消防庁長官が定める基準（平成18年消防庁告示第18号第3）に適合する場合は、この限りでない。

　　㋐　2の階にわたる場合で、警戒区域の面積が住戸、共用室、管理人室150㎡以下、その他の部分500㎡以下の場合又は階段に煙感知器を設ける場合

　　㋑　㋐にかかわらず、階段室型特定共同住宅等にあっては、一の階段室等に主たる出入口が面している住戸等及び当該階段室を単位として、5以下の階を一の警戒区域とすること。

　　㋒　廊下型特定共同住宅等の階段室は、当該階段室等ごとに一の警戒区域とすること。

○警戒区域の面積　1,500㎡以下　一辺の長さ　50m以下（ただし、住居、共用室、管理人室の主たる出入口が階段室等以外の廊下等の通路に面する特定共同住宅等に共同住宅用自動火災報知設備を設置する場合に限り、100m以下とすることができる。）

【感知器】　規則第23条第4項各号（第1号ハ、第7号ヘ、第7号の5を除く。）、第7項、第24条の2第2号、第5号

屋内に面する部分に設置　（イは天井又は壁）（ロ、ハは天井）

㋑　住居、共用室、管理人室の居室及び収納室

㋺　4㎡以上の倉庫、機械室その他これらに類する室

㋩　直接外気に開放されていない共用部分

階段、傾斜路、エレベーターの昇降路、リネンシュート、パイプダクト等	煙感知器
廊下、通路	差動式、補償式スポット型1種、2種 定温式スポット型特種（公称作動温度60度、65度） 煙感知器
天井等の高さ15m以上20m未満	煙感知器又は炎感知器
天井等の高さ20m以上	炎感知器
住戸（自動試験機能等対応型感知器）、共用室、管理人室	差動式、補償式スポット型1種、2種 定温式スポット型特種（公称作動温度60度、65度） 煙感知器1種、2種、3種
その他	使用場所に適応する感知器

○熱感知器　共用部分の廊下、通路　　歩行距離15mにつき1個以上
○煙感知器　共用部分の廊下、通路　歩行距離30m（3種にあっては20m）につき1個以上、階段、傾斜路にあっては5階層以下ごとに1個以上
○非常電源　蓄電池又は非常電源専用受電設備

根拠法令等 共同住宅用自動火災報知設備の設置及び維持に関する技術上の基準（平成18年消防庁告示第18号）

⑹　住戸用自動火災報知設備（火災の発生を感知し、当該住戸等に報知する設備）

ア　特定共同住宅等における火災時に火災の拡大を初期に抑制し、かつ、安全に避難することを支援するために、住戸等における火災の発生を感知し、及び住戸等に火災の発生を報知する設備であって、受信機、感知器、戸外表示器等で構成され、かつ、遠隔試験機能を有することにより、住戸の自動試験機能等対応感知器の機能の異常が当該住戸の外部から容易に確認できるもの

イ　住戸利用施設（⑹項ロ、ハの部分に限る。）に設ける住戸用自動火災報知設備は、住戸利用施設で発生した火災を、関係者等（住戸利用施設の所有者又は管理者及び勤務している者）に、自動的、かつ、有効に報知できる装置を設ける。

○住戸等及び共用部分に設置する。ただし、共用部分については、自動火災報知設備による警戒とすることができる。

○警戒区域、感知器は、共同住宅用自動火災報知設備の例による。

＊住戸等：特定共同住宅等の住戸（下宿の宿泊室、寄宿舎の寝室及び各独立部分で⑸項イ、⑹項ロ、ハの用途に供されるものを含む。）、共用室、管理人室、倉庫、機械室その他これらに類する室をいう。

— 339 —

根拠法令等	住戸用自動火災報知設備及び共同住宅用非常警報設備の設置及び維持に関する技術上の基準（平成18年消防庁告示第19号） 戸外表示器の基準（平成18年消防庁告示第20号）

(7)　共同住宅用非常警報設備

　　特定共同住宅等における火災時に「安全に避難することを支援する性能を有する設備」で、起動装置、音響装置、操作部等で構成される。

　　　直接外気に開放されていない共用部分以外の共用部分に設置することができる。

　　【音響装置】（非常ベル又は自動式サイレン）

○廊下型特定共同住宅等　廊下の各部分から一の音響装置まで水平距離25m以下

○階段室型特定共同住宅等　1階及び当該階から数えた階数3以内ごと

　　【起動装置】　規則第25条の2第2項第2号の2（イを除く。）

○階ごとに階段付近に設ける。ただし、階段室型特定共同住宅等にあっては、1階及び当該階から数えた階数3以内ごと

○非常電源　規則第25条の2第2項第5号

2　避難安全支援性能（火災時に安全に避難することを支援する性能）

(1)　特定共同住宅等（住戸利用施設を除く。）

特定共同住宅等の種類		通常用いられる消防用設備等	必要とされる防火安全性能を有する消防の用に供する設備等
構造類型	階数		
二方向避難型特定共同住宅等	地階を除く階数が5以下のもの	○自動火災報知設備 ○非常警報器具又は非常警報設備 ○避難器具	○「共同住宅用自動火災報知設備」又は「住戸用自動火災報知設備及び共同住宅用非常警報設備」
	地階を除く階数が6以上のもの	○自動火災報知設備 ○非常警報器具又は非常警報設備 ○避難器具	○共同住宅用自動火災報知設備
開放型特定共同住宅等	地階を除く階数が5以下のもの	○自動火災報知設備 ○非常警報器具又は非常警報設備 ○避難器具 ○誘導灯及び誘導標識	○「共同住宅用自動火災報知設備」又は「住戸用自動火災報知設備及び共同住宅用非常警報設備」
	地階を除く階数が6以上のもの	○自動火災報知設備 ○非常警報器具又は非常警報設備 ○避難器具 ○誘導灯及び誘導標識	○共同住宅用自動火災報知設備
二方向避難・開放型特定共同住宅等	地階を除く階数が10以下のもの	○自動火災報知設備 ○非常警報器具又は非常警報設備 ○避難器具 ○誘導灯及び誘導標識	○「共同住宅用自動火災報知設備」又は「住戸用自動火災報知設備及び共同住宅用非常警報設備」

	地階を除く階数が11以上のもの	○ 自動火災報知設備 ○ 非常警報器具又は非常警報設備 ○ 避難器具 ○ 誘導灯及び誘導標識	○ 共同住宅用自動火災報知設備
その他の特定共同住宅等	すべてのもの	○ 自動火災報知設備 ○ 非常警報器具又は非常警報設備 ○ 避難器具	○ 共同住宅用自動火災報知設備

(2) 住戸利用施設

特定共同住宅等の種類		通常用いられる消防用設備等	必要とされる防火安全性能を有する消防の用に供する設備等
構造類型	階数		
二方向避難型特定共同住宅等及び開放型特定共同住宅等	地階を除く階数が5以下のもの	○ 自動火災報知設備 ○ 非常警報器具又は非常警報設備	○ 「共同住宅用自動火災報知設備」又は「住戸用自動火災報知設備及び共同住宅用非常警報設備」
	地階を除く階数が6以上のもの	○ 自動火災報知設備 ○ 非常警報器具又は非常警報設備	○ 共同住宅用自動火災報知設備
二方向避難・開放型特定共同住宅等	地階を除く階数が10以下のもの	○ 自動火災報知設備 ○ 非常警報器具又は非常警報設備	○ 「共同住宅用自動火災報知設備」又は「住戸用自動火災報知設備及び共同住宅用非常警報設備」
	地階を除く階数が11以上のもの	○ 自動火災報知設備 ○ 非常警報器具又は非常警報設備	○ 共同住宅用自動火災報知設備
その他の特定共同住宅等	すべてのもの	○ 自動火災報知設備 ○ 非常警報器具又は非常警報設備	○ 共同住宅用自動火災報知設備

【避難安全支援性能】

必要とされる初期拡大抑制性能を主として有する消防の用に供する設備等として、
共同住宅用自動火災報知設備
住戸用自動火災報知設備 を設置したときは、必要とされる避難安全支援
共同住宅用非常警報設備 性能を有する設備を設置したものとみなす。

3 消防活動支援性能

住戸、共用室、管理人室について、主たる出入口が階段室等に面する特定共同住宅等に限る。

特定共同住宅等	通常用いられる消防用設備等	必要とされる防火安全性能を有する消防の用に供する設備等
地上7階以上 地上5階以上で6,000㎡以上	連結送水管	共同住宅用連結送水管
地上11階以上	非常コンセント設備	共同住宅用非常コンセント設備

階段室等：避難階又は地上に通ずる直通階段の階段室をいう（壁、床又は防火戸で区画されていない場合は、当該階段）。

(1) 共同住宅用連結送水管（令第29条第2項第2号～第4号、規則第30条の4、第31条）

【放水口】

○階段室等又は非常用エレベーターの乗降ロビーその他これらに類する場所ごとに、消防隊が有効に消火活動を行うことができる位置に設ける。

○3階及び当該階から上方に数えた階数3以内ごとに、かつ、特定共同住宅等の各部分から一の放水口に至る歩行距離50m以下（バルコニーを含む。）。

3階から階数3以内ごとに設置なので、一般的には3階、6階、9階、12階に設置するが、放水用具格納箱は11階以上なので3階、6階、9階、11階、14階……の設置となる。

○メゾネット型住戸の上階部分に放水口を設けることは現実的でないため、主たる玄関が面する階段室等に、メゾネット型住戸の上階を含めて歩行距離50m以内となるように設ける。

(2) 共同住宅用非常コンセント設備（令第29条の2第2項第2号、第3号、規則第31条の2）

○階段室等又は非常用エレベーターの乗降ロビーその他これらに類する場所ごとに、消防隊が有効に消火活動を行うことができる位置に設ける。

○11階及び当該階から上方に数えた階数3以内ごとに、かつ、特定共同住宅等の各部分から一の非常コンセントに至る歩行距離50m以下

| 根拠法令等 | 特定共同住宅等における必要とされる防火安全性能を有する消防の用に供する設備等に関する省令（平成17年総務省令第40号）
特定共同住宅等における必要とされる防火安全性能を有する消防の用に供する設備等に関する省令等の運用について（平成17年消防予第188号）
位置構造告示（平成17年消防庁告示第2号）
構造類型告示（平成17年消防庁告示第3号）
区画貫通告示（平成17年消防庁告示第4号）
消防法施行規則及び特定共同住宅等における必要とされる防火安全性能を有する消防の用に供する設備等に関する省令の一部を改正する省令（平成22年総務省令第8号）
消防法施行規則及び特定共同住宅等における必要とされる防火安全性能を有する消防の用に供する設備等に関する省令の一部を改正する省令の施行に伴う関係告示の整備に関する告示（平成22年消防庁告示第2号） |

第7章　火災予防条例（例）

　市町村の火災予防条例は、昭和36年に消防庁長官が示す火災予防条例（準則）に準拠し、その地方の特殊性を考慮して規定するものとし、消防法令の改正や社会情勢の変化により一部改正が行われ、その後、平成12年11月に準則から例に変更された。また、地方分権が推進され、政令に基づかない条例準則（例）等については総務省消防庁が発出しないとする方針を受け、防火安全対策として必要があるものを全国消防長会予防委員会で審議、検討する場合もある。

　条例制定には、消防法の委任を受けて、条例制定の技術基準を政令で定めた火気使用設備、器具等に対する規制（法第9条）、住宅用防災機器（法第9条の2）又は少量危険物、指定可燃物（法第9条の4）及び火災に関する警報の発令中における火の使用の制限等（法第22条）を定めるものと、市町村の自治事務（地方分権の推進を図るための関係法律の整備等に関する法律（平成11年法律第87号））により規定するものがある。

　平成25年に花火大会会場で多数の死傷者を出す火災が発生したことから、祭礼、縁日等多数の者の集合する催しに際して、対象火気器具等を使用する場合には、消火器の準備をすること、及び屋外催しに関わる防火管理の規定が条例に追加された。

　予防行政は、行政思想の統一と行政水準の同一性が必要であり、また、他の官公庁と競合する事項で建築物の火災予防の見地（国土交通省）、安全のための事業場の火災予防（厚生労働省）、電気工事、電気工作物の火災予防又は火薬、高圧ガス（経済産業省）との関係法令に注意が必要で、立入検査等において国民一人ひとりの積極的な協力が得られるよう、地域において弾力的な運用が求められる。

第1節
炉（条例第3条）

　日常利用する火気使用設備器具等は、固体燃料、液体燃料、気体燃料又は電気を利用しており、設備、器具の不良や取扱い不注意により火災が発生している。

　火気使用設備器具等が日本国内のみならず国際的にも流通することから市場アクセスの

改善を図り、火災予防上の規制について全国的な統一を図るため、法第9条の規定に基づき令第5条〜第5条の5で条例制定基準を定め、「対象火気設備等の位置、構造及び管理並びに対象火気器具等の取扱いに関する条例の制定に関する基準を定める省令（平成14年総務省令第24号）」及び「対象火気設備等及び対象火気器具等の離隔距離に関する基準（平成14年消防庁告示第1号）」が定められている。

条例では、火気使用設備の位置、構造及び管理の基準、火気使用器具等の取扱いの基準が規定され、炉による基準を他の火気使用設備器具で準用している。

1 対象火気設備等と対象火気器具等

設備は使用形態上容易に移動できないもの、器具は使用形態上容易に移動して使用できるものに分けられる。

(1) 対象火気設備等

(ア) 火を使用する設備（建築設備のうち、火を使用する部分及び燃料タンク）

炉、ふろがま、温風暖房機、厨房設備、ボイラー、固定式ストーブ、乾燥設備、サウナ設備（放熱設備）、簡易湯沸設備（入力12kW以下）、給湯湯沸設備（簡易湯沸設備以外）、燃料電池発電設備（火を使用するもの）、ヒートポンプ冷暖房機

(イ) その使用に際し、火災の発生のおそれのある設備

火花を生ずる設備（グラビア印刷機、ゴムスプレッダー、起毛機、反毛機等）、放電加工機（危険物を用いるもの）、変電設備（全出力20kW以下のもの及び急速充電設備を除く。）、急速充電設備（電気を設備内部で変圧して電気自動車等にコネクターを用いて充電する設備（全出力20kW以下のものを除く。））、内燃機関を原動力とする発電設備、蓄電池設備（蓄電池容量が10kWh以下のもの及び10kWhを超え20kWh以下のもので出火防止措置が講じられたものは除く。）、ネオン管灯設備、舞台装置等の電気設備（舞台装置、展示装飾のために使用する電気設備又は工事、農事等のため一時的に使用する設備）

(2) 対象火気器具等

(ア) 気体燃料、液体燃料、固体燃料、電気を熱源とする器具

火鉢、こんろ、こたつ、移動式ストーブ、調理器具等

(イ) その使用に際し、火災の発生のおそれのある器具

電磁誘導加熱式調理器、電子レンジ等

2 離隔距離

火気使用設備・器具と可燃物までの火災予防上安全な距離をいう。

対象	炉などの火を使用する設備等
想定	通常使用
場所	屋内、屋外
措置	一定の距離を離す。

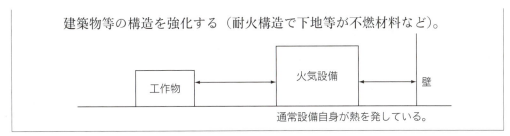

(1) 近年、生活様式や消費者ニーズの多様化に伴い、ガスグリドル、ガスオーブン付こんろ等、新たなタイプの家庭用ガス調理機器が製造・販売され、家庭用ガス調理機器の安全性の確保や向上のため、JIS S2103（家庭用ガス調理機器）が改正され、対象火気設備等の位置、構造及び管理並びに対象火気器具等の取扱いに関する条例の制定に関する基準を定める省令別表第1の離隔距離にガスグリドル付こんろが追加された。また、ＩＨ調理器の入力値は5.8kWが主流となってきたことから、こんろ部分の全部がＩＨ調理器である場合に限り、別表第2の最大入力値を5.8kWに引き上げ、5.8kW以下のＩＨ調理器については、従来の離隔距離（4.8kW）とされた。なお、業務用の餃子焼き器、たこ焼き器等もグリドルの一種であるが、これらはJIS等による規格の統一が図られていないため、製品種別に応じ一律の離隔距離を省令別表で定めることは困難であり、このような設備・機器は使用温度に応じた離隔距離（省令別表）か、製品ごとに告示による試験を行い、離隔距離を定めている。これにより、条例別表第3が改正され、平成28年4月1日施行された。

○ガスグリドル：直火で加熱したプレート（鉄板）からの伝導熱で調理する機器
○ガスグリル：直火による放射熱で調理する機器
○ガスオーブン：直火によらず暖められた対流熱で調理する機器

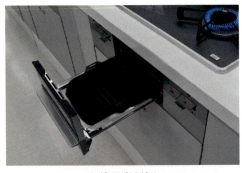

▲ガスグリドル

▲業務用餃子焼き器

◀ＩＨ調理器（電磁誘導加熱式調理器）

(2) 固体燃料を使用する火気設備等については、キャンプブーム等を受けて住宅等を含め薪ストーブの利用が広がってきている。従前はストーブの一般規定が適用され、周囲に1～1.5mの離隔距離を確保する必要があることから、設置できる場所が限られるという状況であった。炭火焼き器についても、従前は、炉等の一般規定が適用され、周囲に2～3mの離隔距離を確保する必要があるという状況であった。そこで、薪ストーブや炭火焼き器については、防火上の安全措置が講じられたものもあることから、固体燃料を用いた厨房設備の離隔距離を定める等の基準の見直しが行われた（令和5年消防予第306号、消防予第332号）。

※ 「炭火焼き器」とは、主に業務用の厨房設備として定置使用されるもので、耐火レンガとモルタルで作られた燃焼室部分を金属のフレームで覆う等の構造をしており、木炭を燃料として食材を加熱調理するものを指す。

【火災予防上安全な距離を保つことを要しない場合】

(ア) 不燃材料で有効に仕上げた建築物等の部分の構造が**耐火構造**であって、間柱、下地その他主要な部分を**準不燃材料**で造ったもの（遮熱できるものに限る。）

(イ) 当該建築物の部分が**耐火構造以外**の構造であって、間柱、下地その他主要な部分を**不燃材料**で造ったもの（遮熱できるものに限る。）

不燃材料以外の材料による仕上げとは、次による。

火気使用設備、器具の周囲の壁体 ┌ 可燃性のもの
                            │ 下地、表面共可燃性
                            └ 下地不燃材料で表面が可燃性
これに類似する仕上げ　表面ステンレス等の金属板で、下地が可燃性

注）金属は不燃材料であっても、熱伝導により下地の間柱等が木材の場合に炭化させ、壁内火災のおそれがあり、遮熱できるものに限定している。

「総務省令で定める火災予防上安全な距離」で消防長又は消防署長が認める距離
　○仕様規定　対象火気設備等の位置、構造及び管理並びに対象火気器具等の取扱いに関する条例の制定に関する基準を定める省令別表第1、別表第2（電気を熱源）に定める距離
　○性能規定　消防庁長官が定める距離（平成14年消防庁告示第1号）
　　　　　　　個々の製品ごとに測定して得られる値
　対象火気設備等及び対象火気器具等の離隔距離に関する基準
　(ア)又は(イ)のいずれか長い距離
　　(ア)　通常燃焼時において、近接する可燃物の表面の温度上昇が定常状態に達したときに、当該可燃物の表面温度が許容最高温度（通常燃焼の場合又は異常燃焼で安全装置を有しない場合にあっては、100度であり、異常燃焼で安全措置を有する場合にあっては、対象火気設備等、対象器具等の種別に応じてそれぞれ135度又は150度と定められている。）を超えない距離又は当該可燃物に引火しない距離のうちいずれか長い距離

(イ)　異常燃焼時において、対象火気設備等、又は対象火気器具等の安全装置が作動するまで燃焼が継続したときに、近接する可燃物の表面温度が許容最高温度を超えない距離又は当該可燃物に引火しない距離のうちいずれか長い距離。ただし、対象火気設備等、又は対象火気器具等が安全装置を有しない場合にあっては、近接する可燃物の表面の温度上昇が定常状態に達したときに、当該可燃物の表面温度が許容最高温度を超えない距離又は当該可燃物に引火しない距離

3　不燃区画室に設置又は周囲に空間が必要な場合
　多量の火気使用設備から出火した場合の延焼拡大防止として、入力350kW/h以上の炉は、次の(1)又は(2)のいずれかにより設置する。
　　【準用】ふろがま、温風暖房機、厨房設備（同一厨房室内に設ける設備の入力量の合計）、ボイラー、ストーブ、壁付暖炉、乾燥設備、サウナ設備、給湯湯沸設備
(1)　不燃区画室に設置
　壁、柱、床、天井を不燃材料で区画し、開口部に次の防火設備の防火戸を設ける。
○常時閉鎖状態を保持し、直接手で開くことができ、かつ、自動的に閉鎖するもの
○使用形態上常時閉鎖が困難な場合は、火災の煙、温度で自動閉鎖する構造
(2)　炉の周囲に有効な**空間を保有する**等防火上支障のない措置

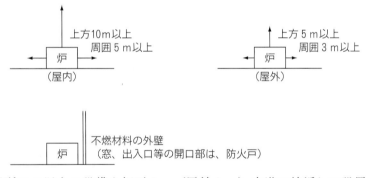

○同一場所に2以上の設備を相互5m（屋外3m）未満に接近して設置する場合

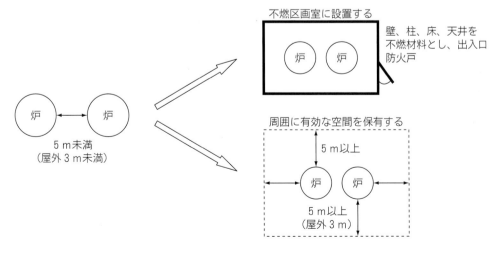

4 届出（条例第44条）

　○熱風炉

　灯油、軽油、A重油等を燃料とし、バーナーにより熱風を送り込む堆肥コンポストや
　脱臭機のほか、乾燥設備に該当するものがある。

　○多量の可燃性ガス又は蒸気を発生する炉

　可燃性ガス：常温で気体の都市ガス、プロパンガス、水素ガス等をいう。

　可燃性蒸気：可燃性の液体が気化したもので、ガソリン等の蒸気を指す。

　○据付面積 2 ㎡以上の炉（個人住居に設けるものを除く。）

〈参考〉

1 ガスこんろ及び石油燃焼機器の規制対象品目の指定

　次の燃焼機器が「ガス事業法」、「液化石油ガスの保安の確保及び取引の適正化に関す
る法律」及び「消費生活用製品安全法」に基づき、規制対象品目に指定され安全基準を
満たした表示がされ、販売されることになった。表示のない製品は中古品も含めて販売
できなくなった。

　なお、電気こんろ、電気ストーブ等の電気製品及びガスふろがまは「電気用品安全法」、
「ガス事業法」、「液化石油ガスの保安の確保及び取引の適正化に関する法律」により、
既に規制対象品目になっている。

⑴　ガスこんろ（家庭用全てが該当）

　　ガスこんろは、「ガス事業法」、「液化石油ガスの保安の確保及び取引の適正化に関
　する法律」に基づき、天ぷら火災等防止のため、平成20年10月 1 日から全口に調理油
　過熱防止装置、立ち消え安全装置等の安全基準を満たし、「ＰＳＴＧマーク」又は
　「ＰＳＬＰＧマーク」を表示したうえで販売しなければならない。経過措置により平
　成21年10月 1 日から表示マークのない製品は、販売できなくなった。

⑵　石油燃焼機器（石油給湯機・石油ふろがま・石油ファンヒーターを含む石油スト
　ーブ）

　　石油燃焼機器は、「消費生活用製品安全法」に基づき、平成21年 4 月 1 日から空焚
　き防止装置、一酸化炭素濃度基準値遵守、カートリッジタンクのふたの改善、カート
　リッジ給油式に給油時消火装置の設置、不完全燃焼防止装置などが義務付けられ、
　「ＰＣＳマーク」が表示され、販売されている。経過措置により、平成23年 4 月 1 日
　から表示のない製品は販売できなくなった。

2 長期使用製品安全点検制度（消費生活用製品安全法）

　長期間の使用に伴い生ずる経年劣化により安全上支障が生じ、特に重大な危害を及ぼ
すおそれの多い特定保守製品（次の 2 品目）について、点検制度が設けられ平成21年 4
月 1 日以降に製造・輸入された製品に適用される。

　　○石油給湯機

　　○石油ふろがま

⑴　特定保守製品の所有者は、製品の製造・輸入業者に対して、製品に梱包された返信

— 348 —

用はがき等により、所有者情報を提供（登録・変更）する。また、所有者は、点検等の保守に努めるものとし、特に家屋賃貸人等は賃借人の安全に配慮する立場にあることから、特に保守が求められる。

引越しで製品の所在場所に変更が生じた場合や不動産の売却で製品の所有者が替わったときは、変更の登録が必要である。

(2) 特定保守製品の点検期間開始前（6か月間内）に所有者名簿に登録されている所有者に、特定製造事業者等から郵送や電子メールにより点検通知が送られ、所有者は点検基準による点検（有料）を行うことが求められる。

3　長期使用製品安全表示制度

点検を実施するほどではないものの、長期にわたり使用され事故件数が多い製品の扇風機、エアコン、換気扇、洗濯機、ブラウン管テレビについて、設計上の標準使用期間と経年劣化についての注意喚起等の表示が平成21年4月1日から製造・輸入を行っている事業者に義務付けられている（電気用品の技術上の基準を定める省令第20条）。

立 入 検 査 チ ェ ッ ク ポ イ ン ト

☐　建築物、工作物及び可燃物から火災予防上安全な距離が保たれているか。

☐　避難障害になる場所に設置していないか。

☐　燃焼に必要な吸気、排気が行われるか。

☐　器具、煙突にき裂や破損がないか。

☐　多量の火気使用設備では、不燃区画室に設置又は周囲に火災予防上安全な距離が保たれているか。

☐　安全装置等の設置状況又は使用に際して異常等がないか、自主点検記録の確認や関係者に質問する。

☐　液体燃料の場合は、ボイラー技士、ボイラー整備士、石油機器技術管理士資格者、並びに電気を熱源とする設備は、電気主任技術者、電気工事士等が点検、整備を行っているか。

第2節
厨房設備（条例第3条の4）

　厨房設備は、固体燃料、気体燃料、液体燃料、電気等を熱源とした調理を目的として使用するレンジ、フライヤー、オーブン、かまど等の設備である。

1　届出（条例第44条）

　　同一厨房室内の厨房設備の入力合計が350kW以上の厨房設備

2　厨房設備に附属する排気ダクト・天蓋

　材質　ステンレス鋼板、亜鉛鉄板又は同等以上の不燃材料

　板厚　厨房設備の入力（同一厨房室内に複数の厨房設備がある場合は入力合計）
　　　　　天蓋、ダクトの板厚（mm）

> **根拠法令等**　改正火災予防条例準則の運用について（通知）（平成3年消防予第206号）
> 厨房設備に附属する円形排気ダクト板厚に係る火災予防条例準則の運用について（通知）（平成4年消防予第78号）

入力、使用状況から判断して火災予防上支障がないものと認めるもの

　　　入力21kW/h以下、かつ、使用頻度が低いと認められる場合（一般家庭において通常行う程度）

離隔距離　可燃性部分及び可燃性の物品から10cm以上

　　　ただし、金属以外の不燃材料で有効被覆する部分は、この限りでない。

　　　ロックウール保温材（JIS A9504）、ケイ酸カルシウム保温材（JIS A9510）等で厚さ50mm以上被覆又は同等以上の安全性を確保できる措置

排気ダクト

　　○十分に排気を行うことができるもの

> **根拠法令等**　換気設備の構造方法を定める件（昭和45年建設省告示第1826号）

　　○直接屋外に通じ、他の用途のダクト等（一般空調用、給湯湯沸設備等の煙突等）に接続しない。

　＊焼肉店等では、下引式の無煙ロースターや七輪フードのダクトを床下、壁等に埋設工事を行うことが多い。

3　油脂を含む蒸気を発生させる厨房設備の天蓋

　　天ぷら、炒め物、その他ダクト火災の原因になる油脂を含む蒸気を生ずるもの

— 350 —

(1) グリス除去装置

グリスフィルター、グリスエクストラクター等の設置
- グリスエクストラクター：通常の油を使用する調理において発生する油脂を含む蒸気（以下「排気」という。）の気流を縮流加速し、その遠心力で排気中に含まれる油脂及び塵埃等（以下「油脂分等」という。）を排気ダクトに入る前に天蓋内部で分離除去するもので、自動洗浄機構を有する装置をいう。
- その他のグリス除去装置：通常の油を使用する調理において発生する排気中に含まれる油脂分等を排気ダクトに入る前に天蓋内部で分離除去するもので、グリスエクストラクター以外のものをいう。

ただし、天蓋から屋外へ直接排気を行うものは、この限りでない。

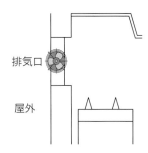

耐食性を有する鋼板又は同等以上の耐食性、強度を有する不燃材料で造る。
ただし、入力、使用状況から火災予防上支障がないと認められる場合は、金属製グリスフィルターとすることができる。

根拠法令等	グリス除去装置の構造等の基準について（通知）（平成8年消防予第162号） 改正火災予防条例準則の運用について（通知）（平成3年消防予第206号） 火災予防条例準則の運用について（通知）（平成5年消防予第60号） 電気を熱源とする調理用機器とグリスフィルターの離隔距離について（通知）（令和3年消防予第231号）

(2) 火炎伝送防止装置（排気ダクトへの火炎の伝送を防止する装置）

(ア) 防火ダンパー
- 火災等の温度上昇時に自動閉鎖（温度ヒューズ又はソレノイドの作動）
- 厚さ1.5mm以上の鉄板又は同等以上の耐熱性、耐食性を有する不燃材料
- 閉鎖した場合にすき間が生じない。

(イ) 自動消火装置

次の厨房設備に設ける火炎伝送防止装置は、自動消火装置とすること。
- (1)項～(4)項、(5)項イ、(6)項、(9)項イ、(16)項イ、(16の2)項、(16の3)項 地階の厨房設備で入力の合計350kW以上（同一の厨房室内合計）
- 高さ31mを超える建築物　入力の合計350kW以上（同一の厨房室内合計）

根拠法令等	フード等用簡易自動消火装置の性能及び設置の基準について（通知）（平成5年消防予第331号）

ただし、天蓋から屋外へ直接排気を行う構造又は排気ダクトの長さ、入力、使用状況から火災予防上支障がないもので、厨房設備から5m以内にファン停止用スイッチがあり、その旨の表示をした次図の①又は②に該当するものは、火炎伝送防止装置を設置しないことができる。

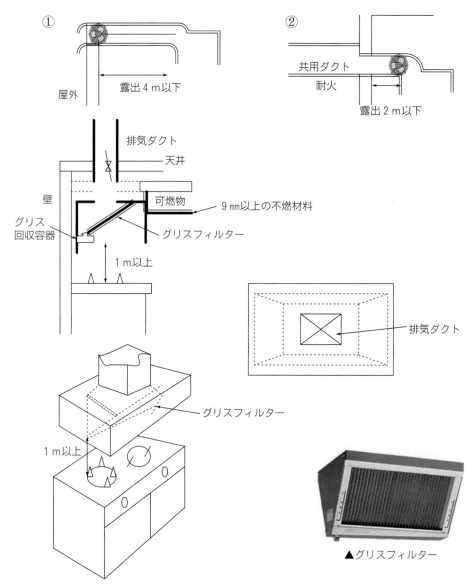

▲グリスフィルター

【厨房設備の機器の形状例】

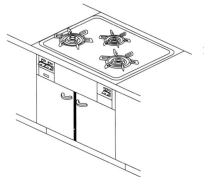
組込型こんろ
（旧ドロップイン式こんろ）

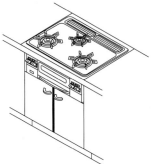
組込型グリル付こんろ
組込型グリドル付こんろ

キャビネット型グリル付こんろ
キャビネット型グリドル付こんろ

【調理用器具の形状例】

卓上型こんろ（2口以上）

卓上型グリル付こんろ
卓上型グリドル付こんろ

【準用】条例第3条（第1項第11号から第14号までを除く。）
　　　　「入力」を「同一厨房室内の厨房設備の入力合計」とするのは、厨房設備の使用は、同一時間帯において同時使用されるので合計とする。

立入検査チェックポイント

- ☐ 離隔距離又は防火措置の確認
- ☐ 天蓋、排気ダクトの構造を確認
- ☐ 油脂等の清掃を行い、火災予防上支障がないよう維持管理しているか。
- ☐ 火炎伝送防止装置の必要な設備は、設置状況及び構造を確認
- ☐ 同一厨房室内の入力合計が350kW以上の厨房設備は、届出がされているか。

第3節

ボイラー（条例第4条）

　ボイラーは、密閉した容器内に水又は熱媒（特殊な油等）を入れ、これを火気及び燃焼ガスその他の高温ガス（排ガス等）又は電気によって加熱し、蒸気又は温水を作って、他に供給する装置で、蒸気ボイラーと温水ボイラーに区分される。

　労働安全衛生法施行令により規制を受けるボイラーについては、本条の適用を受けないので、条例第4条の基準は「小型ボイラー」と「簡易ボイラー」に適用される。

1　届出（条例第44条）

　届出については、「個人の住居に設けるもの又は労働安全衛生法施行令第1条第3号を除く。」ことから、簡易ボイラーが届出の対象となる。

2　ボイラーの設置基準

　ア　蒸気管は、可燃性の壁、床、天井等を貫通する部分及びこれらに接触する部分を、けいそう土その他の遮熱材料で有効に被覆すること。

　イ　蒸気の圧力が異常に上昇した場合に自動的に作動する安全弁その他の安全装置を設けること。

　ウ　ボイラーの位置、構造及び管理の基準

　　　【準用】条例第3条（第1項第11号及び第12号を除く。）

3　簡易ボイラー（労働安全衛生法施行令第1条第3号イ～ト）法令用語ではない。

　簡易ボイラーは、労働安全衛生法施行令第13条第3項第25号（厚生労働大臣が定める規格又は安全装置を具備すべき機械等）に定めるもので、簡易ボイラー等構造規格の遵守が義務付けられているが、都道府県労働局、労働基準監督署又は登録性能検査機関などによる検査は義務付けられていない。

(1)　蒸気ボイラー

　ア　ゲージ圧力0.1MPa以下で使用する蒸気ボイラー

　　○伝熱面積が0.5㎡以下のもの

　　○胴の内径が200㎜以下で、その長さが400㎜以下のもの

　イ　ゲージ圧力0.3MPa以下で使用する蒸気ボイラー

　　○内容積が0.0003㎥以下のもの

　ウ　伝熱面積が2㎡以下の蒸気ボイラー

　　○大気に開放した内径が25㎜以上の蒸気管を取り付けたもの

　　○ゲージ圧力0.05MPa以下で、内径が25㎜以上のU形立管を蒸気部に取り付けた

— 354 —

もの

(2) 温水ボイラー

　ア　ゲージ圧力0.1MPa以下の温水ボイラー

　　○伝熱面積が４㎡以下（木質バイオマス温水ボイラー（動植物に由来する有機物で
　　エネルギー源として利用することができるもの（原油、石油ガス、可燃性天然ガ
　　ス及び石炭並びにこれらから製造される製品を除く。）のうち木竹に由来するも
　　のを燃料とする温水ボイラー）にあっては、16㎡以下）のもの

　イ　木質バイオマス温水ボイラー

　　○ゲージ圧力0.6MPa以下で、かつ、100℃以下で使用する伝熱面積が32㎡以下の
　　もの

(3) 貫流ボイラー

　ア　ゲージ圧力１MPa以下で使用する貫流ボイラー（管寄せの内径が150㎜を超える
　　多管式のものを除く。）

　　○伝熱面積が５㎡以下のもの（気水分離器を有するものは、気水分離器の内径が200
　　㎜以下で、その内容積が0.02㎡以下のものに限る。）

　イ　内容積が0.004㎡以下の貫流ボイラー（管寄せ及び気水分離器のいずれをも有し
　　ないものに限る。）

　　○使用する最高のゲージ圧力をMPaで表した数値と内容積を㎥で表した数値との
　　積が0.02以下のもの

4　**小型ボイラー**（労働安全衛生法施行令第１条第４号）

　小型ボイラーは、簡易ボイラーより規模の大きいボイラーで、小型ボイラー及び小型
圧力容器構造規格に基づく製造、製造時又は輸入時に個別検定の受検、設置時の設置報
告、１年に１回の定期自主検査などが義務付けられている。

(1) 蒸気ボイラー

　ア　ゲージ圧力0.1MPa以下で使用する蒸気ボイラー

　　○伝熱面積が１㎡以下のもの

　　○胴の内径が300㎜以下で、その長さが600㎜以下のもの

　イ　伝熱面積が3.5㎡以下の蒸気ボイラー

　　○大気に開放した内径が25㎜以上の蒸気管を取り付けたもの

　　○ゲージ圧力0.05MPa以下で、内径が25㎜以上のU形立管を蒸気部に取り付けた
　　もの

(2) 温水ボイラー

　ア　ゲージ圧力0.1MPa以下の温水ボイラー

　　○伝熱面積が８㎡以下のもの

　イ　ゲージ圧力0.2MPa以下の温水ボイラー

　　○伝熱面積が２㎡以下のもの

(3) 貫流ボイラー

ゲージ圧力１MPa以下で使用する貫流ボイラー（管寄せの内径が150㎜を超える多管式のものを除く。）

○ 伝熱面積が10㎡以下のもの（気水分離器を有するものは、気水分離器の内径が300㎜以下で、内容積が0.07㎡以下のものに限る。）

5 ボイラー室

(1) ボイラーの設置場所（ボイラー及び圧力容器安全規則第18条）

ボイラー（移動式ボイラー、屋外式ボイラーを除く。）は、専用の建物又は建物の中の障壁で区画された場所（ボイラー室）に設置しなければならない。ただし、伝熱面積が３㎡以下のボイラーについては、この限りでない。

(2) ボイラー室の出入口（ボイラー及び圧力容器安全規則第19条）

ボイラー室には、２以上の出入口を設けなければならない。ただし、ボイラーを取り扱う労働者が緊急の場合に避難するのに支障がないボイラー室については、この限りでない。

(3) ボイラーの据付位置（ボイラー及び圧力容器安全規則第20条）

ア ボイラーの最上部から天井、配管その他のボイラーの上部にある構造物までの距離を、1.2m以上としなければならない。ただし、安全弁その他の附属品の検査及び取扱いに支障がないときは、この限りでない。

イ 本体を被覆してないボイラー又は立てボイラーについては、ボイラーの外壁から壁、配管その他のボイラーの側部にある構造物（検査及び掃除に支障のない物を除く。）までの距離を0.45m以上としなければならない。ただし、胴の内径が500㎜以下で、長さが1,000㎜以下のボイラーは、0.3m以上とする。

(4) ボイラーと可燃物との距離（ボイラー及び圧力容器安全規則第21条）

ア ボイラー等（ボイラー、ボイラーに附設された金属製の煙突又は煙道）の外側から0.15m以内にある可燃性の物については、金属以外の不燃性の材料で被覆しなければならない。ただし、ボイラー等が、厚さ100㎜以上の金属以外の不燃性の材料で被覆されているときは、この限りでない。

イ ボイラー室その他のボイラー設置場所に燃料を貯蔵するときは、ボイラーの外側から２m（固体燃料にあっては、1.2m）以上離しておかなければならない。ただし、ボイラーと燃料又は燃料タンクとの間に適当な障壁を設ける等防火のための措置を講じたときは、この限りでない。

立入検査チェックポイント

□ 設置位置を確認（階段、避難口付近を避け、可燃物の落下や接触のおそれがないか。）

□ 離隔距離又は防火措置を確認

□ 設置場所（室）の構造、内装材を確認

□ 機器及び配管等の破損、燃料漏れ、亀裂等がないか。

□ 届出がされているか。

□ 液体燃料の場合は、ボイラー技士、ボイラー整備士、石油機器技術管理士資格者、並びに電気を熱源とする設備は、電気主任技術者、電気工事士等が点検、整備を行っているか。

第4節

燃料電池発電設備（条例第8条の3）

　燃料電池の開発は、地球温暖化ガス削減の取り組みとして位置付けられ、「規制改革・民間開放推進3か年計画」に基づき、家庭用燃料電池の普及を図ることなどから火を使用する定置用燃料電池について基準が定められた。水の電気分解は、水に外部から電気を通して水素と酸素に分解するが、この逆の原理で水素と酸素を電気化学反応させて電気を作るのが燃料電池設備で、改質器、その他の機器、配線を外箱に収納している。

1　届出（条例第44条）

　燃料電池発電設備（条例第8条の3第2項又は第4項に定めるもの（小規模定置用燃料電池）を除く。）

2　燃料電池の種類

　電解質によって固体高分子型（ＰＥＦＣ）、リン酸型（ＰＡＦＣ）、溶融炭酸塩型（ＭＣＦＣ）、固体酸化物型（ＳＯＦＣ）に分類され、発電に必要な水素を作る改質器部分にバーナーを有することから火を使用する設備として条例で規定された。

種類	電解質	動作温度	用　途
固体高分子型（ＰＥＦＣ）	固体高分子膜	常温〜80℃	自動車用、家庭用など
リン酸型（ＰＡＦＣ）	リン酸	160〜210℃	業務用、工業用など
溶融炭酸塩型（ＭＣＦＣ）	溶融炭酸塩	600〜700℃	工業用、分散電源用など
固体酸化物型（ＳＯＦＣ）	安定化ジルコニア	900〜1000℃	工業用、分散電源用など

3　燃料電池の仕組み

　セルは、サンドイッチ構造で、プラス極（空気極）とマイナス極（燃料極）が、電解質を挟んでおり、セルを積み重ねたものを「セルスタック」といい、50枚ぐらいのセルで1kWの電気を作れる。セルとセルの間に「セパレーター」があり、隣どうしの水素と酸素の通路を仕切り、電気的につなぐ役割をしている。

　燃料電池の系統は、次により分類される。

燃料系	燃料は水蒸気と混合され、改質器内で水素を主成分とするガスに変換され、その水素過剰ガスは燃料電池本体の燃料極に導入され、電気を作る。電池本体で余った水素は改質器で燃やされ水素を製造するための熱になる。
空気系	空気は電池本体の空気極に導かれ電気を作るとともに、一部は改質器バーナーに送られる。

冷却水系	発電で発生する熱を電池本体から取り除き、この熱を外部に供給する。
電気系	燃料電池で発生した直流電力は、インバーターで交流に変換され外部に供給される。

4 小規模定置用燃料電池（固体高分子型、固体酸化物型　出力10kW未満）

複数の安全装置（フェイルセーフ等）により、火災発生危険が小さく、また、火災が発生した場合でも火災時の影響が小さいものは、次による。

○屋外の保有距離 3 m不要
○設置届出不要（一般家庭への設置を普及させるため、届出行為に係る負担の軽減及び一般家庭の屋根に設置される小型太陽電池発電設備などの電気事業法関連の「小出力発電設備」との整合を図ったもの）
○逆火防止装置（拡散防止バーナーや断火検知装置により危険性が少ないので燃料電池全てが不要）

5 燃料電池発電設備の構造基準

○発電用火力設備に関する技術基準を定める省令（平成 9 年通商産業省令第51号）第30条（燃料電池設備の材料）、第34条（非常停止装置）の規定の例による。
○電気設備に関する技術基準を定める省令（平成 9 年通商産業省令第52号）第44条（発変電設備等の損傷による供給支障の防止）の規定の例による。

6 ナトリウム・硫黄電池（NaS 電池）

第 2 類危険物の硫黄と第 3 類危険物のナトリウムは、これまでの技術基準では、異なる類の危険物として運搬容器（類の異なる危険物を一の外装容器に収納）、危険物の積載（一定の組合せを除いた類を異にする危険物）及び屋内貯蔵において同時に貯蔵することは想定していなかった。

NaS 電池の貯蔵・運搬等の円滑化を図るため、危険物の規制に関する規則の一部を改正する省令及び危険物の規制に関する技術上の基準の細目を定める告示の一部を改正する件が平成19年 4 月 1 日施行され、特例として、電池の構成材料として類を異にする危険物を収納する場合など、安全上支障のない場合に限り、類を異にする危険物を同時に収納した容器による運搬・貯蔵を収納率等の特例と併せて認めることとした。

第7章 火災予防条例（第 4 節　燃料電池発電設備）

第5節
放電加工機（条例第10条の2）

　放電加工は、射出成型機の金型や自動車ボディの金型等を製作するために用いられ、加工対象物と工具電極との間に短い周期で繰り返されるアーク放電によって加工対象物表面の一部を除去する機械加工の方法であり、切削加工等の技術では加工できなかった硬い金属（鋼鉄やチタン等）に複雑な形状を切り出すことができる。

　放電加工機には、放電を行う電極の形状により形彫り放電加工機とワイヤ放電加工機に大別され、ＮＣ形彫り放電加工機及び細穴放電加工機は、形彫り放電加工機に分類される。

　放電加工機は、電極が油面より上になった状態で放電加工すると油が気化し、引火する。また、スラッジが油面まで成長していくと、電極が油面上まで上昇し電極との間で放電を起こし火災に至る危険性があることから、加工対象物と工具電極との間に油やイオン交換水等の電気絶縁性の高い加工液が必要で、加工油として引火点70℃以上の危険物（第4類第三石油類）の貯蔵又は取り扱う量によって消防法や火災予防条例で規制される。

1 届出（条例第44条）
　放電加工機

2 放電加工機の基準
　加工液として危険物（法第2条第7項）を用いる放電加工機の構造は、次に掲げる基準によらなければならない。
(1) 自動停止装置
　(ア) 加工槽内の放電加工部分以外における加工液の温度が、設定された温度を超えた場合において、自動的に加工を停止できる装置を設けること。
　　　この場合、液温検出は、加工槽内の適切な位置において行うことができるもので、最高許容液温は60℃以下であること。
　(イ) 加工液の液面の高さが、放電加工部分から液面までの間に必要最小限の間隔を保つために設定された液面の高さより低下した場合（地震時の液面揺動等による影響を含む。）において、自動的に加工を停止できる装置を設けること。
　(ウ) 加工対象物と工具電極との間の炭化生成物の発生成長等による異常を検出した場合において、自動的に加工を停止できる装置を設けること。
(2) 自動消火装置
　(ア) 放電加工機の加工液に着火したときに自動的に火災を感知し、加工を停止するとともに警報を発し、消火できる機能を有するもので、手動操作においても消火薬剤の放射ができる機能を有するもの

— 360 —

(イ)　自動消火装置の主要部は、不燃性又は難燃性を有し、かつ、消火薬剤に侵されない材料で造るとともに、耐食性がないものにあっては耐食加工を施すこと。

(ウ)　消火薬剤の量は、放電加工機の加工槽の形状、油面の広さ等に応じた消火に必要な量を保有すること。自動消火装置の消火剤のほとんどが水成膜泡で、最大防護面積１㎡当たり５ℓ以上の容量が必要となる。

(エ)　自動消火装置は、取扱い及び点検、整備を容易に行うことができる構造であるとともに、耐久性を有するものであること。

(オ)　電気を使用するものにあっては、電圧の変動が上下10％の範囲で異常が生じないものであるとともに、接触不良等による誤操作が生じないものであること。

(カ)　感知器型感知部は、感知器等の規格に適合するものであること。

(3)　放電加工機の管理

(ア)　引火点70℃未満の加工液を使用しないこと。

(イ)　禁止される加工

○吹きかけ加工

○その他火災の発生のおそれのある方法

①　加工位置を決めるために加工液タンクが空のときに行う空放電

②　安全装置を取り外した状態での放電加工

(ウ)　工具電極を確実に取り付け、異常な放電を防止すること。

(エ)　必要な点検（記録）及び整備を行い、火災予防上有効に保持すること。

【準用】条例第10条（第２号を除く。）

3　放電加工機に関連する通知等

○放電加工機の取扱いについて（昭和61年消防危第19号）

○放電加工機の取扱いに関する留意事項について（昭和61年事務連絡・消防庁危険物規制課）

○火災予防条例準則の一部改正について（平成元年消防予第104号、消防危第86号）

○フード等用簡易自動消火装置の性能及び設置の基準について（平成５年消防予第331号）

○危険物規制事務に関する執務資料の送付について（平成９年消防危第27号）

○火災予防条例準則の一部改正について（平成10年消防予第77号、消防危第53号）

○対象火気設備等の位置、構造及び管理並びに対象火気器具等の取扱いに関する条例の制定に関する基準を定める省令（平成14年総務省令第24号）

4　危険物保安技術協会

放電加工機に起因する火災の発生が相次いだことから、昭和61年に危険物保安技術協会に「放電加工機の構造及び機能等に関する基準検討委員会」が設置され、放電加工機の火災予防に関する基準が作成された。その後、放電加工機に係る試験確認基準の見直しが行われ、平成28年３月に検討報告書が示された。また、危険物保安技術協会では試

験確認を実施し、基準に適合している放電加工機には、「放電加工機型式試験確認済証」を貼付している。

立 入 検 査 チ ェ ッ ク ポ イ ン ト

- ☐ 危険物の貯蔵・取扱量を確認する。
- ☐ 危険物を用いる放電加工機の加工液は、引火点70℃以上か。
- ☐ 必要な点検（記録）及び整備が行われているか。

第6節

変電設備（条例第11条）

電圧を上げたり下げたりする設備を一般に変電設備という。大口の電力を使用する工場等では、電力会社から高圧又は特別高圧で受電し、これを低圧又は高圧に下げて各電気設備へ供給する。したがって、このような工場等では変電設備を所有しており、変電室に開放組立方式の変電設備を設置する場合とキュービクル形式のものを設置する場合がある。

1　届出（条例第44条）

高圧又は特別高圧の変電設備（全出力50kW以下を除く。）

〈電圧の種別〉

交直流別 電圧別	直　流	交　流
低圧	750Ｖ以下	600Ｖ以下
高圧	750Ｖを超え7,000Ｖ以下	600Ｖを超え7,000Ｖ以下
特別高圧	7,000Ｖを超えるもの	

2　設置基準

全出力20kWを超えるものを規制

【全出力】　設計上の供給許容電力（W）　**電圧×電流**　　（例）100Ｖ×200Ａ＝20kW

供給許容電力は、変電設備の負荷設備容量　kVA×係数

変圧器の定格容量の合計（kVA）	係数
500未満	0.80
500以上1,000未満	0.75
1,000以上	0.70

（例1）　変圧器　300kVA　200kVA　150kVAの場合

（300＋200＋150）×0.75＝487.50　全出力は487.5kW

単相、3相の区別なし

（例2）　1,500kVA×0.7＝1,050　　　　全出力は1,050kW

3　屋内変電設備（全出力20kW以下のもの及び急速充電設備を除く。以下同じ。）

○水が浸入し、又は浸透するおそれのない位置　　絶縁劣化、感電事故

○可燃性、腐食性蒸気、ガスの発生又は滞留するおそれのない位置

火花、アークを発生するおそれ…可燃性蒸気、ガス（燃焼範囲）

変圧器油（第3石油類）

— 363 —

【変電室】（消防長（消防署長）が火災予防上支障がないと認める構造を有するキュービクル式を除く。）

▲消防用設備等の開閉器

【専用不燃区画】 不燃材料で造った壁、柱、床及び天井（天井のない場合にあっては、はり又は屋根。以下同じ。）で区画され、かつ、窓及び出入口に防火戸を設ける室内に設けること。ただし、変電設備の周囲に有効な空間を保有する等防火上支障のない措置を講じた場合においては、この限りでない。

○建築物等の部分との間に換気、点検及び整備に支障のない距離を保つこと。
○不燃区画室の壁等をダクト、ケーブル等が貫通する部分は、すき間を不燃材料（ロックウール、モルタル等）で埋める。
○屋外に通ずる換気設備を設ける。
○標識「変電設備」、「変電所」又は「変電室」のいずれでも差し支えない。
　　　地：白　文字：黒　15cm以上×30cm以上
○変電設備のある室内には、係員以外の者をみだりに出入りさせないこと。
○変電設備のある室内は、常に、整理及び清掃に努めるとともに、油ぼろその他の可燃物をみだりに放置しないこと。ねずみの巣になる物を置かない。
○定格電流の範囲内で使用すること。
○変圧器、コンデンサーその他の機器及び配線は、堅固に床、壁、支柱等に固定すること。

4　屋外変電設備（柱上及び道路上に設ける電気事業者用のもの並びに消防長（消防署長）が火災予防上支障がないと認める構造を有するキュービクル式のものを除く。）

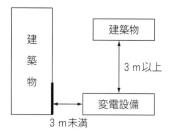

設置場所　換気設備等を除き、屋内の規定を準用する。
　　　　　建築物から3m以上の距離を保つこと。

外壁で開口部のない不燃材料（又は覆われたもの）に面するときは、3m未満で可（はめ殺しの防火戸は開口部のないものとして扱う。）

【準用】（柱上及び道路上に設ける電気事業者用のものを除く。）
　　　　第1項第3号の2、第5号〜第10号

【保有距離】（建築物からの距離）
対象　変電設備などの火を使用しない設備
想定　火災発生の異常時
場所　屋外
措置　3m以上離す。
　　　開口部のない不燃の壁にする。
　　　設備自身を一定の構造要件を満たすものとする。

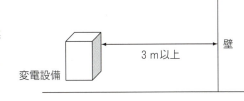

（注1）屋内においては、①構造が強化された専用の室に設置するか、②周囲に有効な空間を有するか、③設備自身が一定の構造要件を満たしていることのいずれかとなっているので、基本的には屋外の場合と同様の考え方で整理されている。
（注2）変電設備などの火を使用しない設備については、保有距離のみが規定され離隔距離については規定されていない。これは変電設備が火を使用する設備と比べると通常の使用中において、機器表面からの輻射熱が小さく、一般的に保有距離＞離隔距離と考えられ、保有距離のみを考慮すればよいものと考えられる。
（注3）周囲の可燃物については、管理面において「可燃物をみだりに放置しないこと」（条例第11条第1項第7号）とされているため、考慮する必要はないものと考えられる。

5　**キュービクル式**　cubicle（仕切った狭い場所）cubic（立方体）
変電設備その他の機器、配線を外箱に収納したもの

「昭和50年消防庁告示第7号」の基準に基づき、消防用設備等の非常電源を確保するため、構造、性能など厳格な認定審査に合格したキュービクル式変電設備

認定品は保有距離3mを除かれる。

建築物等の部分との間に換気、点検及び整備に支障のない距離を保つこと。

保有距離を確保すべき部分	保有距離
前面又は操作面	1m以上
点検面	0.6m以上
換気面（前面、操作面又は点検面以外の面で、換気口の設けられている面をいう。）	0.2m以上

〔消防長（消防署長）が火災予防上支障がないと認める構造を有するキュービクル式〕

直径10mmの丸棒が入るような穴、すき間がないこと。
（外箱、配線の引込み口、引出し口、換気口等も同様）

電線引出し口　金属管又は金属製可とう電線管
網入りガラス（不燃材料で固定）

外箱・材料　鋼板又はこれと同等以上の防火性能を有し、板厚1.6mm（屋外用2.3mm）以上。ただし、コンクリート造等防火性能を有する床に設置する場合の床面部分は、この限りでない。

○電力需給用変成器、受電用遮断器、変圧器等の機器は、外箱又は配電盤等に堅固に固定
○開口部（換気口又は換気設備の部分を除く。）　防火戸を設置
○外箱は、床、壁、又は柱に容易に、かつ、堅固に固定できる構造のもの
○電力需給用変成器、受電用遮断器、開閉器等の機器が外箱の底面から10cm以上離して収納できるもの。同等以上の防水措置を講じたものは、この限りでない。
○屋外式　雨水の浸入防止措置等
「改正火災予防条例準則の運用について」（平成3年消防予第206号）

〈参考〉
GR付きPAS：地絡継電装置付き柱上高圧気中負荷開閉器のこと。構内柱上に設置してある。高圧受電設備で地絡事故が発生すると素早く感知して電気を止める。波及事故防止に効果的
UGS：地絡継電装置付き地中線用高圧ガス負荷開閉器のこと。地中引込線用の保護装置。高圧キャビネットの中に設置してある。高圧受電設備で地絡事故が発生すると素早くキャッチして電気を止める。波及事故防止に効果的
変圧器（トランス）：電圧を変換する機器のこと。
ワット（W）：電力を表す単位。ワット時ともいう。電気が1時間にした仕事量の合計
　　　　　　　1ワット・アワーの1,000倍が1キロワット・アワー（kWh）
　　　　　　電力量（Wh）＝電力（W）×時間（h）で求める。

立入検査チェックポイント

☐ 標識の設置を確認
☐ 屋内設置場所の壁、床、天井又は防火戸の状況を確認
☐ 設置位置及び換気状況を確認
☐ 届出がされているか。
☐ 電気主任技術者、電気工事士等に点検及び絶縁抵抗等の測定試験を行わせ、記録保存しているか。

第7節
急速充電設備（条例第11条の2）

　急速充電設備とは、電気を設備内部で変圧して、電気自動車等にコネクターを用いて充電する設備（全出力20kW以下のものを除く。）をいい、分離型のものにあっては充電ポストを含む。
- 電気自動車等とは、電気を動力源とする自動車、原動機付自転車、船舶、航空機その他これらに類するものをいう。
- コネクターとは、充電用ケーブルを電気自動車等に接続するためのものをいう。
- 分離型とは、変圧する機能を有する設備本体及び充電ポスト（コネクター及び充電用ケーブルを収納する設備で、変圧する機能を有しないもの）により構成されるものをいう。

　なお、給油取扱所に急速充電設備を設置する場合は、「危険物の規制に関する政令等の一部改正に伴う給油取扱所の運用について」（令和6年消防危第40号）第3による。

1　届出（条例第44条）

　急速充電設備（全出力50kW以下のものを除く。）

2　屋外に設ける急速充電設備

　全出力50kW以下のもの及び消防長（消防署長）が認める延焼を防止するための措置が講じられているものを除く。
  (1) 建築物から3m以上の距離を保つこと。ただし、次の場合はこの限りでない。
　　ア　不燃材料で造り、又は覆われた外壁で開口部のないものに面するもの
　　イ　分離型の充電ポスト
  (2) 消防長（消防署長）が認める延焼を防止するための措置（例）
　　外部からの火災により、急速充電設備が延焼の媒体となることを防止するための措置であり、判断基準については、次のア〜オまでを満たすもの

衝突防止措置（車止めやポストコーン等の設置）

— 367 —

ア　筐体は、不燃性の金属材料で厚さがステンレス鋼板で2.0mm以上、又は鋼板で2.3mm以上であること。

イ　安全装置（漏電遮断器）が設置されていること。

ウ　筐体の体積1㎥に対する内蔵可燃物量（電装基板等の可燃物の量）が約122kg以下であること。

エ　蓄電池が内蔵されていないこと。

オ　太陽光発電設備が接続されていないこと。

3　急速充電設備の基準

○筐体は不燃性の金属材料で造ること（分離型の充電ポストにあっては、この限りでない。）。

○堅固に床、壁、支柱等に固定すること。

○筐体は雨水等の浸入防止の措置を講ずること。

※　筐体にあってはJIS C0920「電気機械器具の外郭による保護等級ＩＰ33以上」を確保すること。

(1)　次に掲げる措置を講ずること。

ア　充電開始前に、急速充電設備と電気自動車等との間で自動的に絶縁状況の確認を行い、絶縁されていない場合には、充電を開始しないこと。

イ　コネクターと電気自動車等が確実に接続されていない場合には、充電を開始しないこと。

ウ　コネクターと電気自動車等の接続部に電圧が印加されている場合には、コネクターが電気自動車等から外れないようにすること。

エ　急速充電設備の自動停止

　㋐　漏電、地絡及び制御機能の異常を自動検知する構造とし、異常を検知した場合

　㋑　電圧及び電流を自動監視する構造とし、異常を検知した場合

　㋒　異常な高温（過電流等による発熱を温度センサーが検知し、急速充電設備が充電停止する温度）となった場合

　㋓　液冷機構（大電流による充電用ケーブルの発熱防止）を有する急速充電設備は、冷却液体が漏れた場合に内部基板等の機器に影響を与えない構造とし、異常を自動検知した場合

　㋔　複数の充電用ケーブルを有するものは、出力切替えに係る開閉器の異常を自動検知する構造とし、異常検知した場合

オ　急速充電設備を手動で緊急停止することができる装置を、利用者が異常を認めたときに、速やかに操作できる箇所に設けること。

カ　自動車等の衝突防止措置

キ　コネクターについて、操作に伴う不時の落下防止措置を講ずること。ただし、コネクターに十分な強度を有する場合にはこの限りでない。

(2)　蓄電池（主として保安のために設けるものを除く。）を内蔵している急速充電設備

ア　次に掲げる措置を講ずること。

　　(ア)　電圧及び電流、温度、制御機能の異常を自動監視する構造とし、異常検知した場合は急速充電設備を自動停止させること。

　　(イ)　異常な高温とならないこと。

イ　急速充電設備の取扱い

　　(ア)　蓄電池の基準

　　　　○リチウムイオン蓄電池（JIS C8715-2（産業用リチウム二次電池の単電池及び電池システム第2部：安全性要求事項）に適合するもの

　　　　○電気自動車駆動用蓄電池を急速充電設備用蓄電池として再利用（リユース）する場合は、客観的評価により安全性が確認されたもの

　　(イ)　その他蓄電池に関する事項

　　　　○異常な低温については、「蓄電池の仕様書等に記載された使用温度範囲を下回る温度」を想定

　　　　○制御機能とは蓄電池が過充電、過電流、過放電、温度異常等の際に電流を制御する電子システム（BMS：バッテリーマネジメントシステム）のこと。

⑶　分離型のものにあっては、充電ポストに蓄電池（主として保安のために設けるものを除く。）を内蔵しないこと。

　　※　「主として保安のために設けるもの」とは、停電時等に電気自動車等とコネクターの接続部分の制御を行うものなど、設備の安全装置を維持するために設ける蓄電池

⑷　急速充電設備の周囲

ア　換気、点検、整備に支障がないこと。

イ　常に、整理及び清掃に努めるとともに、油ぼろその他の可燃物を放置しないこと。

⑸　点検等

　　外観点検等のほか、消耗品の劣化や充電ケーブルの摩耗等による事故防止のため、定期的に点検を行い、記録を一定期間保存すること。

　　　　【準用】条例第11条第1項第2号、第5号、第8号、第9号

4　その他

　「対象火気設備等の位置、構造及び管理並びに対象火気器具等の取扱いに関する条例の制定に関する基準を定める省令の一部を改正する省令の公布等について（通知）」（令和2年消防予第226号）により、火災予防条例（例）について、所要の規定の整備が行われ、令和3年4月1日施行された。

　その後、全出力が200kWを超える大出力の急速充電設備は、「変電設備」扱いとされていたため、設備内に担当者以外の者が出入りできないなどの設置の障壁が存在し、大型電動車、電動バスや電動トラックの普及拡大に向けて、出力の上限を撤廃し、大出力の急速充電器について、充電器本体に接続されるケーブル・コネクターやそれを収納する充電ポストなどから建築物との離隔距離を設けなくてよいという方向で検討を行い、「消防法施行規則及び対象火気設備等の位置、構造及び管理並びに対象火気器具等の取

扱いに関する条例の制定に関する基準を定める省令の一部を改正する省令等の公布について」（令和5年消防予第59号）により、全出力の上限を撤廃するとともに、火災予防上必要な措置の見直しが行われ、令和5年10月1日施行された。

根拠法令等 改正火災予防条例（例）の運用について（通知）（令和2年消防予第310号）

第8節

内燃機関を原動力とする発電設備（条例第12条）

　発電設備は、常時発電するものと補助的又は非常用として発電するものがあり、コージェネレーションシステムとして、廃熱を給湯等に利用するものもある。

1　届出（条例第44条）
　内燃機関を原動力とする発電設備のうち固定使用するもの（条例第12条第4項に定める出力10kW未満を除く。）

2　屋内に設置する場合
○発電機、燃料タンクその他の機器は、床、壁、支柱等に堅固に固定する。
○防振のための措置（運転振動の吸収）
　スプリング、砂、コルク等で床、台を建築物と切り離す。
○排気筒　防火上有効な構造
　【準用】条例第3条第1項第17号、第18号の3、第11条第1項
　　　　　「たき口」を「内燃機関」と読み替える。

3　屋外に設置する場合
　【準用】条例第3条第1項第17号、第18号の3、第11条第1項第3号の2、第5号～第10号、第2項、第12条第1項

4　屋外に設ける気体燃料を使用するピストン式内燃機関で出力10kW未満
　次に適合するものは、火災発生の危険性が低く、火災が発生した場合の影響が小さいため、屋外に設ける場合の建築物から3m以上の距離を不要とし、設置届も除外されている。
○キュービクル式（鋼板板厚0.8mm以上）
○難燃性（断熱材、防音材）
○換気口　外箱の内部の温度が過度に上昇しない有効換気を行うことができ、雨水等の浸入防止措置が講じられているもの
　【準用】条例第3条第1項第1号（イを除く。）、第18号の3、第11条第1項第7号、第8号、第10号、第12条第1項第2号～第4号

— 371 —

5　構造の基準

　内燃機関には、運転中に生じた過回転その他の異常による危害の発生を防止するため、その異常が発生した場合に内燃機関に流入する燃料を自動的かつ速やかに遮断する非常調速装置その他の非常停止装置を設けなければならない（発電用火力設備に関する技術基準を定める省令（平成9年通商産業省令第51号）第27条の規定の例による。）。

▲発電機内部

立入検査チェックポイント

- ☐　標識の確認
- ☐　排気筒の構造及び設置場所の床、台の防振措置を確認
- ☐　機器の固定状況を確認
- ☐　届出がされているか。
- ☐　自家用発電設備専門技術者（一般社団法人日本内燃力発電設備協会の試験合格者）等に点検及び絶縁抵抗等の測定試験を行わせ、記録保存しているか。

第9節 蓄電池設備（条例第13条）

蓄電池は、化学反応によるエネルギーを電気エネルギーに変えて、直流の電気を供給し、放電、充電を繰り返すことができる電池である。

蓄電池設備の潜在的な火災リスクは、保有する電気エネルギーの大きさ、すなわち蓄電池容量（kWh）に依存すると一般的に考えられることから、規制対象の指定に係る単位がAh・セルからkWhに改められた。

▲蓄電池設備

電池種別	Ah・セル	電圧（V）	電力量（kWh）
鉛蓄電池	4,800	2	9.6
アルカリ蓄電池		1.2	5.76
リチウムイオン蓄電池		3.7	17.76

○ 鉛蓄電池は、電解液に希硫酸を使用し、－極で水素ガス、＋極で酸素を発生し、希硫酸による可燃物の酸化や水素ガスによる電気的出火危険を生じる。

○ アルカリ蓄電池は、電解液にアルカリ性水溶液を使用した蓄電池で、ニッケル水素電池やニッカド電池がある。

○ リチウムイオン蓄電池は、単電池（電極、セパレータ、電解液、容器、端子などからなる蓄電池の基本構成ユニット）が単体又は複数で、直列又は並列に接続されてパックに組み込まれた状態（組電池）で市場に流通しており、モバイル機器電源や電気用品等に使用されている。

市場に流通している主な二次電池の種別		危険性の状況		
^	^	電気的出火危険	水素ガスの発生	希硫酸
開放形	鉛蓄電池	○	○	○
^	アルカリ蓄電池	○	○	×
密閉形	鉛蓄電池	○	×	△
^	アルカリ蓄電池	○	×	×
^	リチウムイオン蓄電池	○	×	×

○：危険性あり　×：危険性なし　△：希硫酸を使用しているものの密閉形のため、流出のおそれは極めて少ない。

1　届出（条例第44条）

　　蓄電池設備（蓄電池容量が20kWh以下のものを除く。）

2　設置基準

　　蓄電池容量が10kWh以下のもの及び10kWhを超え20kWh以下のもので出火防止措置が講じられたものは、規制の対象から除かれる。

　　出火防止措置が講じられたもの（令和5年消防庁告示第7号）

標準規格	備　考
JIS C8715－2（リチウムイオン蓄電池）	①　過充電防止措置 ②　外部短絡防止措置 ③　内部短絡防止措置又は内部延焼防止措置
JIS C63115－2（ニッケル水素蓄電池）	
IEC 62619「リチウムイオン蓄電池を対象」	同等以上の出火防止措置が講じられた標準規格の例
IEC 63115－2「ニッケル水素蓄電池を対象」	

根拠法令等　蓄電池設備の出火防止措置及び延焼防止措置に関する基準（令和5年消防庁告示第7号）
改正火災予防条例（例）の運用等について（通知）（令和5年消防予第332号）

必要な容量（kWh）＝定格電力（W）×使用時間（h）

　　kWh（キロワットアワー）は、蓄電池に貯めておくことのできる電気容量を示す単位

　　　　W（電力）＝V（電圧）×A（電流）

定格容量（アンペアアワー）× 単位電槽数（セル）

　　鉛蓄電池の場合

　　　　48V＝2V（1セルの電圧）×24セル

　　　　200Ah×24セル＝4,800Ah・セル

電槽とは、電解液と一対の電極を入れた容器

　　定格容量＝電流（Aアンペア）×使用時間（hアワー）

　　　　　　　　　　　　　　　機能を破壊することなく、使用できる時間

　　200Ah　〔20Aの電流を10時間又は10Aの電流を20時間使用できるもの〕

　　200アンペアアワー（10時間率）　標準　鉛蓄電池　10時間率

　　　　　　　　　　　　　　　アルカリ蓄電池　5時間率

　　定格容量と電槽数の積の合計（Ah・セル）直列・並列とも容量計算は同じ

（例1）

100Ah 100Ah 100Ah

6V

100Ah×3セル＝300Ah・セル

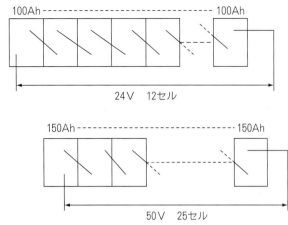

（例2）同一室内に設置

100Ah ──────── 100Ah

24V　12セル

150Ah ──────── 150Ah

50V　25セル

（100Ah×12セル）＋（150Ah×25セル）＝4,950Ah・セル

○地震等により容易に転倒し、亀裂し、又は破損しない構造とすること。
○開放形鉛蓄電池を用いたものにあっては、電槽を耐酸性の床上又は台上に設けなければならない。

　開放形鉛蓄電池とは、使用中に補水を必要とする構造の鉛蓄電池が該当し、一般にベント式と呼ばれている。

　耐酸性：陶磁器、鉛、アスファルト、プラスチック

3　屋内設置

【準用】条例第10条第4号、第11条第1項第1号、第3号～第6号、第9号

4　屋外設置

柱上及び道路上に設ける電気事業者用のもの、延焼防止措置が講じられたもの並びに消防長（消防署長）が火災予防上支障がないと認める構造を有するキュービクル式のものを除く。

延焼防止措置が講じられたもの

標準規格	備　考
JIS C4411－1	令和5年消防庁告示第7号第3
JIS C4412	
JIS C4441	
同等以上の延焼防止措置が講じられた標準規格の例	
JIS C4412－1	令和5年消防予第332号
JIS C4412－2（JIS C4412－1で求められる安全要求事項について適合しているものに限る。）	
IEC 62040－1	
IEC 62933－5－2	

○建築物から3m以上の距離を保たなければならない。ただし、不燃材料で造り、又は覆われた外壁で開口部のないものに面するときは、この限りでない。

○雨水等の浸入防止措置が講じられたキュービクル式のものでなくても、雨水等の浸入防止措置の講じられた筐体に収められたものとすればよい。

【準用】条例第10条第4号、第11条第1項第3号の2、第5号、第6号、第9号、第11条の2第1項第4号

根拠法令等 蓄電池設備の基準（昭和48年消防庁告示第2号）

「蓄電池を複数台接続して設置する場合の取扱いについて」（令和4年消防予第155号）

　複数台の蓄電池設備を接続して設置する事例が見られるようになり、その蓄電池容量（kWh）の算定に当たっての蓄電池設備の取扱いが市町村によって異なることから、蓄電池設備を複数台接続して設置する場合の取扱いについてとりまとめられた。

　蓄電池設備を複数台接続して設置する場合、蓄電池及びその他の機器が1の箱に収納されたもので、告示に定めるものであるときは、当該箱ごとに規制の対象から除かれる。

立 入 検 査 チ ェ ッ ク ポ イ ン ト

☐　標識の確認

☐　雨水等の浸入防止を確認

☐　電槽の設置場所について、台、床材質及び転倒防止を確認

☐　届出がされているか。

☐　蓄電池の劣化診断が、適正に行われているか。
　　（新品時の内部抵抗値を基準とし、電圧測定、比重測定を定期的に測定する。）

☐　蓄電池設備整備資格者（一般社団法人電池工業会が行う講習修了者）等に点検及び絶縁抵抗等の測定試験を行わせ、記録保存しているか。

第10節 ネオン管灯設備（条例第14条）

ネオン管灯設備は、ネオンサインと呼ばれ、ガラス管の中にネオンガス、アルゴンガスなどを封入し、ガラス管に施された着色や管内側の蛍光塗料と相まって様々な色を放電、点滅し、光による広告を行う設備である。

ネオン管は、電圧が高いため空中放電し、「ジー」という音がして火花を発する。そのため、配線や他のネオン管又はトランスが被害を受け、近くに可燃物があると発火することもある。

1 届出（条例第44条）

設備容量2kVA以上のネオン管灯設備
容量計算例　15kV（140VA×台数）、9kV（82VA×台数）、6kV（60VA×台数）

2 設置基準

〈ガスの発光色〉光源により16色ある。

Neネオン	Aアルゴン	Heヘリウム	N₂窒素	CO₂炭酸ガス	Alアルゴンと Hg水銀蒸気
橙赤	紫	赤紫を帯びた白	黄	白	青

ネオン管灯設備は、放電管、変圧器、点滅装置、自動点灯（消灯）装置、絶縁碍子、ネオン碍管などで構成される。

ネオントランス（変圧器）は、通常屋外用として使用される15,000Ｖ、12,000Ｖ及び屋内用の9,000Ｖ、6,000Ｖ、3,000Ｖの5種類がある。

造営材との離隔距離は、15,000Ｖ又は12,000Ｖは4cm、9,000Ｖは3cm、6,000Ｖは2cm以上とし、容量を確認する場合15,000Ｖは、変圧器に 15 と表示されている。

〈設置例〉

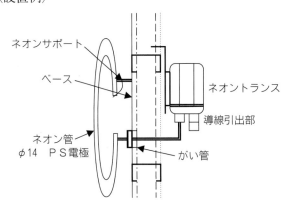

ネオントランス（変圧器）

〈配線〉

点滅装置：明滅のための付属装置で、電子点滅器は、点滅プログラムをＩＣにより制御する。

点滅装置

　○低圧側　変圧器の低圧側回路　100Ｖ
　○不燃材料の覆い（無接点継電器を除く。）

変圧器　雨のかかる場所　屋外用（導線引出部が下向き又は雨水の浸透防止措置）
　屋内（角型）　屋外（円形）外面に表示

○支枠、取付け材は、木材（難燃合板を除く。）、合成樹脂（不燃性、難燃性を除く。）を使用しないこと（漏洩電流）。
○壁等の貫通部に設けた碍管は、配線の保護（雨雪、震動等）のため壁等に固定する。
○事故が発生した場合等に備えて、開閉器は操作しやすい位置に設ける。

【準用】条例第11条第１項第９号

立入検査チェックポイント

- □　届出がされているか。
- □　ネオン管灯に破損や位置、構造の不適はないか。
- □　電線の劣化や破損はないか。
- □　ネオン工事技術者（公益社団法人日本サイン協会の試験に合格した者）等に点検及び絶縁抵抗等の測定試験を行わせ、記録保存しているか。

第11節

煙突（条例第17条の2）

　煙突は、火を使用する設備に接続して設けられた排気筒で、燃焼排ガスを当該室内を経由することなく、直接室外へ排出するもので、暖炉やストーブと同じく高温になるため、可燃物の壁や天井までの離隔距離は火気使用設備本体の一部分としてとらえる。

1　火を使用する設備に附属する煙突（燃料電池発電設備を除く。）
　(1)　構造又は材質に応じ、支わく、支線、腕金具等で固定すること。
　(2)　可燃性の壁、床、天井等を貫通する部分、小屋裏、天井裏、床裏等において接続する場合は、容易に離脱せず、かつ、燃焼排気が漏れない構造とすること。
　(3)　容易に清掃ができる構造とすること。
　(4)　火粉を飛散するおそれのある設備に附属するものにあっては、火粉の飛散を防止するための有効な装置を設けること。
　(5)　前各号に規定するもののほか、煙突の基準については、建基令第115条第1項第1号から第3号まで及び第2項の規定を準用する。

2　建築物に設ける煙突（建基令第115条第1項）

（第1号）

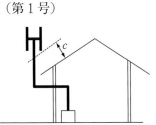

屋上突出部は、屋根面からの垂直距離（c）60cm以上とすること。

（第2号）

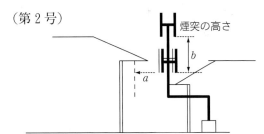

先端からの水平距離（a）1m以内に建築物がある場合で、軒がある場合は60cm以上（b）高くすること。

　（第3号）煙突の小屋裏、天井裏、床裏等にある部分は、煙突の上又は周囲にたまるほこりを煙突内の廃ガスその他の生成物の熱により燃焼させないものとして国土交通大臣が定めた構造方法を用いるものとすること。
　（第2項）第1号から第3号までの規定は、廃ガスその他の生成物の温度が低い等の理由により防火上支障がないものとして国土交通大臣が定める基準に適合する場合は、適用しない（昭和56年建設省告示第1098号）。

3 煙突と可燃物の距離

　煙突と建築物の木材その他可燃物から15cm以上離す（建基令第115条第1項第3号）ことになっているが、火気使用設備によっては、木材の低温炭化により発火点が下がり火災になることがある。これを防止するには、煙突を不燃材料の断熱材で被覆するか二重煙突を使用する。

　　　低温炭化：木材の発火点は、一般に400℃以上であるが、100℃以下の低温で長時間さらされていると木材は炭化が進み発火点が下がり、突然燃え出すことがある。

4 風圧帯

　建物の屋根の形状や周辺環境又は気象条件によっては、室内の気圧や煙突内の気圧により、屋外の気圧が高圧になる。この気圧差により空気が煙突内に引き込まれ逆流を起こすので、煙突トップは屋根より高くする。

　防止策として、回転逆風止（回転ドラフター）の設置や強制排気がよい。

5 煙道火災

　煙突内部に付着したクレオソート（タール）に火がつき燃えることがあり、煙突先端から炎が噴出する。定期的に清掃を行う。

立 入 検 査 チ ェ ッ ク ポ イ ン ト

☐　煙突が可燃性の壁、天井、屋根などを貫通する場合、不燃材料で造られためがね石等防火上支障がないか確認

☐　天井裏などの隠ぺい部で煙突に穴あきやはずれがないか。また、煙突に巻かれた断熱材に穴あきやシミがないか関係者に点検を指導する。

☐　煙突の途中や先端が細くなっていないか。同じ太さの物を使用

☐　煙突先端は、屋根、軒先、隣家から1m以上離れ、風圧帯を避けた位置か確認

☐　定期的に清掃が行われているか。

第12節 禁止行為（条例第23条）

1　火の使用に関する制限等

　デパートの売場で玩具用花火を販売する場合やホームセンターで農機具の燃料を販売する場合又は劇場の舞台で演出効果を高めるため、スモークマシーン（危険物を燃料とするもの）を使用する場合など、消防長（消防署長）が指定した場所で禁止行為を行う場合は、禁止行為の解除承認を受ける必要がある。

消防長（消防署長）が指定する場所

　　　指定場所　　＊指定されることによって、規制を受ける。
　　　○劇場等（映画館、演芸場、観覧場、公会堂、集会場）の舞台又は客席
　　　○百貨店等（マーケット、物品販売の店舗又は展示場）の売場又は展示部分
　　　○重要文化財等に指定・認定された建造物の内部又は周囲
　　　○火災が発生した場合に人命に危険を生ずるおそれのある場所

禁止行為

　　○**喫煙**（喫煙所を設けた部分を除く。）
　　○**裸火の使用**
　　　　○酸化反応を伴う赤熱部又はこれから発する炎が外部に露出している火
　　　　○電気器具類で火花を発するもの
　　　　○ニクロム線等の赤熱部が露出しているもの
　　○**危険な物品の持込み**
　　　　○危険物（法別表第1）
　　　　○指定可燃物（条例別表第8）
　　　　○可燃性ガス
　　　　○火薬類

　指定場所の関係者は、当該場所で喫煙、裸火の使用又は当該場所へ火災予防上危険な物品を持ち込もうとしている者があるときは、これを制止しなければならない。

2　禁止行為の解除承認

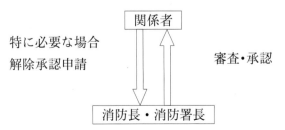

3 標識の設置
　客席の前面や防火対象物の入口等の見やすい箇所

　　　禁　　煙

　　　火気厳禁　　幅25cm以上、長さ50cm以上
　　　　　　　　　　地：赤　　文字：白

　　　危険物品持込厳禁
　　　NO DANGEROUS GOODS

図記号による場合

　　禁煙（ISO7010）　　火気厳禁（ISO7010）　　喫煙所（ISO7001）

【標識と併せて図記号による標識を設ける場合】
○「禁煙」又は「火気厳禁」の標識と併せて設ける図記号
　国際標準化機構規格第7010号又は日本産業規格Z8210
○「喫煙所」の標識と併せて設ける図記号
　国際標準化機構規格第7001号又は日本産業規格Z8210

4　禁煙を指定した場合の措置（重要文化財等を除く。）

全館禁煙にした場合	全面的に禁煙されている旨の標識の設置 火災予防上の措置（館内放送等により周知又は定期的に巡回）
上記以外の場合	・喫煙所の設置 　劇場、映画館、集会場等は階ごとに設置 　　喫煙所の床面積合計は、客席の床面積の1/30以上 　適当な数の吸殻容器を設置 　標識　「喫煙所」、「喫煙専用室」 ・劇場等の階で禁煙にする場合 　階が禁煙されている旨の標識の設置 　火災予防上の措置

5 危険な物品の持込みから除外する場合

ホームセンターなどで危険物を含有する塗料、スプレー缶（殺虫剤、消臭剤、化粧品等）、エンジンオイル等を恒常的に陳列、販売する場合は、「ガソリン缶詰の取扱い等に関する指導について（平成12年10月6日付消防危第102号）」によるほか、取り扱う数量により、消防法又は火災予防条例により規制される。

大型店舗等は、不特定多数の人が出入りするため、不測の事故が発生するおそれがあることから、店舗内での危険物の陳列は、指定数量の1/5未満とし、必要により、少量危険物貯蔵所、屋内貯蔵所などを別途設け、店舗内での在庫量を確認しながら商品の補充を行うことが望ましい。立入検査等において、商品が危険物に該当するか否か及び数量等を関係者が把握するよう、防火管理者や各テナントの関係者に対して指導する。

なお、少量危険物の範囲で缶に密封されている危険物や「ＳＦマーク」が付いた玩具用花火を総薬量5kg未満で陳列販売する場合など、禁止行為から除外する場合は、消防本部等の運用によることになる。

6 劇場等で使用されるスモークマシーン

舞台等で演出効果を高めるため、スモークマシーンを使用する場合、燃料が危険物に該当する場合は禁止行為の解除承認が必要となるが、危険物に該当しないものもある。この場合は、禁止行為に該当しない。

7 重要文化財等

文化財等において行われる伝統的行事、宗教的行事等で使用される裸火、又は一般の住宅の用に供される建造物において、生活に必要な行為を妨げてはならない。

立 入 検 査 チ ェ ッ ク ポ イ ン ト

- ☐ 禁止行為の解除承認をする場合には、必要な条件を付する。
- ☐ 玩具用花火を販売する場所は、レジ付近等従業員の監視できる位置に設置させる。
- ☐ 禁煙を指定し、喫煙所を設置しない場合の火災予防上の措置を消防計画に記載するように指導する。

第13節

少量危険物（条例第4章第1節）

　指定数量未満の危険物及び指定可燃物の貯蔵、取扱いの基準並びに貯蔵、取り扱う場所の位置、構造、設備の技術上の基準は、市町村条例で定める（法第9条の4）。

　危険物の運搬（容器、積載方法、運搬方法）は、量に関係なく法第16条及び危令で定める基準による。

1　届出（条例第46条）
- 指定数量の1/5以上指定数量未満の危険物の貯蔵・取扱い
- 個人住居は指定数量の1/2以上指定数量未満の危険物（高齢化社会の個人住居における火災予防の推進が目的）
- 貯蔵・取扱いの廃止

2　貯蔵・取扱いの数量
(1)　品名又は指定数量を異にする危険物を同一場所で貯蔵、取り扱う場合

$$\frac{危険物の数量}{除数（指定数量の1/5）}＝商 \qquad \begin{array}{l} 商の和が1以上\quad 少量危険物 \\ 5以上\quad 指定数量以上（法第10条） \end{array}$$

　　　　　ガソリン（第一石油類）50 l と灯油（第二石油類）400 l を貯蔵する場合

　　　　　　除数（200 l の1/5＝40 l ）　　　　　50/40＝1.25

　　　　　　　　（1,000 l の1/5＝200 l ）　　　400/200＝2

　　　　　　　　　　　　　　　　　　　　　　　1.25＋2＝3.25（少量危険物）

(2)　取扱い

　　　灯油を使用するバーナー（1時間当たり50 l 消費）で、1日8時間稼動する場合

　　　　50 l ×8 h ＝400 l 　　　　1日の取扱量は400 l

　　　　　　400 l /1,000 l （指定数量）＝0.4　　（1未満　少量危険物）

　　　又は　400 l /200 l （少量の除数）＝2　　（1以上　少量危険物）

　　　　使用時間が季節によって異なる場合は、平均時間とする。

(3)　貯蔵

　　　ガソリン1,000 l を貯蔵、取り扱う場合

　　　　1,000 l /200 l （指定数量）＝5

　　　　　指定数量の5倍　危険物施設（法第10条による規制）

(4)　その他
- 貯蔵能力（容量）500 l のタンクに常時200 l しか貯蔵しない場合であっても、貯蔵量は500 l として扱う。
- ボイラーと燃料タンクを同一室内に設けた場合は、貯蔵する危険物の全量と取り扱

— 384 —

う危険物の全量を比較して、いずれか大きい方の量とする。
○発電所、変電所等の変圧器等が危険物を内蔵しているものは、危険物関係法令の規制対象としない。
　〔算定除外〕
　　指定数量の1/5未満の燃料装置の石油ストーブ、石油こんろ等で同一室内に設置され、専ら暖房、調理等に使用される場合は、算定から除外する。
3　同一場所で複数の少量危険物を貯蔵、取り扱う場合
〔屋外〕
○屋外において容器、設備で少量危険物を貯蔵し、施設相互間が耐火構造等で隔てられている場合で、各施設の独立性がある場合は、それぞれ別の施設とする。
○指定数量未満の危険物を貯蔵し、又は取り扱うタンクに係る火災予防条例（例）の運用について（令和2年消防危第71号）

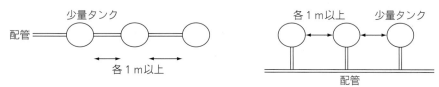

いずれの場合も少量危険物のタンクに該当する（合算すると指定数量以上）。

〔屋内〕
　建物ごと
①　設備による場合（配管を除く。）　当該場所を一の貯蔵、取扱い場所とする。
　　　　　　　　　　　　　　　　　（同一建築物内に複数ある場合もある。）

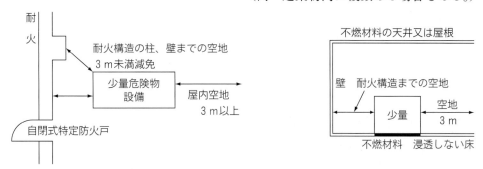

＊他の少量危険物貯蔵取扱所と空地の共有は認めない。

②　出入口以外の開口部を有しない不燃材料で造られた床、壁で区画されている場合

当該場所を一の貯蔵取扱所とする。

4 標識・掲示板（条例第31条の2第2項第1号）

移動タンク（車両に固定されたタンク）

0.3メートル平方（その長さを一辺とする正方形の面積を表す。）
地：黒
文字：黄色の反射塗料その他反射性を有する材料で「危」と表示
車両の前後から確認

危険物の類、品名、最大数量（常時貯蔵し、又は取り扱っている数量の最大値）

| 少量危険物貯蔵取扱所 |
| 類　別　第　　類 |
| 品　名 |
| 最大数量 |

長さ　0.6m以上
幅　　0.3m以上
地　：白
文字：黒

防火に関し必要な事項

火気厳禁

第2類（引火性固体）
第3類　自然発火性物品（危令第25条第1項第3号）
　　　　アルキルアルミニウム、アルキルリチウム、黄りん
第4類
第5類

第2類（引火性固体を除く。）

第1類　アルカリ金属の過酸化物
　　　　アルカリ金属を含有するもの
第3類　禁水性物品（危令第10条第1項第10号）
　　　　カリウム、ナトリウム、アルキルアルミニウム、アルキルリチウム

5 指定数量未満の危険物の貯蔵及び取扱いの基準（条例第30条）

少量危険物の貯蔵及び取扱いの基準（条例第31条）

条例第31条の2から条例第31条の8までの基準による。

【共通事項（条例第31条の2）】

6 屋外における貯蔵・取扱い（条例第31条の3）

(1) 周囲空地又は防火上有効な塀（開口部のない防火構造又は不燃材料の壁に面する場合は除く。）を設ける。

容器等の種類	貯蔵・取り扱う数量	空地の幅
タンク又は金属製容器	指定数量の1/2以上指定数量未満	1m以上
その他	指定数量の1/5以上1/2未満	1m以上
	指定数量の1/2以上指定数量未満	2m以上

(2) 屋外設備（タンクを除く。）

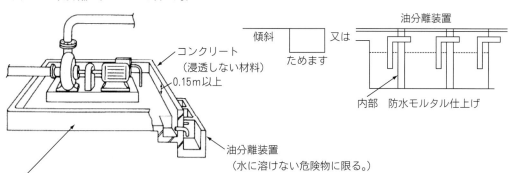

(3) ラック式の貯蔵

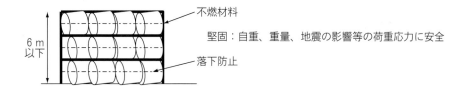

7 屋内における貯蔵・取扱い（条例第31条の3の2）

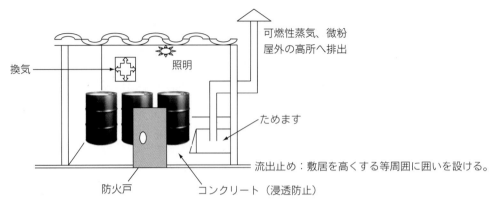

○柱、壁、床、天井（天井のない場合は、はり又は屋根）を不燃材料又は不燃被覆
○窓、出入口（防火設備の防火戸）ガラス使用は網入り
○架台：不燃材料で堅固に（高さ制限はない。）

8 タンク（地下タンク、移動タンクを除く。）（条例第31条の4）
 (1) 板厚
  鋼板

タンクの容量	板　厚
40 ℓ 以下	1.0mm以上
40 ℓ を超え100 ℓ 以下	1.2mm以上
100 ℓ を超え250 ℓ 以下	1.6mm以上
250 ℓ を超え500 ℓ 以下	2.0mm以上
500 ℓ を超え1,000 ℓ 以下	2.3mm以上
1,000 ℓ を超え2,000 ℓ 以下	2.6mm以上
2,000 ℓ を超えるもの	3.2mm以上

  鋼材以外の材料は、同等以上の機械的性質を有する材料（金属板）
  ステンレス鋼、アルミニウム等
    板厚　$t=\sqrt{41/\sigma} \times t0$　　　t：使用金属の厚さ（mm）
    　　　　　　　　　　　　　　　σ：使用金属の引張強さ（MPa）
    　　　　　　　　　　　　　　　$t0$：SS400を使用する場合の板厚（mm）
  指定数量以上のタンク　板厚3.2mm以上（SS400）　一般構造用圧延鋼材
 (2) 試験
  次による試験で漏れ、変形しないこと（固体の危険物タンクを除く。）。
  圧力タンク以外　水張試験
  圧力タンク　最大常用圧力の1.5倍の圧力で10分間の水圧試験

┌設置者の自主検査
　　　│危険物保安技術協会　試験確認　「試験確認済証」
　　　└消防長（消防署長）の検査　設置者等の申出（条例第47条）
　　　　　　　　　　検査済証　検査手数料（地方自治法第228条第1項）

(3) タンク周辺

　　計量装置（ガラスは原則として不可）┌フロート式
　　　　　　　　　　　　　　　　　　　│エアーパージ式
　　　　　　　　　　　　　　　　　　　└電気圧

　　流出止めの容量は、タンク容量又はタンク容量の110％以上（市町村の規定による。）
　　1の流出止めの中に2以上のタンクがある場合は、最大タンク容量による。

(4) タンク
　　○さび止め（塗装又はコーティング）　アルミニウム合金、ステンレス鋼等を除く。
　　○圧力タンク　安全装置（圧力計、減圧弁など）
　　○圧力タンク以外のタンク　通気管、通気口
　　○屋外にタンク底部を地面に接して設けるもの

　　　　　　　　　　　　　コールタールエナメル塗装、アスファルトサンドの敷設等
　　　　　　　　　　　　　単なるさび止め塗装は該当しない。

(5) 配管　流出防止を貫通させない（配管に損傷を与えない措置を講じた場合は可）。
　　　　　結合部：可とう配管　屈曲：ループ式
(6) 引火防止装置　引火点40℃未満の危険物　40メッシュ銅又はステンレス鋼
　　　　　　　　　　　　　　　　　　　　　30メッシュを3層以上の方法もある
(7) 流出止め（液体危険物）
　　　内部に溜まった雨水等の水抜き口を設け、排水バルブを堤外に設ける。

9　地下タンク（条例第31条の5）
　　複数の地下タンク
　　　　容量の合計　指定数量以上　「地下タンク貯蔵所」
　　　　指定数量の1/5以上指定数量未満　「少量危険物」

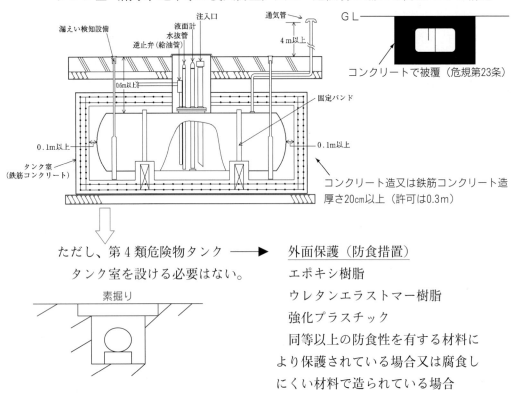

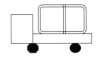

ただし、第4類危険物タンク　→　外面保護（防食措置）
タンク室を設ける必要はない。　　エポキシ樹脂
　　　　　　　　　　　　　　　　ウレタンエラストマー樹脂
　　　　　　　　　　　　　　　　強化プラスチック
　　　　　　　　　　　　　　　　同等以上の防食性を有する材料に
　　　　　　　　　　　　　　　　より保護されている場合又は腐食し
　　　　　　　　　　　　　　　　にくい材料で造られている場合

○ 地下タンクの材質：鋼板（SS400）　同等以上の金属板、FRP　板厚：3.2mm以上
○ 圧力検査　圧力タンク以外　70kPa
　　　　　　圧力タンク　最大常用圧力の1.5倍　｝水圧試験10分間
○ 危険物の量を自動的に表示する装置（液面指示計）又は計量口を設けること。計量口を設ける場合は、計量棒によるタンク底部の損傷防止措置（タンクと同じ材質、板厚のあて板をタンク底部に溶接等で設置）をする。
○ タンク周囲に漏えい検査管を2箇所以上設置。タンク相互の距離が1m以下の場合は、共用可能

10　移動タンク（ミニローリー）（条例第31条の6）
　【常置場所】　火災予防上安全な場所
　　　　　　　　タンク　さび止め（ステンレス、アルミニウム等を除く。）
　　　　　　　　容量：各室4,000 l 以下ごと（間仕切鋼板の厚さ3.2mm以上）
　　　　　　　　板厚：3.2mm以上
　　　　　　　　鋼材（SS400）又は同等以上の金属板
　【圧力検査】　圧力タンク以外　70kPa
　　　　　　　　圧力タンク　最大常用圧力の1.5倍　｝水圧試験10分間

【タンクと車両の固定】

緊結金具　溶接
- シャーシフレームにM12　Uボルト等4本で取付け
ロープ固定は認められない。
- シャーシのない車両　メインフレーム、クロスメンバー等に固定

【安全装置】（タンク内圧の上昇防止、大気圧との平衡保持）

作動圧力
- 常用圧力　20kPa以下のタンク
　　20kPaを超え24kPa以下の範囲の圧力
- 常用圧力　20kPaを超えるタンク
　　常用圧力の1.1倍以下の圧力

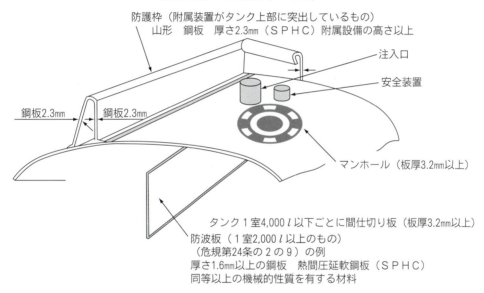

【底弁】　タンク下部に排出口が設けられているもの

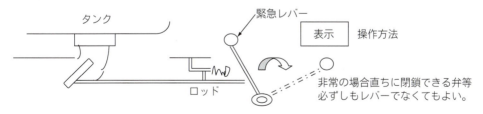

【電気設備】　防爆性能（引火しない構造）

　タンク及び付属装置の電気設備で可燃性蒸気が滞留するおそれのある場所とは、引火点40℃未満の危険物を貯蔵、取り扱う移動タンクの防護枠内若しくはポンプ設備（ポンプユニット等）が収納されている密閉されている部分をいう。

【タンクから液体危険物を他のタンクへ注入する方法】
　　　　　　（手動開閉装置を開放固定できるものを除く。）
　○注入ホースを注入口に緊結（ねじ式結合金具、突合せ固定式結合金具）
　○手動開閉装置付注入ノズル

【移動タンクからの容器への詰替え】
　　　　引火点40℃以上の第4類危険物
　　　　　　安全な注油速度　　　灯油　60 ℓ /分以下
　　　　　　　　　　　　　　　　軽油180 ℓ /分以下

ホースを必要以上に長くしない。

【接地】静電気による災害が発生するおそれのある危険物
　　　　　4 類　特殊危険物
　　　　　　　　第一石油類　　┌　接地導線
　　　　　　　　第二石油類　　│　先端クリップを設けたビニル被覆導線等
　　　　　　　　　　　　　　　└　接地電極（アース）

11　その他

（条例第31条の7）　少量危険物の類ごとに共通する技術上の基準

（条例第31条の8）　タンク、配管その他の設備は、条例第31条の2から条例第31条の
　　　　　　　　　　6までの技術上の基準に適合、維持管理すること。

（条例第31条の9）　指定数量未満の動植物油類（第4類）は、条例第30条から条例第
　　　　　　　　　　31条の8まで適用除外

　動植物油類とは、動物の脂肉又は植物の種子、果肉から抽出したもので、1気圧において引火点が250℃未満のものをいい、一定の条件のもとで貯蔵しているものは、数量にかかわらず危険物から除外（危令別表第4備考8）──▶　指定可燃物（可燃性液体類）

　　指定数量　危令別表第3（危令第1条の11）（単位 ℓ ）

類別	品名	性質	指定数量
第4類	特殊引火物		50
	第一石油類	非水溶性液体	200
		水溶性液体	400
	アルコール類		400
	第二石油類	非水溶性液体	1,000
		水溶性液体	2,000
	第三石油類	非水溶性液体	2,000
		水溶性液体	4,000

第四石油類		6,000
動植物油類		10,000

立入検査チェックポイント

- ☐ 指定数量以上の危険物を貯蔵、取扱いしていないか。
- ☐ 貯蔵・取扱いの届出（廃止届を含む。）がされているか。
- ☐ 標識・掲示板が掲出されているか。
- ☐ 危険物の付近でみだりに火気を使用していないか。
- ☐ 液状の危険物を貯蔵、取り扱う場所は、流出防止が施されているか。
- ☐ 防火戸が必要な窓、出入口の防火戸の破損や変形はないか。
- ☐ 地下タンクの通気管、検知管の破損はないか。
- ☐ 施設ごとの技術基準に適合しているか。容器の材質等の確認

第14節

指定可燃物（条例第4章第2節）

　火災が発生した場合にその拡大が速やかであり、又は消火活動が著しく困難となる特殊可燃物、準危険物を昭和63年に統合整理し、指定可燃物として物品の貯蔵・取扱いの技術上の基準を「可燃性液体類等」と「綿花類等」に分け、条例で規定された。

　なお、運搬に関する基準は定められていない（法第9条の4）。

第1　指定数量（危令第1条の12、別表第4）及び届出

条例別表第8（条例第33条〜第34条の2、第46条）

品　名		指定数量	届出（廃止届を含む。）（条例第46条）	
綿花類		200kg	5倍以上	1,000kg以上
木毛及びかんなくず		400kg	5倍以上	2,000kg以上
ぼろ及び紙くず		1,000kg	5倍以上	5,000kg以上
糸類		1,000kg	5倍以上	5,000kg以上
わら類		1,000kg	5倍以上	5,000kg以上
再生資源燃料		1,000kg	指定数量以上	1,000kg以上
可燃性固体類		3,000kg	指定数量以上	3,000kg以上
石炭・木炭類		10,000kg	5倍以上	50,000kg以上
可燃性液体類		2㎥	指定数量以上	2㎥以上
木材加工品及び木くず		10㎥	5倍以上	50㎥以上
合成樹脂類	発泡させたもの	20㎥	指定数量以上	20㎥以上
	その他のもの	3,000kg	指定数量以上	3,000kg以上

○ **綿花類**　不燃性又は難燃性でない綿状又はトップ状の繊維及び麻糸原料
　● **トップ状の繊維**　原綿、原毛を製綿、製毛機にかけて1本1本の細かい繊維をそろえて帯状に束ねたもので、製糸工程前の状態（天然繊維、合成繊維の別は問わず、羽毛も該当）
　● **不燃性**　無機質繊維（ガラス、石綿等）　45度傾斜バスケット法燃焼試験基準
　● **難燃性**　塩化ビニル、塩化ビニリデシ、ポリクラール
○ **木毛**　木材を細薄なひも状に削ったもの　緩衝材（茶碗などの破損防止）
　　木綿、木繊維（しゅろの皮、やしの繊維等）も該当
○ **かんなくず**　手動又は電動かんなを使用した木材の表面加工の際に出る木くず

— 394 —

○ **ぼろ、紙くず** 不燃性又は難燃性でないもの（動植物油がしみ込んでいる布又は紙及びこれらの製品を含む。） 繊維製品、紙、紙製品が本来の製品価値を失い、一般需要者の使用目的から離れ廃棄されたもの

古雑誌、古新聞、製本の切れ端、古ダンボール、用いられなくなった衣服等

○ **糸類** 不燃性、難燃性でないもの（糸くずを含む。）及び繭（紡績工程後の糸、繭）

綿糸、毛紡毛糸、麻糸、化学繊維糸、スフ糸等、合成樹脂の釣り糸も該当

○ **わら類** 乾燥わら、わら製品（俵、こも、なわ、むしろ等）

乾燥繭（い草を乾燥したもので畳表、ござ等）

干し草（含水量11%以上の乾燥した葉たばこは該当しない。）自然発火性

○ **再生資源燃料** ＲＤＦ（Refuse Derived Fuel）資源の有効な利用の促進に関する法律（平成３年法律第48号）第２条第４項に規定する再生資源を原材料とする燃料をいう。

再生資源とは、使用済物品等又は副産物のうち有用なものであって、原材料として利用することができるもの又はその可能性のあるものをいう。

● ＲＤＦ（ごみ固形燃料：生ごみやプラスチックごみなどの廃棄物から作られる固形燃料）

● ＲＰＦ（古紙と廃プラスチックから作られる固形燃料）

● 汚泥燃料（下水汚泥乾燥物、有機汚泥（製紙スラッジ）等）

● 木質チップ類（木質チップ、木質ペレット等）

● 鶏糞燃料等

○ **可燃性固体類** 固体で、次のア、ウ又はエのいずれかに該当するもの（１気圧において、温度20℃を超え40℃以下の間において液状となるもので、次のイ、ウ又はエのいずれかに該当するものを含む。）をいう。

　ア　引火点が40℃以上100℃未満のもの

　イ　引火点が70℃以上100℃未満のもの

　ウ　引火点が100℃以上200℃未満で、かつ、燃焼熱量が34kJ/g以上であるもの

　エ　引火点が200℃以上で、かつ、燃焼熱量が34kJ/g以上であるもので、融点が100℃未満のもの

クレゾール、コールタールピッチ、石油アスファルト、ナフタリン、フェノール、ステアリン酸メチル等

○ **石炭・木炭類** 石炭（無煙炭、瀝青炭、褐炭、重炭、亜炭、泥炭）、木炭、コークス（石炭を乾留）、豆炭、練炭、たどん、活性炭及びこれらに類するもの

カーボンブラック（黒色の微粉末）は非該当

○ **可燃性液体類** 危険物第４類引火性液体から除外されたもの（法別表第一備考第14号〜第17号）（危令別表第４備考第８号、条例別表第８備考第８号）

① 第２石油類の塗料その他の物品で、可燃性液体量が40%以下であって、引火点が40℃以上、かつ、燃焼点が60℃以上の液体であるもの（危規第１条の3

第5項）

②　1気圧において温度20℃で液状の第3石油類、第4石油類の塗料類その他の物品であって、可燃性液体量が40％以下のもの（危規第1条の3第6項）

③　動物の脂肉等又は植物の種子若しくは果肉から抽出したもので、一定のタンクに加圧しないで、常温で貯蔵保管されているもの又は一定の容器に収納されたもの

　　●動植物油で1気圧において温度20℃で液状であるもの

　　●引火性液体の性状を有する物品（1気圧において、温度20℃で液状であるもの）で1気圧において引火点が250℃以上のもの

塗料類（非危険物）、接着剤等、動植物油（ヘッド、ラード、ラノリン等）が該当

○**木材加工品**　製材した木材、板、柱、家具類、折詰、経木等（空間容積は含まない。）

　　　　丸太で使用する電柱材、建築用足場は該当

　　　　原木（丸太）や水中に貯蔵している木材は非該当

○**木くず**　製材過程で出る廃材、おがくず、木端

　　　　軽く圧して水分があふれる程度、浸漬したものは非該当

○**合成樹脂類**　石油などから化学的に合成される複雑な高分子物質で樹脂状の総称

　　　　不燃性又は難燃性でないもの

　　　　固体の合成樹脂製品、半製品、原料、くず（ゴム製品、半製品、原料、くずを含む。）

　　　　内部に気泡を有するもの（発泡率おおむね6以上）

　　　　その他のもの　熱可逆性樹脂（熱で軟化し、冷却すると固化）

　　　　　　　　塩化ビニル樹脂、ポリエチレン、ポリスチレン等

　　　　　　　　熱硬化性樹脂（加熱成型後、加熱すると硬化し不溶不融の状態）

　　　　　　　　フェノール樹脂、ユリア樹脂、メラミン樹脂、フタール酸樹脂、ポリエステル樹脂、ケイ素樹脂、エポキシ樹脂等

　　　　合成樹脂の繊維、布、紙及び糸、これらのぼろ及びくずを除く（既に指定可燃物に指定）。

　　ア　塗料、接着剤の合成樹脂は液状であるため、固体に限定

　　イ　プラスチックフイルムは該当

　　ウ　食品トレー　発泡率20〜30倍

　　エ　電化製品梱包用箱、魚箱等　発泡率50〜60倍　空気量95〜98％

●**合成樹脂の不燃性、難燃性の判定**

　JISK7201「酸素指数法による高分子材料の燃焼試験法」

　酸素指数26以上のものを不燃性、難燃性として扱う。

〈酸素指数26未満〉

アクリルニトリル・スチレン共重合樹脂（ＡＳ）

アクリルニトリル・ブタジエン・スチレン共重合樹脂（ＡＢＳ）

エポキシ樹脂（ＥＰ）接着剤以外のもの

不飽和ポリエステル樹脂（ＵＰ）

ポリアセタール（ＰＯＭ）

ポリウレタン（ＰＵＲ）

ポリエチレン（ＰＥ）

ポリスチレン（ＰＳ）

ポリビニルアルコール（ＰＶＡＬ）……粉状（原料等）

ポリプロピレン（ＰＰ）

ポリメタクリル酸メチル（ＰＭＭＡ、メタクリル樹脂）

注）難燃化により、酸素指数26以上になるものがある。

〈酸素指数26以上又は液状のもの〉

フェノール樹脂（ＰＦ）

ふっ素樹脂（ＰＦＥ）

ポリアミド（ＰＡ）

ポリ塩化ビニリデン（ＰＶＤＣ、塩化ビニリデン樹脂）

ポリ塩化ビニル（ＰＶＣ、塩化ビニル樹脂）

ユリア樹脂（ＵＦ）

けい素樹脂（ＳＩ）

ポリカーボネート（ＰＣ）

メラミン樹脂（ＭＦ）

アルキド樹脂（ＡＬＫ）……液状

○**ゴム**（製品、半製品、原料、くず）　不燃性、難燃性でないもの
　　　平成元年、ゴム類が合成樹脂に含まれる。
　　ゴム半製品　原料と製品の中間工程にある仕掛品
　　天然ゴム　ゴム樹から採取……乳状のゴム樹液（ラテックス）、凝固（生ゴム）、
　　　　　　　　　　　　　　　手術用手袋、接着剤等
　　合成ゴム　イソプレンに類似したブタジエン、クロロプレンを人工的に合成した重
　　　　合分子化合物
　　　　スチレンブタジエンゴム（ＳＢＲ）、ニトリルブタジエンゴム（ＮＢＲ）、ネオ
　　　　ンプレンゴム、ブチルゴム、ステレオラバー、ハイバロン、フッ素ゴム、ウレ
　　　　タンゴム
　　　　不燃性・難燃性：アクリルゴム、シリコンゴム（ケイ素ゴム）
　　再生ゴム　廃物ゴム製品を再び原料として加工　　タイヤ、チューブ再生品

— 397 —

ゴム製品　ゴム長靴、タイヤ、ゴルフボール等（ゴム容積、重量50％以上を占めるもの）
　　　　●エボナイトは非該当
　　　　●フォームラバー（ラテックス（水乳濁液）酸合液を泡立たせ、凝固させた柔軟な多孔性ゴム）は該当

第2　可燃性液体類等と可燃性固体類等の分類

可燃性液体類等 ｛ 指定数量以上の可燃性固体類（条例別表第8備考第6号）／指定数量以上の可燃性液体類（条例別表第8備考第8号）／少量危険物の第4類動植物油類 ｝ 可燃性固体類等

第3　可燃性液体類等の貯蔵・取扱いの基準（条例第33条）

1　標識、掲示板

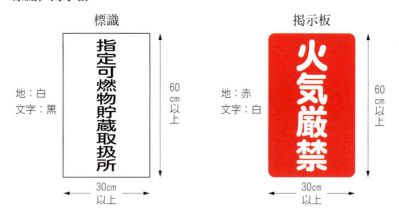

2　屋外において貯蔵・取り扱う場合の空地の幅

〈空地の幅〉

	指定数量の倍数	タンク・金属製容器	その他の場合
可燃性固体類等	1以上20未満	1m以上	1m以上
	20以上200未満	2m以上	3m以上
	200以上	3m以上	5m以上
動植物油類（第4類）	少量危険物	1m以上	

空地が取れない場合は、防火上有効な塀（不燃材料又は同等以上）を設ける。

3 屋内において可燃性固体類等を指定数量の20倍以上貯蔵・取り扱う場合
　壁、柱、床、天井を不燃材料で造った室内において行うこと（延焼防止）。
　ただし、周囲に幅1m以上（指定数量の200倍以上は3m以上）の空地又は防火上有効な隔壁（小屋裏まで耐火又は防火構造）を設けた建築物その他の工作物にあっては、壁、柱、床、天井を不燃材料で覆った室内で貯蔵、取扱いをすることができる。

4 容器に収納、詰め替える場合（可燃性固体類：引火点が200℃以上で、かつ、燃焼熱量が34kJ/g以上で、融点が100℃未満のものを除く。）
　イ　可燃性固体類　　危規別表第3　　第2類危険等級Ⅲ　　　｝危険物に適応する
　　　可燃性液体類　　　　　｝危規別表第3の2　第4類危険等級Ⅲ　容器に密封
　　　少量危険物動植物油
　ロ　容器表示　見やすい箇所　　化学名又は通称名、数量、火気厳禁等
　　　　　　　ただし、化粧品内装容器等（最大容量300mℓ以下）は、この限りでない。

5 容器の積み重ね
　可燃性液体類等（可燃性固体類：引火点が200℃以上で、かつ、燃焼熱量が34kJ/g以上で、融点が100℃未満のものを除く。）

　4mを超えて積み重ねない。
【準用】条例第30条～第31条の8（第31条の2第1項第16号、第17号、第31条の3第2項第1号、第31条の7を除く。）

第4　綿花類等の貯蔵・取扱いの基準（条例第34条）

1 綿花類等：指定可燃物のうち、可燃性固体類等以外の指定可燃物
　貯蔵・取扱いとは、一定量以上の指定可燃物を倉庫において貯蔵する場合又は工場で製造、加工する場合等をいう（日常的に使用されるソファー、いす等、ホテルのベッド類、倉庫の断熱材等は該当しない。）。
　●ビール貯蔵倉庫のビールケースは該当
　●販売目的の展示品（家具等）は該当
　●棟を単位（防火区画がされているものは別々）
　●容積又は重量を算定（空間容積は算入しない。）
○みだりに火気を使用しない。
○係員以外の者をみだりに出入りさせない……ロープ、囲い等で制限する。
○整理、清掃（危険物と区分整理、地震等による荷崩れ、落下、転倒、飛散防止措置）
○くず、かす等　1日に1回以上焼却等により廃棄又は回収等の適当な措置を講ずる。
○廃棄物固形化燃料等（水分によって発熱又は可燃性ガスの発生するおそれがあるもの）

の貯蔵・取扱い
- イ　適切な水分管理
- ロ　適切な温度に保持されたもののみを受け入れ
- ハ　3日を超えて集積する場合、集積の高さを5m以下とする（発火の危険性を減じ、拡大防止の措置を講じることができるようにする。）。
- ニ　発熱状況の監視

＊平成16年消防危第120号附則第5条において、「集積高さについては、科学的知見に基づき検討が加えられ、その結果に基づき、その見直しについて検討を行うものとする。」とされており、平成20年8月29日付け消防危第333号「再生資源燃料における廃棄物固形化燃料等の安全対策について」が発出され、ＲＤＦ貯蔵槽の安全管理に関する提言により、管理方法等が示された。

2　標識、掲示板

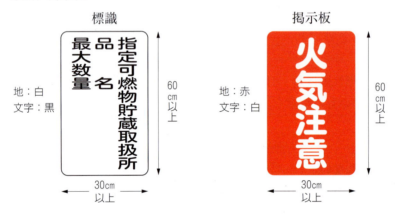

3　集積面積と相互間の距離

(1)　廃棄物固形化燃料等及び合成樹脂類以外のもの

集積面積	相互距離
50㎡以下	1m以上
50㎡を超え200㎡以下	2m以上

　　ただし、再生資源燃料（廃棄物固形化燃料等以外）、石炭、木炭類は温度監視とともに、適温に保つための散水設備等を設置した場合は、この限りでない。

(2)　合成樹脂類

集積面積	相互距離
100㎡以下	1m以上
100㎡を超え300㎡以下	2m以上
300㎡を超え500㎡以下	3m以上

　　ただし、散水設備を設置する等必要な措置を講じた場合は、この限りでない。

(ア) **屋外において貯蔵・取り扱う場合**

周囲に１ｍ（指定数量の20倍以上は３ｍ）以上の空地又は防火上有効な塀を設ける。

ただし、開口部のない防火構造又は不燃材料の壁に面するとき又は水幕設備を設置する等必要な措置を講じた場合は、この限りでない。

(イ) **屋内貯蔵・取扱いをする場合**

貯蔵場所と取り扱う場所の間を不燃材料で区画（小屋裏まで区画）する。

ただし、水幕設備を設置する等必要な措置を講じた場合はこの限りでない。

指定数量の100倍以上：壁、天井を不燃材料、準不燃材料、難燃材料で仕上げ

(3) 廃棄物固形化燃料等

集積面積	相互距離
100㎡以下	１ｍ以上
100㎡を超え300㎡以下	２ｍ以上
300㎡を超え500㎡以下	３ｍ以上

指定数量の100倍以上：壁、天井を不燃材料、準不燃材料、難燃材料で仕上げ

○温度測定装置（発熱の状況監視）

○指定数量の100倍以上をタンクで貯蔵する場合

発熱した場合の排出構造（散水設備、不活性ガス封入設備を設置した場合を除く。）

第５　危険要因に応じた火災予防措置

次の条例別表第８で定める数量の100倍以上を貯蔵、取り扱う場合は、火災の要因を把握し、危険要因に応じた火災予防上有効な措置を講じる。

- 再生資源燃料（廃棄物固形化燃料等に限る。）
- 可燃性固体類
- 可燃性液体類
- 合成樹脂類

事業者による危険要因の把握に当たっては、一般には類似施設の事故、トラブル事例等を参考に当該施設の火災発生・拡大要因を整理することであるが、その手法について限定されたものではなく、施設形態、貯蔵・取扱形態が類型化されるような施設にあっては、これまでの経験・知見に基づき構成設備、取扱工程等ごとに想定事故形態に対応するために必要な対策を整理する方法などである。

第6 指定可燃物の消防用設備等（法第17条）

消火器（令第10条）指定数量の500倍以上は大型消火器（規則第7条第1項） $\dfrac{\text{指定可燃物の数量}}{\text{指定数量の50倍}}$ ＝設置単位　　建築物、工作物で貯蔵、取り扱う場合
屋内消火栓設備（可燃性液体類を除く。）　　　指定数量の750倍以上　　　倍読み規定なし
スプリンクラー設備（可燃性液体類を除く。）　　　指定数量の1,000倍以上
水噴霧消火設備等　　　指定数量の1,000倍以上
自動火災報知設備　　　指定数量の500倍以上

立 入 検 査 チェックポイント

☐ 貯蔵・取扱いの届出（廃止届を含む。）がされているか。

☐ 標識・掲示板が掲出されているか。

☐ 集積面積に対する保有空地が確保されているか。

☐ 不燃室での貯蔵・取扱いが必要な室は、主要構造部又は空地を確認する。

☐ 貯蔵・取り扱う場所付近でみだりに火気の使用がないか。

☐ 整理整頓、清掃がされているか。

☐ 地震等による転倒、荷崩れ、落下防止の措置が講じられているか。

第15節

基準の特例（条例第34条の3）

少量危険物、指定可燃物について

⑴　予期しない貯蔵・取扱い状況、特殊な設備の開発等に対応

⑵　具体的な環境条件、代替措置等を前提とし、運用の統一的、客観的判断により、条例の技術基準を適用しない。

　　○二重殻タンク　　危令にはあるが、条例にはない。

　　○「引火性溶剤を用いるドライクリーニング工場に係る建築基準法の取扱いを踏まえた火災予防条例（例）の取扱いについて」（平成22年9月10日消防予第408号、消防危第196号）

　　　　ドライクリーニング工場は、準工業地域、工業地域及び工業専用地域以外に設置できないとされており、用途規制違反の所有者等から建基法第48条ただし書に基づく許可申請が行われた場合、「火災安全性の確保の観点からの引火性溶剤を用いるドライクリーニング工場の安全対策に関する技術的基準」に基づく、引火性溶剤の保管方法等、洗濯機・乾燥機の安全対策、作業場の防火措置、日常の作業における安全管理対策等について、一定の延焼拡大抑制措置及び流出拡大防止対策が講じられることが確認できれば、条例第31条の3の2に定める基準によらなくとも同等以上の安全性があるものとして、基準の特例により消防同意及び条例に基づく届出に対応する。

　　○　第4類の危険物を電解液として収納するリチウムイオン蓄電池（一般にリチウムイオン電池と呼称される。）の貯蔵及び取扱いに係る運用について（平成23年消防危第303号）

　　　　蓄電池の落下試験による漏液や可燃性蒸気の漏れが確認されない場合にあっては、危令第23条又は条例第34条の3を適用し、当該蓄電池を貯蔵し、又は取り扱う場所について、電気設備の防爆構造、危険物が浸透しない床、貯留設備、可燃性蒸気の屋外高所への排出設備の措置を講ずる必要がない。また、指定数量未満の危険物を取り扱う自家発電設備の付近に電解液量の総量が指定数量未満の蓄電池設備を設置する場合の取扱い及び電解液量の総量が指定数量未満の蓄電池を箱に収納して貯蔵する場合の運用が示されている。

第16節　避難管理（条例第5章）

　火災発生時の避難経路として使用する廊下、通路、階段又は避難口については、建築基準法の規定と消防法で定める施設管理のほか、用途の特殊性により条例で定める事項を確認する。また、体育館、講堂その他の防火対象物を一時的に劇場等、展示場又はディスコ等の用途に供する場合は、それぞれの避難管理の規定を準用する。

第1　劇場等の客席（条例第35条）

劇場、映画館、演芸場、観覧場、公会堂、集会場

1　屋内の客席（集会場・公会堂は、集会室が該当）
　(1)　いすは、床に固定する。

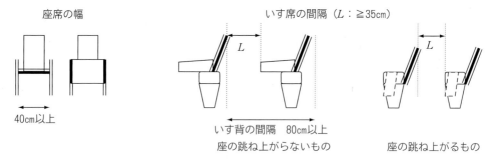

　　座席の幅：入場者一人当たりの占有幅（長いす：正面幅/0.4m　端数切り捨て）
　(2)　立見席

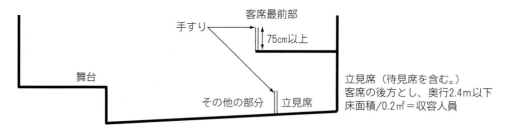

　(3)　避難通路
　　(ア)　縦通路
　　　基準席数（横に並んだいす席（最大20席））ごとに、両側に縦通路を保有すること。ただし、基準席数×1/2＝席数（1未満切り捨て）以下ごとに縦通路を保有する場合は、片側のみとすることができる。

○ 基準席数

（L）いす席の間隔	基準席数（小数点以下切り捨て）
35cmを超え47cm未満	8席 ＋ （L－35）
47cm以上	20席

○ 算定幅員

避難の際に通過すると想定される人数が最大となる地点の通過人数

通過人数（人）×0.6cm＝算定幅員

(イ) 縦通路の幅

算定幅員以上とする。ただし、縦通路の最低幅員は80cm（片側のみがいす席に接するものは、60cm）未満としてはならない。

(ウ) 横通路（最低幅員1m以上）

○ 縦に並んだいす席20席以下ごと ｝ 算定幅員以上の横通路を有すること。
○ 客席の最前部

（例）

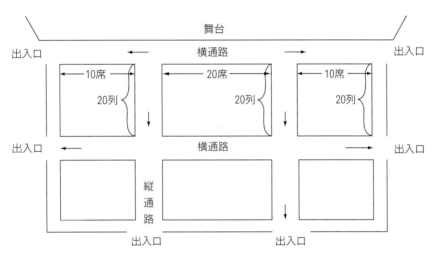

○ 両側縦通路の幅員

20席×20列が両側へ避難した場合　200人×0.6cm＝120cm≧80cm

両側縦通路幅員120cmとする。

○ 片側縦通路の幅員

10席×20列が両側へ避難した場合　100人×0.6cm＝60cm≧60cm

片側縦通路の幅員60cmとする。

○ 横通路の幅員

20席×20列が最前部と横通路に避難した場合　200人×0.6cm＝120cm≧100cm

横通路の幅員120cmとする。

大劇場等では通路幅員を広く取るが、安全性が十分確認できるときは規定値でなくともよい。

(4) ます席

　　観劇や大相撲などの屋内のます席は、横に並んだます席2ます以下ごとに幅40cm以上の縦通路を保有すること。

(5) 通路は、客席の避難口（出入口を含む。）に直通させること。

2　屋外の客席（条例第36条）

　　陸上競技場、屋外野球場、屋外プール、競艇場等

(1) いすは床に固定する。

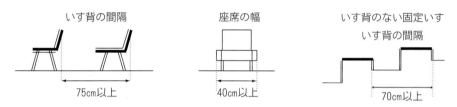

(2) 立見席　　位置、規模の規制はない。

(3) 避難通路

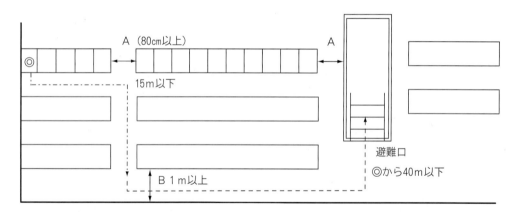

- 客席10席（いす背がなく、かつ、固定してある場合は、20席）以下ごとに、その両側に幅80cm以上（A）の通路を保有する。ただし、5席（いす背がなく、かつ、固定してある場合は、10席）以下ごとに通路を保有している場合は、片側のみとすることができる。
- 各座席◎から歩行距離15m以下で幅1m以上の通路（B）に達し、かつ、歩行距離40m以下で避難口へ達するように保有すること。

(4) ます席

　　屋外のます席は、祭や花火大会の見学場所として設けられ、桟敷やます席が該当する。各ますが50cm以上の通路に接し、かつ、各ますから歩行距離10m以内で幅1m以上の通路に達するように保有すること。

3 基準の特例（条例第36条の２）

　多種多様な劇場等の客席形態に対応できるよう、劇場等の位置、収容人員、使用形態、避難口その他の避難施設の配置等から総合的に判断し、避難上支障がなく安全性が十分確保される措置がなされている場合は、条例第35条、条例第36条の全部又は一部を適用しないで、特例を認めて差し支えない（平成15年消防予第320号・消防安第238号）。

【判断基準】

(1)　従来と同等以上の安全性が確保される場合、可動式のいすは、必ずしも常に条例第35条第２号及び条例第36条第２号のいす背の間隔の基準を満たしていることを要しない。

(2)　避難口の設けられる場所等により、立見席の位置は必ずしも客席の後方であることを要しない。

(3)　客席（最下階にあるものを除く。）の最前部及び立見席を設ける部分とその他の部分との間に安全、かつ、確実に避難が行える措置等を講じた場合は、高さ75cm以上の手すりを設けることを要しない。

第2　キャバレー等の避難通路（条例第37条）

客席の床面積150㎡以上の階	避難通路有効幅員
キャバレー、カフェー、ナイトクラブその他これらに類するもの	1.6m以上
飲食店	1.2m以上

　客席の各部分から７個以上のいす席、テーブル席、ボックス席を通過しないで避難通路へ達するように保有する。

第3　ディスコ等の避難管理（条例第37条の２）

　ディスコ、ライブハウスその他これらに類するもので、特殊照明、音響効果等により火災発生時、避難上支障がある店舗等の関係者は、非常時、客への情報伝達、避難誘導及び特殊照明、音響を速やかに停止させ、避難上有効な明るさを保つこと。

第4　個室型店舗の避難管理（条例第37条の３^注）

　カラオケボックス、インターネットカフェ、漫画喫茶、テレフォンクラブ、個室ビデオ等の遊興に供する個室（これらに類する施設を含む。）に設ける外開き戸のうち、避難通路に面するものは、開放した場合に自動的に閉鎖するものとし、避難上有効に管理する。ただし、避難上支障がないものにあっては、この限りでない。

(1)　避難上支障がないと認められるもの

　　戸を開放した場合に避難通路の幅を狭めないような構造とし、人ひとりが通れる幅

— 407 —

（60cm）以上のもの

(2)　個室型店舗等に該当するかの判断

　　○令別表第一の項判定で、(2)項ニに該当しないが、個室型店舗に該当する部分で、機
　　　能的従属により他の用途に含まれる場合は、個室型店舗の避難管理に含むものとす
　　　る（旅館、ホテル等のカラオケボックス）。

　　○貸事務所スペース、勉強スペース等の個室、ジョギングのための貸し更衣室又はシャ
　　　ワールーム、個室型で複数人の飲食を伴うゴルフシュミレーション室は個室型店舗
　　　に含まない。

　　○(2)項ニのお客が使用するトイレ、洗面所、シャワー室等は遊興の用に供する個室に
　　　含まない。

　　　注　本条は、カラオケ施設や個室ビデオ店の火災を踏まえ、統一的な運用、防火安全対策が必要なもの
　　　　　として、全国消防長会予防委員会で「火災予防条例の一部改正案」として、取りまとめられたもので
　　　　　ある。したがって、条例（例）に第37条の3はない。

第5　百貨店等の避難通路等（条例第38条）

百貨店、マーケット等の階のうち売場、展示場の床面積が150㎡以上の階

(1)　主要避難通路（屋外へ通ずる避難口又は階段へ直通する通路を1以上保有する。）

売場、展示場の階の床面積	通路幅
150㎡以上300㎡未満	1.2m以上
300㎡以上	1.6m以上

(2)　補助避難通路

売場、展示場の階の床面積	通路幅
600㎡以上	1.2m以上

　　売場：販売のための商品を陳列してある部分
　　展示場：製品見本その他物品を観覧の用に供するため陳列してある場所
　　　　　　（事務室、荷捌き室、商品倉庫、従業員休憩所、食堂等は含まない。）

(3)　屋上広場
　　避難の用に供する屋上広場を設けた場合は、避難上有効に維持しなければならない。
　　（建基令第126条）

　　○5階以上の階を百貨店等の売場に供する場合は、避難用の屋上広場を設けなければ
　　　ならない。

　　○屋上広場又は2階以上の階にあるバルコニーその他これに類するものには、1.1m
　　　以上の手すり壁、柵、金網を設ける。

第6　劇場等の定員（条例第39条）

○定員を超えて客を入場させないこと（収容人員の適正化）。
　㋐　固定式いす席数（長いす　正面幅/40cm　1未満切り捨て）
　㋑　立見席　　床面積/0.2㎡
　㋒　その他　　床面積/0.5㎡
　㋓　ます席　　屋内6人、屋外9人
○客席内通路（避難通路）に客を収容しないこと。
○表示板の掲出
　●出入口その他公衆の見やすい場所（入場券発売窓口、外壁等）に掲げること。
　●入場した客が定員に達したときは、直ちに満員札を掲げること。

第7　避難施設の管理（条例第40条）

令別表第一の防火対象物の避難施設は、避難上有効に管理する。
⑴　避難施設の床面は、つまずき、すべり等を生じないこと。
⑵　避難口の戸は外開きとし、開放した場合に廊下、階段等の有効幅員を狭めないこと。
　　劇場等以外の防火対象物は、避難上支障がないと認められる場合は、内開き以外の戸とすることができる。
⑶　戸には、施錠してはならない（自動解錠又はかぎ等を用いないで解錠できるものを除く。）。
　　（建基令第125条の2）
　　留置施設など人を拘禁する場所を除き、次の出口に設ける戸の施錠装置は屋内からかぎを用いることなく解錠でき、見やすい箇所に解錠方法を表示する。
　○屋外避難階段への出口
　○避難階段から屋外に通ずる出口
　○管理上鎖錠してある出口で、火災等非常の際に避難口に供するもの

第8 防火設備の管理（条例第41条）

防火区画の防火設備に近接して可燃物を置かないように管理する。
　【避難上必要な施設等の管理（法第8条の2の4）】
令別表第一の防火対象物（⒅項〜⒇項を除く。）の管理権原者
　○避難上必要な施設（廊下、階段、避難口等）について避難の支障となる物件が放置、
　　存置されないように管理
　○防火戸の閉鎖障害となる物件が放置、存置されないように管理
＊維持についてのみ規定しており、構造的規制については建基令による。

> ### 立 入 検 査 チ ェ ッ ク ポ イ ン ト
>
> □　階段や廊下等の避難経路となる部分に可燃物や避難の障害となる物件の放
> 　置、存置や避難の障害となる施設の設置がないか。
> □　物件の存置による防火戸等の閉鎖障害又は開放障害がないか。
> □　避難口はかぎを用いないで開放できるか（サムターン、クレセント等）。
> 　（避難口のかぎは、屋外から解錠できないが、屋内からは解錠できるホテル
> 　錠や火災発生時に電気錠や自動ドアを自動火災報知設備の感知器連動により
> 　開放するパニックオープンがある。）

第17節

屋外催しに係る防火管理（条例第5章の2）

　平成25年8月に京都府で発生した福知山花火大会火災を踏まえ、対象火気器具等の取扱いに関する規定の整備のほか、屋外における催しの防火管理体制の構築を図るため、大規模な催しを主催する者に対して、防火担当者の選任、火災予防上必要な業務の計画の作成等が義務付けられた。

1　**消火器の準備**（令第5条の2第1項第6号、条例第18条第1項第9号の2）

　【準用】条例第19条～第22条

　祭礼、縁日、花火大会、展示会その他の多数の者の集合する催しに際して、対象火気器具及びその使用に際し、火災の発生のおそれのある器具を使用する場合にあっては、消火器の準備をした上で使用すること。

(1)　対象火気器具等（平成14年総務省令第24号）

　　液体燃料、固体燃料又は気体燃料を使用する器具

　　電気を熱源とする器具

　　使用に際し、火災の発生のおそれのある器具

(2)　消火器を準備する者

　　原則として、対象火気器具等を取り扱う者が準備すること。

　　ただし、初期消火を有効に行いうる場合は、対象火気器具等の使用実態に応じて、複数の対象火気器具等に対して共同して消火器を準備することができる。

(3)　消火器の消防用設備等の点検報告（法第17条の3の3）の義務はないが、腐食又は破損がある等不適切な消火器の場合には、適切な消火器を準備するよう指導すること。

2　**屋外催しに係る防火管理に関する事項**

(1)　指定催しの指定（条例第42条の2）

　ア　消防長（消防署長）は、祭礼、縁日、花火大会その他の多数の者の集合する屋外での催しのうち、大規模なものとして消防長が別に定める要件に該当するもので、対象火気器具等の周囲において火災が発生した場合に人命又は財産に特に重大な被害を与えるおそれがあると認めるものを、指定催しとして指定しなければならない。

　(ｱ)　大規模なものとして消防長が別に定める要件

　　　指定対象となる規模の催しの要件は、次の①及び②により、大規模な催しが開催された実績等を踏まえ、各消防本部において告示で定めること。

　　①　大規模な催しが開催可能な公園、河川敷、道路その他の場所を会場として開催する催しであること。

— 411 —

② 　主催者が出店を認める露店等の数が100店舗を超える規模の催しとし、露店
　　　　等の数については、地域の催しの実情に応じてより小さな数を定めても差し支
　　　　えない。
　　㈭ 　指定催しに該当しない場合
　　　　露店等の周囲において雑踏が発生しないことが明らかな場合等は該当しない。
　イ 　消防長（消防署長）は、指定催しを指定しようとするときは、あらかじめ、催し
　　を主催する者の意見を聴かなければならない。ただし、催しを主催する者から指定
　　の求めがあったときは、この限りでない。
　ウ 　消防長（消防署長）は、指定催しを指定したときは、遅滞なくその旨を主催する
　　者に対して書面又は電子交付（電磁的記録の情報漏洩、改ざん等を防止）で通知す
　　るとともに、公示はインターネットの利用による方法を基本とし、必要に応じて、
　　公舎の掲示板への掲示その他の方法を併せて用いることとすること。
⑵ 　屋外における催しの防火管理（条例第42条の３第１項）
　　指定催しを主催する者は、指定を受けたときは、速やかに防火担当者を定め、指定
　催しを開催する日の14日前までに（指定催しを開催する日の14日前の日以後に指定を
　受けた場合にあっては、防火担当者を定めた後遅滞なく）次に掲げる火災予防上必要
　な業務に関する計画を作成させるとともに、計画に基づく業務を行わせなければなら
　ない。
　ア 　防火担当者その他火災予防に関する業務の実施体制の確保に関すること。
　　　防火担当者の資格についての定めはないが、関係者に対して火災予防上必要な業
　　務に関し必要な指示等を行うことができる立場の者を選任する。
　　　業務を実施する体制として業務の分担、活動の範囲その他必要に応じて内部組織
　　の設置等について記載する。
　イ 　対象火気器具等の使用及び危険物の取扱いの把握に関すること。
　　　対象火気器具等の使用や危険物の取扱いの有無や場所、態様について、催しを開
　　催する日までに把握する方法や催し当日において、それらを確認するための方法等
　　を記載する。
　ウ 　対象火気器具等を使用し、又は危険物を取り扱う露店等（露店、屋台その他これ
　　らに類するもの）及び客席の火災予防上安全な配置に関すること。
　　　対象火気器具等や危険物と客席を近接させない等火災予防上の安全に配慮した会
　　場の配置計画や催し当日における会場の配置を確認するための方法等を記載する。
　エ 　対象火気器具等に対する消火準備に関すること。
　　　対象火気器具等に対する消火器その他の消火準備の計画や催し当日における消火
　　準備の有無を確認するための方法等を記載する。
　オ 　火災が発生した場合における消火活動、通報連絡、避難誘導に関すること。
　　　会場警備等を行う消防、警察、警備会社等の実態に応じ、催しの主催者として確
　　保する必要がある火災時の初動体制を記載する。
　カ 　その他、火災予防上必要な業務に関すること。
　　　計画に変更が生じた際の消防機関との情報共有の方法等、催しの実態に応じ火災
　　予防上必要な業務に関する事項を記載する。

(3)　計画の提出（条例第42条の 3 第 2 項）

　　指定催しを主催する者は、指定催しを開催する日の14日前までに計画を消防長（消防署長）に提出しなければならない。

　　指定催しを開催する日の14日前の日以後に指定を受けた場合にあっては、消防長（消防署長）が定める日までに提出する。

　＊消防長が定める日については、指定催しの火災危険性、主催する者の体制や事務負担等の実態を踏まえ、適宜判断する。

3　届出（条例第45条第 6 号）

　　祭礼、縁日、花火大会、展示会その他の多数の者の集合する催しに際して行う露店等の開設（対象火気器具等を使用する場合に限る。）は、あらかじめ消防長（消防署長）に届け出なければならない。

4　罰則（条例第49条、第50条）

○火災予防上必要な業務に関する計画を提出しなかった者

○両罰規定　法人（法人でない団体で代表者又は管理人の定めのあるものを含む。）の代表者若しくは管理人又は法人若しくは人の代理人、使用人その他の従業者が、その法人又は人の業務に関して第49条の違反行為をしたときは、行為者を罰するほか、その法人又は人に対しても、同条の刑を科する。

○法人でない団体について両罰規定の適用がある場合には、その代表者又は管理人が、その訴訟行為につき法人でない団体を代表するほか、法人を被告人又は被疑者とする場合の刑事訴訟に関する法律の規定を準用する。

根拠法令等　改正火災予防条例（例）の運用について（通知）（平成26年消防予第33号）

立 入 検 査 チ ェ ッ ク ポ イ ン ト

☐　火気使用の露店業者等に対する指導

　　消火器の準備、火気器具の適正な取扱い、発動発電機の燃料の保管状況（金属製容器の保管時の注意事項、ガソリンを注油する際の注意事項）、プロパンガスボンベの転倒防止、ホースバンドの取付等

☐　電気配線の確認（七夕の電飾、提灯の電球、夜店の照明装置、仮設配線の処理状況）

☐　火災予防上必要な業務計画に基づく確認事項（火災が発生した場合における消火活動、通報連絡、避難誘導の体制等）

☐　その他　緊急時の消火栓、防火水槽の使用場所の確保

第8章　その他

第1　建築物の査察

建築基準法による防火規定は、単体規定（建築物の安全確保による火災からの人命確保）と集団規定（立地に関して屋根の不燃区域、防火地域・準防火地域等）により、火災に対する安全性又は延焼拡大の防止に重点をおき、火災による建物倒壊や飛び火による市街地火災を防ぐことを目的としている。

平成28年12月に発生した新潟県糸魚川市大規模火災や平成29年2月に起きた埼玉県三芳町倉庫火災などの大規模火災による甚大な被害の発生を踏まえ、建築物の適切な維持保全・改修等により、建築物の安全性の確保を図り密集市街地の解消を進めること、防火関連の技術開発をめぐる状況等を踏まえ、建築物・市街地の安全性の確保、既存建築ストックの活用、木造建築物の整備の推進などの社会的要請等に対応して、平成30年法律第67号により、建築基準法の一部が改正された。

脱炭素社会の実現に資するための建築物のエネルギー消費性能の向上に関する法律等の一部を改正する法律第4条の規定による建築基準法の一部が令和4年6月に改正され、建築物への木材利用を推進するため、防火規制に係る別棟みなし規定の創設や耐火建築物の主要構造部に係る防火規制の合理化が行われた。

根拠法令等	建築基準法の一部を改正する法律等の施行について（情報提供）（令和元年消防消第81号・消防予第56号） 建築基準法施行令の一部を改正する政令等の施行について（情報提供）（令和2年消防消第96号・消防予第77号）

1　建築物（建基法第2条第1号）

- ○土地に定着する工作物のうち、屋根及び柱若しくは壁を有するもの（これに類する構造のものを含む。）、これに附属する門若しくは塀
- ○観覧のための工作物
- ○地下街
- ○高架の工作物内に設置される事務所、店舗、興行場、倉庫等
  - ＊鉄道、軌道の線路敷地内の運転保安に関する施設、跨線橋、プラットホームの上家、貯蔵槽を除き、建築設備を含む。

2 延焼のおそれのある部分（建基法第 2 条第 6 号）

従来、隣地境界線等（隣地境界線、道路中心線又は同一敷地内の 2 以上の建築物（延べ面積の合計が500㎡以内の建築物は、一の建築物とみなす。）相互の外壁間の中心線）から 1 階にあっては 3 m 以下、 2 階以上にあっては 5 m 以下の距離にある建築物の部分を延焼のおそれのある部分とし、「防火上有効な公園、広場、川その他の空地又は水面、耐火構造の壁その他これらに類するものに面する部分」を対象に含めないものとしていた。

法改正により、「建築物の外壁面と隣地境界線等との角度に応じて、当該建築物の周囲において発生する通常の火災時における火熱により燃焼するおそれのない部分」についても、国土交通大臣が定める部分（令和 2 年国土交通省告示第197号）が除かれることになった。これは、建築物が火源と正対している場合に比べ、火源に対して角度があると、同じ距離でも熱影響が小さいことを踏まえ定められた。

3 22条区域

特定行政庁が防火・準防火地域以外の市街地について指定する区域で、22条区域と呼ばれている。

⑴ 屋根の不燃化（建基法第22条第 1 項、建基令第109条の 9 ）

22条区域内の耐火、準耐火建築物以外の建築物の屋根は、火の粉による火災の発生を防止するため、瓦などの屋根ふき材や、野地板・たる木などの下地も含めて不燃材料で造るか、不燃材料の屋根ふき材でふく等、国土交通大臣が定めた構造方法（平成12年建設省告示第1361号）又は国土交通大臣の認定を受けたものとしなければならない。ただし、茶室やあずまや、延べ面積10㎡以内の小規模な物置等の屋根の延焼範囲以外は除外され、屋根以外の主要構造部を準耐火構造とした不燃性の物品を取り扱う荷捌き場、スポーツ施設、畜舎やカーポート等は大臣認定された材料でふくことができる。

⑵ 木造建築物等の外壁（建基法第23条、建基令第109条の10）

22条区域内の木造建築物等の外壁で延焼のおそれのある部分の構造を、準防火性能（建築物の周囲において発生する通常の火災による延焼の抑制に一定の効果を発揮するために外壁に必要とされる性能）に関して政令で定める技術的基準に適合する土塗壁その他の構造で、国土交通大臣が定めた構造方法（平成12年建設省告示第1359号）を用いるもの又は国土交通大臣の認定を受けたものとしなければならない。

4 防火地域、準防火地域

防火地域又は準防火地域は、都市計画法第 9 条第21項において、「市街地における火災の危険を防除するため定める地域」とされ、建築基準法旧法では第61条（防火地域）と第62条（準防火地域）で構成されていたが、一つの条文にまとめられ、市街地における延焼拡大の防止が明確にされた。

(1) 防火地域及び準防火地域内の建築物（建基法第61条）

　ア　防火地域又は準防火地域内にある建築物は、次により国土交通大臣が定めた構造方法（令和元年国土交通省告示第194号）（令和2年国土交通省告示第199号による一部改正あり）を用いるもの又は国土交通大臣の認定を受けたものとする。

　　(ア)　外壁の開口部で延焼のおそれのある部分に防火戸、ドレンチャーその他火炎を遮る設備（建基令第109条第1項）を設ける。

　　(イ)　壁、柱、床その他の建築物の部分及び防火設備が通常の火災による周囲への延焼を防止するために必要とされる性能に適合するものとする。ただし、門又は塀で、高さ2m以下のもの又は準防火地域内にある木造建築物等（建基法第23条参照）を除く建築物に附属するものについては、除かれる。

　イ　火熱遮断壁等で区画された2以上の部分は防火規制の適用上別棟とみなす。

(2) 技術的基準等

　ア　防火地域又は準防火地域内の建築物の壁、柱、床その他の部分及び防火設備の性能に関する技術的基準（建基令第136条の2）

号	防火地域内の建築物	準防火地域内の建築物
1	○階数が3以上 ○延べ面積が100㎡を超えるもの	○地階を除く階数が4以上 ○延べ面積が1,500㎡を超えるもの
	イ○特定主要構造部（建基令第107条各号又は第108条の4第1項第1号イ及びロの基準） 　○外壁開口部設備（外壁の開口部で延焼のおそれのある部分に設ける防火設備） 　　防火設備に通常の火災による火熱が加えられた場合に、加熱開始後20分間加熱面以外の面に火炎を出さないものであること（建基令第109条の2）。 　　ただし、準防火地域内にある建築物で建基法第86条の4各号のいずれかに該当する外壁開口部設備については、この限りでない。 ロ　延焼防止建築物 　　特定主要構造部、防火設備及び消火設備の構造に応じて算出した延焼防止時間（建築物が通常の火災による周囲への延焼を防止することができる時間）が、特定主要構造部等（建築物の特定主要構造部及び外壁開口部設備）がイに掲げる基準に適合すると仮定した場合における当該特定主要構造部等の構造に応じて算出した延焼防止時間以上である建築物	
2	階数が2以下で延べ面積が100㎡以下	○地階を除く階数が3で延べ面積が1,500㎡以下 ○地階を除く階数が2以下で延べ面積が500㎡を超え1,500㎡以下
	イ○主要構造部（建基令第107条の2各号又は第109条の3第1号若しくは第2号に掲げる基準） 　○外壁開口部設備（1号イに掲げる基準（外壁開口部設備に係る部分に限る。）に適合するもの） ロ　準延焼防止建築物 　　主要構造部、防火設備及び消火設備の構造に応じて算出した延焼防止時間が、当該建築物の主要構造部等がイに掲げる基準に適合すると仮定した場合における当該主要構造部等の構造に応じて算出した延焼防止時間以上である建築物	

3		地階を除く階数が2以下で延べ面積が500㎡以下の木造建築物等
		イ　外壁及び軒裏で延焼のおそれのある部分が建基令第108条各号に掲げる基準に適合し、かつ、外壁開口部設備に建築物の周囲において発生する通常の火災による火熱が加えられた場合に、当該外壁開口部設備が加熱開始後20分間加熱面以外の面（屋内に面するものに限る。）に火炎を出さないものであること。ただし、建基法第86条の4各号のいずれかに該当する建築物の外壁開口部設備については、この限りでない。 ロ　建築物の主要構造部、防火設備及び消火設備の構造に応じて算出した延焼防止時間が、特定外壁部分等（建築物の外壁及び軒裏で延焼のおそれのある部分並びに外壁開口部設備）がイに掲げる基準に適合すると仮定した場合における当該特定外壁部分等の構造に応じて算出した延焼防止時間以上であること。
4		地階を除く階数が2以下で延べ面積が500㎡以下（木造建築物等を除く。）
		イ　外壁開口部設備が3号イに掲げる基準（外壁開口部設備に係る部分に限る。）に適合するものであること。 ロ　建築物の主要構造部、防火設備及び消火設備の構造に応じて算出した延焼防止時間が、当該建築物の外壁開口部設備がイに掲げる基準に適合すると仮定した場合における当該外壁開口部設備の構造に応じて算出した延焼防止時間以上であること。
5	高さ2mを超える門又は塀は、延焼防止上支障のない構造であること。	
	建築物に附属するもの	木造建築物等に附属するもの

イ　建築物の屋根の構造は、市街地火災を想定した火の粉による建物火災を防止する性能（建基令第136条の2の2）に適合するもので、国土交通大臣が定めた構造方法（平成12年建設省告示第1365号）を用いるもの又は国土交通大臣の認定を受けたものとしなければならない（建基法第62条）。

ウ　隣地境界線に接する外壁（建基法第63条）

エ　防火地域内にある看板、広告塔、装飾塔等の工作物で、建築物の屋上に設けるもの又は高さ3mを超えるものは、主要な部分を不燃材料で造るか覆わなければなら

ない（建基法第64条）。

(3) 建築物が防火・準防火地域の内外にわたる場合の措置（建基法第65条）

建築物が規制の異なる地域にわたる場合は、その全部を規制の重い方の規定を適用する。ただし、防火、準防火地域外において防火壁で区画されている場合は防火壁までとする。

5 **耐火建築物等としなければならない特殊建築物**（建基法第27条）

建築基準法の防火規定は、建物の用途、収容能力に応じた可燃物量を想定し基準を定めているが、火災の初期段階で避難が完了する程度の小規模建築物であれば、用途の違いによる避難安全性には差が生じないことから、小規模の建築物について適用の合理化を図る観点から建基法第27条第1項が改正され、性能規定化を行い、特定主要構造部を特定避難時間に基づく準耐火構造とすればよいこととされた。なお、倉庫、自動車車庫等については、可燃物密度が極めて高く、又は危険物が存在することにより、火災が急激に大きくなるおそれがあるため、対象外とされた。

※特定避難時間とは、特殊建築物の構造、建築設備及び用途に応じて特殊建築物に存する者の全てが地上までの避難を終了するまでに要する時間をいい、特定避難時間が45分間未満である場合にあっては、45分間とする。

(1) 避難時倒壊防止構造の建築物（第1項）

建築物に存する全ての者が地上への避難を終了するまでの間通常の火災による建築物の倒壊及び延焼を防止するために特定主要構造部に必要とされる技術的基準（建基令第110条）に適合するもので、国土交通大臣が定めた構造方法（平成27年国土交通省告示第255号・令和2年国土交通省告示第174号）を用いるもの又は国土交通大臣の認定を受けたものとし、外壁の開口部（建基令第110条の2）で延焼のおそれがあるものに防火設備（建基令第109条）を設けなければならない。

ア 特定小規模特殊建築物

建基法別表第一(い)欄(1)項から(4)項までの用途に供する特殊建築物で、階数3で延べ面積が200㎡未満の建築物をいう。ただし、3階を病院、有床診療所、ホテル、旅館、下宿、共同住宅、寄宿舎及び入所者の寝室がある児童福祉施設等（建基令第110条の4）にあっては、火災の覚知が遅れることで安全に避難することが困難となるおそれがあることから、警報設備を設けたものに限る。

(ア) 警報設備の技術的基準（建基令第110条の5）

国土交通大臣が定めた構造方法（令和元年国土交通省告示第198号）を用いる警報設備が、適当な位置に設けられていること。なお、「火災の発生のおそれの

少ないものとして国土交通大臣が定める室」は除かれているが、今後、定められる予定である。

　　(イ)　警報設備の設置

　　　　①　警報設備の設置対象は、就寝利用する用途であるが、児童福祉施設等は就寝利用するものと通所利用するものが混在しているため、入所者の利用する寝室があるものが該当する。

　　　　②　警報設備に関する技術的基準については、令和元年国土交通省告示第198号で定められ、消防法令に位置づけのある「自動火災報知設備」又は「特定小規模施設用自動火災報知設備」を想定し、消防法令を引用している。

　　(ウ)　竪穴区画の適用（建基令第112条第11項及び第12項）

　　　　高齢者等の避難に要する時間を考慮した安全措置として、避難経路となる階段等の竪穴部分に、一定の区画を求めるために新設された。

　イ　建基法別表第一(い)欄(1)項から(4)項までの用途に供するもので、用途部分の床面積の合計が(は)欄の各項に該当するもの（(1)項にあっては客席、(2)項及び(4)項にあっては2階の部分に限り、かつ、病院及び有床診療所に限る。）

　ウ　建基法別表第一(い)欄(4)項の用途に供するもので、用途部分の床面積の合計が3,000㎡以上のもの

　エ　劇場、映画館又は演芸場の用途で、主階が1階にないもの（特定小規模特殊建築物を除く。）

　　※建築基準法第27条第1項に規定する特殊建築物の主要構造部の構造方法等を定める件等の施行について（情報提供）（令和2年消防消第44号・消防予第50号）

(2)　耐火建築物としなければならない特殊建築物（第2項）

　ア　倉庫で、3階以上の床面積の合計が200㎡以上

　イ　3階以上の階を自動車車庫、自動車修理工場、映画スタジオ、テレビスタジオの用途に供するもの

(3)　耐火建築物又は準耐火建築物としなければならない特殊建築物（第3項）

　ア　建基法別表第一

　　○倉庫で、用途の床面積の合計が1,500㎡以上

　　○自動車車庫、自動車修理工場、映画スタジオ、テレビスタジオで、用途の床面積の合計が150㎡以上（準耐火建築物（建基法第2条第9号の3ロ）のうち建基令第115条の4を除く。）

　イ　建基法別表第二

　　　（と）項（準住居地域内に建築してはならない建築物）第4号に規定する危険物（安全上及び防火上支障がないものとして建基令第130条の9で定めるものを除く。）の貯蔵場又は処理場の用途に供するもの（貯蔵又は処理に係る危険物の数量が建基令第116条で定める限度を超えないものを除く。）

(4)　別棟みなし規定（第4項）

　　火熱遮断壁等で区画された2以上の部分は防火規制の適用上別棟とみなす。

— 419 —

6 大規模建築物の主要構造部等（建基法第21条）

　建基法第21条第1項が改正され、旧法では「高さが13m又は軒の高さが9mを超える建築物」とされていたが、火災時の安全性を確保しつつ、倉庫や自動車車庫等を除き、「地階を除く階数が4以上である建築物」又は「高さが16mを超える建築物」に改められ、性能規定化を行い、その特定主要構造部を通常火災終了時間に基づく準耐火構造とすればよいこととされた。ただし、建築物の周囲に延焼防止上有効な空地がある場合には、適用を受けない。

(1) 火災時倒壊防止構造の建築物（第1項）

　木造建築物等の特定主要構造部は、通常火災終了時間が経過するまでの間火災による建築物の倒壊及び延焼を防止するために特定主要構造部が技術的基準（建基令第109条の5）に適合するもので、国土交通大臣が定めた構造方法（令和元年国土交通省告示第193号・令和2年国土交通省告示第173号）を用いるもの又は国土交通大臣の認定を受けたものとしなければならない。

ア　対象建築物

　建築物の主要構造部（床、屋根及び階段を除く。）のうち自重又は積載荷重（特定行政庁が指定する多雪区域の建築物の主要構造部は、積雪荷重を含む。）を支える部分の全部又は一部に木材、プラスチックその他の可燃材料を用いた建築物

○地階を除く階数が4以上の建築物
○高さが16mを超える建築物
○倉庫、自動車車庫等の特殊建築物で、高さが13mを超えるもの

イ　通常火災終了時間とは、建築物の構造、建築設備及び用途に応じて通常の火災が消火の措置により終了するまでに通常要する時間をいう。

ウ　消火の措置については、人的な活動であることを考慮し、一定の安全率を見込んで45分を下限値として定め、準耐火構造としての性能が確保された。

エ　適用を受けない建築物

　建築物の周囲に延焼防止上有効な空地で技術的基準（建基令第109条の6）に適合するものを有する建築物については、適用を受けない。

(ア)　建築物の各部分から空地の反対側の境界線までの水平距離が、当該各部分の高さに相当する距離以上であること。

(イ)　建築物の倒壊によって延焼が生じないよう、他の建築物が存在していない状態が維持される必要があることから、空地が対象となる建築物の敷地に含まれているか、公園や広場などに該当するものであること。なお、対象となる建築物の倒壊による影響が小さい自転車置き場や公衆便所などの小規模な建築物は許容されるものとして取り扱って差し支えない。

(2) 大規模木造建築物（第2項）

　延べ面積が3,000㎡を超える建築物で、主要構造部（床、屋根及び階段を除く。）の全部又は一部に木材、プラスチックその他の可燃材料を用いたものは、壁、柱、床その他の建築物の部分又は防火戸その他の防火設備を周辺危害防止構造（通常の火災時

における火熱が建築物の周囲に防火上有害な影響を及ぼすことを防止するために必要とされる性能）に関して技術的基準（建基令第109条の7）に適合するもので、国土交通大臣が定めた構造方法（令和6年国土交通省告示第284号）を用いるもの又は国土交通大臣の認定を受けたものとしなければならない。

大規模木造建築物の構造部材である木材をそのまま見せる「あらわし」設計が可能となり、大断面の木材をあらわしで使用する構造等が可能になった。

⑶　別棟みなし規定（第3項）

改正前の床面積3,000㎡ごとに耐火構造の壁等で区画する規定は、「火熱遮断壁等で区画された2以上の部分は防火規制の適用上別棟とみなす。」とされた。

⑷　木造建築物等の外壁（建基法第23条）

市街地の区域内にある木造建築物等（建基法第21条第1項）は、その外壁で延焼のおそれのある部分の構造を、準防火性能（建築物の周囲において発生する通常の火災による延焼の抑制に一定の効果を発揮するために外壁に必要とされる性能）に関して技術的基準（建基令第109条の10）に適合する土塗壁その他の構造で、国土交通大臣が定めた構造方法（平成12年建設省告示第1362号）を用いるもの又は国土交通大臣の認定を受けたものとしなければならない。

7　防火区画（建基令第112条）

防火区画は、火災が発生した場合に火災を一定の区画内に閉じ込めて、延焼拡大しないように耐火構造や準耐火構造の床、壁、又は防火設備で区画を構成するもので、面積区画（一定の面積ごとに区画）、高層区画（11階以上の階の区画）、竪穴区画（階段の部分、昇降路、ダクトスペース等）があり、区画周辺仕様（外壁を介しての延焼防止措置）、防火設備（防火戸）の要件及び配管等の区画貫通処理などを規定している。

⑴　自動消火装置設置部分の倍読み規定

自動式のスプリンクラー設備、水噴霧消火設備、泡消火設備その他これらに類するものを設けた部分の床面積の2分の1に相当する床面積を除く。

⑵　適用除外

ア　1,500㎡区画で、劇場、映画館、演芸場、観覧場、公会堂、集会場の客席、体育館、工場その他これらに類する用途に供する建築物の部分又は階段室の部分等、昇降機の乗降ロビーを含む昇降路の部分を1時間準耐火構造の床若しくは壁又は特定防火設備で区画されたものは、用途上やむを得ないものとして除かれる。

イ　500㎡区画、1,000㎡区画で、室内に面する部分（天井（天井がない場合は、屋根）、壁）の仕上げを準不燃材料でした、体育館、工場その他これらに類する用途に供する建築物の部分又は階段室の部分等、昇降機の乗降ロビーを含む昇降路の部分を1時間準耐火構造の床若しくは壁又は特定防火設備で区画されたものは適用されない。

⑶　防火区画に関する規制の合理化

ア　特定主要構造部を耐火構造とした建築物の2以上の部分が建築物の空間部分（一定規模以上の吹抜き部分等）に接する場合において、当該2以上の部分の構造が通

常の火災時において相互に火熱による防火上有害な影響を及ぼさないものとして国土交通大臣が定めた構造方法（令和2年国土交通省告示第522号）を用いるもの又は国土交通大臣の認定を受けたものは、区画されているものとみなし、建基令第112条第1項の規定を適用する。

イ　建基法第27条第1項各号、第2項各号又は第3項各号に該当する場合であっても、国土交通大臣が定める基準（令和2年国土交通省告示第250号）に従い、警報設備を設けることその他これに準ずる措置が講じられている場合には、特定防火設備等で区画しなくてよいものとする。

ウ　火災が発生した場合に避難上支障のある高さまで煙又はガスの降下が生じない建築物として、壁及び天井の仕上げに用いる材料の種類並びに消火設備及び排煙設備の設置の状況及び構造を考慮して国土交通大臣が定める（今後定める予定）ものの竪穴部分については、第12項及び第13項の規定は、適用しない。

8　建築物の界壁、間仕切壁、隔壁（建基法第30条、建基令第114条）

長屋又は共同住宅の各戸の界壁は、防火性能と遮音性能が求められ、従来、小屋裏又は天井裏に達せしめなければならないこととされてきたが、建基法第30条の改正により、天井の構造が界壁と同等の遮音性能を有するものとして国土交通大臣が定めた構造方法（昭和45年建設省告示第1827号）を用いるもの又は国土交通大臣の認定を受けたものとした場合には、界壁を小屋裏等に達するものとしなくてもよいこととされた。

(1)　界壁、防火上主要な間仕切壁を準耐火構造としなくてよい場合

床面積が200㎡以下の階又は床面積200㎡以内ごとに準耐火構造の壁若しくは防火設備（建基法第2条第9号の2ロ）で区画されている部分で、自動式スプリンクラー設備等設置部分（建基令第112条第4項）又は防火上支障がないものとして国土交通大臣が定める部分（平成26年国土交通省告示第860号）

＊防火上主要な間仕切壁は、学校、病院、有床診療所、児童福祉施設等、ホテル、旅館、下宿、寄宿舎、マーケットの用途に供する部分の間仕切壁

(2)　界壁、防火上主要な間仕切壁を小屋裏等に達するものとしなくてよい場合

天井の全部が強化天井である階又は準耐火構造の壁又は防火設備（建基法第2条第9号の2ロ）で区画されている部分で、当該部分の天井が強化天井であるもの（建基令第112条第4項）

＊強化天井とは、天井のうち、その下方からの通常の火災時の加熱に対してその上方への延焼を有効に防止することができるものとして、国土交通大臣が定めた構造方法（平成28年国土交通省告示第694号）（令和2年国土交通省告示第201号による一部改正あり）を用いるもの又は国土交通大臣の認定を受けたもの

(3)　小屋裏の隔壁

建築面積300㎡を超える建築物の小屋組が木造の場合は、火災時に小屋裏を介して延焼拡大するのを防ぐために小屋裏の直下の天井の全部を強化天井とするか、桁行間隔12m以内ごとに小屋裏（準耐火構造の隔壁で区画されている小屋裏の部分で、当該

— 422 —

部分の直下の天井が強化天井であるものを除く。）に準耐火構造の隔壁を設けなければならない。

　特定主要構造部が耐火構造の建築物や室内仕上げを難燃材料としたもの又は自動式のスプリンクラー設備等を設けたもの及び周辺地域が農業に利用され、延焼防止上支障がないものとして国土交通大臣が定める（平成6年建設省告示第1882号）畜舎、堆肥舎、水産物の増殖場及び養殖場の上家は除かれる。

⑷　小屋組が木造の渡り廊下

　耐火建築物以外の建築物で、延べ面積がそれぞれ200㎡を超えるもの相互を連絡する渡り廊下の小屋組が木造で、桁行が4mを超えるものには小屋裏に準耐火構造の隔壁を設けなければならない。

9　木造建築物等の防火壁・防火床（建基法第26条、建基令第113条）

　法改正により、垂直方向の区画を形成する防火壁に加え、水平方向の区画を形成する防火上有効な構造（令和元年国土交通省告示第197号）の防火床による措置も可能とされた。

⑴　1,000㎡区画（第1項）

　延べ面積が1,000㎡を超える建築物は、耐火建築物又は準耐火建築物等を除き、防火上有効な構造の防火壁又は防火床によって有効に区画し、かつ、各区画における床面積の合計を1,000㎡以内としなければならない。

⑵　別棟みなし規定（第2項）

　特定部分（防火上有効な構造の防火壁又は防火床によって他の部分と有効に区画されている部分）を有する建築物であって、特定部分が次のいずれかに該当し、延焼のおそれのある外壁の開口部に防火設備（建基法第2条第9号の2ロ）を有するものは、特定部分と他の部分を別の建築物とみなし、かつ、特定部分を1,000㎡区画とみなす。

　ア　特定部分の特定主要構造部が耐火構造であるもの又は建基法第2条第9号の2イ⑵に規定する性能と同等の性能を有するものとして国土交通大臣が定める基準（令和6年国土交通省告示第219号）に適合するもの

　イ　特定部分の主要構造部が準耐火構造であるもの又はこれと同等の準耐火性能を有するものとして国土交通大臣が定める基準（令和6年国土交通省告示第220号）に適合するもの（アを除く。）

10　規制に係る別棟みなし規定

　混構造建築物や複合用途建築物において、火熱遮断壁等（延焼を遮断できる高い耐火性能の壁等（建基法第21条第3項、第27条第4項（第87条第3項で準用する場合を含む。）、第61条第2項））や防火壁（建基法第26条第2項）で区画すれば、建築物の2以上の部分を防火規制の適用上別棟とみなす（区画された部分ごとに規制を適用する。）。

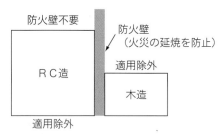

【壁等の基準】壁タイプ、コア（階段室等）タイプ、渡り廊下タイプ
- 延焼防止性（一定範囲を不燃化・突出等による外壁面強化）
- 非損傷性・遮熱性・遮炎性（高い耐火性能の壁と防火設備）
- 自立性（火災による壁等以外の倒壊により生ずる応力が伝えられた場合に、壁等の一部が損傷しても自立する構造が保持され、建築物の他の部分に防火上有害な変形、亀裂その他の損傷を生じさせないもの）

【別の建築物とみなすことができる部分】

　建築物が火熱遮断壁等（壁、柱、床その他の建築物の部分又は防火設備（建基令第109条））のうち、技術的基準（建基令第109条の8）に適合するもので、国土交通大臣が定めた構造方法（令和6年国土交通省告示第227号）を用いるもの又は国土交通大臣の認定を受けたもので区画されている場合における分離された部分とする。

　その他、主要構造部が準耐火構造等の建築物を対象とした防火上の性能を補足する規定（層間変形角、面積区画、竪穴区画）を火熱遮断壁等で区画することにより分離された「建築物の部分」にも適用するほか、防火区画、隔壁について火熱遮断壁等で区画された部分、避難関係規定（非常用照明装置及び内装制限）に係る別棟みなし規定の拡充がされた。

11　排煙設備（建基令第126条の2、第126条の3）

　防煙たれ壁や不燃材料の間仕切壁により床面積500㎡以内ごとに区画し、火災による煙の拡散を閉じ込め、防煙区画ごとに設けた排煙口から排煙し、フラッシュオーバーの遅延や避難の安全性を図る設備で、自然排煙方式と機械排煙方式及び加圧排煙方式がある。

　劇場、集会場等の客席や工場等の室で、天井高が3m以上、かつ、準不燃材料で内装制限したものは500㎡を超えるものも認められ、吹抜きのある場合は、各階ごとに防煙区画をすることを原則とするが、避難階とその直上階又は直下階のみに通じる吹抜き部分の面積が大きく、かつ、避難上支障がない場合や工場等で用途上やむを得ない場合は一の防煙区画として取り扱う。

　排煙設備に係る規制の合理化により、建築物の2以上の部分の構造が通常の火災時において相互に煙又はガスによる避難上有害な影響を及ぼさないものとして国土交通大臣が定めた構造方法（令和2年国土交通省告示第663号）を用いるものである場合における当該部分は、それぞれ別の建築物とみなすものとする。

12　避難施設等

特殊建築物、大規模な建築物、窓その他の開口部を有しない居室の階で火災が発生した場合の避難経路となる廊下の幅、直通階段までの歩行距離、階段の蹴上げの高さ、踏み面及び出入口の幅などが規定されている。

⑴　階段（建基令第120条〜第123条）

避難階以外の階では、居室の各部分からの歩行距離により、避難階又は地上まで通ずる直通階段の設置が必要であり、2以上の直通階段を義務付けられる場合は、二方向避難が確保されるように配置する。

避難階段は、直通階段の避難上の安全性を高めるため耐火構造の壁や防火戸の設置等による構造とし、屋内避難階段と屋外避難階段がある。また、火災の煙の流入を防ぐため、バルコニー又は付室を通って屋内避難階段へ入る特別避難階段がある。

なお、2以上の直通階段を設置しなければならない階の範囲の合理化により、建基令第121条第4項が新設された。

⑵　非常用照明装置（建基令第126条の4、第126条の5）

停電時の避難における床面の照度は、スポット式で1ルクス、蛍光管式は光の散光等があるので2ルクスを要求している。この明るさは、新聞の見出しが読めるくらいの明るさである。

戸建住宅、学校、体育館、スケート場などは非常照明の設置を除外されているほか、採光の有効な窓が床面積の1/20以上の室については、避難階で屋外への出口までの歩行距離が30m以下、避難階の直上階又は直下階では屋外避難階段までの歩行距離20m以下の場合には設置が免除される。

⑶　物品販売業の避難規定（建基令第124条、第125条第3項、第126条）

大規模な百貨店等は、可燃性物品が多く、不特定多数の人が出入りするので、避難することができる屋上広場の設置（5階以上の階に売場がある場合）や避難階段の設置、階段に通ずる出入口の幅及び屋外への出口の幅の合計等避難規定が強化されている。

⑷　敷地内の避難通路（建基令第128条）

劇場、病院、学校、百貨店等の用途の建築物、階数3以上の建築物等の敷地内避難通路は幅員1.5m（階数が3以下で延べ面積が200㎡未満の建築物の敷地内にあっては、90cm）以上とし、屋外避難階段又は避難出口から、避難上有効な道、公園、広場、空地まで通じていなければならない。

⑸　避難上の安全検証（建基令第128条の7、第129条、第129条の2）

平成12年建築基準法に性能規定が導入され、各居室等で火災が発生してから全ての者が避難を終了するまでの時間と火災による煙又はガスが避難上支障のある高さまで降下する時間を計算して、避難安全検証法により確かめられたもの又は国土交通大臣の認定を受けたものは、廊下の幅、直通階段の設置、排煙設備の設置、特殊建築物等の内装などの適用が除外される。

建基令の改正により、従来の「階避難安全性能」（建基令第129条）、「全館避難安全性能」（建基令第129条の2）に「区画避難安全性能」（建基令第128条の7）が追加さ

れた。これにより、区画部分、階又は建築物の各居室等で火災が発生してから避難を終了するまでに要する時間の計算方法を国土交通大臣が定めるもの（令和2年国土交通省告示第509号、第510号、第511号）とし、検証方法が追加された。

＊区画部分とは、居室その他の建築物の部分で、準耐火構造の床若しくは壁又は防火設備（建基法第2条第9号の2ロ）で建基令第112条第19項第2号の構造で区画された部分（2以上の階にわたって区画されたものを除く。）をいう。

13 消防隊の非常用進入口（建基令第126条の6、第126条の7）

災害時において消防隊が建築物内の人々を救出したり、消火活動を実施するために、外壁から進入するもの

(1) 道（都市計画区域内は道路）に面する外壁面又は道に通ずる幅4m以上の通路（空地）に面する外壁面

(2) 進入口の構造（建基令第126条の7、昭和45年建設省告示第1831号）

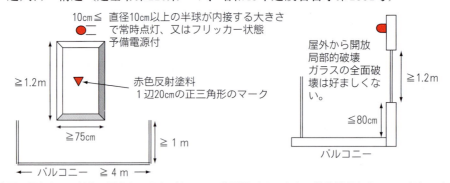

外壁面の長さを40m以内に区分し、それぞれに、1箇所設ける。なお、外壁端部からは20m以内とする。

(3) 次に該当する階又は建築物には、非常用の進入口を設けなくてもよい。
　ア　屋外からの進入を防止する必要がある場合
　　(ア)　進入口を設けることにより周囲に危害を及ぼすおそれがある場合
　　　○放射性物質、細菌、爆発物等を取り扱う建築物
　　　○変電所
　　(イ)　進入口を設けることにより、当該用途の目的の実現が図られない場合
　　　○冷蔵庫等
　　　○留置所等
　　　○美術品収蔵庫、金庫室等
　　　○無菌室、電磁遮蔽室等
　イ　非常用のエレベーター（建基令第129条の13の3）を設けている場合（自主的に設けた場合を含む。）

ウ　各階外壁面の長さ10m以内ごとに１以上、代替進入口（直径１m以上の円が内接
できるもの又は幅75cm以上、高さ1.2m以上）がある場合（区分の仕方は、任意）
＊格子その他の屋外からの進入を妨げる構造を有しないものに限る。

エ　吹抜き部分等の一定規模以上の空間で、壁等を有しない高い開放性を有し、容易
に各階に進入できる通路等の部分で、国土交通大臣が定めた構造方法（平成28年国
土交通省告示第786号）を用いるもの又は国土交通大臣の認定を受けたものを設け
ている場合

14　非常用エレベーター（建基法第34条、建基令第129条の13の２）

高さ31mを超える建築物に設置義務があるが、高さ31mを超える部分が次に該当する
場合は、除外される。なお、ある階の中間が高さ31mとなる場合は、イの床面積及びウ
の階数に含まれる。

ア　建築設備の機械室、階段室、装飾塔、物見塔、屋窓など、通常人がいない用途に使
われるもの

イ　各階の床面積の合計が500㎡以下の建築物（階数に入れないＰＨを含む。）

ウ　特定主要構造部が耐火構造で階数が４以下、かつ、床面積の合計100㎡以内ごとに
防火区画されているもの（廊下に面する窓（網入りはＦＩＸが望ましい。）で１㎡以
内の防火設備を含む。）

エ　主要構造部が不燃材料で作られた機械製作工場、不燃性の物品を保管する倉庫など、
火災発生のおそれの極めて少ない用途に供されるもの

15　道路と敷地の関係

(1)　接道義務（建基法第43条）

建築物を建てる敷地は、道路に２m以上接していなければならない。

建築物の周囲に広い空地等がある場合の例外規定や、避難又は通行の安全等の見地
から路地状敷地（旗ざお敷地）の長さと幅員、特殊建築物や大規模建築物についての
敷地と道路の幅員等について各都道府県条例が定められている場合がある。

(2)　セットバック（建基法第42条）

建築基準法が施行された昭和25年11月から、建築基準法でいう道路は、幅員４m
（特定行政庁が指定した区域は６m）以上としているが、都市計画の決定を受けた時
又は戦前から都市計画区域内にあった場合は、既存の道が４m未満であっても否定で
きないので、道路幅員を将来的に４mにすべく、道路中心線から２m後退した線が道
路と敷地の境界とみなされる。

なお、道の向かい側が、がけ地、川、線路敷地等の場合は、道の中心線ではなく、
向かい側の道の境界線から４mとなり、通称２項道路（建基法第42条第２項）と呼ば
れている。

16 簡易な構造の建築物（建基令第136条の９）

　　開放的簡易建築物で、建基令第136条の10で定める基準に適合するものは、耐火建築物等としなければならない特殊建築物、屋根の不燃化、特殊建築物等の内装、防火地域及び準防火地域内の建築物の規定等（建基法第84条の２）は適用除外となる。

⑴　開放的簡易建築物（階数が１で床面積が3,000㎡以内のもの）

　　ア　壁を有しない建築物その他の国土交通大臣が高い開放性を有すると認めて指定する構造の間仕切壁を有しない建築物又は建築物の部分

　　　○自動車車庫

　　　○スケート場、水泳場、スポーツの練習場等の運動施設

　　　○不燃性物品の保管等の火災の発生のおそれの少ない用途に供するもの

　　　○畜舎、堆肥舎並びに水産物の増殖場及び養殖場

　　イ　屋根及び外壁が帆布その他これに類する材料で造られている間仕切壁を有しない建築物又は建築物の部分

　　　○スケート場、水泳場、スポーツの練習場等の運動施設

　　　○不燃性物品の保管等の火災の発生のおそれの少ない用途に供するもの

　　　○畜舎、堆肥舎並びに水産物の増殖場及び養殖場

⑵　膜構造の建築物（倉庫で階数が１、延べ面積1,000㎡以下）

　　テント倉庫建築物の構造方法に関する安全上必要な技術的基準を定める等の件（平成14年国土交通省告示第667号）

立 入 検 査 チ ェ ッ ク ポ イ ン ト

☐　防火地域、準防火地域内の建築物に木造等の構造違反がないか。

☐　非常用照明装置の予備電源の充電状態を緑色のランプ等で確認

☐　屋外階段が適正に維持管理されているか。

☐　防火戸等の機能不良、破損、撤去がないか。

☐　増築等に伴う竪穴区画や避難階段に関する不備がないか。

☐　非常用進入口や排煙設備である窓等の開口部が塞がれていないか。

☐　非常用進入口の代替口は、消防法の無窓階の大型開口部と同じ考え方であるが、赤マークが表示されるので、金属製格子、手すり、看板等の進入を妨げるものはないか確認

消防隊進入口
（20cm以上）
三角
この付近に物を置かないで下さい。
20cm以上

第2　消防活動阻害物質

　水や熱により、火災予防上又は消火活動に重大な支障を生ずる物質を一定量以上貯蔵、取り扱う者は、あらかじめ、消防長又は消防署長に届出（廃止を含む。）しなければならない（圧縮アセチレンガス等の貯蔵・取扱いの届出（法第9条の3）、届出書（危規第1条の5）、罰則（法第44条））。

　消防機関は、査察により火災の未然防止を図り、また、火災時の危害防止対策を立てる必要がある。

1　届出が不要な場合（法第9条の3第1項ただし書（危令第1条の10第2項））

　○船舶、自動車、航空機、鉄道、軌道において貯蔵、取扱いする場合

　　（それぞれの法体系において規制される。）

　○消防庁長官又は消防長（消防本部を置かない市町村にあっては、市町村長）に通報があった施設において液化石油ガスを貯蔵、取扱う場合（廃止を含む。）

　　（関係行政機関への通報等　行政の簡素化）

　　　　高圧ガス保安法第74条第1項

　　　　ガス事業法第176条第1項

　　　　液化石油ガスの保安の確保及び取引の適正化に関する法律第87条第1項

2　届出を要する物質と数量（危令第1条の10第1項）

圧縮アセチレンガス（通報はされないので、40kg以上はすべて届出）	40kg
無水硫酸	200kg
液化石油ガス　（特定消費施設3,000kg以上は都道府県知事へ届出）	300kg
生石灰（酸化カルシウム80%以上を含有するもの）	500kg
毒物（毒物及び劇物取締法第2条第1項に規定する毒物のうち危令別表第一で定めるもの）	30kg
劇物（毒物及び劇物取締法第2条第2項に規定する劇物のうち危令別表第二で定めるもの）	200kg

　毒物、劇物のうち危令別表で定めるもの

　危険物の規制に関する政令別表第一及び同令別表第二の総務省令で定める物質及び数量を指定する省令（平成元年自治省令第2号）

(1)　圧縮アセチレンガス　C_2H_2（高圧ガス保安法第2条第2号）

　　常温で圧力0.2MPa以上で、現にその圧力が0.2MPa以上又は温度15℃で圧力0.2MPa以上

　　他の石油ガスと比べ火焔温度が高く、集中性が良いので金属の溶接、切断に使用さ

― 429 ―

れ、爆発限界の上限が100％なので酸素の力がなくても分解爆発する。

＊急激に爆発が起こることがあり、特に銅と反応し、爆発する（アセチリド）。

　　カルシウムカーバイトと水を反応させ、アセチレンガスを高圧溶解する。

　　CaC_2 ＋ $2H_2O$ ⟶ アセチレンガス(C_2H_2) ＋ 消石灰($Ca(OH)_2$)

　　多孔質性物質（ケイ酸カルシウム等）を充てんした容器に有機溶剤（アセトン又はＤＭＦ）を吸収させた茶褐色のボンベに充てんする。

　○容量　表記されている正味量（7kg前後）

　○容器刻印　「kg」風袋質量（容器、多孔質、バルブ）容器保安規則第8条第1項第8号

(2)　無水硫酸　SO_3（三酸化硫黄）

　　無水硫酸自身は可燃性はないが、水で硫酸の煙霧を飛散させ、激しく発熱する。

　　（用途）　発煙剤　　発煙硫酸の製造

(3)　液化石油ガス　Liquefied Petroleum Gas

　　常温で圧力0.2MPa以上の液化ガス又は圧力0.2MPaとなる時の温度が35℃以下の液化ガス（高圧ガス保安法第2条第3号）

CH_4 メタン	C_2H_6 エタン	C_2H_4 エチレン	C_3H_8 プロパン	C_3H_6 プロピレン	C_4H_{10} ブタン	C_4H_8　等 ブチレン

　　気体の石油ガスを圧縮液化させたものが液化石油ガスで、プロパンが主な主成分

　○ガスは圧力を加えると圧縮するが、液体は圧力を加えてもほとんど圧縮できない。

　○温度上昇により、液状のLPGは大きく膨張する（気体になると液体の約250倍）。

　　上昇温度のいかんによっては容器が破裂する。

プロパンガス

　○工業用、農業用は、高圧ガス保安法により規制される。

　○一般消費（一般家庭でガスを燃料として生活の用に供するもの。また、これに準じて使用される食堂等で暖房又は調理用として消費されるもの。旅館、理容所、美容室、クリーニング店、浴場、医療（蒸気の発生、水温上昇の燃料）等のサービス業で使用するもの）は、液化石油ガスの保安の確保及び取引の適正化に関する法律で規制される。

　○最近は、学校、病院、集合住宅や業務用レストラン等でバルク貯槽にバルクローリから直接LPガスを充てんする方式のバルク供給が普及している。

　　貯蔵500kgを超える設備（特定供給設備を除く。）で液化石油ガス設備工事（供給管の延長や設備の位置変更、貯蔵能力の増加）を行った場合は、液化石油ガスの保安の確保及び取引の適正化に関する法律第38条の3により、都道府県知事（市町村長への権限委譲により消防長の場合もある。）へ届出が必要である。

(4)　生石灰

　　水で発熱しながら水酸化カルシウム（消石灰）の粉末になり、容器破損や発火の危険がある（吸湿性、加水発熱性）。

$$\text{生石灰（CaO）} + \text{水（H}_2\text{O）} \longrightarrow \text{消石灰 Ca（OH）}_2$$

（用途）乾燥剤、発熱剤原料、殺虫剤、土質安定、建材、農薬等

(5) 毒物・劇物

毒物・劇物は、動物又は人における急性毒性、刺激性に基づき、物質の特性、化学製品の特性等を勘案し判定され、化学薬品や工業用として幅広く使用されている。

一定の致死量を超えると影響を及ぼす毒物（シアン化水素、シアン化ナトリウム、水銀、セレン、ひ素等）並びに身体に触れると影響を及ぼす劇物（アンモニア、塩化水素、クロルスルホン酸、ホルムアルデヒド、硫酸等）が定められており、それ自体火災に連なる物質を含むほか、火災により爆発又は有毒性のガスを発生するおそれがある。

3 容器

○継ぎ目なし容器（圧力の高いガス）　酸素、水素、窒素、ヘリウム
○溶接容器　　液化石油ガス、アンモニア、アセチレン

(1) 表示

「毒」　毒ガス　　　　「燃」　可燃性ガス

(2) 塗色

黒（酸素・液状）　赤（水素・液状）　緑（液化炭酸ガス）　白（液化アンモニウム）
黄（液化塩素）　　かっ色（アセチレン）　ねずみ色（その他ＬＰＧ）

立 入 検 査 チ ェ ッ ク ポ イ ン ト

□　あらかじめ届出がされているか。
□　可燃性ガスは、火気から安全な距離が確保されているか確認
□　水により発熱するおそれがある物質は、水と接触しないよう管理されているか確認

LPG置場

□　容器は屋外に設置（容器を屋外に置くことが困難な場合（平成９年通商産業省告示第142号）内容積25ℓ未満を置く場合に限る。）
□　火気から２ｍ以上離す（距離が取れない場合は隔壁の設置）。
□　ボンベの腐食防止（水滴・湿気）
□　日よけ（温度40℃以下）がなされているか。
□　転倒防止（10kg以上のボンベ）措置がされているか。

第3　予防関係法令改正経過

施行通達	改正内容
消防予第253号（平成24年6月27日）	平成24年の消防法の一部を改正する法律（平成24年法律第38号）では、雑居ビル等における防火・防災管理体制の強化を図るため、高層建築物等で管理権原が分かれている防火対象物の管理権原者に、建築物全体の防火又は防災管理業務を行う統括防火管理者・統括防災管理者を定めること、検定に合格していない消防用機器等が市場に流通する事案が発生した場合に総務大臣による回収命令制度の創設、公益法人事業仕分けにおいての評価結果により、検定制度等の見直し、消防機関による火災調査権の拡大等が規定された。
消防予第120号・消防危第46号（平成25年3月27日）	令及び規則の一部改正により、検定対象機械器具等の範囲の見直し、令別表第一の⑹項ロ、ハの見直し、屋内消火栓設備の技術上の基準の見直し等が行われた。
消防予第418号・第419号（平成25年10月31日）	平成24年に発生したホテル火災を踏まえ、平成15年9月30日に廃止した「防火基準適合表示制度」の仕組みを再構築し、ホテル・旅館等の新表示制度として、「防火対象物に係る表示制度」の運用が開始されることとなった。
消防予第492号（平成25年12月27日）	花火大会会場、認知症対応型老人共同生活援助事業を行う施設及びホテルにおける最近の火災事例を受けて、対象火気器具等の取扱いに関する条例の制定基準並びにスプリンクラー設備及び自動火災報知設備の設置基準の見直しが行われた。これにより、特定小規模施設用自動火災報知設備の設置対象施設の見直し等が行われたほか、避難が困難な高齢者及び障害者等が入所する社会福祉施設等における、延焼抑制区画及び延べ面積275㎡未満の施設に係る規定が整備され、「介助がなければ避難できない者」について具体的な内容が定められ、消防機関に通報する火災報知設備と自動火災報知設備の連動が義務付けられた。
消防予第412号（平成26年10月16日）	平成26年の令及び規則の改正では、平成25年に発生した有床診療所の火災を受けて、避難のために患者の介助が必要な病院・有床診療所等について、令別表第一⑹項イを詳細分類化し、スプリンクラー設備の設置の義務付け、特定施設水道連結型スプリンクラー設備の設置対象となる施設の面積要件を見直し、併せて、消火器・簡易消火器具、屋内消火栓設備、動力消防ポンプ設備、及び消防機関へ通報する火災報知設備の設置に関する基準が見直された。
消防予第82号（平成27年2月27日）	令の一部改正により、令第1条の2第2項に規定する「従属的な部分を構成すると認められるもの」に該当しないこととした防火対象物の用途に供される部分以外の部分における自動火災報知設備等の技術上の基準の整備を行うとともに、火災発生時に避難が困難な者を主として入所させる特定福祉施設が存する特定共同住宅等における共同住宅用スプリンクラー設備の技術上の基準について所要の規定の見直しが行われた。

消防予第246号（平成30年3月28日）	平成28年12月に発生した糸魚川市大規模火災に鑑み、調理のために火気を使用する飲食店等に消火器具の設置が義務付けられた。
消防予第369号（平成30年6月1日）	住宅宿泊事業法による届出住宅や旅館業法施行令の改正による住宅を活用した宿泊施設が共同住宅に存する場合の消防用設備等の設置基準の合理化により、規則等が改正され平成30年6月1日施行された。
消防予第416号（令和4年9月14日）	令和2年12月から令和3年4月にかけて全域放出方式の二酸化炭素消火設備に係る死亡事故が相次いで発生したことを踏まえ、事故の再発防止のため、二酸化炭素消火設備に係る技術上の基準等について見直され、令和5年4月1日施行された。
消防予第639号（令和4年12月16日）	令和3年12月17日に大阪市北区ビル火災において多数の死傷者が発生したことを受け、直通階段が一つの建築物向けの「避難行動ガイドライン」が策定され、在館者が直通階段を使用して避難することが困難になった場合における退避区画（消防隊に救助されるまでの間、一時的に人命安全が保たれるよう、直通階段から離れた位置にある居室や廊下等の防火区画された退避スペース）を使用した退避・避難行動等及び日常における施設や設備の維持管理等について示された。退避区画の構造については、「火災安全改修ガイドライン」（令和4年国住指第349号）による。

第8章

その他

チェックポイント付き　査察マスター

平成20年 3 月20日　初　版　発　行
令和 6 年10月 1 日　11 訂 版 発 行（令和 6 年 8 月 1 日現在）

編　著／消　防　道　研　究　会
発行者／星　　沢　　卓　　也
発行所／東京法令出版株式会社

112-0002	東京都文京区小石川 5 丁目17番 3 号	03(5803)3304
534-0024	大阪市都島区東野田町 1 丁目17番12号	06(6355)5226
062-0902	札幌市豊平区豊平 2 条 5 丁目 1 番27号	011(822)8811
980-0012	仙台市青葉区錦町 1 丁目 1 番10号	022(216)5871
460-0003	名古屋市中区錦 1 丁目 6 番34号	052(218)5552
730-0005	広島市中区西白島町 11番 9 号	082(212)0888
810-0011	福岡市中央区高砂 2 丁目13番22号	092(533)1588
380-8688	長 野 市 南 千 歳 町 1005 番 地	

〔営業〕TEL 026(224)5411　FAX 026(224)5419
〔編集〕TEL 026(224)5412　FAX 026(224)5439
https://www.tokyo-horei.co.jp/

©FUKUDA Tsutomu Printed in Japan, 2008
　本書の全部又は一部の複写、複製及び磁気又は光記録媒体への入力等は、
著作権法上での例外を除き禁じられています。これらの許諾については、
当社までご照会ください。
　落丁本・乱丁本はお取替えいたします。

ISBN978-4-8090-2554-9